PANKAJ MISHRA

# Begegnungen mit China und seinen Nachbarn

Malaysia – Hongkong
Indonesien – Taiwan – Mongolei
Tibet – Japan – Indien

Aus dem Englischen von
Michael Bischoff

S. FISCHER

MIX
Papier aus verantwortungsvollen Quellen
FSC® C083411
FSC
www.fsc.org

Erschienen bei S. FISCHER

Die englischsprachige Originalausgabe erschien 2013 unter dem Titel ›A Great Clamour. Encounters with China and Its Neighbours‹ im Verlag Hamish Hamilton, Penguin Group, New Delhi


Satz: Dörlemann Satz, Lemförde
Druck und Bindung: CPI books GmbH, Leck
Printed in Germany
ISBN 978-3-10-002273-8

Für MNM

# Inhalt

# Blick nach Osten. Eine Einführung

Eines Nachmittags im Sommer 1992 unterhielt ich mich mit meinem Vermieter und fragte ihn, was hinter den schneebedeckten Gipfeln lag, die ich von meiner Veranda aus sehen konnte. »Tibbat«, antwortete Mr Sharma und betonte das Wort dabei auf nordindische Weise. Ich war erstaunt. War Tibet wirklich so nah? Ich war erst kürzlich in dieses kleine Dorf im Bundesstaat Himachal Pradesh gezogen, um herauszufinden, ob ich zum Schriftsteller taugte. Die physische Isolation schien mein Gefühl der Unzulänglichkeit nur noch zu verstärken. In meiner Vorstellung erschien mir dieses riesige, von Lhasa bis Hokkaido und Surabaya reichende Gebiet, ein schon damals von Politik und Wirtschaft Chinas geprägtes Asien, plötzlich wie eine beklemmende Leerstelle – ein weiterer Beweis für meine Unwissenheit im Blick auf die Welt.

Mr Sharma, ein Sanskritwissenschaftler, teilte diese Schwäche nicht. Er sprach von Tibet ganz selbstverständlich als von einer jener Kreuzungen innerhalb eines weitreichenden indischen Kulturraums, über welche indische Religionen und Philosophien durch den gesamten asiatischen Kontinent gereist und tief in den pazifischen Raum eingedrungen waren. Ich beneidete ihn um dieses Tibbat, das zu seinem privaten Asienbild gehörte, einem Bild, das auch das Bild der übrigen Welt klarer gefasst haben dürfte, ihm den Schmerz der Verständnislosigkeit nahm und ihn in der Erde verwurzelte.

Ich hatte kein solches Tibbat. Mein Asien musste erst noch

mit bestimmten Kulturen, Geschichten und Völkern gefüllt werden. Ich hatte die Romane von Lu Xun und ein paar Aufsätze von Mao Zedong gelesen, wusste aber sonst kaum etwas über China, außer dass es Indien 1962 betrogen und Jawaharlal Nehrus Tod beschleunigt hatte und dass man dem Land deshalb nicht trauen durfte. Ich wusste von der nuklearen Einäscherung Hiroshimas und Nagasakis, aber Japan wurde für mich fast vollständig verkörpert von Akio Morita, dem Hersteller des Walkman und des mit einem hellen Holzgehäuse daherkommenden Sony Trinitron Farbfernsehers (die im immer noch recht armen Indien der frühen 1990er Jahre heißbegehrt waren). In meinem Denken belebten keinerlei politische oder intellektuelle Bewegungen den Osten oder Asien, wie dies für Indien und den Westen galt.

In unserer eng vernetzten Welt ist es heute leicht, über quasi-orientalistische Konzepte wie den »Osten« und »Asien« zu spotten. Beide betraten die Bühne gemeinsam mit ihrer dominanten Zwillingsschwester, der Idee Europas. Als Bezeichnung für das barbarische oder unterlegene »Andere« sollten sie ursprünglich das westliche Selbstbewusstsein stärken. Im späten 19. Jahrhundert jedoch nahmen diverse chinesische, japanische und indische Denker den »Osten« und »Asien« in ihre eigenen Dienste und füllten diese Kategorien mit besonderen Werten und Eigenschaften wie der Achtung vor der Natur, Gemeinschaftsorientierung, schlichter Genügsamkeit und spiritueller Transzendenz. Diese angeblich asiatische Tradition des Antimaterialismus stellten sie dann den modernen westlichen Ideologien des Individualismus, der Eroberung und des Wirtschaftswachstums gegenüber. Die Idee Asiens wurde zum Ausdruck einer kulturellen Verteidigungshaltung gegen den arroganten Westen, der ein Monopol auf Zivilisation für sich beanspruchte und solche Völker für unterlegen hielt, denen die offenkundigen Zeichen der westlichen Zivilisation fehlten: Nationalstaat, industrieller Kapitalismus und mechanistische Wissenschaft.

Eine geopolitische Dimension erlangte die vorgeschlagene kulturelle Einheit Asiens während der frühen postkolonialen Kämpfe für nationalen Wohlstand und nationale Macht – ein Vorhaben, bei dem indische, chinesische und indonesische Führer selbstbewusst Solidarität untereinander beschworen. So kam es, dass die gemeinsame Erfahrung der Unterjochung und rassischen Demütigung und die Forderung nach Freiheit und Würde, die einst Rabindranath Tagore mit Liang Qichao und Okakura Tenshin verbunden hatten, nun auch Jawaharlal Nehru mit Mao Zedong und Sukarno verband. Und Künstler wie Satyajit Ray und Akira Kurosawa, die sich mit den großen Umbrüchen und Traumata ihrer Gesellschaften befassten, teilten einen besorgten Humanismus.

Solche imaginierten Gemeinschaften sind heute im In- und Ausland nur noch bruchstückhaft vorhanden; an ihre Stelle sind pragmatische Wirtschaftsvereinigungen wie ASEAN und grenzüberschreitende Netzwerke in Produktion, Handel und Bankwesen getreten. Autoritäre Führer beschwören immer noch »asiatische Werte« und stellen die von Konfuzius geforderte Harmonie in der Gemeinschaft gegen den offensichtlich amoralischen und spalterischen Individualismus des Westens. Das ist jedoch kaum mehr als ein rhetorischer Deckmantel für Regime, die harmonische Beziehungen zu lokalen Plutokraten pflegen, aber der Mehrheit politische Rechte verweigern.

Die Idee Asiens hat heute eine andere Kohärenz. Was als geographisch disparate Erfahrungen erscheint – von ländlichen Migranten in Jakarta, Fabrikarbeitern in Manesar, Stammesangehörigen in Chhattisgarh, Nomaden in Tibet und Kunden der *Gated Communities* von Hermès und Jimmy Choo in Hangzhou und Gurgaon –, ist die verspätete Ankunft des Kapitalismus. Die großen Veränderungen, welche im 19. Jahrhundert Europa erschütterten, lassen sich heute in ganz Asien beobachten: die Verwandlung des Lebens und des Bodens in Waren, deren Bewertung durch die Mechanismen von Angebot und Nachfrage, der Zerfall der Gemeinschaften zu Aggregaten aus Individuen auf der Suche nach sich selbst, das Streben nach persönlichem Reichtum und Status, die Verzweiflung und Angst der Verlierer sowie der erbitterte Widerstand und die hektischen Improvisationen der Zurückgebliebenen und Zurückgestoßenen.

Die provisorische, über alle Grenzen der ethnischen Zugehörigkeit, der Religion, der Geographie, der Schicht und der Nationalität hinwegreichende Gemeinsamkeit liegt in der Erfahrung einer oft bitter paradoxen Moderne: des Versprechens der Selbstveränderung und des Wachstums, das häufig verwirklicht wird durch die Zerstörung vertrauter Orientierungspunkte; einer Atmosphäre der Erregung und des Widerspruchs, in der mit der Erneuerung unvermeidlich der Verrat an alten Bindungen und deren Zerfall einhergehen.

Nachdem mir die Nähe Tibbats klargeworden war, brauchte ich noch viele Jahre, um allgemein bekannte Verwerfungen, Gefahren und Chancen in diesem neuen Asien zu erkennen – die gewaltigen kollektiven und individuellen Anstrengungen, die Gewalt, das Leid, die Frustration, die Verzweiflung und den Optimismus. Meine intellektuelle Blindheit hatte viel mit meinem ausgeprägten Wunsch zu tun, ein englischsprachiger Schriftsteller zu sein. In einer anglophonen Kultur geboren zu sein hieß nicht nur, den Westen reflexhaft ins Zentrum zu stellen und den westlichen Literaturen und Philosophien die größte Aufmerksamkeit zu schenken. Es bedeutete auch die Unterstellung, dass die Institutionen (parlamentarische Demokratie, Nationalstaat), die philosophischen Prinzipien (Säkularismus, Liberalismus), die ökonomischen Ideologien (Sozialismus, gefolgt von Marktkapitalismus) und die ästhetischen Formen (der Roman), die in den langen Jahrzehnten der britischen Herrschaft eingeführt oder übernommen worden waren, zur natürlichen und außerdem auch überlegenen Ordnung der Dinge gehörten.

Dies alles werde, so nahm man einfach an, irrationaler Religion ein Ende setzten, das Regieren verbessern, die private Freiheit ausdehnen, unsere moralische Vorstellungskraft erweitern und vielen hundert Millionen unserer weniger privilegierten Landsleute Wohlstand und Zufriedenheit bringen. Das einst vom Sozialismus versprochene Wohlergehen der Nation wurde in den letzten Jahrzehnten mit einer Reihe anderer, aus dem angloamerikanischen Raum importierter Ideen assoziiert: mit Privatisierung, Deregulierung und einem schlanken Staat.

Nur wenige Menschen dürften heute behaupten, die Ereignisse hätten diese Annahmen bestätigt. Der indische Nationalstaat, der mit seiner Gründung einer überwältigend armen und vielfältigen Bevölkerung das Wahlrecht gab, ist eines der weltweit kühnsten Experimente in Demokratie und politischem Pluralismus. Er darf einige Erfolge für sich beanspruchen, insbesondere die Politisierung von lange Zeit unterprivilegierten Menschen. Doch dieser Fortschritt ist keineswegs stetig und irreversibel; er ist begleitet von großen Verlusten und gekennzeichnet durch Stagnation an mancherlei Punkten; und er bringt mächtige Gegenkräfte hervor. Es fällt leichter, die allgemeine Krise zur Kenntnis zu nehmen: Aufstände ethnischer und religiöser Minderheiten in Grenzstaaten, zu denen inzwischen auch militantere Rebellionen der Enteigneten in zentralindischen Staaten hinzukommen; eine im Zeitlupentempo ablaufende landwirtschaftliche Katastrophe, die ihren Ausdruck im Selbstmord von Hunderttausenden Bauern findet; eine rasch wachsende städtische Bevölkerung, die unmenschlichen Lebensbedingungen ausgesetzt ist; und schließlich eine auf Spaltung ausgerichtete Politik, gelenkt von Männern, die sich ohne jede Reue einer maßlosen Korruption schuldig machen – all das scheint weiter von Liberalismus und Säkularismus entfernt zu sein denn je.

Eine zunehmend amerikanisierte indische Elite sucht weiterhin Bestätigung und Unterstützung bei ihren westlichen Pendants. Aber die alten Herren der Welt, die mit diversen Wirtschaftskrisen, wachsender Ungleichheit und politischer Unzufriedenheit kämpfen, haben ihr Modell universellen Fortschritts aus den Augen verloren und glauben nicht mehr so recht an die Möglichkeit, ihre geschätzten Werte zu exportieren. Die Staaten Europas und Amerikas leben – oder überleben – inzwischen wie alle anderen von einem Tag zum nächsten, sind zwar mit ihrem Militär und ihren Überwachungstechniken auf finstere Weise allwissend, aber nicht länger eine lebendige Quelle rettender moralischer und politischer Ideen. Selbst die analytische Anleitung, die Europas alte intellektuelle und philosophische Tradition bot, erscheint immer weniger verlässlich in einer Zeit verwirrend heterogener politischer und kultureller Formen.

Die Fixierung Indiens auf den Westen, die radikale chinesische und japanische Denker im frühen 20. Jahrhundert mit entsetzter Faszination und schlimmen Vorahnungen betrachteten, erscheint in diesem Zusammenhang noch lähmender als früher. Nicht nur Indien kämpft gegen die verschärften Konflikte zwischen den Forderungen der politisierten Massen und den Imperativen des transnationalen Kapitalismus. Aber wir wissen außerhalb der wissenschaftlichen Welt zu wenig über politische und soziale Experimente in anderen asiatischen Gesellschaften: worin sie bestehen, wie sie sich entwickeln und wohin sie am Ende führen mögen (eine euphemistische Meinungsmache hinsichtlich der Möglichkeiten, China »einzudämmen« oder mit ihm »gleichzuziehen«, ist hier kein Ersatz). Noch weniger wissen wir darüber, wie die speziellen Herausforderungen und Dilemmata Chinas und seiner Nachbarländer ihren Niederschlag in Regierungsformen, Technologien, Religionen und Kunst gefunden haben.

Außerdem ist es nicht immer einfach, über den durch die eigene Erziehung und Tätigkeit bestimmten Horizont hinauszublicken. Ende 1995 führte mich meine erste Auslandsreise nach Indonesien. Ich hatte gerade ein Buch über die Ankunft der neokapitalistischen Moderne in den Kleinstädten Indiens veröffentlicht. Einige der durch diese Prozesse lautstark entfesselten politischen und kulturellen Energien, die Indien radikal veränderten, fanden sich auch in Indonesien, das sich schon sehr viel früher dem Projekt der Schaffung privaten Wohlstands zugewandt hatte. Aber es waren die aus dem 9. Jahrhundert stammenden Tempel von Prambanan und die Stupas von Borobudur, die den Schock des Wiedererkennens auslösten. Und Bali, das Nehru denkwürdig und mit untypisch präzisem Gefühlsüberschwang den »Morgen der Welt« genannt hat, ließ mich weniger ratlos hinsichtlich der Sanskrit-Kosmopolis zurück, von der Mr Sharma gesprochen hatte.

Tatsächlich schien das erst spät von den Holländern eroberte und nur fleckenweise modernisierte Bali auf bezaubernde Weise zur alten Hindu-Welt mit ihren Familienschreinen, ihrer Gamelan-Musik, ihren moosbewachsenen Statuen, Schattenspielen und Reisfeldern zu gehören. Ich wusste nicht, dass die verehrte »antike« Kultur der Insel in weiten Teilen neueren Ursprungs war. Ganz unerwartet für mich, gab es in der nordbalinesischen Stadt Singaraja ein arabisches Viertel, das von alten spirituellen – und solide materialistischen – Verbindungen der Insel zur übrigen Welt zeugte. Aber ich verharrte in einem touristischen Stupor. Java mit seinen glatten Mautstraßen und seinen Wolkenkratzern löste bloßes Staunen aus, weckte aber keine Neugier.

Indonesien wurde damals von Suharto geführt, einem wirtschaftsfreundlichen Despoten mit standhaften amerikanischen und europäischen Verbündeten. Sein auf Vetternwirtschaft basierender Kapitalismus hatte eine kleine, aber loyale Mittelschicht und willfährige Medien entstehen lassen. Kündigte diese Achse bereits den Reiz eines autoritären Kapitalismus in unserer Zeit an? Erlaubte sie – durch die Zeitalter Deng Xiaopings in China und Thaksin Shinawatras in Thailand hindurch – bereits einen Blick in das Zeitalter Narendra Modis? Meine in ostasiatischer Geschichte und den langweiligen, aber aufschlussreichen Fakten der politischen Ökonomie ungeschulten Augen konnten nicht viel erkennen. Es bedurfte einiger Erfahrung und vieler Neuausrichtungen der Perspektive, bevor ich 2011 mit einem Schreibauftrag nach Indonesien zurückkehren konnte.

In dieser langen Zwischenzeit verdankte sich meine persönliche Entdeckung Asiens einer Reihe von Zufällen. Viele meiner intellektuellen Reisen führten mich nach China. Bei den Vorarbeiten zu einem Buch über den Buddha erfuhr ich von der Weitergabe seiner Ideen über Kashmir und Tibet nach Ostasien, wo sie sich mit dortigen Glaubenssystemen und ethischen Philosophien wie dem Konfuzianismus und dem Daoismus vermischten. Auf diesem indirekten Weg begann ich langsam zu verstehen, dass China gleichsam das Griechenland

Asiens gewesen war und seine konfuzianischen Kulturen an die koreanischen, japanischen und vietnamesischen Nachbarn weitergegeben hatte. Die chinesischen Reiche bildeten das Zentrum eines Handelsnetzes und eines diplomatischen Netzwerks, welche beide von Nepal bis Java, von der Amur-Region an der Grenze von Russland und China bis Burma reichten. Chinas Wirtschaft war von zentraler Bedeutung für die Region. Im Ausland lebende chinesische Kaufleute und Händler sollten später zu wichtigen Spielern in der Wirtschaft Südostasiens werden.

Diese Geschichte machte deutlich, wie China, das in unserer Zeit aus Jahrzehnten wirtschaftlicher Autarkie hervortrat, rasch die Vormachtstellung in Asien erlangen, Taiwan in den Schatten stellen, Hongkong wiederbeleben, der Mongolei zu Reichtum verhelfen und ein ängstliches Japan zu einem atavistischen Nationalismus zwingen konnte. Auf meinen Reisen nach Malaysia und Indonesien wurde mir klarer, warum die dort lebenden Chinesen trotz institutionalisierter Diskriminierung und Vernachlässigung zur größten Wirtschaftsmacht Südostasiens aufsteigen konnten. Mit der Zeit wurde mir klar: Wer das heutige Asien als Ganzes verstehen will, muss zunächst China verstehen – heute mehr denn je. Und dorthin begann nun mein Kompass zu zeigen.

Ab 2004 begann ich regelmäßig nach China zu reisen. Natürlich verleiht persönliche Erfahrung keinen besonderen Zugang zur Realität, auch wenn sie zwei überschätzten Figuren der bürgerlichen westlichen Kultur Autorität und Glanz verleiht: dem Auslandskorrespondenten und dem Reiseschriftsteller. Man muss immer noch lernen, zu sehen und die richtigen Vermittler zu finden. Es waren chinesische Schriftsteller und Denker, die mir die gegenwärtig dort stattfindenden großen Veränderungen vor Augen führten. Sie zeigten mir, dass der Fortschritt auch dort in Sprüngen und Schüben erfolgt, neue Turbulenzen auslöst und oft mehr Opfer als Nutznießer hat.

Mein frühes Wissen über China stammte weitgehend aus Arbeiten westlicher Kalter Krieger und liberaler Internationalisten, die dem autoritären China reflexhaft das »demokratische« Indien entgegenstellten. So brauchte ich eine Weile, um zu erkennen, dass der ideologische Dualismus, der amerikanischen Denkfabriken half, solvent zu bleiben – freie versus unfreie Welt, Anhänger des totalitären Kommunismus versus buddhistische Tibeter –, nahezu nutzlos war, wenn es darum ging, zum Beispiel die in raschem Wandel begriffene Lage in Tibet zu verstehen.

In Tibet gibt es heute mehr religiöse Freiheit als zu irgendeiner Zeit nach der Kulturrevolution. Auch ist das Wachstum des Bruttosozialprodukts dort höher als in anderen Provinzen Chinas. Dennoch hat die wirtschaftliche Entwicklung nicht zu politischer Passivität geführt (wie andernorts in China). Einer der Gründe liegt in der Tatsache, dass die neue Ökonomie mit ihrer deutlichen Bevorzugung von städtischen gegenüber ländlichen Regionen uralte bäuerliche und nomadische Lebensweisen zu vernichten droht. Nachdem der moderne Kapitalismus überall Einzug gehalten hat, führt die »Rationalisierung« des alltäglichen Lebens auch zu einer beschleunigten »Entwicklung der Unterentwicklung« – zur Entstehung moderner Armut und Ungleichheit. Außerdem zeigt sich, dass es den Tibetern wie anderen vornehmlich ländlichen ethnischen Minderheiten am Temperament oder an der Übung fehlt, die für einen leidenschaftlichen Glauben an die Utopie der Moderne erforderlich sind, wie das postmaoistische China sie verspricht – einen am Konsum ausgerichteten Lebensstil in städtischen Zentren. Da die Tibeter zu einem umfassenden Umbau ihres öffentlichen und privaten Lebens gezwungen werden, sind sie auch zu einer unbeugsameren Verteidigung ihrer kulturellen und religiösen Identität gezwungen – eine verbreitete Erscheinung in asiatischen Ländern, die im 19. Jahrhundert Modernisierungsbewegungen nach westlichem Vorbild ausgesetzt waren.

Mobiles Kapital, multinationale Konzerne und digitale Kommunikation, welche in ihrem Zusammenspiel die transnationalen Netzwerke der Eliten hervorbringen, tragen gleichfalls zur Neuausrichtung »mittelalterlicher« und anderer scheinbar anachronistischer Identitäten bei. Tatsächlich sind die vertieften und sich wechselseitig verstärkenden Verbindungen zwischen kosmopolitischem Globalismus und den quasi-provinziellen Meutereien ethnischer und religiöser Minderheiten zutiefst charakteristisch für unsere Zeit.

Dasselbe galt für die Ambivalenzen und Widersprüche der Moderne, die opportune Gegensätze zwischen Demokratie und Autoritarismus auflösten. Die Tibeter, so wurde mir klar, teilen ihre Misere mit Bauern und Stammesangehörigen in Indien, die zwar in der größten Demokratie der Welt leben, aber mit einer mörderischen Achse aus Politikern, Geschäftsleuten und Militärs zu kämpfen haben.

Die folgenden Seiten beschreiben einen komprimierten Prozess der Selbstbildung, insbesondere in China, verwirklicht durch reale Reisen, aber auch durch geistige Ausflüge in Politik, Geschichte und Literatur. Ich besaß keinen institutionellen Kompass, und meine frühen, zufällig gewählten Reiseführer waren groß an Zahl, vielfältig und meist erratisch. China und seine Nachbarländer beherbergten und beherbergen zahlreiche Träumer, von dem Kulturgegner Walter Spies bis hin zu den heutigen Easy-Ridern im Rising-Asia-Zug: Sie beschreiben vornehmlich ihre eigenen Phantasien von persönlicher

Macht und sozialem Status, ihren Wunsch, sich der scheinbar universalisierenden und homogenisierenden westlichen Geschichte anzuschließen oder daraus auszutreten.

Selbst intellektuell anspruchsvollere Reiseschriftsteller sind unfähig, ihre zufällig erworbenen Vorurteile hinter sich zu lassen. Ob nun im Blick auf Yoga, den Islam oder die Japaner – sowohl V.S. Naipaul als auch Arthur Koestler behaupteten mit wechselnder literarischer Kraft, dass der Westen am besten sei. Und Claude Lévi-Strauss, der solche naiven westlichen Vorstellungen selbstbewusst zurückwies, erschrak in *Traurige Tropen* vor dem angeblich Malthusianischen Schicksal Asiens, einer »Vision unserer eigenen Zukunft, die dort bereits Wirklichkeit geworden ist«, und erlag dann in seinen späteren Jahren einer simplen Japanophilie. Der im Blick auf Japan äußerst scharfsinnige Roland Barthes brachte im Blick auf China nur Banalitäten zustande. Rabindranath Tagore, Amitav Ghosh und Rahul Sankrityayan, die eine sehr schwache indische Tradition des Schreibens über Ost- und Südostasien wettmachen, sind da weitaus anregender. Nach Jahrzehnten der Beschränkungen und einer strammen Verbreitung abgestandener Klischees aus dem Kalten Krieg erlebt der ausländische Journalismus in China nun ein Goldenes Zeitalter. Donald Richie, Ian Buruma und Pico Iyer haben Japans »Andersartigkeit« geschickt entschlüsselt. Ost- und Südostasien sind auch die Region, in der Giganten der modernen Geisteswissenschaften wie Jonathan Spence, Benedict Anderson, Clifford Geertz und James C. Scott sich umgesehen haben. Dennoch taugen breite Übersichtsdarstellungen und grobkörnige Geschichten durch Außenstehende allenfalls zu einer ersten Orientierung.

Es bedarf anderer Anstrengungen, um das innere Leben einer Gesellschaft zu erspüren – dazu gehören Zufallsgespräche und Zufallslektüren wie auch strukturiertes Reisen. Wie sich zeigt, ist kaum etwas wichtiger, als bei den Debatten – und Streitigkeiten – über Politik und Kultur zuzuhören, die nicht für ausländische Ohren bestimmt sind. Die Schriften indonesischer Denker und Schriftsteller wie Soedjatmoko und Goenawan Mohamad, des Chinesen Wang Hui oder der Japaner Takeuchi Yoshimi und Karatani Kojin eröffneten Perspektiven, die sich in den Darstellungen von Ausländern nicht finden lassen. Und in der Literatur wie auch im Film Ostasiens erwarteten mich gleichfalls anregende Offenbarungen.

Im größten Teil meines Erwachsenenlebens bin ich darin ausgebildet worden, das eigene Ich und die Welt durch eine vornehmlich westliche und südasiatische Brille wahrzunehmen. Durch die Romane von Kenzaburō Ōe oder die Filme von Hou Hsiao-hsien entdeckte ich neue Zusammenhänge und Ähnlichkeiten. Die Erfahrung der Orientierungslosigkeit in der neuen Welt, die Japan machte, als es sich schon früh und mit mancherlei Verwirrung in der Zielsetzung modernisierte, gab vielen asiatischen Schriftstellern, Künstlern und Denkern das Muster vor. Mir wurde klar, dass die Verwirrungen und Dilemmata der entwurzelten jungen Männer und Frauen bei R. K. Narayan in Natsume Sosekis Romanen *Sanshiro* und *Kokoro* präziser vorweggenommen worden waren als in irgendeinem Text von Italo Svevo und Thomas Mann; dass Naruse Mikios Film *Wenn eine Frau die Treppe hinaufsteigt* die Dilemmata indischer Mittelschichtfrauen aus meinem Bekanntenkreis ebenso direkt ansprach wie Satyajit Rays *Mahanagar*; und dass Kalkutta mehr mit dem halbkolonialen Shanghai und Tokio der 1920er und 1930er Jahre gemeinsam hatte als mit Dublin.

Diese Entdeckung neuer Symmetriebeziehungen half mir, die Vertrautheit mit dem Land aufzubrechen, in dem ich die meiste Zeit meines Lebens gelebt und über das ich das meiste geschrieben hatte. Wenn wir uns fremden Ländern aussetzen, bewirkt das eine Entfremdung vom Alltag; es relativiert, was wir an uns selbst für einzigartig halten – die politischen Prozesse, die kulturellen Normen. Dennoch war ich überrascht, wie dramatisch meine Reisen den Bezugsrahmen erweiterten, auf den sich mein Denken über Indien lange Zeit beschränkt hatte. Die folgenden Texte über einige entscheidende Phasen in der zeitgenössischen Geschichte Ostasiens sind vor allem ein Versuch, die Dinge bifokal zu sehen: eine Studie über China und seine Nachbarn, deren Ausgangs- und Endpunkt unvermeidlich Indien darstellt.

Deshalb enthält dieses Buch mehr ungewöhnliche Gegenüberstellungen und Kontraste als farbige Darstellungen und Aufzählungen exotischer Fakten. Zugleich bemüht es sich um eine sorgfältige Distanz zu dem instrumentellen Weltbild, das man bei außenpolitischen Fachleuten, Sicherheitsexperten und Finanzanalysten findet. Schließlich beschreibt es eine Welt, in der großartige unilineare Visionen – wonach Verbesserungen der Technologie, der Bildung, des Unternehmertums und der Produktivität uns alle zu einer Konvergenz mit Wohlstand und Stabilität westlichen Stils führen werden – immer fadenscheiniger wirken. Wahlen bedeuten noch keine funktionierende Demokratie oder gar politische Stabilität, freie Märkte haben nicht zu größerer Freiheit, bessere Bildungschancen und Kommunikationsmöglichkeiten nicht zu mehr Toleranz und Menschenrechten geführt. Stattdessen erleben wir politisches Chaos, gierige Unternehmen, eine Verschlechterung des Klimas, fremdenfeindlichen Nationalismus und Völkermord in großem Maßstab. Die angeblich universellen Gesetze des Fortschritts, wie sie in jüngster Zeit von aalglatten Davos-Leuten verbreitet werden, haben sich wieder einmal als Schein erwiesen.

Aber das Leben geht weiter, wie es immer weitergegangen

ist, trotz der fehlgeleiteten Rationalität der Wissenschaft, der Märkte und des Staates – und das auf unerwartete Weise. Das zeigt sich auf unterschiedliche Art bei den Japanern mit ihrer »Post-Wachstums-Ökonomie«, bei den Tibetern mit ihrer Abwendung von der »Entwicklung« und ihrer erneuten Hinwendung zum Glauben an ihren wiedergeborenen spirituellen Führer und bei den Indonesiern mit ihrer Präferenz für eine Regierung »von unten nach oben«. Jeder Versuch, das neue Asien zu verstehen, muss solche tiefverwurzelten Unterschiede anerkennen, die unterhalb der oberflächlichen Einheit liegen, wie sie von Verfechtern des Nationalismus oder der Globalisierung behauptet wird. Über dem Zusammenstoß unmenschlicher Ideologien mit dem gewöhnlichen menschlichen Leben lauert das Phantom alternativer Geschichten, die nicht sind, aber sein könnten, und alternativer Lebens- und Denkweisen, die möglicherweise eine Zukunft haben. Das jedenfalls waren die Verlockungen des Ostens – die sagenhaft vielgestaltigen Arten des Menschseins und die Entschlossenheit vieler Menschen, sie zu bewahren –, als ich mich auf den Weg machte, um mein privates Tibbat zu finden.

Astana
RUSSLAND
Irkutsk
KASACHSTAN
Aralsee
Balchaschsee
USBEKISTAN
Ulaanba
Kharkhorin
(Karakorum)
Bischkek
Taschkent
KIRGISISTAN
Urumqi
(Urumtschi)
MONGOLEI
Gobi
Duschanbe
TADSCHIKISTAN
Kaschgar
AFGHANISTAN
Große Mauer
Kabul
(pak.)
Aksai Chin
Islamabad
(ind.)
Gelber
Lanzhou
(Lantschou)
Dharamsala
Tibet
(Autonome Region)
PAKISTAN
Mashobra
Himalaya
Tibetische Hochebene
CHINA
Indus
Neu-Delhi
Lhasa
Chengdu
NEPAL
Yangtsekiang
Chon
(Tschu
Kathmandu
BHUTAN
Yamuna
Ganges
Dhaka
Kolkata
(Kalkutta)
Mumbai
(Bombay)
INDIEN
BANGLA-
DESH
MYANMAR
Hanoi
Hyderabad
Pyinmana
(Naypyidaw)
Vientiane
LAOS
Rangoon
THAILAND
Chennai
(Madras)
Golf von Bengalen
Mekong
Bangkok
KAMBODSCHA
Andamanen
(ind.)
Phnom
Penh
SRI LANKA
Colombo
Golf von
Thailand
Nikobaren
(ind.)
MALEDIVEN
Äquator
M A L A
Kuala Lumpur
SINGAPU
I N D I S C H E R
O Z E A N
Sumatra
Jakarta
0
500
1000 km

RUSSLAND
Sachalin
Iturup
Hokkaido
Harbin
Wladiwostok
Japanisches Meer
Shenyang
Honschu
DVR KOREA
Tokio
Pjöngjang
JAPAN
Tianjin
Seoul
REP. KOREA
Gelbes Meer
Nagasaki
Kyuschu
Shanghai
PAZIFISCHER OZEAN
Ost-chinesisches Meer
Okinawa
Taipeh
TAIWAN
Hongkong
Guam
Luzón
Manila
Karolinen
PHILIPPINEN
Palawan
Sulusee
Mindanao
Äquator
Celebessee
PAPUA-NEU-GUINEA
Neuguinea
Seram
Sulawesi (Celebes)
Bandasee
Bali
Flores
TIMOR-LESTE (OSTTIMOR)
AUSTRALIEN

# ERSTER TEIL

## Ein Trommelwirbel für die Moderne

# Eine Erziehung der Gefühle in Shanghai

## 1.

Am 24. April 1924 traf Rabindranath Tagore zu einer Vortragsreise durch China in Shanghai ein. Kurz nachdem er 1923 den Nobelpreis für Literatur erhalten hatte, war er zu einer internationalen Berühmtheit auf dem Gebiet der Literatur geworden und hielt vor vollen Häusern Vorträge in aller Welt, von Argentinien bis nach Japan. Seine Botschaft – wonach die auf dem Kult des Geldes und der Macht basierende moderne Zivilisation zutiefst destruktiv sei und der Mäßigung durch die spirituelle Weisheit des Ostens bedürfe – fand Anklang bei vielen Menschen im Westen, die der Erste Weltkrieg gezwungen hatte, ihren Glauben an Wissenschaft und Fortschritt in Frage zu stellen. Aber als er auf seinen Reisen durch den Osten die Asiaten ermahnte, ihre traditionelle Kultur nicht aufzugeben, wurde er oft durch Zwischenrufe gestört und ausgebuht.

Auch in Japan wurde Tagores Warnung vor der »besonderen Begeisterung für Fortschritt und Kraft des Westens« 1916 meist verächtlich zurückgewiesen. Doch in China traf sein Lob der spirituellen Traditionen Asiens auf den heftigsten Widerstand. Der Dichter Qu Qiubai, der Buddhismus studiert hatte, bevor er sich dem Kommunismus zuwandte, fasste den allgemeinen Tenor der Aufnahme Tagores in China mit den Worten zusammen: »Vielen Dank, Herr Tagore, aber wir hatten schon zu viele Konfuziusse und Menziusse in China.« Nach wiederholten Angriffen durch aggressive Fragen war Tagore gezwungen, seine Vortragsreise abzubrechen.

In den Jahren nach dem Ersten Weltkrieg war China eines der größten und schwächsten Länder der Erde. In den vorangegangenen Jahrzehnten hatten westliche Mächte und ein im Aufstieg begriffenes Japan dem Land mehrfach ungleiche Verträge und hohe Entschädigungszahlungen aufgezwungen. Doch wie Qu Qiubai forderten führende Intellektuelle wie Chen Duxiu, Herausgeber der radikalen Zeitung *Neue Jugend* und Mitbegründer der Kommunistischen Partei Chinas, eine vollständige Abkehr von der chinesischen Tradition. Sie wollten, dass China durch den Einsatz westlicher Methoden zu einer starken, durchsetzungsfähigen Nation wurde, und bewunderten Besucher wie Bertrand Russell und John Dewey, deren Glaube an Wissenschaft und Demokratie den Weg zu Chinas Rettung zu weisen schien.

Dieser intellektuelle Konsens war schon früh in der modernen Geschichte Chinas entstanden. In einem Umfeld nationaler Erniedrigung und Schande aufgewachsen, war die erste Generation der reformorientierten Intellektuellen, zu der auch Kang Youwei (1858–1927) und Liang Qichao (1873–1929) gehörten, einhellig der Auffassung, dass China einer Modernisierung bedurfte, und dies mit oder ohne Beteiligung der Mandschu-Kaiser. Nach dem verheerenden Boxeraufstand von 1898 bis 1900, als westliche Mächte und Japan einen Volksaufstand gegen die äußere Einmischung in chinesische Angelegenheiten niederschlugen, bemühten sich selbst die wankelmütigen Mandschus um Reformen nach westlichem Vorbild. Sie schafften die traditionellen Prüfungen für den Beamtenstand ab, gründeten moderne Schulen und schickten chinesische Studenten ins Ausland. Tausende junger Chinesen kamen erstmals mit Naturwissenschaften, Technik, Medizin, Rechtswesen, Wirtschaft, Erziehung und militärischen Fertigkeiten des modernen Westens in Berührung, und sowohl in China als auch in der chinesischen Diaspora schossen Vereinigungen aus dem Boden, die sich der Modernisierung Chinas verschrieben.

Der Zusammenbruch der Mandschu-Herrschaft 1911 und die Gründung der Republik China erweckten den Anschein, als könnte dies den politischen und wirtschaftlichen Wandel Chinas beschleunigen, doch an die Stelle der Mandschu-Herrscher traten Warlords, die weite Teile des Landes in Gewalt und Chaos stürzten. Japan erhob weiterhin meist unsinnige Ansprüche auf chinesisches Territorium, und am 4. Mai 1919 kam es in Beijing zu gewalttätigen Protesten von Studenten, nachdem die alliierten Mächte den Japanern auf der Pariser Friedenskonferenz die vormals von den Deutschen gehaltenen Territorialrechte in Kiautschou zugesprochen hatten.

Die Proteste waren der Anfang der »Bewegung des 4. Mai«, einer Explosion intellektueller Energie in China, in der sich eine Überzeugung herauskristallisierte, die zahlreiche Chinesen teilten und die heute noch Politik und Kultur des Landes prägt: dass China die Fesseln der Tradition abstreifen und sich dringend modernisieren müsse, um eine starke, selbstbewusste Nation zu werden. Für die Generation des 4. Mai waren die egalitären Ideale der Französischen und Russischen Revolution und der wissenschaftliche Geist, der die Grundlage der industriellen Macht des Westens bildete, ganz selbstverständlich einer verknöcherten chinesischen Kultur überlegen, die Tradition über Innovation stellte und China in Rückständigkeit und Schwäche festhielt. 1924 war kaum jemand von ihnen bereit, einem scheinbar jenseitigen Dichter aus Indien zuzuhören, der sich über die Probleme der modernen westlichen Zivilisation und die Tugenden des alten Asien ausließ.

## 2.

In den 1920er und 1930er Jahren lebten die meisten modernen chinesischen Intellektuellen und Schriftsteller in Shanghai, der am stärksten verwestlichten Stadt Chinas, deren Buchhandlungen Zeitschriften wie *Harper's, The Dial* und *Vanity Fair* neben Übersetzungen von Joyce und Woolf und anderen modernen Autoren anboten. Obgleich die Stadt seit der Mitte des 19. Jahrhunderts von westlichen Geschäftsleuten dominiert wurde, schienen ihre Theater, Tanzpaläste, Cafés, Rennbahnen, importierten Autos und Buchhandlungen jungen Chinesen zahlreiche Chancen zu bieten, sich selbst zu erfinden. Der junge Held des klassischen Romans *Die umzingelte Festung* von Qian Zhongshu, der 1937 nach ein paar Jahren in Europa nach China zurückkehrt, bemerkt sarkastisch: »Shanghai ist auf kulturellem Gebiet ganz sicher Avantgarde. Dass Schülerinnen sich ihr Gesicht anmalen und zukleistern, um Männer anzuziehen, findet man selbst im Ausland nur selten.«

Dennoch war es sicher nicht leicht, ein westlich orientierter Intellektueller in einer Stadt wie Shanghai zu sein, wo Chinesen in den sogenannten Internationalen Konzessionen gezwungen waren, getrennte Aufzüge zu benutzen, in ausländischen Clubs nur als Gäste geduldet wurden und zu den meisten modernen Krankenhäusern keinen Zugang hatten. Die große japanische Präsenz in der Stadt dürfte eine noch größere Qual gewesen sein. Viele chinesische Intellektuelle sahen in Japan ein Beispiel dafür, wie ein asiatisches Land stark oder sogar unangreifbar werden konnte, wenn es im industriellen Wachstum und den militärischen Fähigkeiten mit dem Westen gleichzog. Die in China erhältliche westliche Literatur war größtenteils aus dem Japanischen ins Chinesische übersetzt worden, und viele führende Schriftsteller und Aktivisten wie Lu Xun und Sun Yat-sen hatten lange in Japan gelebt. Zugleich aber waren die chinesischen Autoren täglich konfrontiert mit ständig zunehmenden Beweisen für die bösen Absichten Japans gegenüber China.

Die Chinesen, die auf eine persönliche Befreiung durch den Westen oder Japan hofften, konnten den politischen und wirtschaftlichen Verfall ihres Landes unmöglich übersehen. Aber wie der Literaturkritiker Shumei Shih darlegt, vermieden es Romanschriftsteller in den 1920er und 1930er Jahren lieber, die demütigenden Aspekte einer ausländischen Präsenz in China zu behandeln, für die Shanghai mit seinen rassistischen und ausbeuterischen Geschäftsleuten, Opiumhändlern und Missionaren das herausragende Beispiel darstellte. Da viele chinesische Intellektuelle inzwischen den Ehrgeiz entwickelt hatten, als den westlichen Intellektuellen ebenbürtig angesehen zu werden, empfanden sie außerdem Verachtung für ihre entschieden rückwärtsgewandten und von Armut heimgesuchten Kollegen. C. T. Hsia, der erste große Englisch schreibende Kritiker der modernen chinesischen Literatur, meinte dazu:

> Vielleicht waren sie in jüngeren Jahren stolz auf China gewesen, aber dieser Stolz hatte sich in eine offen masochistische Anerkennung ihrer, wie sie meinten, auf allen Gebieten anzutreffenden Unterlegenheit verwandelt. Angewidert von Zöpfen, gebundenen Füßen und Opium – den greifbaren Symbolen für die Rückständigkeit Chinas –, schämten sie sich gleichfalls für ihre Kunst, ihre Literatur, ihre Philosophie und ihr Volkstum.

Da kann es kaum überraschen, dass Lu Xun, ein leidenschaftlicher Kritiker der traditionellen chinesischen Kultur, sich angesichts solcher inneren Konflikte wie viele andere chinesische Autoren dem Marxismus zuwandte. Andere wie Shao Xunmei, ein Dichter, der die Gedichte und Zeichnungen Aubrey Beardsleys herausgegeben hatte und kurze Zeit der Geliebte der für den *New Yorker* schreibenden Schriftstellerin Emily Hahn gewesen war, scheinen ihre ambivalente Einstellung durch ein kosmopolitisches Dandytum kompensiert zu haben.

Auch heute, viele Jahrzehnte später, ist die Frage, wie China modern werden sollte, immer noch ungelöst – trotz oder vielleicht sogar wegen der langen Jahre der Isolation vom Westen, die Mao Zedong dem Land auferlegte. Die beliebte dokumentarische TV-Serie *Fluss-Elegie* (1988), die die chinesische Tradition als dem Untergang geweiht darstellte und China in wenig schmeichelhafter Weise mit dem Westen verglich, brachte die Empfindungen vieler gebildeter Chinesen zum Ausdruck. In weiten Teilen der 1980er und 1990er Jahre waren chinesische Intellektuelle, die sich gerade erst von den Exzessen der Kulturrevolution erholten, einhellig der Auffassung, dass eine rasche politische und kulturelle Verwestlichung China von seiner feudalen Vergangenheit befreien könne – ein Konsens, der durch die Ermordung unbewaffneter Demonstranten 1989 auf dem Tiananmen-Platz zwar erschüttert, aber nicht gebrochen werden konnte.

Seit einigen Jahren jedoch beklagen junge konservative Nationalisten eine in ihren Augen unkritische chinesische Übernahme einer dekadenten westlichen Konsumorientierung. Im Wissen um ihr ideologisches Vakuum versuchte das kommunistische Regime in den 1990er Jahren, Konfuzius als Quelle von Werten wiederzubeleben. Und in jüngster Zeit verweisen Schriftsteller und Wissenschaftler, die einer »neuen Linken« zugeordnet werden, auf die gewaltigen Kosten der lange hinausgezögerten Integration Chinas in die moderne Weltwirtschaft – wachsende soziale Ungleichheit, soziale Unruhen und Umweltschäden.

Chinas Romanze mit der modernen Welt schien bereits sehr bitter geworden zu sein, als Qian Zhongshu Anfang der 1940er Jahre in seinem Roman *Die umzingelte Festung (Fortress Besieged)*, der weithin als eines der Meisterwerke der chinesischen Literatur des 20. Jahrhunderts gilt, über den wirkungslosen verwestlichten Intellektuellen schrieb. Die brutale japanische Invasion 1937 – die Bombardierung Shanghais und der Überfall auf Nanjing – und die offensichtliche Gleichgültigkeit des Westens gegenüber dem Leid der Chinesen hatten das Bild der kulturellen und politischen Vorbilder Chinas getrübt. Die Desillusionierung hinsichtlich der zerstrittenen Führer des republikanischen China – des Nationalisten Chiang Kai-shek, der Warlords und der Kommunisten – war gleichfalls gewachsen. Die »Bewegung Neues Leben«, eine Kampagne, die Chiang Kai-shek 1934 begonnen hatte, um China durch die Verpflichtung der Massen auf die vier traditionellen Tugenden – Höflichkeit, Integrität, Selbstachtung und Rechtschaffenheit – moralisch zu erneuern, schien angesichts der offenkundigen Brutalität und Korruptheit des nationalistischen Regimes nicht mehr als leere Rhetorik zu sein.

Der Drang der Bewegung des 4. Mai, vom Westen zu lernen, verkam zu einem leeren Ritual. Qians Protagonist, der siebenundzwanzigjährige Fang Hung-chien, sagt dazu:

> Weißt du, heutzutage ist ein Auslandsstudium wie ein Titel in den kaiserlichen Examina. [...] Ebenso will man mit einem Auslandsstudium nicht seine Bildung vertiefen, sondern seine Komplexe loswerden.

So strengt sich denn auch Fang als Student in Europa möglichst wenig an und kauft einen falschen Doktortitel von einer nichtexistenten amerikanischen Universität namens Clayton, um seiner Familie zu gefallen. Zu Beginn des Romans kehrt Fang nach China zurück, nachdem er ein paar Jahre auf Kosten seiner Verwandten untätig im Ausland verbracht hat, und in dem Jahr, in dem wir ihm nun durch China folgen, scheint er bestens ausgerüstet, um die eigene Unaufrichtigkeit und Anmaßung wie auch die anderer verwestlichter Chinesen zu beobachten.

Da er nicht weiß, was er will, gelingt es ihm, die beiden modernen Frauen, denen er den Hof macht, zu verprellen. In Shanghai begegnet er einem Dichter, der in Cambridge studiert hat und dessen mit zahlreichen Anmerkungen versehenes modernistisches Gedicht »Sündiger Salat« Anspielungen auf Werke von T. S. Eliot, Leopardi, Franz Werfel und anderen enthält. Fang begegnet auch einem selbsternannten Philosophen, der schmeichlerische Briefe an berühmte westliche Denker schreibt und von sich behauptet, mit »Bertie« Bertrand Russell persönlich befreundet zu sein:

> »Kennen Sie Russell gut?«
>
> »Wir sind gewissermaßen Freunde, er respektiert mich und hat mich gebeten, ihm bei der Lösung gewisser Fragen zu helfen.« Der Himmel war Zeuge, daß Chu Shenming dabei nicht aufschnitt. Russell hatte sich tatsächlich bei ihm erkundigt, seit wann er in England sei, welche Pläne er habe, wieviel Stück Zucker er in den Tee nähme und ähnliche Fragen, die nur er selbst beantworten konnte.

Ein wohlhabender chinesischer Manager einer amerikanischen Firma, der in Fang einen potentiellen Ehemann für seine Tochter erblickt, garniert seine Rede mit, wie er meint, amerikanischen Ausdrücken, während er dem Gast seine Porzellansammlung zeigt:

> »*Sure*, sehr wertvoll, *plenty of dough*. […] Wenn ich manchmal ausländische *friends* einlade, nehme ich diese große Kangxi-Platte mit farbiger Unterglasur als *salad dish*. Die Gäste finden das sehr romantisch, und auch das Essen schmeckt ein bißchen *old-time*.«

Die tieferen Leidenschaften hinter den Sehnsüchten der Neureichen zeigten sich indessen im Bücherschrank der Tochter des Geschäftsmanns, wo Fang neben Heften von *Reader's Digest* und dem Filmbuch zu *Vom Winde verweht* auch ein Buch mit dem Titel *How to Gain a Husband and Keep Him* entdeckt. Bei einer anderen jungen Frau, die sich für Fang interessiert, wird klar, dass eines ihrer Gedichte das Plagiat eines alten deutschen Volkslieds darstellt.

Fang empfindet Shanghais moderne Fassade als falsch, doch in seiner Heimatstadt ist er sogar in noch höherem Maße ein Außenseiter. Seine Familie umschmeichelt ihn, aber er versucht sich ihrer Bemühungen zu erwehren, eine Ehe für ihn zu arrangieren:

> Er hatte immer die »modernen« Kleinstadtmädchen gehaßt, mit ihrem veralteten Schick und ihrer unbeholfenen Verstädterung. Sie glichen aufs Haar dem ersten europäischen Anzug, den ein chinesischer Schneider nach einem abgetragenen, ausländischen Modell angefertigt und bei dem er sogar die Flicken auf Hose und Ärmel mitkopiert hatte.

Am Ort verehrt man ihn wegen seines Studiums in Europa und bittet ihn, einen Vortrag über das Thema »Der Einfluß der westlichen Kultur in der chinesischen Geschichte und deren kritische Wertung« zu halten. Sein altmodischer Vater drängt ihm zur Vorbereitung dieses Vortrags ein paar chinesische Bücher auf, in denen unter anderem behauptet wird, die Chinesen

»hätten einen ›viereckigen‹, aufrichtigen Charakter, daher hielten sie die Erde für ein Viereck; die Ausländer dagegen besäßen einen ›runden‹, hinterlistigen Charakter, daher behaupteten sie, die Erde sei rund«. Und Fang scheint mehr als nur ein persönliches Gefühl der Bedeutungslosigkeit und des Scheiterns zum Ausdruck zu bringen, wenn er seinem verwunderten Kleinstadtpublikum erklärt: »Trotz jahrhundertelangen Austauschs mit dem Ausland werden nur zwei westliche Errungenschaften im chinesischen Volk ewigen Bestand haben: Opium und Syphilis.«

Die japanische Besetzung Shanghais setzt seiner Trägheit vorübergehend ein Ende und zwingt ihn, das Stellenangebot einer im Hinterland geschaffenen Universität anzunehmen. In klapprigen Bussen und auf Booten unternehmen Fang und seine Begleiter eine, wie sich zeigt, epische Reise durch Provinzen, in denen das Chaos des Kriegs und der Flüchtlingsströme herrscht. Ihre Kämpfe mit niederen Beamten, Prostituierten und Gastwirten inspirieren den Autor zu einigen der komischsten Szenen des Romans. Hier sitzen sie in einer typischen Absteige und überlegen, ob sie das Fleisch essen sollen, das ihnen als geräucherter Schinken angeboten wird:

> Der Kellner nahm zu ihrer Erbauung ein rabenschwarzes, fetttriefendes Ding vom Haken und murmelte unentwegt: »Eine Delikatesse!« Dabei lief ihm das Wasser im Mund zusammen, und er schien Angst zu haben, der fette Brocken könnte unter den lüsternen Gästeblicken zusammenschrumpfen. Eine Made erwachte aus ihrem fetten Schlummer und begann sich zu räkeln. Herr Li erkannte sie sofort und war angeekelt. Mit gespitzten Lippen gab er der Made von weitem ein Zeichen seines Mißfallens und rief: »Frechheit!« Der Kellner tippte zart auf die weißlich-weiche fette Masse, wobei sein Finger auf der das Fleisch bedeckenden Staub-

schicht eine schwarzglänzende Spur hinterließ – wie eine nagelneue Asphaltstraße. »Es ist nichts!« behauptete er.
Der erboste Gu fragte ihn ununterbrochen: »Denkst du, wir sind blind?«

»Das ist die Höhe«, riefen alle im Chor […], was den Wirt auf den Plan brachte. Inzwischen hatten zwei weitere Maden den Lärm gehört und streckten wißbegierig die Köpfe raus. Der Kellner, dem es nicht länger möglich war, »die Leiche zu vernichten und die Spuren zu tilgen«, wiederholte nur stereotyp: »Wenn ihr es nicht eßt, essen es andere … ich zum Beispiel, ich zeige es euch …«

Der Wirt nahm die Pfeife aus dem Mund und dozierte: »Das sind keine Maden, das hat nichts zu sagen. Das sind Fleischsprossen – *Fleischsprossen.*«

Die moderne Satire benötigt eigentlich als Hintergrund eine relativ stabile Gesellschaft mit klaren Verhaltensregeln. Die Gesellschaftskomödien von Evelyn Waugh, die Qian bewunderte, verdanken ihre Kraft den geordneten Konventionen des edwardianischen England. Das China, das Qian kannte, war dagegen von Gewalt und Unordnung geprägt und erschwerte dem Romancier die Arbeit.

Der 1910, ein Jahr vor dem Zusammenbruch der Mandschu-Dynastie, geborene Qian studierte an der angesehenen Tsinghua-Universität in Beijing und anschließend in Oxford. Er war nicht nur ein großer Kenner der klassischen chinesischen, sondern auch der griechischen, lateinischen, englischen, deutschen, französischen, spanischen und italienischen Literatur. Seine Bildung bewahrte ihn in den vielen schwierigen Zeiten seines Lebens vor der Verzweiflung.

Als er 1937 aus Europa mitten in den Krieg nach China zurückkehrte, musste er wie sein Protagonist Fang und tatsächlich wie Millionen von Menschen aus den von Japan angegriffenen oder besetzten Küstengebieten tief ins chinesische Landesinnere flüchten. Er lehrte an einer improvisierten Universität in Kunming, der Hauptstadt der in Südwestchina gelegenen Provinz Yunnan, bevor er 1941 nach Shanghai zurückkehrte, wo damals ein mit den Japanern kollaborierendes Regime herrschte. Dort lehrte er und schrieb bis zum Ende des Kriegs – unter anderem einen großen Teil des Romans *Die umzingelte Festung*.

Qian misst seine Figuren an einem persönlichen ästhetischen Maßstab, da alle übrigen Normen zusammengebrochen sind. In seiner eleganten und scharfsinnigen Art bezeichnet Jonathan Spence im Vorwort zur Neuausgabe von *Fortress Besieged* Flauberts *Erziehung der Gefühle* als möglichen Einfluss. Gewiss findet sich bei Qian unter seiner überschießend komödiantischen Ader etwas von Flauberts melancholischem Verständnis des Lebens als einer Abfolge verpasster Chancen auf Glück.

Er teilt auch Flauberts scharfen Blick für bourgeoisen Betrug und Selbstbetrug wie auch dessen Verachtung für Plattitüden über menschlichen Fortschritt. So bemerkt Fang einmal:

> »Die Ungebildeten werden betrogen, weil sie *nicht* lesen können, und die Gebildeten, *weil* sie lesen können. Man betrügt sie mit Druckerzeugnissen wie deiner Propagandazeitung oder dem Lehrmaterial, mit dem du dein Beamtenkorps heranbildest.«

In einer halbgebildeten Gesellschaft, die intellektuelle Leistung an akademischen Graden misst, florieren Betrüger und Betrug. Fang entdeckt, dass der Direktor seines Fachbereichs an der Universität ebenfalls einen Doktor der nichtexistenten Universität Clayton besitzt. Der Mann behauptet auch, Aufsätze in der *Saturday Review of Literature* veröffentlicht zu haben, aber in Wirklichkeit hatte er lediglich im Anzeigenteil der Zeitschrift eine Kleinanzeige geschaltet. (»Junger Chinese, Hochschulbildung, möchte Chinaforschern assistieren, geringes Honorar.«)

Niemand war indessen sicherer im Umgang mit Floskeln als der Rektor der Universität, der »das gesamte Wissen der drei Fakultäten und zehn Fachrichtungen ›durchforscht‹« hatte, »wobei das ›durch‹ sich auf die ›Durchfahrt‹ eines Schnellzuges bzw. auf ›Durchfall‹ bezog, d. h. einige Floskeln fanden den direkten ›Durchgang‹ von seinem Ohr zu seinem Mund, ohne den lästigen Aufenthalt im Gehirn«. Bei einer Feier der »Literatur-Gesellschaft« rief er seine Zuhörer dazu auf, sie sollten

> werden wie »Indiens Tagore, Englands Shakespeare, Frankreichs ... äh ... Frankreichs Russell (er sprach es wie Rüssel aus und meinte Rousseau), Deutschlands Goethe, Amerikas ... die Zahl der amerikanischen Schriftsteller ist Legion.« Ging er am dritten Tag zur Begrüßung neuer Mitglieder in den Physikclub, beschränkte er sich mangels einer Atombombe darauf, das Wort »Relativitätstheorie« mehrfach in den Saal zu donnern, so daß Einstein am anderen Ende des Ozeans bestimmt die Ohren klangen und er niesen mußte. Im Gespräch mit dem Militärtrainer dagegen benutzte er das eine oder andere Mal auch das Wort »Scheiße«.

Fang beschließt, eine »Kapazität« zu werden, nachdem er entdeckt hat: »Während man beim Doktorgrad seine Lehrer beschwindelt, beschwindelt man im Unterricht seine Studenten.« Er beteiligt sich an diversen Intrigen in seinem Fachbereich, doch es gelingt ihm nicht, seine Stellung zu sichern. Bevor er die Universität verlässt und nach Shanghai geht, treibt er in eine Verlobung mit einer jener neurotischen modernen Frauen, denen er im Roman immer wieder begegnet. Er liebt sie nicht, aber offenbar bedarf es zur Heirat keiner sonderlich großen Liebe.

> Einander nicht zu verachten reichte als Grundlage für eine Ehe. […] In dem dumpfen Zustand, in dem er sich gerade befand, bildeten seine Gefühle keine Belastung für seinen Verstand, und das war ihm recht.

Diese schon mit so geringen Aussichten begonnene Verbindung ist vollends dem Untergang geweiht, als sie in Shanghai der Boshaftigkeit der Verwandten von Fang und seiner Frau ausgesetzt ist. Nun beginnt Fang in der Ehe eine belagerte Festung zu sehen: Die draußen sind, wollen hinein, und die drinnen sind, wollen hinaus.

Qians Erzählung besitzt eine Stendhal'sche Frische, die es ihr ermöglicht, rasch vom Humorvollen zum Intellektuellen und Emotionalen überzugehen. Man erkennt deutlich die Stufen, über die ein schwacher, aber guter Mensch wie Fang seine Überzeugungen verliert und in Unaufrichtigkeit und Falschheit abrutscht. Bemerkenswert für einen komischen, pikaresken Roman enthält *Die umzingelte Festung* viel Psychologie, vor allem im letzten Teil, den Jonathan Spence zu Recht »eine der besten Beschreibungen des Zerfalls einer Ehe« nennt, »die jemals in irgendeiner Sprache geschrieben worden ist«.

So heißt es dort, als Fang nach einem Streit mit seiner Frau das Haus verlässt:

> In seinem Kopf wirbelten die Gedanken wie Schneeflocken im Nordwind. Er ging ohne Ziel, seine Schatten wurden von den unermüdlichen Straßenlaternen weitergereicht. Ein anderes Selbst schien zu sagen: »Es ist alles aus«, worauf seine wirren Gedanken sich plötzlich auf einen Punkt konzentrierten und ihn Traurigkeit überfiel. Auf einmal schmerzte seine linke Backe und fühlte sich feucht und klebrig an – er hielt es für Blut. Obwohl der Schreck ihm weiche Knie verursachte, beruhigte es ihn auch irgendwie. Doch als er unter einer Laterne an sei-

nen Fingern keine Blutspuren feststellte, merkte er, daß er weinte.

Manche Leser könnten jedoch enttäuscht sein von einem langen Roman, dessen Hauptfigur es zu gar nichts bringt. Diesen Lesern sei gesagt, was einst die Shanghaier Schriftstellerin Eileen Chang auf die Kritik Fu Leis, eines wichtigen Literaturkritikers der 1940er Jahre, antwortete, wonach ihre Erzählungen und Romane die nationalistisch und politisch engagierten Ideale der früheren Literatur der Bewegung des 4. Mai vermissen ließen:

> Meine Erzählungen und Romane [...] sind mit zweideutigen Gestalten bevölkert. Sie sind keine Helden, aber sie gehören der Mehrheit der Menschen an, die tatsächlich die Last der Zeit zu tragen haben. So zweideutig sie auch sein mögen, nehmen sie ihr Leben doch ernst. Es mangelt ihnen an Tragik; sie haben nur Verzweiflung. [...] Obwohl sie nur schwache und gewöhnliche, zu Heldentaten unfähige Menschen sind, können doch gerade solche gewöhnlichen Menschen besser als Helden den Maßstab der Zeiten bilden.

Das Schrumpfen der Wahlmöglichkeiten, das Gefühl persönlichen Scheiterns und der Zwang zu Kompromissen, die Qian im Leben seiner Figuren wahrnahm, waren zum Teil auch sein eigenes Schicksal – und das von Millionen Chinesen. Qian entschied sich, im kommunistischen China zu bleiben, und obwohl er Mao in einer Anthologie klassischer chinesischer Dichtung zitierte, die er 1958 herausgab, behaupteten seine Kritiker, er wäre nicht marxistisch genug. Während der Kulturrevolution schickte man ihn und seine Frau zur Landarbeit in eine Kommune. Vom Deng-Regime »rehabilitiert«, erhielt Qian die Erlaubnis zu Auslandsreisen und veröffentlichte wissenschaftliche Arbeiten, aber keinen weiteren Roman mehr. Er starb 1998.

Der Roman *Die umzingelte Festung* wurde in China 1980 erneut aufgelegt und diente angesichts seiner Beliebtheit 1990 als Grundlage für eine Fernsehserie. Der Grund für seinen fortdauernden Erfolg ist leicht nachzuvollziehen. Die Erinnerung an das vorkommunistische China und vor allem an die halbkoloniale Welt Shanghais wird in Literatur und Film unserer Zeit ausgiebig wachgehalten, so auch in der chinesischen Fernsehfassung des Romans, die das Phantasiebild eines verlorenen Arkadiens zeichnet.

Viele chinesische Leser des Romans finden dessen Figuren und Themen jedoch auch im heutigen China wieder. Während das immer noch in weiten Teilen arme Land unter einem dem Namen nach kommunistischen Regime voranstürmt in Richtung eines Kapitalismus und einer Konsumorientierung westlicher Prägung, zwingt es seiner Bevölkerung nicht nur viele psychische Konflikte und Spannungen auf, sondern bringt auch eine ungewöhnlich große Zahl an Spießbürgern, Plagiatoren und Profitmachern hervor.

Der Drang gebildeter Chinesen nach Geld und Ruhm mag einem Außenstehenden jämmerlich erscheinen. Doch Qian lehnte es ab, seine Figuren zu verurteilen, und behandelte sie sogar mit Sympathie. Auch Fang erweckt beim Leser den Eindruck ernsthaften moralischen Strebens. Sein Scheitern hat etwas Edles und Bewegendes.

Vielleicht ist er ein frühes Beispiel eines Typs, den wir auch aus anderen Werken der Literatur des 20. Jahrhunderts kennen. Thomas Mann, Italo Svevo, Saul Bellow und andere haben zu beschreiben versucht, wie der moderne westliche Intellektuelle, Produkt einer reichen bürgerlichen Gesellschaft, darum kämpfte, die Lehren seiner umfassenden Bildung auf sein privates Leben anzuwenden. Doch Fangs moralische Verwirrung scheint ihre Ursache weniger in seinen persönlichen Unzulänglichkeiten oder einem Übermaß an Hedonismus und Materialismus zu haben als im amorphen Charakter seiner Gesellschaft. Darin ähnelt er eher den ziellosen Kleinstadtfiguren in den Romanen von R.K. Narayan oder dem gelangweilten Beamten in Upamanyu Chatterjees *English, August: An Indian Story* (1988) als den Helden der Romane und Erzählungen von Italo Svevo oder Philip Roth.

Seine Dilemmata sind alles andere als privat und gehören zu einer größeren Welt, in der schwierige politische, ökonomische und moralische Fragen erst noch gelöst werden müssen. Chinas chaotische jüngere Geschichte sorgt dafür, dass diese Fragen dem Land auch weiterhin nachgehen. Als ein eigenständiges, aufschlussreiches und unterhaltsames Werk der Literatur findet der Roman *Die umzingelte Festung* Resonanz aufgrund seines weiten und bedeutsamen Hintergrunds, den das im Übergang befindliche China bildet – ein Übergang, der immer noch nicht abgeschlossen zu sein und noch ungewisser zu werden scheint, während gebildete Chinesen, endlich von der Tradition befreit, mit dem zweideutigen Versprechen der modernen Welt kämpfen.

# Die Hungerjahre

Von 1876 bis 1879 starben in Nordchina dreizehn Millionen Menschen während der »Unglaublichen Hungersnot«, wie man sie später nannte. Es war eine von vielen schlimmen Katastrophen, die in diesem Jahrzehnt auf der ganzen Erde durch extreme Wetterbedingungen ausgelöst wurden. Nach Ansicht des in britischem Besitz befindlichen *North China Herald*, einem einflussreichen Sprachrohr der in Shanghai versammelten westlichen Geschäftsleute und Unternehmer, war die Hungersnot jedoch ein Beweis für die Torheit des Big Government – in diesem Fall der Staatsverwaltung des Qing-Reichs. Eine fatale Gleichgültigkeit der Chinesen gegenüber Wissenschaft, der Eisenbahn und vor allem gegenüber der Laissez-faire-Ökonomie trage die Schuld an der Katastrophe. Die Hungersnot und die zahllosen Toten in China seien indessen nicht »vergebens« gewesen, hieß es im Leitartikel des *Herald*, wenn sie die chinesische Regierung veranlassten, ihre paternalistischen Eingriffe in die Gesetze des »privaten Unternehmertums« aufzugeben.

Vergessen war die Tatsache, dass während der Hungersnot in Madras 1877 mehr als zwölf Millionen Menschen gestorben waren, obwohl Indien von seinen britischen Herrschern mit Eisenbahnen und einem freien Getreidemarkt ausgestattet worden war, oder dass Irland während der Großen Hungersnot dreißig Jahre zuvor unter der britischen Herzlosigkeit gelitten hatte, die noch von der Ideologie des Laissez-faire verstärkt wurde. Der *Herald* beklagte die »antiquierte Bildung«

der Chinesen und beschrieb die heroische Gestalt, die China aus seiner Not erretten könne: »Der Mann, den China heute wie in seiner Frühzeit braucht, ist ein patriotischer Ingenieur …, unbeirrbar und energisch …, mit gebieterischer Kraft und Entschlossenheit«. Es dauerte nicht lange, da bekam China solch einen in großen Linien denkenden, unbeirrbaren »patriotischen Ingenieur«. Sein Name war Mao Zedong, und seine ahnungslose Schwärmerei für die Zeichen und Symbole des modernen Fortschritts – gigantische Projekte und ökonomische Statistiken – verursachte eine Hungersnot, die selbst die Unglaubliche Hungersnot in den Schatten stellte. Die Große Hungersnot von 1958–1962 soll mehr als dreißig und möglicherweise sogar fünfundvierzig Millionen Menschen das Leben gekostet haben. Zwei neue Bücher beschreiben auf der Grundlage bislang ungenutzter Quellen die hartnäckigen Täuschungen und Grausamkeiten des Mannes, der unter anderem glaubte, wenn Hunderte Millionen von Chinesen in ihren Hinterhof-Schmelzöfen Stahl erzeugten, könnte China die industrielle Produktion der westlichen Länder übertreffen. *Grabstein* (2012) von dem chinesischen Journalisten Yang Jisheng ist die erste große chinesische Darstellung der Ursachen und Folgen dieser Hungersnot. *Mao: die Biographie* (2014), von Alexander V. Pantsov und Steven I. Levine, zeigt aufgrund von Quellen aus russischen Archiven sehr viel deutlicher als bisher, dass diese scheinbar beispiellose Geschichte grausamer Torheit im 20. Jahrhundert, dem Zeitalter ideologischer Auswüchse, nicht ohne Vorläufer war.

Die Sowjetunion gehörte zu den ersten »unterentwickelten« Ländern, in denen nationale Führer mit pseudowissenschaftlichen Visionen sozialer und wirtschaftlicher Ingenieurskunst unermessliches Leid über ihre Gesellschaften brachten. In den frühen 1920er Jahren gingen die Bolschewiken als stärkste Kraft aus einem verheerenden Bürgerkrieg und einer Invasion westlicher Mächte hervor und drängten entschlossen auf eine Industrialisierung ihres Landes als ersten Schritt auf dem Weg zum Kommunismus. Mangels ausländischer Investitionen kam es darauf an, für die Industrialisierung ausreichend Kapital aus landwirtschaftlichen Überschüssen zu gewinnen, und anfangs experimentierten die Bolschewiken, teilweise erfolgreich, mit einem freien Markt im Bereich der Landwirtschaft und mit Privateigentum. Doch 1929 beschloss Stalin, den erhofften Aufstieg der Sowjetunion zu einer Industriemacht durch eine Zwangskollektivierung der Landwirtschaft zu beschleunigen. Bauern, die Widerstand leisteten – zum Beispiel indem sie ihr Vieh schlachteten oder sich weigerten, die Felder zu bestellen –, wurden rücksichtslos vernichtet. Der Zoll an menschlichem Leid war gewaltig – Millionen von Bauern, davon viele in der Ukraine, wurden ermordet oder verhungerten. Mitte der 1930er Jahre hatte der Stalinismus gesiegt. Die kollektivierte Landwirtschaft war nun fester Bestandteil des sowjetischen Lebens, und die Sowjetunion wurde zu einem industrialisierten Land. Ihre scheinbar unbegrenzten Fähigkeiten, die militärische Hardware zu produzieren, die erforderlich war, um ihren fürchterlichen Krieg gegen Nazideutschland zu führen – und zu gewinnen –, waren ein Beweis für ihren Erfolg.

In China beobachteten in den 1920er und 1930er Jahren nur wenige Stalins brutale, aber wirkungsvolle Ingenieurleistungen so intensiv wie Mao Zedong, damals ein ruheloser junger Mann, der sich gerade zum Kommunismus bekehrt hatte. Wie viele Chinesen, die ihren Weg durch die Ruinen des Qing-Reichs suchten, war Mao der Überzeugung, dass China wie zuvor die Sowjetunion zu einem mächtigen Nationalstaat werden müsse, um die Anfeindungen des imperialistisch-kapitalistischen Westens zu überleben. Bei diesem Projekt war die Sowjetunion für China ganz unverzichtbar – zunächst als brüderlicher Vorreiter und dann als ideologisches Gegenstück. Pantsovs und Levines Quellensuche in sowjetischen Archiven ergab, dass die Kommunistische Partei Chinas seit ihrer Gründung 1921 dringend auf die Bereitstellung von Geld, Expertise und ideologischer Führung durch die Sowjetunion angewiesen war. Sie zeigte auch in überwältigender Detailfülle, dass Maos katastrophales »Konzept eines besonderen chinesischen Entwicklungswegs«, wie Pantsov und Levine schreiben, nur im »nachstalinistischen Klima entstehen« konnte.

1949 errang Mao den Sieg in dem langwierigen Bürgerkrieg gegen die von Chiang Kai-shek geführten und von den Amerikanern unterstützten Nationalisten und begann wenig später mit der »Stalinisierung« Chinas. Er benutzte Stalins Werkzeugkasten – Zwang und Propaganda – zum Aufbau eines starken Staates mit einer Einheitspartei, einer loyalen Armee und einem zudringlichen Mikromanagement des Lebens aller Bürger. Von nun an sagte der Staat den Chinesen, wo sie leben, arbeiten und studieren sollten und wie viele Kinder sie haben durften. Die Sowjets boten Vorbilder für alles, von der Stadtplanung über Arbeitslager bis hin zur Stärkung der körperlichen Leistungsfähigkeit. Und sowjetische Experten waren zur Stelle und überwachten, wie Mao Landreformen durchführte, das Privateigentum abschaffte, kritische Intellektuelle zum Schweigen brachte, die städtische von der ländlichen Bevölkerung absonderte und Säuberungsaktionen stalinistischer Prägung gegen Konterrevolutionäre und Großbauern durchführte.

Wie die sowjetische, so musste auch die chinesische Führung zunächst durch erhöhte landwirtschaftliche Erträge Kapital akkumulieren, das sie in eine umfassende Industrialisierung investieren konnte. Doch anders als Stalin stieß Mao auf vergleichsweise geringen Widerstand gegen sein Kollektivierungsprogramm. Außerdem waren die ersten Modernisierungsbemühungen der Volksrepublik China erstaunlich erfolgreich. Die industrielle und landwirtschaftliche Produktion schoss in die Höhe – die jährliche Wachstumsrate lag in den frühen 1950er Jahren bei nahezu 18 Prozent. Auf dem Lande gewann die Partei eine Basis bei den bäuerlichen Nutznießern der Bodenreform. (Die Liebe zu Mao in der ländlichen Bevölkerung war einer der Gründe für das sonderbare Ausbleiben öffentlicher Unzufriedenheit während der späteren Hungersnot.) Das gesellschaftliche Klima verbesserte sich durch Massenkampagnen gegen Prostitution, arrangierte Ehen und den Opiumkonsum. Die Verbesserung des Bildungs- und des Gesundheitswesens verliehen China einen bleibenden Vorsprung gegenüber anderen postkolonialen Ländern einschließlich Indien.

Doch Chinas »patriotischer Ingenieur« war nicht zufrieden. Er meinte gegenüber seinem Leibarzt: »Wenn ich sage, ›lernt von der Sowjetunion‹, müssen wir von der Sowjetunion doch nicht auch noch lernen, wie man scheißt oder pisst, oder?« Mao fühlte sich in intellektueller Hinsicht unsicher, war er doch erst nach langen, erbitterten Kämpfen gegen besser gebildete, von der Sowjetunion unterstützte Parteiführer an die Macht gelangt. Die unausgeglichene und dennoch unvermeidliche chinesische Beziehung zur Sowjetunion war ihm schon immer ein Dorn im Auge gewesen. Stalins Tod 1956 und Nikita Chruschtschows Abrechnung mit Stalin 1956 halfen Mao endlich, sich aus dieser Abhängigkeit zu befreien. Der Sozialismus in China sollte »mehr, schneller, besser« aufgebaut werden, als selbst Stalin es sich hätte vorstellen können. Unter Einsatz des größten Vorzugs des Landes – der billigen und in Massen verfügbaren Arbeitskräfte – sollte China den »Großen Sprung nach vorn« vollziehen und die landwirtschaftliche wie auch die industrielle Produktion verdoppeln und sogar verdreifachen.

Pantsov und Levine schreiben: »Mao hatte keine konkreten Pläne für den Großen Sprung.« Er wiederholte nur immer wieder die Beschwörungsformel: »Wir können England in fünfzehn Jahren einholen.« Tatsächlich diskutierten weder Experten noch das Zentralkomitee über »Maos großen Plan«, wie Yang Jisheng in *Grabstein. Die große chinesische Hungerkatastrophe 1958–1962* zeigte. Der chinesische Präsident und Vorreiter des Maokults Liu Shaoqi billigte den Plan, und aus einer überheblichen Phantasie wurde, wie Yang schreibt, »die leitende Ideologie der Partei und des Staates«.

Zahllose absurde Pläne wie eine engere Aussaat zur Erzielung größerer Ernteerträge kamen auf, während aus Lautsprechern das Lied dröhnte: »Wir werden England überholen und Amerika einholen.« Mao suchte ständig nach Möglichkeiten, die weltweit größte Bevölkerung produktiv einzusetzen: Bauern mussten die Felder verlassen und stattdessen Wasserreservoire und Bewässerungskanäle bauen, Brunnen bohren und Flüsse ausbaggern. Yang schreibt, da diese Projekte »ohne jeden wissenschaftlichen Ansatz durchgeführt wurden, erwiesen viele sich als bloße Verschwendung von Arbeitskraft und Ressourcen«. Aber es fehlte nicht an unterwürfigen Funktionären, die bereit waren, noch die unklarsten Befehle des Vorsitzenden auszuführen, unter ihnen auch Liu Shaoqi. Beim Besuch einer Kommune 1958 schluckte Liu die Behauptung lokaler Funktionäre, durch die Düngung von Süßkartoffelfeldern mit Hundefleischbrühe ließen sich die Ernteerträge steigern. »Dann sollten Sie Hunde aufziehen«, riet er ihnen. »Hunde lassen sich leicht züchten.« Liu wurde schnell zum ausgewiesenen Experten für die Verdichtung der Bepflanzung und machte den Vorschlag, die Bauern sollten zum Jäten der Setzlinge Pinzetten benutzen.

Die Katastrophe, die sich nun entfaltete, folgte weitgehend dem von der Sowjetunion vorgegebenen Muster. Im Rahmen des als »Volkskommunen« bezeichneten Experiments nahm man der ländlichen Bevölkerung das Land, die Werkzeuge, das Getreide und selbst die Kochgeräte und zwang sie, in Gemeinschaftsküchen zu essen. Yang bezeichnete dieses System als die »organisatorische Grundlage der Großen Hungersnot«. Maos Plan, alle in Kollektiven zusammenzufassen, zerstörte nicht nur die uralten Familienbande; er brachte Menschen, die ihren privaten Boden traditionell nutzten, um Nahrung anzubauen, Kredite abzusichern und Kapital zu generieren, in eine hilflose Abhängigkeit von einem immer unbeholfeneren und gefühlloseren Staat.

Wegen schlecht geplanter Projekte wie der Erzeugung von Stahl in Hinterhöfen mussten Bauern die Felder verlassen, was zu einem scharfen Rückgang der landwirtschaftlichen Produktivität führte. Unter Anleitung und vielfach auch unter dem Zwang übereifriger Parteifunktionäre meldeten die neuen Volkskommunen gefälschte Zahlen bezüglich der Getreideernte, und auf der Grundlage dieser übertriebenen Zahlen begann der Staat, zwangsweise Getreide anzukaufen. Tatsächlich waren die staatlichen Getreidespeicher schon bald voll – während der gesamten Hungersnot blieb China ein Nettoexporteur von Getreide –, aber in ländlichen Regionen fanden die meisten Menschen nicht genug zu essen. Den Bauern, die an Bewässerungsprojekten arbeiteten, erging es nicht besser. Sie wurden »wie Sklaven behandelt«, schreibt Yang, »und der Hunger, verschärft durch die schwere Arbeit, kostete viele das Leben«. Wer Widerstand leistete oder zu schwach zum Arbeiten war, wurde von Parteikadern geschlagen, und viele wurden zu Tode gefoltert.

Yang Jishengs Vater gehörte zu den mehreren zehn Millionen

Menschen, die damals verhungerten. Yangs Buch ist eine späte Hommage, ein dauerhafter »Grabstein im Herzen« eines Sohnes, dessen Trauer über den Tod des Vaters seiner Treue zur Partei dennoch keinen Abbruch tat. Yang pries den Großen Sprung nach vorn sogar in einer Zeitung, die er in der Schule herausgab. Als Yang zu Beginn der Kulturrevolution an der angesehenen Tsinghua-Universität studierte, erfuhr er auch von anderen Opfern der Hungersnot. In den folgenden fünfunddreißig Jahren vertiefte er sein politisches Wissen als Reporter der staatlichen Nachrichtenagentur Xinhua; in dieser Zeit erstattete er im Geheimen auch politischen Führern in Beijing Bericht über so sensible Themen wie Korruption und Straflosigkeit in Staatsverwaltung und Partei - eine Rolle, die höheren chinesischen Journalisten häufig zugewiesen wird. Aber erst die Tötung unbewaffneter Demonstranten am Tiananmen-Platz 1989 habe ihm »all die Lügen der vergangenen Jahrzehnte aus dem Gehirn gewaschen«.

Eine von Yangs aufschlussreichsten Fallstudien handelt von der Stadt Xinyang in der Provinz Henan, in der bei einer Gesamtbevölkerung von mehr als acht Millionen insgesamt eine Million Menschen Maos Experimenten zum Opfer fielen. Wie in vielen Teilen Chinas führten dort übertriebene Meldungen von Ernteerträgen und der aggressive Zwangsankauf von Getreide durch den Staat zu massenhaftem Hunger. Nach Aussage eines von Yangs Zeugen lagen im Frühjahr 1960 auf Straßen und Feldern Leichen, vom Frost steif gefroren und gekrümmt, oft mit Löchern in Gesäß und Schenkeln, wo Fleisch herausgerissen worden war. Die Überlebenden machten Hunde für diese Verstümmelungen verantwortlich, aber die Hunde waren längst aufgegessen worden. In Wahrheit überlebten viele Menschen diesen und den nächsten Winter nur, weil sie von den Toten aßen, oft sogar von Angehörigen der eigenen Familie.

Die Hungersnot ist in China bis heute ein Tabuthema. Das offizielle, absurd großzügige Urteil über Maos Taten lautet, dass sie »zu 70 Prozent richtig, und zu 30 Prozent falsch« gewesen seien. Es ist unwahrscheinlich, dass Yangs Buch, das dieses beruhigende Verhältnis umkehrt, in der Volksrepublik China veröffentlicht wird. (Die chinesische Ausgabe ist in Hongkong erschienen.) Yang musste seine Nachforschungen über die Große Hungersnot verdeckt anstellen und gab vor, die Geschichte der chinesischen Getreideproduktion zu erforschen. Dabei halfen ihm zahlreiche andere – Journalisten mit nützlichen Kontakten, Bevölkerungswissenschaftler, die unter erheblichen Gefahren korrekte Zahlen ermittelten, und Archivare aus der Provinz, die einem alten Genossen einen Gefallen tun wollten. Die englischen, französischen und deutschen Übersetzungen sind zwar eine gekürzte Fassung, aber dennoch oft überwältigend in ihrer Detailfülle und Analyse. Dennoch übertrifft *Grabstein* alle bisherigen Chroniken der Hungersnot mit Leichtigkeit. Das Buch gehört zu den besten Insiderdarstellungen der internen Funktionsweise der Partei in dieser Zeit und zeichnet ein unvergleichliches Bild der sozioökonomischen Ingenieursbemühungen innerhalb eines rigiden ideologischen Rahmens.

Als man Mao über die Katastrophe in Xinyang unterrichtete, machte er »Konterrevolutionäre« und eine »skrupellose Klassenrache« durch Chiang Kai-sheks Nationalisten (seine alten Rivalen, die sich inzwischen nach Taiwan zurückgezogen hatten) dafür verantwortlich. Jemand musste bestraft werden, und obwohl Mao vor der Todesstrafe zurückschreckte – er habe »nie einen Bezirkssekretär der Partei getötet«, behauptete er –, wurden die dortigen Funktionäre verhaftet und bestraft. Yang bezeichnet das Ergebnis als »offensichtlich ungerecht«: Lokale Funktionsträger wurden bestraft, während es von der

Zentralregierung, die diese fatale Politik formuliert und durchgesetzt hatte, weiterhin hieß, sie habe »richtig und glorreich« gehandelt. Mehr als die heutigen Führer Chinas war Mao der Nutznießer eines weitverbreiteten Glaubens an die Weisheit und edlen Absichten der Zentralregierung. In *Grabstein* erscheint Mao als ein patriotischer, aber größenwahnsinniger, grausam rachsüchtiger und zutiefst unfähiger Mann. Yang weiß, dass Mao ein »totalitäres Regime« führte, aber er vermeidet die einfältige westliche Darstellung Maos als eines Hitlers des Ostens.

Yang interessiert sich eher für die Mängel innerhalb der politischen Organisation, die zu der Hungersnot führten. Er schreibt: »Zu der Großen Hungersnot kam es im Rahmen eines Systems, das für lokale Funktionäre Anreize schuf, die Produktionsziffern zu übertreiben, während das Staatsmonopol Anreize zur Steigerung der Produktion lähmte.« Yang zitiert die Kritik vieler Parteimitglieder wie Bo Yibo (Vater von Bo Xilai, dem kürzlich in Ungnade gefallenen Parteisekretär der Stadtprovinz Chongqing). Mao war nicht vollkommen frei von Selbstkritik und erwies sich immer wieder als scharfsinniger Beobachter der Schwächen des Systems. In einer internen Parteimitteilung räumte er 1959 ein: »Viele Fehler haben ihre Ursache in der Schaumschlägerei, dem Druck und den Belohnungen durch die obere Ebene, die den unteren Ebenen keine Alternativen lassen.«

*Grabstein* berichtet auch von faszinierenden Fällen, bei denen lokale Funktionäre Anordnungen der Zentralregierung ignorierten oder abänderten. Anfang 1961 konterkarierte der Parteichef der Provinz Anhui, Zeng Xisheng, der durch seinen Eifer für die Durchsetzung der hohen Ankaufziele Tausende zu einem vorzeitigen Tod verdammt hatte, mutig Maos Kollektivierungsprojekt, indem er Land an einzelne Haushalte verpachtete. Diese auf gesundem Menschenverstand basierende Idee kam ihm, als er von einem dreiundsiebzigjährigen Bauern hörte, der zusammen mit seinem tuberkulosekranken Sohn und nur mit einer einzigen Schaufel ein Stück Land in den Bergen bebaute. Nachdem der Mann eine reiche Ernte eingefahren hatte, konnte er sich selbst ernähren und den Getreideüberschuss an den Staat verkaufen. Mao ermunterte Zeng, mit den sogenannten »Selbstverantwortungsfeldern« zu experimentieren. »Versuchen Sie es«, sagte er angeblich. »Wenn es nicht funktioniert, üben Sie Selbstkritik. Wenn es gut funktioniert ..., wird das großartig sein.«

Zengs Experiment, das in mutigem Widerspruch zu Maos Kollektivierungsphantasie stand, erwies sich als erfolgreich, und Anhui gehörte zu den ersten Provinzen, die sich 1962 von der Hungersnot erholten. Aber inzwischen fühlte Mao sich verunsichert, weil Liu Shaoqi und andere offen die Fehler der von der Partei verfolgten Politik eingestanden. Anfang 1962 sprach Liu, der sich in der Schuldzuweisung eindeutig um ein akzeptables Verhältnis bemühte, von »dreißig Prozent Natur, siebzig Prozent Mensch«. Später im selben Jahr besaß er die Kühnheit, dem Vorsitzenden zu sagen: »Die Geschichte wird die Rolle aufzeichnen, die Sie und ich beim Hungertod so vieler Menschen gespielt haben, und auch der Kannibalismus wird im Gedächtnis bleiben.« Mao, der vor solcher Kritik zurückschreckte, wollte nun wieder seine ideologische Unfehlbarkeit hervorkehren und zur alten Methode zurückkehren – der offensichtlich wahren Methode des Kommunismus.

Zeng ignorierte ihn trotz der Anschuldigung mancher Maoisten, er bemühe sich um eine »bürgerliche Restauration«. Doch Ende 1962 hatte der ideologische Druck von oben seine Neuerung wieder weitgehend eliminiert. Wie viele andere für das Leid der Massen verantwortliche Parteifunktionäre wurde er später in der Kulturrevolution dem Zorn der Opfer ausgesetzt. Nach einem brutalen Verhör und öffentlicher Demütigung wurde er von Roten Garden ermordet. Aber seine Bemühungen hatten noch ein weiteres Nachspiel. Als Deng Xiaoping China 1978 in die Marktwirtschaft führte, so schreibt Yang, »war der Anteil der Selbstverantwortungsfelder in Anhui im Landesdurchschnitt am höchsten, und sie wurden schließlich auf das ganze Land ausgedehnt.«

Yangs auf akribischer Forschung basierendes Buch bringt viele aufschlussreiche Details dieser Art ans Licht; sie bestätigen seine Darstellung, wonach es ab den 1950er Jahren in der Kommunistischen Partei Chinas einen anhaltenden Kampf zwischen Pragmatikern und Idealisten (oder genauer: Ideologen) gab, wobei Letztere die Mao-Fraktion bildeten. In Yangs Augen bietet diese grobe Unterscheidung auch ein nützliches Mittel zur Erklärung der chinesischen Entwicklung nach Mao: »Um eine Krise zu vermeiden, hat die pragmatische Fraktion nach Maos Ableben China auf den Weg der Öffnung und der Reformen gebracht.«

Nach der maoistischen Generation Deng Xiaopings trat eine neue Generation von Technokraten, fast alle mit einem Ingenieursabschluss, in den Vordergrund. Entschlossen, den »unwissenschaftlichen Ansatz« ihrer Vorgänger zu vermeiden, und tief beeinflusst vom Beispiel Singapurs, trugen diese politischen Führer zum Aufbau der gigantischen Infrastruktur – Flughäfen, Autobahnen, Hochgeschwindigkeitszüge – bei, die das rasche Wirtschaftswachstum des Landes untermauern. Der Aufstieg dieser Technokraten und der zugehörige Niedergang der Ideologen komplizieren die verbreitete Vorstellung, China sei ein »totalitärer« Staat, der keine andere Möglichkeit habe, als sich in eine Demokratie zu verwandeln. Wie Yangs

Buch zeigt, besaß die Partei selbst während einer Katastrophe, die von einem zutiefst undemokratischen System und einem fanatischen Ideologen verursacht wurde, ein gewisses Maß an Dissens, Improvisation und Pragmatismus. Das wirft Fragen auf hinsichtlich des undurchsichtigen und kaum verstandenen Einparteiensystems, das jetzt von Maos Erben verwaltet wird. Wie hat es die Lektionen der von Mao verschuldeten Katastrophen verarbeitet? Yangs Darstellung der Kommunistischen Partei China (deren Mitglied er immer noch ist) wirft sogar noch lebenswichtigere Fragen auf. Wie ist es China gelungen, an vielen Merkmalen des Mao-Regimes festzuhalten – an einer auf Zwang basierenden inneren Sicherheit, an der Kontrolle strategischer Industriezweige, an Zensur und staatlicher Propaganda – und dennoch den Übergang zu einer Marktwirtschaft zu vollziehen? Und wie lange kann eine dem Namen nach kommunistische Partei an dem Anspruch festhalten, ein weitgehend kapitalistisches Land zu regieren?

Gewiss, mit maoistischen Massenkampagnen und ideologischer Indoktrinierung scheint die Partei gebrochen zu haben. Seit den 1980er Jahren versucht sie, ihre Legitimation bei der unruhigen chinesischen Bevölkerung wiederzuerlangen, indem sie verspricht, durch eine vom Markt angetriebene Wirtschaft Wohlstand zu schaffen. Die Kommunistische Partei, einst eine Domäne der Bauern und Fabrikarbeiter, zieht heute reiche Geschäftsleute und Angehörige der Mittelschicht an, und entsprechend hat sie an ideologischem Zusammenhalt verloren. In regelmäßigen Abständen kündigen ihre Führer wie etwa 2006 so grandiose Projekte wie den »Aufbau des Sozialismus auf dem Lande« an. Doch eine so altmodische Rhetorik klingt hohl in einem Staat, in dem korrupte »Prinzlinge« oder Söhne hoher Parteiführer wie Bo Xilai sich ungestraft bereichern, während es im ganzen Land zu Protesten der städtischen Arbeiterschaft und enteigneter Bauern kommt. Der chinesische Wissenschaftler Minxin Pei fasste in seinem Buch *China's Trapped Transition: The Limits of Developmental Autocracy* (2006) die orthodoxe Ansicht zusammen und erklärte, das gegenwärtige technokratische Regime in China könne »keine breiten gesellschaftlichen Koalitionen zur Durchsetzung ihrer Politik und zum Schutz ihrer selbst mehr zusammenbringen«.

Der folgerichtige Ausweg aus der Sackgasse scheint eine auf Wahlen basierende Demokratie zu sein, und Yang ist – ganz im Einklang mit den Axiomen der Modernisierungstheorie – der Überzeugung, dass die Marktwirtschaft in China eine solide Grundlage für ein »demokratisches politisches System« darstelle. Aber es ist keineswegs sicher, ob die chinesischen Nutznießer des Wachstums oder dessen Opfer (vertriebene Bauern und ausgebeutete städtische Arbeiter) bereit sind, die politische Bewegung zu schaffen, die für einen Wechsel zur repräsentativen Demokratie erforderlich wäre.

Die Probleme und Herausforderungen, vor denen die Partei steht – die gerade ihren alle zehn Jahre fälligen Personalwechsel vorgenommen hat –, verdecken leicht deren bemerkenswerte Dauerhaftigkeit. Die Partei, die sich rasch an das Zeitalter des privaten Konsums angepasst hat, versucht nicht länger, das persönliche Leben der Chinesen lückenlos zu kontrollieren. Sie hat erstaunliche dreiundachtzig Millionen Mitglieder, die von maoistischen Hardlinern und patriotischen Studenten bis hin zu Shanghaier Bankern und Kritikern wie Yang Jisheng reichen. Weder das Blutbad am Tiananmen-Platz und der weltweite Zusammenbruch kommunistischer Regime 1989 noch die angeblich Zehntausenden Proteste seither haben die wirtschaftliche Modernisierung Chinas sonderlich verzögert. Sebastian Heilmann und Elizabeth J. Perry, zwei Experten für chinesische Politik, schreiben in ihrer Einleitung zu der Aufsatzsammlung *Mao's Invisible Hand: The Political Foundations of Adaptive Governance in China* (2010), anders als die Sowjetunion und viele andere kommunistische Staaten habe China »die Krise von 1989 nicht nur samt seinem intakten Einparteiensystem überlebt«; es sei dem Land auch gelungen, in der Zeitspanne einer einzigen Generation »eine wirtschaftliche und soziale Transformation … erstaunlichen Ausmaßes herbeizuführen«.

Heilmann und Perry behaupten erstaunlicherweise: »Ein Großteil der Erklärung dieser einzigartigen Leistung liegt in der kreativen Anpassung zentraler Elemente des revolutionären Erbes Chinas.« Offenbar ist Politik für die technokratischen Herrscher im heutigen China gleichbedeutend mit unablässiger Veränderung, Improvisation und Ad-hoc-Anpassung – eine »Politik im Stil der Guerilla«, die durch »Geheimhaltung, Flexibilität, Geschwindigkeit und Überraschung« gekennzeichnet sei.

Dieser Pragmatismus, der »eine dezentrale Initiative innerhalb des Rahmens zentralisierter politischer Macht« fördert, trägt auch zur Erklärung von Erscheinungen bei, die ansonsten widersprüchlich wirken. Auf der einen Seite der Aufstieg Zhao Ziyangs in den 1980er Jahren, ehemals Generalsekretär der Partei und eine Zeitlang als Nachfolger Deng Xiaopings gehandelt, der mehrere versöhnliche Gesten in Richtung der demonstrierenden Studenten auf dem Tiananmen-Platz machte; auf der anderen Seite die erstaunliche Karriere Bo Xilais, der einen maoistischen Kult um seine Person aufbaute und offenbar freie Hand zu einer Reihe »dezentralisierter Initiativen« populistischen Zuschnitts erhielt. Aber seit Mao versuchen chinesische Politiker, von denen viele selbst unter der Anarchie der Kulturrevolution zu leiden hatten, sich vor einem

Übermaß an Ideologie, Personenkult und Populismus zu hüten. So kann es auch immer wieder zu einer überraschenden und unbarmherzigen Ausschaltung von Gegnern kommen, die der Aufrechterhaltung der zentralisierten Macht dient. Deng Xiaoping schickte am Ende Panzer, um die Lage auf dem Tiananmen-Platz zu bereinigen, und der plötzlich an den Rand gedrängte Zhao Ziyang verbrachte den Rest seines Lebens – immerhin fünfzehn Jahre – unter Hausarrest. Eine weitaus härtere Strafe traf den entschieden maoistischen – aber offenbar dreist korrupten – Bo Xilai. Er wurde im September 2013 der Korruption für schuldig befunden, seiner Ämter enthoben und zu einer lebenslangen Haftstrafe verurteilt. Sein gesamtes Vermögen fiel an den Staat.

Zu den raschen Improvisationen des chinesischen Regimes scheinen auch periodische und sorgfältig kontrollierte Ausbrüche eines nahezu xenophoben Nationalismus der Massen zu gehören. Offenbar von Beijing gebilligte und sogar geförderte antijapanische Ausschreitungen und Proteste, wie sie kürzlich auf chinesischen Straßen zu erleben waren, dienen als Entlastungsventil für politisch unzufriedene Massen. Obwohl von Korruptionsskandalen gebeutelt und von einem verlangsamten Wirtschaftswachstum bedrängt, haben führende chinesische Politiker – Männer mit gleichförmig finsterer Miene und gefärbtem Haar – nicht auf konventionellere Formen der Sicherung ihrer Legitimität in den Augen einfacher Chinesen verzichtet. Während Chinabeobachter wie besessen über den Sturz Bo Xilais und den Aufstieg Xi Jinpings, eines weiteren Prinzlings, spekulieren, ist die größere, wenn auch weniger aufregende Story, die gegenwärtig aus China kommt, nach Ansicht der *Financial Times* der offenkundige Erfolg der Kampagne für den »Sozialismus auf dem Lande«, eines Versuchs, die Lebensbedingungen auf dem Lande zu verbessern. 2006 befreite die Regierung die Landwirtschaft von sämtlichen Steuern und Abgaben (womit sie eine zweitausendjährige Tradition beendete) und steckte sechs Billionen Yuan (etwa 820 Milliarden Euro) in die Infrastruktur – nahezu dieselbe Summe wie Obamas Konjunkturprogramm von 2009. Das führte dazu, dass 95 Prozent der chinesischen Dörfer heute über Straßen, Elektrizität, fließendes Wasser, Erdgas und Telefon verfügen. Fast alle Chinesen besitzen heute eine die Grundversorgung gewährleistende Krankenversicherung, während dies 2003 nur 30 Prozent gewesen waren.

Aus westlicher Sicht verweist die langjährige Allgegenwart Bo Xilais, bevor er in Ungnade fiel, auf eine tiefgreifende Fäulnis innerhalb des politischen Systems Chinas. Es ist eine verlockende Annahme, die Führer der Partei würden wie die Despoten der arabischen Welt wohl kaum die unvermeidliche Revolution der steigenden Erwartungen innerhalb einer globalisierten Wirtschaft überleben. Aber es ist gleichermaßen denkbar, dass unsere Fixierung auf eine scheinbar zerstrittene und korrupte Parteiführung und die wachsende soziale Unruhe die Beständigkeit des chinesischen Einparteiensystems verdeckt – wie ja einst die westliche Fixierung auf die strahlenden Reformen Michail Gorbatschows in den 1980er Jahren die innere Schwäche der Sowjetunion verdeckte. Die alte Ansicht, die ein befremdlich autoritäres China in das Vorzimmer einer Demokratie westlicher Prägung verweist, bedarf ganz sicher der Überprüfung.

Auch Yang Jisheng äußert sich zutiefst zwiespältig zu den Aussichten der Demokratie in China. Er beginnt *Grabstein* mit der zuversichtlichen These, der Tag ihrer Ankunft in China sei »nicht mehr fern«. Siebenhundert Seiten später hat er seine Meinung geändert und erklärt, das werde »noch sehr lange«

dauern. Yangs Äußerungen klingen wie ein Echo auf die Skepsis der chinesischen Elite nach Mao hinsichtlich ungeduldiger patriotischer Ingenieure in China. Er mahnt, man müsse sich »denen in den Weg stellen, die überstürzt und übereilt gegen das alte System vorgehen wollen, denn genau sie könnten es sein, die einer neuen Despotie den Weg ebnen«.

Yang denkt dabei an das Schicksal Russlands, wo Boris Jelzin, der Totengräber des sowjetischen Kommunismus, eine ganze Gesellschaft mit größter Geschwindigkeit zu Demokratie und Marktwirtschaft zu führen versuchte und doch nur vielen Jahren allgemeiner Verarmung und Leid und der Rückkehr einer autoritären Herrschaft unter Wladimir Putin den Weg bereitete. Für viele Chinesen verkörpert die ehemalige Sowjetunion die Gefahren einer überhasteten, von oben durchgesetzten Verwestlichung. Und während die Politiker in Europa und Amerika darum kämpfen, die in den letzten Jahren hochgehaltenen Dogmen der freien Marktwirtschaft hinter sich zu lassen, entledigt sich das nach außen hin kommunistische Regime in China eines radikalen maoistischen Herausforderers. Das sind die Ironien der warnenden Geschichten, die wir einander über sozioökonomische Ingenieursbemühungen erzählen. Ohne Zweifel wird es in unserem tiefideologischen Zeitalter noch mehr davon geben.

# Kein Festmahl: Mao und die Maoisten

»Eine Revolution ist kein Festmahl«, erklärte Mao Zedong 1927. Sie ist, wie er hilfreich hinzufügte, »ein Aufstand, ein Gewaltakt«. Er hätte ebenso auch warnen können, dass der Aufbau einer Nation kein Picknick sei. Mao gelangte innerhalb der Kommunistischen Partei Chinas durch eine Reihe blutiger, gegen »Revisionisten« und »Rechte« gerichteter Säuberungen an die Macht. Nach langen Jahren als eher marginaler Bauernführer brachte er seine Revolution schließlich nach ganz China und zwang seinen großen Rivalen Chiang Kai-shek zur Flucht nach Taiwan (das damals noch Formosa genannt wurde). Bei der Gründung der Volksrepublik China rief Mao 1949 aus: »Die Chinesen, die ein Viertel der Menschheit bilden, sind nunmehr aufgestanden.« Schon bald schlug er sie wieder nieder, indem er den schrittweisen Modernisierungsprozess Chinas durch den Wahnsinn der permanenten Revolution überwältigte.

Auch andere auf Modernisierung bedachte Autokraten in Asien – Atatürk in der Türkei, Schah Pahlavi im Iran und Chiang Kai-shek in Taiwan – zwangen ihr Volk zu traumatischen sozialen und politischen Experimenten. Doch Mao quälte die Chinesen in weitaus größerem Maßstab; er verurteilte mehrere zehn Millionen Menschen während des Großen Sprungs nach vorn zu einem vorzeitigen Tod und setzte noch mehr von ihnen während der Kulturrevolution Verfolgung und Leid aus.

Schon fünf Jahre nach seinem Tod machte die Kommunistische Partei Chinas offiziell die »fehlerhafte Führung Mao

Zedongs« für »das schlimme Unheil und Chaos« der Kulturrevolution verantwortlich, und das protzig konsumorientierte und von Ungleichheit geprägte China unserer Tage scheint den Phantasien Maos hinsichtlich eines kommunistischen Paradieses hohnzusprechen. Dennoch berufen sich führende chinesische Politiker auch heute noch auf das »Mao-Zedong-Denken«. Das inzwischen rüpelhaft demokratische Taiwan hat begonnen, den Personenkult um Chiang Kai-shek zu demontieren; dort entfernt man seine Statuen und tilgt seinen Namen auf wichtigen Monumenten. Mao dagegen blickt von seinem riesigen Porträt über dem Tor des Himmlischen Friedens immer noch über den Tiananmen-Platz. Besucher vom Lande stehen den ganzen Tag Schlange, um südlich des Platzes einen kurzen Blick auf seinen einbalsamierten Leichnam zu erhaschen, und in den Volksreligionen ganz Chinas wird Mao als Gott verehrt.

Die fortdauernde Präsenz Maos im offiziellen Diskurs und im Denken des Volkes mag als Fall von ideologischer Pathologie erscheinen – von derselben Art, die manchen russischen Nationalisten einen verschleierten Blick beschert, wenn sie an Stalin denken. Tatsächlich verlieh der riesige staatliche Propagandaapparat Mao zunächst eine gottgleiche Stellung. Aber auch im Westen zeichnete man nur selten ein nichtideologisches Bild Maos, selbst seit er in jüngster Zeit aus einem weitgehend gutartigen Revolutionär und einer Dritte-Welt-Ikone zu einem sadistischen Monstrum geworden ist. Das hängt weitgehend mit Chinas ständig wechselnder Stellung in der westlichen Vorstellungswelt zusammen. Drei Bücher – Patrick Wrights *Passport to Peking* (2010), Frank Dikötters *Maos großer Hunger* (2010; dt. 2014) und Timothy Cheeks Sammelband *A Critical Introduction to Mao* (2010) – zeugen von der Schwierigkeit eines endgültigen Mao-Bildes, eines Projekts, das darauf hinausliefe, die Geschichte des heutigen China zu schreiben.

Frühen Besuchern in Maos Partisanenlager in Yan'an während der 1930er Jahre – insbesondere dem amerikanischen Schriftsteller Edgar Snow – gelang es, die Ideale des amerikanischen Fortschrittsglaubens auf den chinesischen Revolutionär zu projizieren. Snows vielgelesener Bericht *Roter Stern über China* (1937) zeichnete das Bild eines »an Lincoln erinnernden« Führers, der die Absicht hatte, bei Millionen von Chinesen »einen Glauben an die Menschenrechte ... zu wecken« und ihnen ein »neues Verständnis des Staates, der Gesellschaft und des Individuums« zu vermitteln. Theodore White, der damals als Reporter für *Time* arbeitete und Yan'an 1944 besuchte, gelangte zu der scharfsinnigeren Erkenntnis, dass die Kommunisten »Meister der Brutalität« seien, aber die Bauern auf ihre Seite hätten ziehen können. Andere »Handlanger Chinas« – eine Ansammlung von Journalisten, amerikanischen Diplomaten und Militärs, denen es gelungen war, mit den Kommunisten zusammenzutreffen – gaben Mao den Vorzug vor Chiang Kai-shek, der, obwohl korrupt und im Volk unbeliebt, gewaltige Militärhilfe von den Vereinigten Staaten erhielt. »Das Problem in China ist ganz einfach«, meinte Joseph Stilwell, Kommandeur der amerikanischen Streitkräfte in China, Indien und Birma, gegenüber White. »Wir sind mit einem ignoranten, ungebildeten, abergläubischen, bäuerlichen Hurensohn verbündet.« Doch als der Kalte Krieg sich verschärfte, mussten die Handlanger Chinas erleben, dass sie in den Vereinigten Staaten ignoriert wurden. Nach Chiang Kai-sheks Niederlage und Flucht nach Taiwan 1949 machte die Republikanische Partei der Truman-Administration erzürnt den Vorwurf, sie habe China an den Kommunismus »verloren«. Dann beschimpften sie die Regierung, sie hindere Chiang Kai-shek an der Rückeroberung des Festlands. Vor allem die Handlanger Chinas gerieten unter den ständigen Beschuss früher eifernder Kalter Krieger wegen ihrer angeblichen Sympathie für die chinesischen Agenten des sowjetischen Expansionsstrebens. Henry Luce, der den zum Christentum konvertierten Chiang Kai-shek für eine wesentliche Stütze des »Amerikanischen Jahrhunderts« hielt, warf White bei *Time* hinaus.

Der Koreakrieg, in den China auf der Seite Nordkoreas eintrat, festigte in den Vereinigten Staaten das Bild Maos als eines weiteren unversöhnlichen Kommunisten. Die Eisenhower-Administration unterstützte nun entschieden Chiang Kai-shek, unterzeichnete 1954 einen »Vertrag über die gemeinsame Verteidigung« und drohte China im folgenden Jahr mit einem Atomschlag. Das State Department verhängte ein vollständiges Handelsembargo über China und untersagte Reisen dorthin. Den Sinologen blieb nun nichts anderes übrig, als aus der Ferne über die Frage zu spekulieren, ob Mao eher Nationalist als Marxist sei.

Als Mao Anfang der 1950er Jahre das Festland unter seiner Herrschaft wiedervereinigte, hatte der Gott des Kommunismus bei vielen Bewunderern der Russischen Revolution bereits verspielt. Aber auch im folgenden Jahrzehnt entschieden sich viele westliche Intellektuelle aus Abscheu vor den Exzessen des McCarthyismus und mangels unmittelbarer Informationen im Zweifel für Mao. Simone de Beauvoir reiste 1955 nach China und zeichnete ein positives Bild einer neuen Nation, die sich von den Folgen ausländischer Interventionen und innerer Kriege sowie von Naturkatastrophen und einem wirtschaftlichen Zusammenbruch erholt hatte. China sei weder ein Paradies noch die Hölle, sondern ein weiteres bäuerlich geprägtes Land, in dem die Menschen versuchten, den »lähmenden, hoffnungslosen Kreislauf einer tierischen Existenz« zu durchbrechen.

Der in Patrick Wrights unterhaltsamem *Passport to Peking* beschriebene britische Chinabesucher bemühte sich um ähnliche Offenheit. Damals wie heute waren viele liberale und linksgerichtete Briten nicht einverstanden mit der reflexhaften Zustimmung ihrer Regierung zur Außenpolitik Washingtons. Als Zhou Enlai, Chinas weltgewandter Außenminister, erstmals öffentlich in Europa auftrat, waren viele der Überzeugung, dass China mehr als ein Klon des sowjetischen Totalitarismus war und die »friedliche Koexistenz« eine reale Möglichkeit darstellte. »Kommen Sie, und sehen Sie selbst«, sagte Zhou, und ein bunt zusammengewürfelter Haufen von Politikern, Künstlern und Wissenschaftlern folgte 1954 seiner Einladung. Unter ihnen befanden sich einige wenige Weggefährten wie der bekannte Künstler Paul Hogarth. Andere, wie die Mitglieder der von dem ehemaligen Premierminister Clement Attlee geführten Delegation der Labour Party, waren altgediente Antikommunisten. Wieder andere waren lediglich mit sich selbst beschäftigte Touristen, die immer wieder komischen Missverständnissen erlagen. Der britische Künstler Stanley Spencer belästigte Zhou Enlai mit einer begeisterten Schilderung seines Heimatdorfs Cookham, bevor er sich über den Charme einer kleinen, in der Themse gelegenen Insel namens Formosa erging, ohne zu erkennen, dass dies auch der Name des entschiedensten internationalen Gegners seines Gastgebers war.

Die Chinesen, die, wie Wright schreibt, »von Moskau viel über die Kunst der Verführung ausländischer Besucher gelernt hatten«, veranstalteten extravagante Bankette für die Briten. (Die Schlagzeile der *Daily Mail* lautete: »Sozialisten speisen Haiflossen.«) Die gewaltigen Bauprojekte der Chinesen, die neuen Fabriken, Kanäle, Schulen, Krankenhäuser und Wohnsiedlungen, machten großen Eindruck auf diese Besucher aus einem stark eingeschränkten Land, das amerikanische Kredite und der Marshall-Plan vor dem finanziellen Ruin bewahrt hatten. Beeindruckt waren sie auch von den neuen Ehegesetzen, die die Stellung der chinesischen Frauen beträchtlich verbesserten, von der angeblichen Abschaffung der Prostitution und von den öffentlichen Gesundheitskampagnen.

Von dieser Reise kehrten jedoch keine »nützlichen Idioten« zurück, die einst die Sowjetunion unter Stalin als Retterin der Menschheit hatten erscheinen lassen. Die in Beijing zur Feier des fünften Jahrestags der Gründung der Volksrepublik China abgehaltene Parade erinnerte den Philosophen A. J. Ayer an die Nürnberger Parteitage. Obwohl beeindruckt von dem »hingebungsvollen und würdigen« Mao, war der Gewerkschafter Sam Watson doch bestürzt darüber, dass für die Chinesen die Massen, wie sie sagten, »nur ein weiterer Ziegel, ein weiterer Pflasterstein« seien. Mao bat Attlee, daran mitzuwirken, dass die Amerikaner von ihrer Politik abließen, sein Land durch Bündnisverträge mit südostasiatischen Ländern und eine Wiederbewaffnung Japans einzukreisen. Attlee erwiderte darauf entschieden, Friedensbemühungen könnten »keine Einbahnstraße« sein, und bat Mao, sich dafür einzusetzen, dass die Sowjetunion ihre Satellitenstaaten in Osteuropa freigab.

Andere europäische China-Besucher erwiesen sich im Vergleich dazu als Schwächlinge. François Mitterand, der China auf dem Höhepunkt des Hungers 1961 besuchte, bestritt die Existenz einer Hungersnot. André Malraux pries Mao als »Bronzekaiser«. Richard Nixon, der Malraux konsultierte, bevor er China 1972 für die Vereinigten Staaten »öffnete«, und Henry Kissinger waren nicht minder beeindruckt von Maos roher Macht und seinem historischen Nimbus. Zwei Jahrzehnte, nachdem Nixon selbst China als Stalins Marionettenstaat im Osten bezeichnet hatte, erschien das Land den Vereinigten Staaten als ein mögliches Gegengewicht zur Sowjetunion. Dementsprechend war die amerikanische Haltung gegenüber China in den 1970er Jahren, wie der in Yale lehrende Historiker Jonathan Spence schreibt, gekennzeichnet von »wiedererwachter Neugier« und »naiver Faszination«, schon bald gefolgt von »neuerlicher Skepsis«, als Reisen und Forschung in China immer leichter wurden.

In den 1970er und 1980er Jahren konnten amerikanische Wissenschaftler und Journalisten endlich selbst die Wirklichkeit kennenlernen, die sie bislang nur erraten hatten, und sie begannen, eine düstere Datensammlung über China unter Mao zusammenzustellen – eine Aufgabe, die noch beschleunigt wurde durch Deng Xiaopings nach Maos Tod 1976 ausgesprochene Ablehnung der Kulturrevolution. Außerdem reisten nun auch immer mehr Chinesen ins Ausland. Einige, die sich im sicheren Ausland niedergelassen hatten, veröffentlichten Memoiren über die Kulturrevolution. Dieses rasch wachsende Genre, das seine größte Blütezeit nach der brutalen Niederschlagung der Proteste auf dem Tiananmen-Platz im Juni 1989 erlebte, beschrieb die Gewalt und das Chaos, das gewöhnliche Chinesen durch Maos Streben nach ideologischer und moralischer Erneuerung hatten ertragen müssen. Ein emigrierter chinesischer Autor, der zuvor Maos Leibarzt gewesen war, veröffentlichte die erste intime Darstellung des chinesischen Führers, *Ich war Maos Leibarzt. Die persönlichen Erinnerungen des Dr. Li Zhisui an den Großen Vorsitzenden* (1994). Darin zeichnete er das Bild eines in Luxus verliebten Narzissten, der gleichermaßen herrschsüchtig, launisch und berechnend war. Jung Chang und Jon Hallidays Bestseller *Mao. Das Leben eines Mannes. Das Schicksal eines Volkes* (2005), ging noch sehr viel weiter und beschrieb ihn als einen von früher Jugend bis ins hohe Alter hinein zutiefst niederträchtigen Mann. Weit entfernt von Snows Kämpfer für die Menschenrechte arbeitete dieser Mao hin auf »eine völlig freudlose Gesellschaft – ohne jede Kultur, ohne die Darstellung menschlicher Gefühle und bewohnt von einer empfindungslosen Herde, die automatisch seine Befehle befolgte«. Nach der Darstellung von Chang und Halliday tötete Mao in Friedenszeiten mehr als siebzig Millionen Menschen und war damit in gewisser Weise ein noch diabolischerer Verbrecher als Hitler oder Stalin. Die Autoren behaupteten – einer von diversen Vergleichen mit Gräueltaten des 20. Jahrhunderts –, die Opfer der durch den Großen Sprung verursachten Hungersnot (1958–1962) hätten noch Schlimmeres erlebt als die Zwangsarbeiter in Auschwitz.

In *Maos großer Hunger* vertieft Frank Dikötter, Professor für moderne chinesische Geschichte an der Universität Hongkong, diesen Trend in der Mao-Forschung. Verwegen revisionistisch in seinen früheren Büchern – in denen er die Vorzüge des Opiumrauchens für die Chinesen hervorhob und China unter Chiang Kai-shek als vibrierend kosmopolitisch beschrieb –, hofft Dikötter, dieses neue Buch werde dazu beitragen, die Große Hungersnot »ebenso bekannt zu machen wie die beiden anderen Großkatastrophen des 20. Jahrhunderts, den Holocaust und den Gulag«. Auf der Grundlage neuer Forschungen und neuer Zahlen revidiert Dikötter die bislang weithin akzeptierte Schätzung von dreißig Millionen Toten nach oben und geht sogar noch über die von Chang und Halliday genannte Zahl von achtunddreißig Millionen hinaus. Er gelangt zu dem Schluss, dass von einer Gesamtbevölkerung von 650 Millionen »zwischen 1958 und 1962 in China mindestens 45 Millionen Menschen einen unnötigen Tod fanden«. Das sei immer noch eine konservative Schätzung, erklärt er und spekuliert am

Ende des Buchs, die Gesamtzahl der Opfer habe möglicherweise bei sechzig Millionen gelegen. Nicht nur das: Mao habe auch die größte Vernichtung von privatem Grundbesitz, die umfangreichste Zerstörung der Umwelt und die größte Verschwendung an menschlicher Arbeitskraft in der Geschichte der Menschheit zu verantworten.

Wie konnte das geschehen? Dikötter interessiert sich nicht sonderlich für eine breitangelegte Darstellung, die notwendig auch die innenpolitische und wirtschaftliche Lage Chinas in den 1950er Jahren, die Verschiebungen innerhalb der Hierarchie der Kommunistischen Partei oder das wachsende chinesische Gefühl der Einkreisung nach dem Koreakrieg und der Verschärfung des Kalten Kriegs in Asien berücksichtigen müsste. Er beschreibt recht ausführlich Maos persönlichen Konkurrenzkampf mit Chruschtschow – der durch Chinas Abhängigkeit von sowjetischen Krediten und Experten noch verschärft wurde – und sein obsessives Bemühen, ein eigentümlich chinesisches Modell der sozialistischen Moderne zu entwickeln. Daher der Große Sprung nach vorn, den Mao konzipierte, um die industrielle und landwirtschaftliche Produktion Chinas voranzutreiben und die Sowjetunion wie auch Großbritannien in kürzester Zeit zu überholen. Im Westen hielt sich lange Zeit ein moderner Mythos, wonach die Chinesen nur gleichzeitig in die Höhe zu springen brauchten, um die Welt zu erschüttern und aus den Angeln zu heben. Mao glaubte tatsächlich, kollektives Handeln reiche aus, um eine Agrargesellschaft in die industrielle Moderne zu katapultieren. Nach diesem Rahmenplan sollten die durch die äußerst produktive Arbeit auf dem Lande erzeugten Überschüsse für die Unterstützung der Industrie und die Subventionierung der Lebensmittel in den Städten eingesetzt werden. Dabei agierte Mao so, als wäre er wie zu Kriegszeiten immer noch der große Mobilisator der chinesischen Massen; er enteignete persönliches Eigentum und privaten Hausbesitz, ersetzte beides durch Volkskommunen und zentralisierte die Verteilung der Nahrungsmittel.

Dikötters in sehr kurze Kapitel unterteiltes Buch führt den Leser im Schnelldurchgang durch die Verrücktheiten, Ineffizienzen und Täuschungen der von Mao eingeführten Kommandowirtschaft: unmögliche Zielvorgaben, Korruption und Verschwendung. Als die Chinesen den Befehl erhielten, Stahl zu produzieren, warfen sie alles, was sie nur finden konnten – Kochtöpfe, Pfannen, Besteck, Türklinken, Holzdielen und selbst landwirtschaftliches Werkzeug – in primitive Schmelzöfen. Bauern verließen die Felder, um in riesigen Kooperativen Öfen zu bestücken, arbeiteten an ebenso verschwenderischen Bewässerungsprojekten oder wanderten zu Millionen ab in die städtischen Fabriken.

Nachdem Mao die Massen mobilisiert hatte, suchte er ständig nach Dingen, die sie tun konnten. Einmal erklärte er den vier verbreiteten Schädlingen den Krieg: Fliegen, Mücken, Ratten und Spatzen. Die Chinesen wurden aufgefordert, unablässig auf Trommeln, Töpfe, Pfannen und Gongs zu schlagen, um die Spatzen in der Luft zu halten, bis sie schließlich erschöpft zu Boden fielen. Aus den Provinzen meldete man eindrucksvolle Zahlen: Allein in Shanghai zählte man 48 695,49 kg Fliegen, 930 486 Ratten, 1213,05 kg Küchenschaben und 1 367 440 Spatzen. Maos von Marx geprägtes faustische Denken dämonisierte die Natur als Feind des Menschen. Aber wie Dikötter schreibt: »Mao verlor seinen Krieg gegen die Natur. Die eigentlichen Opfer dieses Feldzugs, der das empfindliche Gleichgewicht zwischen der Zivilisation und der natürlichen Umwelt störte, waren schließlich die Menschen.« Von ihren üblichen Erzfeinden befreit, verschlangen Heuschrecken Millionen Tonnen Getreide, während die Menschen verhungerten.

Auch als die Nahrungsmittelknappheit sich verschärfte, bestand das chinesische Regime auf gewaltigen Getreideankäufen. Das Ziel war es nicht nur, die bestehenden Exportverpflichtungen einzuhalten, sondern auch das Image Chinas in der Welt zu schützen. Nach Dikötter befahl Mao der Partei, mehr Getreide anzukaufen als jemals zuvor, und erklärte: »Wenn es nicht genug zu essen gibt, verhungern die Menschen. Wir lassen besser die Hälfte der Menschen sterben, damit die andere Hälfte genug zu essen hat.« 1960, im schlimmsten Jahr der Hungersnot, die noch durch Dürre und Überschwemmungen verschärft wurde, lieferte China oft gratis Getreide nach Albanien, Kuba, Vietnam, Indonesien und Polen.

Nicht alle Chinesen starben an Unterernährung oder deren Begleiterkrankungen. Wie Dikötter schreibt, »waren Zwang, Terror und systematische Gewalt die Säulen des ›Großen Sprungs‹«, und er schätzt, dass mehr als zweieinhalb Millionen Menschen durch Zwangsarbeit, Folter oder Schläge zu Tode kamen oder von Parteifunktionären exekutiert wurden und zwischen einer und drei Millionen Menschen Selbstmord begingen. Einige überlebten nur, weil sie ihre Kinder verkauften oder aussetzten oder weil sie die Toten ausgruben und aßen.

Dikötter beschließt seinen grauenhaften Katalog des Schreckens mit dem »Wendepunkt« der Parteisitzung Anfang 1962, auf der Maos Kollege und Staatsoberhaupt Liu Shaoqi einräumte, dass eine »von Menschen gemachte Katastrophe« China heimgesucht hatte. Wie Dikötter schreibt, befürchtete Mao, Liu Shaoqi könne ihn ebenso vollständig in Misskredit bringen, wie Chruschtschow einst das Ansehen Stalins beschädigt hatte. Das Buch endet mit einem grausigen Vorgeschmack auf die nächste Katastrophe, die China treffen sollte: »Mao wartete den richtigen Zeitpunkt ab, aber er hatte bereits begonnen, den Boden für die Kulturrevolution zu bereiten: Sie würde Partei und Land zerreißen.«

Diese Darstellung ist plausibel. Als Mao junge Chinesen aufforderte, die angeblich wachsende Bourgeoisie innerhalb der Partei zu attackieren, hoffte er, seine Macht und revolutionäre Legitimation vor bürokratischen »Revisionisten« wie Liu Shaoqi schützen zu können, der dann auch zu jenen Führern gehörte, die von Roten Garden getötet wurden. Dennoch übergeht Dikötter in seiner Darstellung des Innenlebens Mao Zedongs einige wesentliche Details, die ein reicheres Bild seiner Motive und seines ständigen Manövrierens innerhalb der Partei hätten zeichnen und zugleich sein Bild als das eines unermüdlichen Megalomanen hätten unterstreichen können – zum Beispiel die Tatsache, dass Mao nach dem Rückzug vom Amt des Staatsoberhaupts 1959 unzufrieden mit seiner verminderten Rolle in den alltäglichen Entscheidungsprozessen war oder dass er schon im November 1960 einen deutlichen Kurswechsel gefordert hatte und auf der Parteikonferenz 1962 Selbstkritik übte.

Tatsächlich neigt Dikötter generell dazu, Tatsachen zu übergehen, die seine Thesen verwässern könnten. Um Maos bekannte Verteidigung der Bauern, die sich 1959 den Getreideabgaben entzogen, und sein Eintreten für den »Rechtsopportunismus« zu erklären, schreibt Dikötter: »Nun schlüpfte Mao in die Rolle eines gütigen und weisen Königs, der das Wohlergehen seiner Untertanen verteidigte.« Aber, so schreibt er weiter, die Historiker irrten, wenn sie diese Zeit als eine des »Rückzugs« und der »Abkühlung« sähen. Das wäre eine deutlich abweichende Meinung, wenn Dikötter nicht vier Seiten zuvor erwähnt hätte, dass in der Zeit, als Mao vorgab, ein »gütiger Führer« zu sein, nämlich von November 1958 bis Juni 1959, der Druck tatsächlich nachgelassen habe.

Mit seiner unermüdlichen Konzentration auf Maos Charakter und Motive bestätigt Dikötter das Bild eines sadistischen, feigen, gefühllosen und rachsüchtigen Mannes. Doch sein plakatives Porträt blendet weite Teile des historischen und geopolitischen Hintergrundes dieser Zeit aus (den Aufstand in Tibet 1959, die antiamerikanischen Unruhen in Taiwan, die Grenzzwischenfälle mit Indien, den Bruch zwischen China und der Sowjetunion) und übergeht auch Maos schändliches Verhältnis zum chinesischen Volk: wie aufrichtig und tief zum Beispiel die Menschen dort ihrem Führer vertrauten und ihn verehrten, bevor sie von ihm betrogen wurden.

Dikötters Erklärung des Großen Sprungs nach vorn übergeht die Tatsache, dass China – trotz der verheerenden Auswirkungen des Koreakriegs und des amerikanischen Handelsembargos – 1956 bereits bemerkenswerte Fortschritte in der Sicherung sozialer Stabilität, auf dem Gebiet des Wirtschaftswachstums und in der Verbesserung der Lebensbedingungen gemacht hatte. Nach Roderick MacFarquhar, einem führenden Historiker für das China unter Mao, bestand Maos Leistung »zwischen 1949 und 1956 tatsächlich in der schnellsten, umfassendsten und am wenigsten verheerenden sozialistischen Revolution, die jemals in einem kommunistischen Land durchgeführt wurde«. Und der angesehene, aus China ausgewanderte Schriftsteller Liu Binyan erinnerte sich an die frühen 1950er Jahre als eine Zeit, als »alle sich gut fühlten … und optimistisch in die Zukunft blickten«. Die meisten seien bereit gewesen, ihr Bestes für ihr Land zu geben.

Diese begeisterten Chinesen konnten sich kaum vorstellen, wie schlimm man ihnen mitspielen sollte. Dikötter versucht nicht, sich in das Leben gewöhnlicher Chinesen hineinzuversetzen, in ihre Sehnsucht nach Stabilität und Würde, die Maos Utopismus so grausam enttäuschte. Die in Dikötters Buch so sorgfältig gezählten, aber nur oberflächlich beschriebenen Opfer bleiben schemenhaft. Und Dikötters Vergleich der Hungersnot mit den gewaltigen Gräueltaten des Holocaust und des Gulag kann letztlich nicht überzeugen. Auch in neuen unabhängigen Staaten, die nicht von launischen Tyrannen beherrscht wurden, starben zahlreiche Menschen eines vorzeitigen Todes. Amartya Sen schreibt, »trotz der gewaltigen Sterblichkeit während der chinesischen Hungersnot geht die zusätzliche Sterblichkeit in Indien aufgrund der regelmäßigen Unterernährung in normalen Zeiten weit darüber hinaus«. Im Blick auf den frühen Vorsprung Chinas gegenüber Indien im Gesundheitswesen, im Bildungswesen und hinsichtlich der Lebenserwartung schreibt Sen: »Indien scheint es zu gelingen, seinen Totenschrein alle acht Jahre mit mehr Skeletten zu füllen, als China dies in seinen Jahren der Schande getan hat.«

Dieser Unterschied zwischen dem demokratischen Indien und dem autoritären China hat seine Ursache in einem komplexen Wechselspiel politischer, geographischer und ökonomischer Faktoren. Ganz sicher lässt er sich nicht durch die Phantasien und Illusionen eines fernöstlichen Despoten erklären. Maos persönliche Pathologie vermag allenfalls das heutige China zu erklären und ist recht nutzlos, wenn es darum geht, den bleibenden und sogar noch wachsenden Einfluss des Vorsitzenden außerhalb Chinas zu verstehen. Was zum Beispiel soll man von den Einbrüchen des Maoismus im Zeitalter der Globalisierung halten? Die Maoisten Nepals, die 2006 die Monarchie stürzten und 2008 die nationalen Wahlen gewannen, sind weiterhin eine eindrucksvolle politische Macht. Die indischen Maoisten, die der ehemalige indische Premierminister Manmohan Singh als die schlimmste Bedrohung für die innere Sicherheit des Landes bezeichnete, kämpfen in einem großen Gebiet in Zentralindien gegen Bergbaukonzerne und Sicherheitskräfte. Diese aufständischen Gruppen, die aus Mitgliedern von Waldstämmen und landlosen Bauern bestehen, wenden sich mit einer von Mao inspirierten Rhetorik gegen ausländische Imperialisten und einheimische »Kompradoren«. Aber wie Che Guevara und der Vietcong übernehmen sie auch Maos Taktik, die Landbevölkerung gegen die Städte aufzubringen, und schaffen neben einer geschlossenen Partei und Miliz ihre eigenen Verwaltungsstrukturen und Organisationen.

Dieses Modell der Massenmobilisierung war Maos einzigartiger Beitrag zur Herausbildung des modernen chinesischen Nationalstaats, auch wenn er China nach 1949 fast zerstörte. Die interessantesten Kapitel in der von Timothy Cheek herausgegebenen akademischen Aufsatzsammlung *A Critical Introduction to Mao* (2010) erörtern Maos »Sinifizierung« einer europäischen Revolutionstradition. Mao gehörte zu einer Generation chinesischer Aktivisten und Denker, die am Ende eines langen Jahrhunderts inneren Zerfalls, der Demütigung durch westliche Mächte und Japan und gescheiterter kaiserlicher Reformen ein leidenschaftliches politisches Bewusstsein entwickelten. Unabhängig von ihrer ideologischen Ausrichtung glaubten sie alle an eine Form von Sozialdarwinismus – eine Übertragung des Überlebenskampfes in der Natur auf die internationalen Beziehungen. Sie machten sich Sorgen über die soziale und politische Passivität des normalen Chinesen und waren begeistert von der Möglichkeit, dass ein starker zentralisierter Staat sie vor den Verwüstungen durch ausländische Imperialisten und einheimische Warlords schützen könne. Sun Yatsen, der erste moderne Revolutionär Chinas, erklärte kurz vor seinem Tod 1925 in einer Rede: »Wenn wir der ausländischen Unterdrückung in Zukunft widerstehen wollen, müssen wir auf die individuelle Freiheit verzichten und uns zu einer festen

Einheit zusammenschließen, ganz wie etwas von der Festigkeit eines Felsens entsteht, wenn man zu Kies Wasser und Zement hinzugibt.«

Andere übernahmen die schwierige Aufgabe, ein zerfallenes Kaiserreich zu einem Nationalstaat zusammenzuschweißen, an vorderster Stelle Chiang Kai-shek, dessen in den Städten beheimatete Nationalistische Partei erstmals einen Hauch von politischer Einheit in das nachkaiserliche China brachte. Doch es war Mao, der auch dank einer brutalen japanischen Invasion und der Unfähigkeit Chiang Kai-sheks eine ideologisch relativ geschlossene und disziplinierte Organisation aufbaute, die in der Lage war, die Loyalität und Zuneigung der Mehrheit der chinesischen Landbevölkerung zu gewinnen. Dauerhafter noch, gab Mao einem geschundenen und stolzen Volk eine überzeugende nationale Erzählung des Niedergangs und Wiederaufstiegs. Kurz vor der Gründung der Volksrepublik erklärte er: »Die Chinesen sind von jeher eine große, mutige und arbeitsame Nation; erst in der neueren Zeit sind sie zurückgeblieben. Diese Rückständigkeit ist einzig und allein auf die Unterdrückung und Ausbeutung durch den ausländischen Imperialismus und durch die einheimischen reaktionären Regimes zurückzuführen.« Doch das werde sich nun ändern. »Unsere Nation wird niemals mehr eine Nation sein, die sich beleidigen und demütigen lässt … Wir werden nicht nur ein starkes Heer, sondern auch eine starke Luftwaffe und eine starke Marine haben.« Anders als in Indien und Nepal gibt es heute in China nur wenige aktive Maoisten, doch Teile der von Mao eingeführten antiimperialistischen Rhetorik gewinnen ständig an Bedeutung. Timothy Cheek, Historiker an der University of British Columbia, sagt dazu: »Die meisten Menschen in China scheinen die in dieser Geschichte über die nationale Identität Chinas steckenden Annahmen zu akzeptieren, die Annahmen darüber, welche Rolle der Imperialismus in der Vergangenheit und Gegenwart des Landes spielte und spielt und wie wichtig es sei, dieses Gebilde namens China zu erhalten und zu verbessern. In wachsendem Maße akzeptiert die chinesische Mittelschicht die zusätzlich im Maoismus enthaltene Erzählung – die Erzählung vom Aufstieg Chinas: China war groß, China wurde niedergemacht, China steigt erneut auf.«

Obwohl besser über Maos verhängnisvolle Fehler informiert, sind die chinesischen Intellektuellen heute weit entfernt von einer einhelligen Beurteilung dieses Mannes. Während liberale Wissenschaftler seinen Despotismus attackieren, bewundern ihn Intellektuelle der Neuen Linken wegen seiner Angriffe auf kommunistische Bürokratien und seines Eintretens für eine »umfassende Demokratie« während der Kulturrevolution. Xiao Yanzhong, Professor an der Volksuniversität in Beijing, fasst Maos vielgestaltige und umstrittene Bedeutung in China zusammen und bezeichnet die Mao-Forschung als einen »Indikator, der Veränderungen in der Politik, Wirtschaft und Gesellschaft Chinas wie auch in der Gemütsverfassung des chinesischen Volkes anzuzeigen vermag«.

Natürlich hat die Partei, die freie Wahlen wie eh und je ablehnt, gar keine andere Möglichkeit, als ihre Legitimation von Mao Zedong herzuleiten, auch wenn sie sich immer weiter von seinen Idealen entfernt. Kurz nach dem sechzigsten Jahrestag der Gründung der Volksrepublik China besuchte der chinesische Premierminister Wen Jiabao das Grab von Maos Lieblingssohn Mao Anying, der im Koreakrieg ums Leben kam. Wen legte einen Kranz nieder und wandte sich dann unvermittelt an eine steinerne Statue des toten Soldaten: »Genosse Anying«, sagte er, »ich bin im Namen des Volks des Mutterlandes hergekommen. Unser Land ist heute stark, und die Menschen leben in großem Glück. Du kannst in Frieden ruhen.«

Wie Genosse Wen ganz sicher weiß, hätte das chinesische Volk ohne Maos Eskapaden schon drei Jahrzehnte früher beginnen können, in diesem Glück zu leben. Aber hätte China ohne Mao eine starke politische Basis für seinen Wohlstand gefunden? Das ist die schwierigere Wenn-Frage. Als Zhou Enlai einmal nach seinen Ansichten über die Französische Revolution gefragt wurde, antwortete er, zu solch einer Einschätzung sei es noch zu früh. Und wahrscheinlich hoffte er auf ein ähnlich verzögertes Urteil über die Chinesische Revolution, deren menschliche Kosten die Schreckensherrschaft wahrhaftig wie ein »Festmahl« erscheinen lassen. Zhous Plädoyer für die lange Sicht war kein bloßer Ausdruck gerissener Wendigkeit (ebenso wenig wie bei George W. Bush, der nach der Auslösung einer gewalttätigen Revolution im Irak das Urteil über ihn gleichfalls in die Hände zukünftiger Historiker legte).

Wir haben unser Urteil über Mao inzwischen gefällt. Doch das chinesische Urteil über seine Revolution ist komplex und verzögert sich aufgrund der Langlebigkeit des kommunistischen Regimes und der außergewöhnlichen wirtschaftlichen Erfolge des Landes. Eine weitere Revolution wie die in Taiwan könnte den Chinesen neben politischer Freiheit auch ein neues Selbstbild bringen, das wahrscheinlich nichts mehr von Mao wissen will. Aber es ist ebenfalls möglich, dass die chinesische Nation Mao auch in den kommenden Jahrzehnten als ihren Vater anerkennen wird – beschimpft, diskreditiert und unersetzlich.

# Nach Tiananmen

Bis heute ist nicht klar, wie viele unbewaffnete Zivilisten die Volksbefreiungsarmee (VBA) in der Nacht zum 3. Juni 1989 in Beijing bei dem Versuch tötete, die Demonstranten vom Tiananmen-Platz zu vertreiben. Die Namen der Opfer, die von offizieller Seite als »Konterrevolutionäre« bezeichnet wurden, sind niemals veröffentlicht worden. Ihren Angehörigen ist es verboten, öffentlich um sie zu trauern. An jedem Jahrestag des Massakers wimmelt es auf dem Platz von Polizisten, die jeden Versuch, die Toten und Verwundeten zu ehren, im Keim ersticken. In den chinesischen Medien darf das Massaker nicht einmal erwähnt werden.

Dieser Versuch, eine kollektive Amnesie herbeizuführen, scheint gelungen zu sein. Einige Studenten der Beijing-Universität konnten kürzlich nicht einmal die zur Ikone gewordene Fotografie des jungen Mannes identifizieren, der sich mit Plastiktaschen in den Händen Panzern entgegenstellt. Einstmals berühmte Studentenführer – Chai Ling, Li Lu, Wang Dan, Shen Tong – gingen ins Exil; einige wurden Venture-Kapitalisten und Hedgefonds-Manager. Den Chinesen, die mit wundersamer Geschwindigkeit von den Entbehrungen und Traumata der Mao-Zeit zu hektischem Konsum übergegangen sind, erscheinen die Ende der 1970er und in den 1980er Jahren geführten Kämpfe um Demokratie immer weiter entfernt. Wie Dai Wei, der komatöse, aber bissig wache Erzähler des Romans *Peking-Koma* (2008, dt. 2009) von Ma Jian anmerkt: »Niemand spricht mehr von den Protesten auf dem Tiananmen-Platz.«

Ma Jian, der einst in Beijing wohnte und an den Demonstrationen auf dem Tiananmen-Platz teilnahm, lebt heute im selbstgewählten Exil in London. Sein Erzähler, der seit Jahren im Koma liegt, weil ihn bei der Räumungsaktion der VBA eine verirrte Kugel im Nacken traf, gibt eine bemerkenswert detaillierte und oft nur geringfügig fiktionalisierte Darstellung der Ereignisse und ihres plötzlichen Verschwindens aus dem chinesischen Gedächtnis. »Der Kampf des Menschen gegen die Macht ist der Kampf des Gedächtnisses gegen das Vergessen«, schrieb Milan Kundera vor einem ähnlichen Hintergrund kommunistischer Indoktrination, und auf mehr als 900 Seiten scheint *Peking-Koma* entschlossen, den Kampf der »Tiananmen-Generation« vor dem Vergessen zu bewahren.

Ma Jian schreibt über China mit der Besessenheit eines im Exil lebenden Autors, dem es nur um eine einzige Gesellschaft geht. »Wir sind niedergeschlagen und zum Schweigen gebracht worden«, sagt ein Kommilitone von Dai Wei, dessen Beine von einem Panzer der VBA zermalmt worden sind. »Wenn wir jetzt nicht Stellung beziehen, werden wir aus den Geschichtsbüchern getilgt.« Dai Wei, dessen inneres Leben regelmäßig von Besuchern stimuliert wird, notiert jede neue Zerstreuung – Handys, E-Mail, DVDs, antiwestlichen Nationalismus, New-Age-Religion, die Olympischen Spiele –, die seine Landsleute betören und vom Idealismus des Jahres 1989 weglocken. »Indem die Gesellschaft sich wandelt, bringt sie neue Wörter und Begriffe hervor, wie Sauna, Privatauto, Immobilienhändler, Hypothek und Darlehen.« Er muss hilflos zusehen, wie sein eigener zerfallender Körper zur Ware gemacht wird; sein Urin wird von Scharlatanen für eine Therapie genutzt, sein immer noch reaktionsfähiger Penis von Leuten in

Dienst genommen, die nach perversem Sex suchen. Seine unglückliche Mutter verkauft schließlich eine seiner Nieren, um seine Behandlung bezahlen zu können. Und ein Bauunternehmer aus Hongkong zerstört sein beengtes Heim im Rahmen der Verschönerungsaktionen vor den Olympischen Spielen. Im wagnerischen Finale des Romans vereinigen sich die Bulldozer des umtriebigen neuen China mit den Panzern der VBA zu einem Taumel aus Gewalt und Zerstörung.

Philip Roth verglich einmal ein wenig neidisch den amerikanischen Schriftsteller, der alles sagen kann, was er will, aber nicht gehört wird, mit dessen Kollegen im Ostblock, der, weil ihm alles verboten ist, für alles, was er schreibt, respektvolle Anerkennung erntet. China – in greller Weise kapitalistisch, aber offiziell immer noch kommunistisch – scheint den Schriftstellern eine Prüfung ganz eigener Art aufzuerlegen. Sie riskieren, den Unwillen des Staates zu erregen, ohne einen sonderlichen moralischen oder politischen Einfluss auf ihre leicht abzulenkende Gesellschaft auszuüben. *Peking-Koma* wird in der Volksrepublik wohl kaum publiziert werden (auch wenn die in Hongkong und Taiwan erschienenen Ausgaben wahrscheinlich dort als Raubdrucke kursieren), so dass der Roman hauptsächlich außerhalb Chinas gelesen werden dürfte.

Einige seiner schärferen Kritiken werden dem nichtchinesischen Leser wahrscheinlich entgehen. Im Westen dürften die Menschen den Eindruck gehabt haben, bei den Studenten auf dem Tiananmen-Platz hätte ein solider und energischer Konsens gegen Diktatur und für Freiheit bestanden, aber in Wirklichkeit waren sie ein egoistischer und gespaltener, von Meinungsverschiedenheiten über Taktik und Geld zerrissener Haufen. Diese Spaltungen vertieften sich noch in den Jahren des Exils, als verschiedene Führer sich wechselseitig die Schuld am Scheitern der Proteste zuschoben. Ma Jian zeichnet diese Schuldzuweisungen auf Hunderten von Seiten nach, wobei er einen engen (und umstrittenen) Zusammenhang zu aktuellen Ereignissen und realen Personen herstellt. Die Unterschiede zwischen den verschiedenen Standpunkten des Hungerstreik-Hauptquartiers, des Beijinger Studentenverbandes und des Provinzial-Studentenverbandes aufzuspießen ist ihm ebenso wichtig wie die Beschreibung des Dufts von Dai Weis Freundinnen.

Der Stil des Romans erscheint vertrauter, wenn er wie früher oft die Dissidentenliteratur aus der Sowjetunion und Osteuropa einen mutigen Realismus mit absurder Satire mischt. In einer denkwürdigen Szene bringt ein geiler Besucher Dai Wei mit dem Mund zum Höhepunkt, während die neuen Beijinger Nationalisten lustvoll die Rückkehr Hongkongs in das chinesische Mutterland feiern. Schriftsteller in kommunistischen Staaten konzentrieren sich unvermeidlich auf die, wie Ivan Klíma einst sagte, »faszinierenden Plots, die das totalitäre System bietet« – »die Erniedrigung des Menschen, ein auf Lügen und Vortäuschungen basierendes Leben«. Staatliche Unterdrückung und Terror destillieren gleichfalls oft die Kunst des Autors und verleihen ihr einen eher metaphysischen als materiellen Anstrich, eine poetische statt einer buchstäblichen Ausrichtung. Während *Peking-Koma* die Proteste gegen die kommunistische Herrschaft meist mit der Verbissenheit und Präzision des üblichen sozialistischen Realismus wiedergibt, erinnern kürzere Abschnitte des Romans, in denen Dai Wei Wünsche und Bedauern mit ironischer Nostalgie beschreibt, an die ambitionierten Kollagen, in denen Kundera und Klíma reibungslos politische Kommentare, erotische Erinnerungen und philosophische Reflexionen nebeneinanderstellten. Wer Kundera und Josef Škvorecký gelesen hat, dürfte die häufige Beschwörung sexueller Liebe als Gegengift gegen totalitäre Kontrolle wiedererkennen, und Ma Jian besitzt eine Affinität zu künstlerisch begabten und emotional verwundbaren Menschen wie auch zu gesellschaftlichen Außenseitern. Wenn Dai Wei sich in seine Erinnerungen vertieft, denkt man unwillkürlich an den Protagonisten von Klímas *Liebe und Müll*, einen verbotenen und »durch Verbote eingeengten« Schriftsteller, der in eine »glückliche private Welt« fliehen möchte.

Der 1953 geborene Ma Jian gehört zu den chinesischen Künstlern und Intellektuellen, die in den letzten Jahren der Kulturrevolution aufwuchsen. Diese Generation, die an den schlimmsten Exzessen des Maoismus nicht persönlich beteiligt war und der auch die bekanntesten Filmemacher Chinas, Chen Kaige und Zhang Yimou, sowie der Künstler Ai Weiwei angehören, war die erste, die es wagte, in Chinas unbändigem Übergang von der »Kampfzeit« zur freien Marktwirtschaft die Möglichkeiten der Kunst zu nutzen. Als die Kommunistische Partei bei der Einführung der Marktwirtschaft einige ihrer orthodoxen ideologischen Positionen aufgab, schien alles möglich zu sein – zumindest bis der Staat erneut durchgriff.

Ma Jian scheint sich am liederlichen Ende des neuen gegenkulturellen Spektrums bewegt zu haben – im Bereich der von dem Sinologen John Minford so genannten »Kultur des *liumang* (ein unübersetzbarer Begriff, der so etwas wie Gammler, Rowdy, Pennbruder, Faulenzer oder Punk bedeutet). Von seiner ersten Frau geschieden und von seiner Freundin verlassen, täuschte Ma Jian auf seiner Arbeitsstelle Krankheit vor, trieb sich mit anderen Außenseitern herum und verbrachte seine Zeit mit Biertrinken und Diskussionen über *Warten auf Godot*. Als die Behörden ihn wegen »geistiger Verschmutzung« anklagten, verließ er Ende 1983 Beijing, reiste – mit einer Kamera, einem Notizbuch und Whitmans *Leaves of Grass* (dt. *Gras-*

*halme*) ausgerüstet – drei Jahre lang durch China, wo er von Gelegenheitsjobs und der Freundlichkeit von Freunden und Fremden lebte. Die Kommissare fanden ihn schließlich, als er 1987 nach Hongkong ging und dort einen Artikel über seine Reisen in Tibet veröffentlichte. Die Story, in der er die Herabwürdigung der am stärksten religiös geprägten Minderheit Chinas beschrieb, kümmerte sich offensichtlich nicht um die Forderung des sozialistischen Realismus nach fröhlicher Erhebung und brachte ihm ein pauschales Publikationsverbot in China ein.

Auf seinen Reisen durch China Mitte der 1980er Jahre, die er später in *Red Dust* (2002, dt. 2009) beschrieb, dem Buch, das ihn im Westen bekannt machte, rieb er sich wiederholt an der Brutalität und dem Spießbürgertum offizieller Kreise. Vor Mitgliedern eines kleinstädtischen Buchclubs erklärte er: »Ich will mir nicht von einer politischen Partei vorschreiben lassen, wie ich zu leben, wann ich zu sterben oder woran ich zu glauben habe.« Als er einem Schriftstellerkollegen Ginsbergs *Howl* (dt. *Das Geheul*) vorliest, macht er sich über dessen zornige Ablehnung Amerikas lustig: »Er will damit sagen, dass man in seinem Land nicht leben kann. Der sollte sich mal vier Wochen in China aufhalten – was er dann wohl sagen würde? Hier träumt doch jeder davon, einmal verzweifelt aus dem Fenster singen zu können.«

Der Tiananmen-Platz zog Anfang 1989 viele Träumer wie Ma Jian an, der aus Hongkong in eine Einzimmerwohnung nach Beijing zurückkehrte, um sich an den Studentenprotesten zu beteiligen. Anfangs erschienen die Proteste wie eine politische Vollendung des vorangegangenen Jahrzehnts vorsichtiger ökonomischer Freiheit. Mitte der 1980er Jahre, schreibt Ma Jian, habe das Land angefangen, »zu vibrieren wie ein Teekessel, kurz bevor das Wasser kocht«. *Red Dust* ist bis heute die lebendigste Beschreibung des gerade vom Maoismus befreiten chinesischen Volkes, das seinen Weg durch eine veränderte moralische Landschaft nimmt, in der extreme Armut und Unterdrückung mit verlockenden neuen Möglichkeiten der Selbsterfindung koexistieren. Ma Jian, der in einem Verkehrsstau in Xuelin Chiffonschals verkaufte oder in Chengdu Karikaturen zeichnete, genoss offenbar nicht nur sein eigenes improvisiertes Leben, sondern empfand auch selbst etwas von dem unternehmerischen Überschwang seiner Landsleute. In einer der vielen erfrischenden Szenen des Buchs ermahnt er die Bewohner eines einsamen Dorfes: »Unser Land verändert sich, es öffnet sich. Ihr könnt hier nicht einfach so dahinvegetieren. Ihr solltet reisen, euren Horizont erweitern. Habt ihr noch nichts von der Sonderwirtschaftszone Shenzhen gehört?«

*Peking-Koma* badet im ergreifenden Glanz jugendlicher Hoffnung und Begeisterung. Mehr als irgendwelche kohärenten politischen Forderungen oder Prinzipien war es dieser Optimismus, der die Proteste von 1989 beflügelte und selbst einfache Arbeiter veranlasste, Demonstrationen zu organisieren. (Weitaus zahlreicher als die Studenten, hinderten protestierende Bürger Beijings das Militär tagelang, zum Tiananmen-Platz vorzudringen; aus ihren Kreisen kam auch ein großer Teil der Opfer in der Nacht zum 3. Juni.) Dai Wei sagt dazu: »Unser Land hatte die Katastrophe der Kulturrevolution hinter sich gelassen, und wir drängten danach, es wieder aufzubauen. Wir waren von einem Sendungsgefühl befeuert.« In seinen besten Partien beschwört *Peking-Koma* das bewegende Glücksgefühl, am Leben zu sein, das viele Chinesen in dieser Morgendämmerung empfanden, vor allem die jungen Leute, für die die Besetzung des Platzes »wie eine einzige große Party war, mit zahllosen Gelegenheiten zum Trinken, zum Flirten und zum Sex«.

Das Massaker auf dem Tiananmen-Platz und der zusätzliche Schock seiner Tilgung aus dem chinesischen Gedächtnis scheint für Ma Jian und seinesgleichen eine ebenso brutale Klärung gebracht zu haben wie das Scheitern der Revolution von 1848 in Frankreich für Flaubert und seine Zeitgenossen. So kann es denn kaum überraschen, dass *Peking-Koma* die Proteste nahezu ebenso schonungslos analysiert, wie es die Unterdrücker verurteilt. Die Studentenführer werden dort wie die Revolutionäre von 1848 in Flauberts *Erziehung der Gefühle* als von Eigennutz und Eitelkeit beherrscht dargestellt. »Was war nur los mit unserer Generation?«, fragt Dai Wei. »Als die Gewehre auf uns gerichtet waren, haben wir weiter untereinander gestritten und gerangelt.« Einer der Demonstranten sagt zu einem Studentenführer: »Angeblich kämpft ihr gegen die Diktatur, aber in Wirklichkeit wollt ihr alle kleine Kaiser sein.« Dai Weis Freundin, die zu den leidenschaftlichsten Demonstranten gehört, glaubt, alle Studentenführer wollten nur »weglaufen und in Amerika ihren Doktor machen«. Und sie schließt: »Sie haben keine Ideale.«

Ma Jians politischer Schmerz verleiht dem Roman einen bitteren Grundzug. Ein Großteil seiner Prosa geht nur dann über ihren instrumentellen Charakter hinaus, wenn Ma Jian Dai Weis Liebesbeziehungen oder seine in Armut verbrachte Kindheit evoziert und dabei wieder etwas von der beiläufigen Poesie aus *Red Dust* erkennen lässt. »Ich sehe den verstaubten Knoblauchzopf, der an einem Haken in der Küche hängt; ich sehe meinen Vater, der vor einer Waschschüssel hockt und seine nackten Beine mit einem Lappen abreibt; ich sehe einen ganzen Schwung umgefallener Fahrräder, die in der Sonne blinken wie ein Weizenfeld.«

Die Bitterkeit des Romans resultiert offensichtlich nicht allein aus der Vergeblichkeit der Tiananmen-Proteste und den

Gräueln der Kulturrevolution – Ma Jian greift auf Forschungen zurück, die gezeigt haben, dass es bei den Roten Garden in Guangxi möglicherweise zu Kannibalismus kam. Sie resultiert auch aus dem, wie er glaubt, bereits älteren Hang der Chinesen zu autokratischer Grausamkeit, Unterwürfigkeit und Konformismus. Ai Weiwei, heute einer der berühmtesten Künstler Chinas, veröffentlichte 1997 ein Bild des Tiananmen-Platzes, mit seinem nach oben gestreckten Mittelfinger im Vordergrund. In einem begleitenden Essay erklärte er: »Die Geschichte des modernen China ist eine Geschichte der Negation, einer Verneinung des Werts des Menschen, eines Mordes an der Individualität. Es ist eine Geschichte ohne Seele.« Ma Jian scheint dem zuzustimmen. »Was für eine grausame Geschichte China doch hat«, bemerkt ein ausländischer Besucher der Verbotenen Stadt in *Peking-Koma*. »Deshalb haben wir den Platz besetzt«, erwidert Dai Weis Freundin. »Wir wollen Jahrtausende der autokratischen Herrschaft beenden.«

Bei der Reflexion über die mörderische Unterdrückung der Proteste gelangt Dai Wei zu dem Schluss: »Wir hatten Mut, aber zu wenig Erfahrung, und wir wussten zu wenig über die chinesische Geschichte.« Als die Bulldozer seiner Wohnung näher rücken und seine Freunde und Verwandten ihn zurücklassen, wird ein Spatz – der schlichte Vogel, dessen Ausrottung Mao einst befohlen hatte – zu seinem ständigen Gefährten. Dai Weis langsamer Zerfall, begleitet von der Verwüstung im Nach-Tiananmen-China, erweist sich als der beste Teil des Romans. Die unheimliche Faszination eines aktiven Geistes in einem unbeweglichen Körper entschädigt leicht für die konventionellen Tröstungen des Plots und der Handlung. Dennoch scheinen Ma Jians Bilder und Metaphern – so ist etwa Dai Weis Koma ein Symbol für die moralische Erstarrung im heutigen China – ein sorgfältiger abgemessenes Narrativ zu erfordern, um ihre volle Wirkung zu entfalten. Ihre poetische Intensität leidet unter der Länge und dem vollgestopften Charakter des Romans. So zeigt sich denn, dass die vielen über Taktik und Logistik streitenden Studenten, denen *Peking-Koma* über weite Strecken gewidmet ist, schemenhaft bleiben. Es ist, als hätte Ma Jian sich nach der Entscheidung für ein historisch und emotional aufwühlendes Setting der Aufgabe enthoben gefühlt, seine Charaktere nun auch auf dem Papier zu individualisieren und mit Leben zu erfüllen.

In der Literatur wie in der Architektur läuft der Drang nach Erinnerung und Gedenken Gefahr, zum vage Monumentalen zu versteinern. Gegen Ende des Romans erscheint selbst Dai Weis hyperaktives Bewusstsein ein wenig überchoreographiert, und seine Formulierungen (»Die Welt, in der ich früher lebte, ist umgewandelt worden«) wirken ebenso explizit wie der dokumentarische Realismus des übrigen Romans. Was am häufigsten und oft repetitiv zum Ausdruck kommt, ist Ma Jians eigene Entfremdung von seinem Land, und auch wenn man seiner düsteren Prognose für China in vielem zustimmen muss, scheint ihr umfassender Charakter doch allzu große Beschränkungen für einen Romancier mit sich zu bringen. Man hat den Verdacht, dass der Pessimismus eines regimekritischen Schriftstellers ebenso gnadenlos und simplifizierend sein kann wie der Optimismus eines sozialistischen Realisten. Schließlich gedeihen unter der hektischen und grellen Oberfläche der Modernisierung Chinas sicher auch viele gutartige Impulse – wie die Welle des Mitgefühls und der materiellen Hilfe für die Opfer des Erdbebens in Sichuan zeigt.

Jedenfalls liefert die Metamorphose Chinas, die größer ist und rascher erfolgt als die Europas und Amerikas im 19. Jahrhundert, unendlich reiches Material für Künstler und Schriftsteller. In *Red Dust* holte Ma Jian einiges von der angespannten

Menschlichkeit eines Volkes ans Licht, das zwischen Leichtgläubigkeit und Opportunismus, Entbehrung und halbbürgerlicher Wohlanständigkeit schwankt. Sein neuer Roman dagegen liest sich wie ein langes und unglückliches Lebewohl an ein unwiderruflich verdorbenes China. »Aber sollte ich wirklich aufwachen«, sagt Dai Wei, würde ich »wahrscheinlich alle Politik hinter mir lassen wollen und mich darauf konzentrieren, ein glückliches Leben zu führen.« Wie viele im Exil entstandene Werke verteidigt *Peking-Koma* geistige Eigenständigkeit gegen die sentimentalen Illusionen der Massenpolitik. Es legt auch den Gedanken nahe, dass Ma Jian, falls er sich denn von den komplizierten Kämpfen in China abwenden sollte, auf jene moralische Leidenschaft verzichtete, welche die wahrste Quelle seiner Kunst darstellt.

# ZWEITER TEIL

## Lauter Fragen

# Das neue Shanghai und was da kommen wird

Die Ruinen Shanghais sind immer wieder eine Überraschung in dieser so entschieden modernen Stadt. Funktionäre der Kommunistischen Partei und Immobilienspekulanten, die den Wirtschaftsboom Chinas anheizen, haben nahezu alle alten Häuser und Stadtbezirke zum Tode verurteilt. In der Innenstadt liegen demolierte niedrige Häuser gleich neben Wohnanlagen im Stil amerikanischer *Gated Communities* mit Namen wie »Rich Gate«, und die Trümmer spiegeln sich surreal in den gläsernen Fassaden hoher Bürogebäude. In Dongjiadu, dem ältesten Stadtviertel Shanghais, das ich eines Abends im Frühjahr 2005 besuchte, erwartete man die Bulldozer innerhalb der nächsten vierzehn Tage, und die alten chinesischen Frauen, die in den engen Gassen hockten, schienen gänzlich hilflos dagegen. Der Sturm des Fortschritts, dessen Verheerungen Walter Benjamin im Europa des frühen 20. Jahrhunderts sah, bläst auch durch China und treibt den Engel der Geschichte in die Zukunft, während der Trümmerhaufen zu seinen Füßen immer größer wird.

Aber man kann nicht allzu sentimental durch einen Ort wie Shanghai wandern, der seine Entstehung im 19. Jahrhundert etwas so Unsentimentalem wie dem Opiumhandel verdankte. Der Mohn wurde in Indien geerntet und dann von ausländischen und einheimischen Geschäftsleuten und Soldaten nach China importiert.

Als Inder erlebt man in Shanghai ein Gefühl der Vertrautheit, das sich allerdings mit einem gewissen Unbehagen mischt. Man fühlt sich unwillkürlich an Bombay erinnert, die Stadt, die gemeinsam mit Shanghai den größten Anteil an den Ungerechtigkeiten des 19. Jahrhunderts hatte. Beide Hafenstädte begannen zu florieren, als die Briten China zwangen, seine Märkte für in Indien angebautes Opium zu öffnen. Die politischen und ökonomischen Netzwerke des britischen Imperialismus schufen in beiden Städten eine einheimische Kompradorenklasse, ließen eine kosmopolitische Schicht aus Geschäftsleuten und Abenteurern in die Städte strömen und trennten diese von ihrem weiten, ständig ärmer werdenden Hinterland. Juden aus Bagdad wie die Sassoons, die das berühmte Cathay Hotel eröffneten (das 1956 in Peace Hotel umbenannt wurde) und die Kadoories, Gründer der in Hongkong beheimateten Peninsula Hotels, sowie Sikhs aus Indien, die als Polizisten in der exklusiven Internationalen Konzession arbeiteten. Die Japaner errichteten die industrielle Infrastruktur der Stadt; ihnen folgten ausländische Geschäftsleute. Das Geldverdienen war bald wichtiger als politische und rassische Hierarchien und machte die Stadt zu einer der freiesten der Welt.

Tausende von »Weißen«, die quer durch Sibirien vor der Russischen Revolution flohen, ließen sich in Shanghai nieder. Fast überall sonst in der Welt abgewiesen, fanden jüdische Flüchtlinge aus Nazideutschland dort zwischen 1938 und 1941 eine gastfreundliche Heimat – der frühere israelische Premierminister Ehud Olmert stammte aus einer Familie chinesischer Juden. In den 1920er und 1930er Jahren – eine der Währungen der Stadt war die mexikanische (wegen alter Handelsbeziehungen zu den Philippinen), die Polizisten waren Sikhs und die Prostituierten Russinnen – war Shanghai eine der großen Weltstädte der Erde, mehr noch als London oder New York. Diese Jahre vor dem Zweiten Weltkrieg waren eine Zeit der

Feste. In den chinesischen Stadtvierteln mochten Mafiabosse Grabenkämpfe ausfechten und die von Chiang Kai-shek geführten Nationalisten brutale Säuberungsaktionen gegen Kommunisten durchführen, doch die Internationale Konzession wurde von dieser Gewalt und dem Chaos kaum berührt. Jazzbands spielten Foxtrott und Jitterbug in der im Tudor-Stil gehaltenen Bar des Cathay Hotel (wo Noël Coward das Theaterstück *Private Lives* schrieb). Selbst die japanische Invasion, die Anfang der 1930er Jahre begann, konnte der Stimmung in der Internationalen Konzession keinen Abbruch tun. (Die Japaner internierten die in der Stadt lebenden Europäer und Amerikaner erst nach ihrem Angriff auf Pearl Harbor im Dezember 1941.)

Während eines meiner frühen Besuche in Shanghai blickte ich oft von einem modischen neuen Hotel in Pudong zum Bund, der alten Hafenpromenade der Stadt, hinüber. Die Architektur vor mir war eklektischer als die in Bombay. Und auch pompöser. Aber damals waren die Briten im Ausland stets darauf bedacht, sich selbst in Stein zu verherrlichen, und ihre europäischen Rivalen, die dem nicht nachstehen wollten, beschworen sogar noch gewaltigere Größenphantasien.

Die imposant-soliden Gebäude sollten einst Ehrfurcht bei den Einheimischen wecken und sie zur Unterwürfigkeit bewegen. Aber die Dinge haben sich im letzten halben Jahrhundert dramatisch verändert. Heute »wimmelt« es in den Gebäuden am Bund nicht nur von Einheimischen, wie der europäische Reisende einst wohl gesagt hätte, die Chinesen haben auf den ehemals verwahrlosten Schlickflächen Pudongs ihre eigenen monumentalen Bauwerke errichtet. Wie in Bombay fällt es auch hier schwer, die koloniale wie die postkoloniale Architektur um ihrer selbst willen zu schätzen. Ich konnte mich nicht des Gefühls erwehren, dass ich hier nur eine Fassade sah, hinter der sich ein Land und eine Geschichte verbargen, welche die Gegenwart immer noch in beträchtlichem Maße prägen.

Gandhi erklärte 1921, die großen Gebäude Bombays verdeckten »schlimmste Armut und Schmutz«. Damit meinte er die dubiosen Quellen, aus denen die Stadt ihren Reichtum schöpfte. Aber nicht nur der Handel mit Schmuggelware prägte das alltägliche Leben in beiden Städten, sondern auch eine Art institutionalisierter Brutalität und Gefühllosigkeit. Wie die große Chronistin Shanghais Lynn Pann berichtete, sammelten die städtischen Behörden allein 1935 mehr als 5000 Leichen auf den Straßen der Internationalen Konzession ein.

Der britische Anspruch, in Indien für westliche Werte zu stehen, setzte den Ausbeutungsmöglichkeiten und der Zahl der Hungertoten in Bombay gewisse Grenzen. In Shanghai dagegen wurde solch eine Verpflichtung auf die Zivilisation nicht als notwendig empfunden; dort nahm der moderne Kapitalismus seine habgierigsten Formen an, und eine Achse aus Gangstern, Politikern und ausländischen Geschäftsleuten beherrschte die Stadt, bis die Kommunisten dort 1949 die Macht übernahmen. Bombay hatte seine sadistischen Polizisten, doch in Shanghai gab es noch weit mehr davon; dort waren die aus Indien geholten Sikh-Polizisten stets bereit, auf unbotmäßige Chinesen zu schießen.

Zügellose Gier und Brutalität bestimmten weitgehend die ausländische Präsenz in Shanghai. Dennoch erstrahlen diese Jahrzehnte einer halbkolonialen Besetzung, in denen Shanghai zur »Hure Asiens« wurde, in Filmen wie Zhang Yimous *Shanghai Serenade* (1995), Chen Kaiges *Verführerischer Mond* (1996) und James Ivorys *The White Countess* (2005) in einem altmodischen Glanz. Und Auswanderer können sich heute ganz aus der glitzernden Gegenwart in das sepiagetönte Shanghai der vorkommunistischen Zeit zurückziehen – in jenen Stil, an den die Designer des wohl berühmtesten Modelabels Asiens,

Shanghai Tang, erinnern. Im Old China Hand Reading Room, einer Buchhandlung mit Café in einer der eleganten überdachten Straßen der ehemaligen französischen Konzession, hocken Kaffeefreunde bis spät in die Nacht in einem Dekor im Stil der Ming-Dynastie. Bis vor kurzem spielte in der Tudor-Bar des Peace Hotels eine Jazzband, und ältere chinesische Saxophonisten bliesen »These Foolish Things«. Borschtsch, das kulinarische Vermächtnis der »weißen Russen«, findet sich heute noch auf Shanghaier Speisekarten.

Die wirklich Armen sind in Shanghai nicht sichtbar, auch wenn man die Besucher aus den verarmten ländlichen Regionen mit ihren verblichenen blauen Maojacken und staubigen Schuhen leicht erkennen kann, die mit ehrfürchtigen Blicken die Super-Malls auf der Nanjing Lu und die grell blinkenden Neonbeleuchtungen in Pudong bestaunen, der ultramodernen Erweiterung Shanghais, die den »friedlichen Aufstieg« Chinas, abgesehen von allem anderen, als Gelegenheit für Kitschliebhaber erscheinen lassen. Einmal sah ich auf dem Bund einen Bettler – den einzigen, dem ich bei mehreren Spaziergängen durch die Stadt begegnete –, und er war auf so melodramatische Weise heruntergekommen, dass ich mich fast fragte, ob das Fremdenverkehrsamt ihn nicht dorthin gesetzt hatte zur Erinnerung an die elende imperiale Vergangenheit der Stadt.

Als ich einmal mit der namhaften Shanghaier Schriftstellerin Wang Anyi in der Lobby meines Hotels in einem der kitschigen Türme in Pudong zusammensaß, sagte sie: »Hier gibt es keine Kultur.« Aber Kultur scheint man noch nicht zu brauchen in diesem glatten neuen Stadtteil, der in weniger als einem Jahrzehnt auf den einst unbewohnten Schlickbänken gegenüber dem Bund erbaut wurde und dem Reichtum wie auch der Macht des nach Globalisierung drängenden China Ausdruck verleihen soll.

Mit ihrer postmodernen Hochnäsigkeit stellen Wolkenkratzer die pseudokolonialen Kuppeln und Glockentürme am Bund in den Schatten, die einst den Geschäftsleuten oder Touristen aus Europa einen beruhigenden Anblick boten. Überall in den Vororten schießen neue Gewerbegebiete aus dem Boden, mit Landschaftsgärten, die die harten Arbeitsbedingungen etwas mildern sollen. Nach einem, wie es scheint, kurzen kommunistischen Zwischenspiel hat Shanghai wieder die Rolle des Motors der chinesischen Wirtschaft und der Nummer eins unter den Zentren des Kapitalismus in Asien übernommen.

Die Früchte der vom Export getriebenen Wirtschaft Chinas sind für die meisten Chinesen allenfalls in Teilen erkennbar. Mehr als 150 Millionen Chinesen leben immer noch von einem Dollar am Tag; gut 200 Millionen vom Lande kommende Chinesen drängen in die am schlimmsten verschmutzten Städte der Welt, um dort ihren Lebensunterhalt zu verdienen; und Millionen von Chinesen beteiligen sich an der erstaunlichen Zahl der in die Zehntausende gehenden Proteste, die jedes Jahr zu verzeichnen sind. Doch in den riesigen Verkaufsräumen von Armani und Ferrari, wo eine neue Elite nach Kräften Dengs berühmten Ausspruch zu beweisen versucht, wonach »reich werden großartig ist«, scheint jenes China fern, in dem lokale Parteifunktionäre willkürliche Gebühren und Steuern auf Steuern erheben und das staatliche Gesundheits- und Bildungswesen mangels staatlicher Investitionen verfällt.

Bücher über Geschäfts- oder Managementpraktiken und Biographien amerikanischer CEOs dominieren die riesigen Buchhandlungen auf der Fujian-Straße, wo in den 1920er und 1930er Jahren viele chinesische Intellektuelle Marx und Lenin lasen und von der Revolution träumten. Mit BlackBerrys bewaffnete amerikanische und europäische Geschäftsleute drängeln sich in Hotelhallen und für Ausländer bestimmten Cafés und Bars –

und immer noch kann man hören, dass diese abgespeckten Versionen der alten Taipane sich über zu hohe Löhne am Ort und den Mangel an qualifizierten Arbeitskräften beklagen. In den Nachtclubs wimmelt es wieder von jungen weißen Männern, oft in Begleitung mehrerer chinesischer Frauen. Und bei den Kleinanzeigen der lokalen Tageszeitungen rangiert die Suche nach Kindermädchen an erster Stelle.

Nach der kommunistischen Machtübernahme 1949 versank das Paris des Ostens in trister Eintönigkeit, und erst mit den chinesischen Wirtschaftsreformen, die Anfang der 1980er Jahre begannen, kehrten die Ausländer zurück. Im Gefolge eines gewaltigen Zustroms von Taiwanesen ermunterte das liberalere wirtschaftliche und soziale Klima Tausende von Australiern, Amerikanern und Europäern, nach Shanghai zu kommen. In den später 1980er Jahren musste Shanghai sich erst noch von den Jahrzehnten des Kommunismus erholen und wurde von Ausländern immer noch als fremd empfunden. Zunächst wagten sie sich kaum in die Stadt hinaus, wohnten und verbrachten ihre Freizeit im Portman Hotel auf der Nanjing-Straße, dem ersten hochklassigen Hotel in Shanghai, und arbeiteten im gleich daneben liegenden Shanghai Centre. Mitte der 1990er Jahre begannen sie sich dann über die Stadt auszubreiten. Inzwischen zieht Shanghai einige der besten Talente aus der großen chinesischen Diaspora in ganz Südostasien an. Die neuen Bars und Restaurants auf dem Bund werden von den dortigen Behörden auch heute noch gezwungen, die chinesische Fahne zu zeigen. Doch selbst das strahlend rote, mit Sternen geschmückte Tuch scheint noch den allgemeinen Eindruck kapitalistischer Fröhlichkeit zu verstärken.

Der alte historische Stadtkern ist ausgelöscht worden, um den wachsenden Bedürfnissen und Wünschen dieser neuen Elite zu entsprechen. Überall in der Stadt schossen Luxusvillen für ausländische Geschäftsleute, hohe Funktionäre der Kommunistischen Partei und chinesische Neureiche aus dem Boden. Kurz nachdem ich Shanghai verlassen hatte, las ich, dass die Zentralregierung in Beijing – wahrscheinlich aufgrund ihrer eigenen Berichte, wonach 90 Prozent des Grunderwerbs in den Städten illegal erfolge – die Bereitstellung von Grundstücken für solche Villen untersagte. Aber viele von ihnen stehen bereits – oft unmittelbar neben demolierten Häusern für die Armen – und präsentieren das verblüffende Stilgemisch ihrer Fassaden: Veranden im amerikanischen Kolonialstil, neoklassizistische Säulen, barocke Stuckverzierungen, Fachwerk, Symbole einer eben erst von einer transnationalen Elite besetzten Stadt.

Die meisten anderen Menschen müssen mit dem auskommen, was sie haben – und in einer derart ungleichen Gesellschaft wie der chinesischen bleibt ihnen das tröstliche Wissen, dass sie mehr haben als andere. Eines Nachmittags kurz nach meiner Ankunft in Shanghai fuhr ich auf einer der Hochstraßen stadtauswärts, die von der Innenstadt zu den Hochhaussiedlungen führen, in denen die aus den Longtang-Gassen und Vierteln der Innenstadt vertriebenen Einwohner Unterkunft gefunden haben.

Rost und Ruß hatten diese Gebäude bereits verfärbt, und man konnte sich die beengten Verhältnisse darin leicht vorstellen, desgleichen den zu geringen Wasserdruck, die nicht funktionierenden Aufzüge und die chinesischen Bewohner, die mit Plastikeimern die dunklen Treppen hinab- und hinaufsteigen. Doch die Leidtragenden dieses vorzeitigen Verfalls scheinen noch gut dazustehen im Vergleich zu anderen Abgehängten in Shanghai, den Einwohnern der weiter entfernt gelegenen Vororte, die in Wohnblocks mit unterteilten Wohnungen und geschlossenen Balkonen gepfercht wurden, mit Blick auf ölgeschwärzte staubige Straßen und offene Abwasserkanäle.

Ich war an diesem Tag unterwegs zu einem Treffen mit Professor Zhu Xueqin, dem bekanntesten unter den chinesischen Intellektuellen, die sich als »liberal« bezeichnen. 1998 hatte Zhu, der das kommunistische Regime häufig offen kritisierte, die Einleitung zu einem beliebten und umstrittenen Buch über die *Fallstricke der Modernisierung* geschrieben, das die chinesischen Behörden anschließend verboten; und ich erwartete, einem Mann zu begegnen, der in eher beschränkten Verhältnissen lebte.

Es zeigte sich indessen, dass er in einer geschlossenen Wohnanlage namens California Gardens wohnte – und die überbordenden und seltsam ortlosen Architekturstile der Häuser mit ihren privaten Garagen und kleinen Vorgärten entsprachen ganz diesem Namen. Von Besuchern dieser Oasen wird erwartet, dass sie sich an deren Ordnung und Sauberkeit westlicher Prägung halten. Ich legte an Zhus Haustür die Schuhe ab und zog mir etwas über die Füße, das wie zwei Plastikduschhauben aussah. Das offene Wohnzimmer, in dem Zhu, ein freundlicher, liebenswürdiger Mann uns Platz nehmen ließ, besaß einen glänzenden Fußboden aus falschem Marmor; eine Treppe führte hinauf zu den Schlafräumen; und der marmorne Kamin schien dank der milden Winter in Shanghai bislang unbenutzt zu sein. Eine halbleere Flasche chinesischen Weins – auch der Wein gehört zu den vielen Gebieten, auf denen China mit dem Westen gleichzuziehen versucht – stand auf dem Esstisch.

Das Haus zeugte von einer wachsenden kosmopolitischen Selbstsicherheit, einem Leben mit regelmäßigen Reisen in den Westen und häufiger Kommunikation mit dem Westen, wie es vielen chinesischen Intellektuellen inzwischen immer leichter zugänglich ist. Doch der Weg dorthin war für Zhu hart und lang gewesen.

Er hatte gerade die Grundschule in Shanghai abgeschlossen, als die Kulturrevolution begann. In Übereinstimmung mit Maos Wunsch, wonach die Intellektuellen die Lebensbedingungen der Arbeiter und Bauern erleben sollten, verbrachte Zhu freiwillig vier Jahre in einer der ärmsten Regionen der Provinz Henan, gemeinsam mit einer Gruppe von Schülern und Studenten, die körperliche Arbeit mit einem selbstbestimmten Studium verbinden wollten. 1972 zog er mit ihnen in eine Fabrik und verbrachte dort zehn Jahre, in denen er den ganzen Tag arbeitete und des Nachts las, bevor er 1982 seine formale Ausbildung wiederaufnahm – genau zu der Zeit, als Deng Xiaoping mit dem marktwirtschaftlichen Umbau weiter Teile der staatlich gelenkten chinesischen Wirtschaft begann.

Zhu trauerte diesen zehn Jahren Fabrikarbeit nicht nach, und er beschrieb seine Erfahrung mit der Kulturrevolution ohne Selbstmitleid oder Groll. Seine Mao-Verehrung wich einem Misstrauen, das nicht nur den Vorsitzenden betraf, sondern auch die Idee der Revolution und der politischen Massenbewegungen, wie es sie in der modernen Welt seit dem späten 18. Jahrhundert gibt.

Wie sich zeigte, hatte Zhu sein langes Exil nutzbringender verbracht als die meisten anderen; er hatte gelesen, was er nur finden konnte, darunter auch Bücher über die Französische Revolution und Rousseau, über welche er schließlich eine Dissertation schrieb. Zu seinen glücklicheren Entdeckungen in einer von hohen Parteifunktionären frequentierten Buchhandlung gehörte eine Darstellung Gandhis in einem Buch von Chester Bowles, einem widerwilligen Kalten Krieger, der in den 1950er und 1960er Jahren als amerikanischer Botschafter in Indien arbeitete.

Mao, so erklärte mir Zhu, hatte Gandhi als Konterrevolutionär bezeichnet, und für viele Chinesen war die Sache damit erledigt. Aber als er Bowles' Buch las, sei ihm klargeworden, dass Gandhi, der eine demokratische Revolution ohne Zwang und Gewalt inspiriert hatte, größer gewesen sei als Mao.

Er besaß das Buch immer noch und ging gleich hinauf ins Schlafzimmer, um es zu holen. Als ich das zerfledderte Buch in die Hand nahm, das einen stark modrigen Geruch verströmte und in diesem glänzenden Vororthaus seltsam alt anmutete, spürte ich Zhus Blick auf meinem Gesicht. »Selbst Nehru war größer als Mao«, sagte er.

Zhu fühlt sich indessen in seinem Denken weder Gandhi noch Nehru verpflichtet, weder der Kritik Gandhis an der modernen industriellen Zivilisation noch dem Fabianischen Sozialismus Nehrus. Er gehört zu jener Mehrheit chinesischer Intellektueller, die seit den 1980er Jahren für eine rasche Modernisierung Chinas nach westlichem Vorbild eintreten.

Zhu ist zu unabhängig in seinem Denken, als dass er Milton Friedman und Friedrich Hayek verehren würde, die beiden Paten der Reaganomics und des Thatcherismus, die während der 1980er Jahre in China populär wurden. Er hält auch nichts von den neokonfuzianischen und neoautoritären Intellektuellen, die immer wieder einmal anbieten, das ideologische Vakuum des chinesischen Staates nach Mao zu füllen. Und er äußert nur eine sehr bedingte Zustimmung zu dem einflussreichen Versuch eines im Ausland lebenden chinesischen Wissenschaftlers, den Schriftstellern und Intellektuellen der chinesischen Bewegung des 4. Mai (1919) eine Mitschuld an den Katastrophen des Maoismus zu geben.

In seinen Schriften über Kultur und Politik beruft er sich auf einen altmodischen Humanismus, und obwohl er befürchtet, dessen Möglichkeit könnte in China unter einer gänzlich zur

Ware verkommenen Massenkultur leiden, glaubt er doch, was das Land brauche, sei eine freie Marktwirtschaft, die alle übrigen Freiheiten garantiere und zumindest in ihrer Idealform unlösbar mit Demokratie verbunden sei.

Das ist auch die weithin einhellige Auffassung anderer chinesischer Liberaler, die marktwirtschaftliche Reformen unterstützen, aber dem kommunistischen Regime vorwerfen, in seinen Modernisierungsbemühungen das wichtigste Element zu übergehen: die Gewährung gesetzlicher und verfassungsmäßiger Rechte. Viele dieser »Dissidenten« wie Liu Xiaobo, Liu Junning oder der Christ Yu Jie nehmen in der Berichterstattung der amerikanischen Medien über chinesische Intellektuelle eine herausragende Stellung ein – einer Berichterstattung, hinter der oft die nach dem Kalten Krieg aufgekommene Annahme steht, der freie Markt sei ein Garant der Demokratie, und die zwischen der Beschreibung der Exzesse des autoritären kommunistischen Staates und der Darstellung der reifenden Früchte der freien kapitalistischen Wirtschaft schwankt.

Aber in China ist der Liberalismus eine Ideologie, die sich im permanenten Belagerungszustand befindet, und mir war nicht ganz klar, ob Zhu die geschichtlichen Gründe dafür erkannte oder begriff, dass auch er an einer Fortschrittserzählung teilhatte, die nach Art der Whigs die Universalisierung der liberalen Demokratie beschreibt und den meisten Leitartikeln, politischen Kommentaren und Reden im Westen zugrunde liegt.

Die besonderen sozialen und ökonomischen Bedingungen, unter denen Liberalismus und Demokratie möglich wurden, etwa die Betonung der individuellen Verantwortung durch die Reformation oder der industrielle Kapitalismus, stellten eine Besonderheit Westeuropas und Amerikas dar. Sie ließen sich andernorts nicht so einfach herstellen, vor allem nicht in Ländern, die versuchten, mit dem Westen gleichzuziehen. Japan, das erste nichtwestliche Land, das modern zu werden versuchte, entwickelte sich zu einer wirtschaftlichen und militärischen Macht, ohne das liberale Engagement für die Rechte des Einzelnen aufzugreifen.

Deutschland, das sich schon vor Japan und im Vergleich zu Westeuropa relativ spät auf den Weg der Industrialisierung machte, wurde von einem starken zentralisierten Staat modernisiert. Weder Deutschland noch Japan übernahmen die Traditionen des angloamerikanischen Liberalismus, die Individualismus, eine Laissez-faire-Ökonomie und ein fundamentales Misstrauen gegenüber staatlicher Macht fördern. Die Rechte des Einzelnen wurden den ökonomischen und militärischen Erfordernissen von Ländern untergeordnet, die erst spät in die moderne Welt taumelten.

Nur wenige Japaner wollten Kritik an ihrer Regierung üben, als sich ihr Land im späten 19. Jahrhundert unter den keineswegs wohlwollenden Blicken Großbritanniens, Russlands und der Vereinigten Staaten rasch modernisierte. Selbst unter den politisch günstigen Bedingungen Taisho-Japans oder der Weimarer Republik in Deutschland wollten die Liberalen, dass der Staat soziale Sicherungssysteme für die arme arbeitende Bevölkerung konzipierte und verwirklichte. Als Reaktion auf die dem modernen Kapitalismus eingebauten Ungleichheiten vertrauten sie auf ein bürokratisches Management der Ökonomie (und nahmen damit in gewisser Weise den liberalen New Deal in den Vereinigten Staaten vorweg).

Auch zahlreiche indische Liberale betonten die Bedeutung staatlicher Initiative in vielen Bereichen des öffentlichen Lebens. Der erste Premierminister Indiens, Jawaharlal Nehru, war ein Demokrat, der dafür sorgte, dass die große Macht des indischen Staates regelmäßig ihre Legitimation durch eine individuelle Zustimmung in Gestalt von Wahlen erhielt. Sein Liberalismus besaß jedoch eine gemeinschaftsorientierte und paternalistische Prägung. Der Staat sollte auf dem Gebiet der Wirtschaft erhebliche Eingriffsmöglichkeiten behalten. Auch die Meinungsfreiheit kann nach der indischen Verfassung eingeschränkt werden, wenn das Gemeinwohl dies erfordert. Leider führt eine direkte Linie von dieser pragmatischen Anerkennung einer vielgestaltigen Gesellschaft bis in die heutige Zeit, in der fast jeder – ein Kleinstadt-Mullah oder ein aggressiver Politiker – sich auf das Gemeinwohl berufen kann, wenn er Künstler und Schriftsteller attackiert. Die liberale Demokratie scheint in Indien nie so schwach gewesen zu sein wie heute.

Doch die größte Herausforderung für den angloamerikanischen Glauben an die weitere Ausbreitung des Liberalismus und der Demokratie stellt China dar. Es hat ein spektakuläres Wachstum erzielt, ohne eine auf freien Wahlen basierende Demokratie einzuführen. Außerdem kontrolliert der Staat die Schaltstellen der globalisierten Wirtschaft. Und entgegen der von Zhu geäußerten Überzeugung gibt es keinerlei Anzeichen dafür, dass sich daran in nächster Zukunft etwas ändern könnte.

Chinas Erfahrung als Spätentwickler ist von entscheidender Bedeutung für ein Verständnis seines eigentümlichen Weges. Liberale, von jeher eine Minderheit unter den Führern und Denkern des Landes, hatten kaum Chancen angesichts der Bürgerkriege und ausländischen Invasionen. Die größte Herausforderung, mit der China in weiten Teilen des 20. Jahrhunderts konfrontiert war, bestand darin, zu überleben und stärker zu werden. Die chinesischen Führer mussten erst einmal in kürzester Zeit einen zentralisierten Nationalstaat aufbauen, der in der mörderischen Welt der internationalen Beziehungen Sicherheit und Stabilität zu gewährleisten vermochte.

Anders als die Japaner, die ein eigenes, an der Familie orientiertes Staatsverständnis *(kokutai)* entwickelten, mussten die Chinesen ihren politischen Körper systematisch überarbeiten, um die Loyalität der Bürger zu gewinnen. Nach der Abschaffung des kaiserlichen Systems mussten die Führer Chinas – Chiang Kai-shek ebenso wie Mao Zedong – durch Massenerziehung und Propaganda von Grund auf ein Nationalgefühl und eine nationale Identität aufbauen.

Jede individuelle Auflehnung gegen die willkürliche Macht des Staates wurde rücksichtslos unterdrückt. Maos Erben erkannten schließlich, dass es falsch war, dem Staat allzu viel ökonomische Initiative aufzubürden. Doch selbst Deng Xiaoping, der die Wirtschaft liberalisierte, brach nicht mit älteren Imperativen, nämlich die Ressourcen des Landes zu mobilisieren, um China wirklich autonom und sicher zu machen, und die Erweiterung der individuellen Freiheit auf später zu verschieben.

»Entwicklung ist die einzige harte Wahrheit«, erklärte er. »Wenn wir uns nicht entwickeln, wird man uns drangsalieren.« Wenn der neue chinesische Führer Xi Jinping vom »chinesischen Traum« spricht, stellt er dieselben Imperative nationaler Einheit und Stärke wie auch nationalen Stolzes gegen die Notwendigkeit demokratischer Reformen. Und er könnte durchaus recht haben, wenn er glaubt, damit auf offene Ohren zu stoßen. Auguren sagen seit Jahrzehnten den Zusammenbruch des chinesischen Regimes voraus. In den letzten Jahren setzen sie ihre Hoffnungen auf die Hauptnutznießer des chinesischen Wirtschaftswachstums: die Mittelschichten. Der Führungswechsel Ende 2012 führte zu mancherlei wildem Gerede von einer bevorstehenden Revolution.

Doch Chinas Mittelschichten scheinen allzu fragmentiert zu sein, als dass sie eine wirkungsvolle politische Bewegung hervorbringen oder gar eine Revolution auslösen könnten. Und viele der vom Wirtschaftswachstum abgehängten Chinesen mögen den Eindruck haben, die Apparatschiks im fernen Beijing kümmerten sich eher um ihr Wohlergehen als eine reiche Minderheit, die nur darauf aus ist, noch reicher zu werden.

Und es waren keine chinesischen Liberalen, von denen das intellektuelle Misstrauen und der politische Widerstand gegen die Ansprüche der Globalisierung ausgingen – insbesondere gegen die herrschende neoliberale Ideologie, die keine tiefergehende Lösung für Armut und Ungleichheit anbietet als das vage Versprechen, die aufkommende Flut des privaten Wohlstands werde am Ende alle Boote heben. Vielmehr waren es einige der – als »Neue Linke« bezeichneten – chinesischen Schriftsteller, Wissenschaftler und Aktivisten, die im letzten Jahrzehnt als prominenteste Kritiker des angeblichen »Wirtschaftswunders« in China und seiner immer deutlicher erkennbaren sozialen, kulturellen und ökologischen Kosten hervortraten – die Auflösung des Sozialstaats, extreme Ungleichheit und Korruption, wachsende Arbeitslosigkeit sowie eine derart weitverbreitete Luft- und Wasserverschmutzung, dass ständig ein graues Leichentuch über allem liegt und Flüsse in weiten Teilen des Landes buchstäblich schwarz sind.

Viele Chinesen, denen ich begegnete, messen Schriften von Denkern der Neuen Linken das Verdienst zu, Mitte bis Ende der 1990er Jahre eine intellektuelle Debatte über die Modernisierung Chinas angestoßen zu haben, die aufgrund des nahezu zweistelligen Wirtschaftswachstums als irrelevant erschien. Selbst Kritiker der Neuen Linken – und davon gibt es sehr viele unter den »Neoliberalen«, »Postmodernisten«, »Nationalisten« und »Altmaoisten«, die auf dem neuen chinesischen Markt der Ideen florieren – bescheinigen ihr einen wachsenden Einfluss selbst in offiziellen Kreisen.

Doch Zhu steht der Neuen Linken skeptisch gegenüber, vor allem ihrem Eintreten für soziale Bewegungen unter Arbeitern und Bauern. China, so sagte er mir, brauche mehr, nicht weniger marktorientierte Reformen, und er gab die Schuld an wachsender Ungleichheit und Ungerechtigkeit der überzogenen staatlichen Einmischung in die Mechanismen des freien Marktes – dem »sichtbaren Fuß«, der auf der »unsichtbaren Hand« herumtrample.

China brauche außerdem mehr Offenheit gegenüber dem Westen. Er habe nichts übrig für den Nationalismus, in dem die Neue Linke eine potentiell positive Ressource erblicke. Der chinesische Nationalismus sei eine Form antijapanischer und antiwestlicher Fremdenfeindlichkeit, die das kommunistische Regime schüre, um sich Legitimation zu verschaffen. Wie die Kulturrevolution bewiesen habe, förderten politische Massenbewegungen eher Chaos und totalitäre Bestrebungen als Demokratie.

Das waren keine liberalen, sondern eher konservative Ansichten westlicher Prägung. Aber nur wenige schienen mehr Recht darauf zu haben als Zhu, der den Wahnsinn des Maoismus selbst erlebt hatte. Irgendwann gesellte sich sein Sohn zu uns, ein hochgewachsener junger Mann mit Pferdeschwanz. Ich fragte ihn, was er machte, und er antwortete mit einem Grinsen und in einem Englisch, das für den Augenblick fast perfekt erschien: »Ich bin ein Skandalreporter.« Er erklärte mir, er arbeite als Journalist bei einem der mutigen neuen chinesischen Magazine, denen man zumindest bis zu einem gewissen Punkt erlaubte, staatliche Korruption und Inkompetenz sowie die Ausbeutung von Arbeitern und Bauern bloßzustellen.

Der in Beijing lebende Journalist hatte in den letzten beiden Wochen eine Reise in die Provinz Jiangsu unternommen. Bei Nachforschungen zu einem »Modelldorf«, das Parteifunktionäre als Beweis für den Erfolg der marktorientierten Reformen in China präsentierten, war er auf die vertraute Mischung aus Günstlingswirtschaft und gefälschten Statistiken gestoßen. Immer wieder unterbrach er mein Gespräch mit Zhu, und seine Fragen waren intelligent und scharf. Seine Zuversicht wäre in den Zeiten, die Zhu erlebt hatte, nicht denkbar gewesen; sie gehörte ganz dem heutigen China an, einem Klima vielfältigen Geschmacks und unterschiedlichster Meinungen, die gleichermaßen von chinesischen Ausgaben des Senders MTV oder der Zeitschrift *Vogue* wie von *People's Daily* geprägt wurden. Und das Lächeln, das immer dann auf Zhus Gesicht erschien, wenn sein Sohn mich um eine Erklärung bat, schien nicht nur von väterlichem Stolz zu zeugen, sondern auch von der Überzeugung, dass China nach der Verschwendung an Menschenleben und dem Scheitern der Mao-Jahre begonnen hatte, seinen Weg zu finden, und Individuen wie er, die zuvor kollektiv definierten Bedürfnissen und einer ebensolchen Identität subsumiert wurden, inzwischen gewisse Ansprüche an die Welt stellen und sogar als maßvoll erfolgreich gelten konnten.

Als ich dann jedoch durch die weithin sichtbaren Beweise der Ausplünderung und Enteignung ins Zentrum von Shanghai zurückkehrte, fragte ich mich, ob der vor dem Chaos der Kulturrevolution zurückschreckende Zhu nicht jenen Angehörigen der Mittelschicht in armen Ländern glich, die ihre private Stabilität und Sicherheit erkämpft hatten und nun nicht mitansehen mochten, dass dieser Erfolg bedroht wurde – Menschen, die oft durchaus zu Recht die Forderung nach sozialer und ökonomischer Gerechtigkeit als persönliche Bedrohung empfanden und unbewusst hofften, die Demokratie auf einen Gesetzes- und Verfassungsformalismus beschränken zu können, der für die gebildete und wohlhabende Minderheit unvermeidlich von größerem Nutzen war als für die unterprivilegierte Mehrheit.

Gandhi und Nehru seien größer gewesen als Mao, sagte Zhu, und ich fragte mich kurz, ob dies nur eine Geste mir gegenüber als seinem ersten indischen Besucher war. Doch solche Vergleiche waren einst für viele Chinesen und Inder Bestandteil der alltäglichen Konversation gewesen.

In den letzten Jahren haben sich Indien und China zunehmend auf eine triumphale Geschichtsdarstellung eingelassen – wonach die westlich-kapitalistische Moderne außerwestlichen Völkern den richtigen Weg zu Fortschritt und Entwicklung gewiesen habe. Doch für viele Inder und Chinesen war ihre nationale Erfahrung und Identität vor allem vom Kampf für die Befreiung von der militärischen und wirtschaftlichen Beherrschung durch den Westen geprägt.

Indien und China, die beide Ende der 1940er Jahre zu souveränen Staaten wurden und sich der Vision einer sozialistischen Modernisierung verschrieben, behielten einander neugierig und wachsam im Auge. Besonders eng war die Beziehung beider Länder im ersten Jahrzehnt ihrer Unabhängigkeit, als sie versuchten, dem amerikanischen Druck im Blick auf einen Eintritt in den Kalten Krieg zu widerstehen und für die jungen postkolonialen Nationen eine neutrale Außenpolitik zu formulieren. Auf dem historischen Gipfeltreffen neuer asiatischer und afrikanischer Staaten 1955 in Bandung schienen Mao, Zhou Enlai und Nehru ganz natürliche Bundesgenossen zu sein bei der gleichermaßen schweren Aufgabe, Hunderte Millionen von Menschen aus Elend und Armut herauszuführen.

Dann jedoch kam es 1962 plötzlich zwischen Indien und China zu einem Krieg um eine zwischen beiden Ländern umstrittene Grenze, eine der vielen, welche die Briten während ihrer Herrschaft in Südasien willkürlich gezogen hatten. Die indische Armee begann mit den Feindseligkeiten, indem sie auf chinesischem Territorium »vorgeschobene Stützpunkte« errichtete. Doch die chinesische VBA unternahm einen erfolgreichen Gegenangriff und vertrieb die indischen Soldaten aus China, bevor sie einen Waffenstillstand erklärte und sich auf ihre Ausgangspositionen zurückzog. Die demütigende Niederlage Indiens setzte dem alternden Nehru heftig zu und scheint sogar seinen Tod beschleunigt zu haben. Mao und Zhou Enlai galten in Indien nun als Verräter, und viele Inder, deren Informationen über China zunehmend von amerikanischen Quellen abhingen, betrachteten China aus einer von den Ängsten und Vorurteilen westlicher Kalter Krieger geprägten Perspektive.

Dabei waren auch tragische Missverständnisse im Spiel. Obwohl persönlich mit Zhou Enlai befreundet, hatte Nehru sich selbst in eine nationalistische Ecke manövriert und schließlich sogar zu militärischen Aktionen hinreißen lassen, mit denen er den Chinesen die Unantastbarkeit der von den britischen Imperialisten gezogenen Grenzen demonstrieren wollte. Ein ehemaliger General der VBA schreibt in seinen Memoiren, die in China erschienen, es sei Zhou Enlai unangenehm gewesen, gegen ein asiatisches Bruderland kämpfen zu müssen. Dennoch führte der Krieg zu einer langen Phase wechselseitiger Feindschaft und Gleichgültigkeit, die erst in den später 1980er Jahren ein Ende fanden, als die herrschenden Klassen beider Länder mit der Liberalisierung ihrer nationalen Volkswirtschaften begannen, wodurch der Grenzstreit zunehmend bedeutungslos wurde.

Indische Politiker und Geschäftsleute samt ihren Unterstützern in den englischsprachigen Medien beobachteten voller Neid den Strom ausländischen Kapitals, der nach China floss (und zehnmal so groß war wie die ausländischen Investitionen in Indien), wie auch den raschen Umbau der dortigen Küstenstädte. Diese neuen indischen Eliten waren unzufrieden mit Nehrus Vision ökonomischer Gleichheit und sozialer Gerechtigkeit und sahen in Deng Xiaopings Reformen ein Vorbild, welches bewies, dass die Schaffung von Reichtum der geplanten Ausrottung von Armut, Krankheit und Analphabetentum vorausgehen müsse.

Wie ich entdeckte, hatten viele chinesische Intellektuelle sehr genau verfolgt, dass die Demokratie in ihrem Nachbarland – das einzigartige Experiment, in einem Zuge allen Bürgern des Landes das Wahlrecht zu gewähren – in Indien ein sehr viel höheres Maß an öffentlicher Verantwortung geschaffen hatte als in China. Doch viele privilegierte Inder sahen in der repräsentativen Demokratie zunehmend ein Ärgernis – und einen der Gründe, weshalb Indien weniger ausländische Investitionen anzog als China. Statt stolz auf die Pressefreiheit zu sein oder ihre verfassungsmäßigen Rechte zu erweitern, ärgerten sich viele in der kleinen, durch die frühen staatlichen Investitionen in das höhere Bildungswesen entstandenen Mittelschicht über gewisse Äußerungsformen der Massendemokratie – insbesondere über die aus Mitgliedern niederer Kasten bestehenden Gruppen, die in den 1980er Jahren ihre Muskeln spielen ließen, was einen Exodus der Mittelschicht zu den in den oberen Kasten beheimateten Hindu-Nationalisten auslöste. In ihrem Ärger über die protektionistische Politik Indiens erblickten diese Inder in Lee Kuan Yew, dem starken Mann Singapurs, ihren Helden und in dessen blitzsauberem autoritären Staat ein besser geeignetes politisches Vorbild für Indien als in der Westminster-Demokratie.

Es ist eine Ironie, dass ausgerechnet das postmaoistische China in den späten 1970er Jahren das Modell Singapur übernahm: eine technokratisch gelenkte nationale Entwicklung unter der Kontrolle eines Einparteienstaates. Die auf Weltniveau befindliche Infrastruktur – Flughäfen, Autobahnen, Hochgeschwindigkeitszüge – wäre undenkbar gewesen ohne einen effizienten Staat, der rücksichtslos das Land von Bauern enteignet, aber auf der anderen Seite finanzielle Hilfe leistet und für das beste wissenschaftliche und technische Fachwissen sorgt.

In den Augen vieler Inder bewies China (auch wenn dies oft ungesagt blieb), dass ein autoritärer Staat ein Wirtschaftswachstum nach neoliberalem Vorbild eher fördern als behindern könne, wenn er dafür sorge, dass Arbeitsrecht, Gewerkschaften, Gesetzgebung oder Rechtsprechung kein sonderliches Hindernis für die Privatisierung von Staatsbesitz, für die Enteignung landwirtschaftlich genutzter Flächen, für die Gewährung von Subventionen und Steuererleichterungen für Unternehmer und für die Konzentration des Reichtums in weniger Händen als zuvor darstellen.

Es gibt in Indien und China immer noch mehr Arme als auf dem ganzen Kontinent Afrika. Dennoch erheben die Eliten in beiden Ländern, die versprochen haben, ihre Milliarden in eine Konsumgesellschaft westlichen Stils zu stecken, heute ebenso selbstsicher Anspruch auf die Reichtümer der Welt wie ihr amerikanisches Gegenstück. Sie machen Ölgeschäfte in Lagos, Teheran und Caracas; sie suchen in aller Welt nach Eisenerz, Stahl, Kupfer und Holz. China und Indien gehören inzwischen zu den Ländern mit den weltweit größten Kohlendioxidemissionen.

Behindert von dynastischen Eliten und Nepotismus, bemühen sich beide Länder auch, ihren ursprünglichen Einsatz für das Wohlergehen der Massen überzeugend herauszustellen. Doch überall auf den riesigen Territorien kommt es zu Protesten gegen Korruption und wachsende Ungleichheit, während das Wirtschaftswachstum dramatisch zurückgeht.

Insgesamt scheint der öffentliche Zorn auf die politische Klasse Indiens größer zu sein, und die Unzufriedenheit nimmt dort militantere Formen an, etwa in dem Bürgerkrieg in Zentralindien, wo einheimische militante Maoisten in rohstoffreichen Urwäldern gegen Sicherheitskräfte kämpfen. In Indien, wo politische Dynastien seit Jahrzehnten die Regel sind, gibt es sehr viel mehr »Prinzlinge« als in China - nahezu 30 Prozent der Parlamentsabgeordneten kommen aus politischen Familien.

Die beiden Länder bringen auch ähnliche Ansprüche und Sichtweisen bei den gerade erst zu Wohlstand gelangten Teilen der Bevölkerung hervor. Wie leicht war es doch, das Haus des reichen Bauern zu erkennen, den ich in einem Tee anbauenden Dorf in der Provinz Zhejiang besuchte: der Marmorboden, das Fernsehgerät mit einem 26-Zoll-Bildschirm, das große Poster des weißen Mädchens mit der unerklärlichen Träne in ihren Augen, das riesige, protzige Sofa, das Badezimmer mit Duschkabine und WC und die Küche mit nagelneuer Mikrowelle und anderen modischen, aber kaum benutzten Geräten.

Als Inder ist einem in chinesischen Städten vieles vertraut: nicht nur die Menschenmassen, das lebhafte Straßenleben, die nach vorne offenen Läden und Garküchen, sondern auch die Einkaufszentren mit den Luxusmarken, den glänzenden neuen Mercedes und BMWs, die im Verkehrsstau feststecken; die Werbungen für TV-Shows nach dem Vorbild von *American Idol*; die Blogs und Websites, in denen sexueller Exhibitionismus sich mit chauvinistischem Nationalismus mischt.

Die chinesischen Städte, die Millionen hoffnungsvoller Zuwanderer aus dem Hinterland anziehen, wachsen unkontrolliert. Das Leben dort ist für die meisten Neuankömmlinge armselig und trostlos, so etwa für die junge Fußmasseuse in Suzhou, die mir eine bewegende Geschichte von der Hilflosigkeit der

Migranten erzählte (dem plötzlichen Tod des Vaters, der langen, ungewissen Reise aus Sichuan Richtung Osten), bevor sie zaghaft ihre Hand auf mein Geschlecht legte.

Die einfachen Arbeiter und Arbeiterinnen, die unter den erbärmlichsten Umständen leben und Exportgüter für den Westen herstellen, bieten das schlimmste Bild des Industriekapitalismus seit dem 19. Jahrhundert. Dennoch gibt es in Städten wie Shanghai, Beijing, Hangzhou, Nanjing oder Qingdao genug Geld in privater Hand, um den Innenstädten den Glanz postindustriellen Wohlstands und Konsums zu verleihen. Jedenfalls sind die wohlhabenden Städter die Aushängeschilder der neoliberalen Ideologen, Beweis für die magische Effizienz freier Märkte, ein Potential aus Millionen gebildeter und selbstbewusster Menschen, die bei westlichen Geschäftsleuten und politischen Eliten seit langem den feuchten »chinesischen Traum« wecken (eine Milliarde neuer Kunden für westliche Waren und Werte).

Von Zeit zu Zeit wird dieser Traum ersetzt durch paranoide Albträume hinsichtlich der »chinesischen Gefahr« (eine Milliarde neuer Rivalen um die Ressourcen der Erde). Dennoch kommt man nicht umhin, die Frage nach den politischen Vorstellungen der Schicht der wohlhabenden Chinesen zu stellen, und ihr gegenwärtiges Unvermögen, diesen Vorstellungen in Wahlen Ausdruck zu verleihen, wirft die ebenso dringende Frage auf, welche Rolle sie in China wie auch in der Welt spielen werden.

Denn das Verhalten vieler erst seit kurzer Zeit in privilegierten Verhältnissen lebender Inder bei den Wahlen beweist nicht gerade die These, wonach freie Märkte und regelmäßige Wahlen zu einer aufgeklärten und harmonischen Gesellschaft führen. Wie die Bush-Wähler in Amerika tendiert die neue Mittelschicht Indiens zu konservativen oder gar reaktionären

Auffassungen und wählt immer wieder mit überwältigender Mehrheit Hindu-Nationalisten zu ihren Vertretern, und das trotz deren wiederholter Angriffe auf Muslime und ihrer ebenso mörderischen Gleichgültigkeit gegenüber den Armen auf dem Lande – den Hunderten Millionen von Indern, die im Teufelskreis lähmender Armut und Verschuldung gefangen und teilweise anfällig für militante kommunistische Bewegungen sind, die ihre Inspiration ironischerweise von Mao beziehen.

In Indien bevorzugen Großindustrielle wie die Tatas und Ambanis gemeinsam mit der aufkommenden Mittelschicht wirtschaftsfreundliche Politiker wie Narendra Modi, dessen Beteiligung an der Ermordung von mehr als 2000 Muslimen im Jahr 2002 seinen Erdrutschwahlsieg nicht verhinderte – oder seinen Ehrgeiz dämpfte, 2014 Premierminister zu werden. Modi, der öffentliche Ressourcen für private Industrie- und Infrastrukturprojekte enteignet und Kritiker unterdrückt, ist der erste indische Vertreter eines Kapitalismus chinesischer Prägung.

Auch in China scheint der Verlust der alten nationalen Zielsetzung zu einer fragmentierten und gespaltenen Gesellschaft geführt zu haben, wobei viele ihrer privilegiertesten Mitglieder kaum mehr von der Politik erwarten als den Schutz ihrer eigenen Interessen. Diese Gleichgültigkeit gegenüber der Politik – die auch bei privilegierten jungen Leuten in Indien erkennbar ist – lässt sich nicht allein auf Zensur oder Angst zurückführen. Viele junge – nach Maos Tod 1976 geborene – Chinesen, mit denen ich sprach, brachten eine ausgeprägte nationalistische Paranoia gegenüber Japan und Amerika zum Ausdruck, schienen ansonsten aber allzu sehr damit beschäftigt, Geld zu verdienen und auszugeben, um darüber zu diskutieren, wie es möglich war, dass aus China, das einst das Land mit der größten Gleichheit in der Welt war, eines der Länder mit der größten Ungleichheit wurde.

Es trifft auch zu, dass viele Chinesen heute immer vielfältigeren Beschäftigungen nachgehen und in höchst unterschiedlichen Verhältnissen leben, und die daraus resultierende soziale Fragmentierung kann nur zu Apathie oder zu einer politischen Zersplitterung führen. Das Abschmelzen der tibetischen Gletscher, das Vorrücken der Wüste in Nordchina – und die damit zusammenhängende Entwaldung Borneos – waren für den Luxusdesigner, den ich in Shanghai traf, eine Neuigkeit. Selbst für den unerschrockenen, von der amerikanischen Presse so gefeierten Blogger in Beijing war Demokratie kaum mehr als Meinungsfreiheit. Es ist, als hätte Deng Xiaopings riskantes Spiel mit der Ökonomie funktioniert und als wäre die Aussicht auf persönliche Bereicherung und neue Formen des Konsums mehr als ein Ausgleich für den Mangel an politischer Freiheit und Vision.

Der Verlust der moralischen und ideologischen Verankerung kann gleichfalls als Moment der Normalisierung Chinas und seiner Integration in die herrschende Weltordnung erscheinen – die der Literaturkritiker Chen Xiaoming als den »postpolitischen« Zustand bezeichnet. Und natürlich kann man immer leicht behaupten, die chinesische Politik sei lediglich die Politik eines totalitären Staates, der ein Volk unterdrückt, das sich nach Freiheit und Demokratie westlichen Zuschnitts sehne.

Es finden sich indessen im ganzen Land und oft weit entfernt von den glanzvollen Stadtzentren Anzeichen für ein komplexes Verhältnis der Chinesen zu ihrer revolutionären Vergangenheit und ihrer konterrevolutionären Gegenwart. Das zeigt sich nicht nur im Gedenken an Mao auf T-Shirts und Postern oder der Verehrung, mit der Menschen auf dem Lande, die jenseits des Hauptquartiers der Zentralregierung in Beijing auf Gerechtigkeit hoffen, von ihrem verstorbenen Führer sprechen. Und es zeigt sich in der immer noch weitverbreiteten »Kultur der Massen«, wie sie sich in den älteren Menschen spiegelt, die selbstvergessen in öffentlichen Parks und auf Plätzen tanzen, und in den Gruppen alter Chinesinnen und Chinesen, die überall in Gedenkstätten revolutionäre Lieder singen.

Diese Präsenz der revolutionären Vergangenheit in China ist selbst für jemanden wie mich nicht leicht zu verstehen, der in einem ähnlichen, von postkolonialem und sozialistischem Idealismus geprägten Klima aufgewachsen ist und dann dessen Ablehnung durch hektisch globalisierende Eliten erlebte. Denn Indien, dem der japanische Militarismus und die Bürgerkriege erspart blieben, die während der 1930er und 1940er Jahre in China wüteten, hatte eine weitgehend bürgerliche Revolution. Da viele feudale und bürokratische Eliten ihre Macht im postkolonialen Staat behielten oder sogar noch ausbauten, erlebte Indien eine größere Stabilität und Kontinuität, und regelmäßige Wahlen, so unzureichend sie auch sein mochten, bewahrten das Land vor der autokratischen Willkür, die zu solchen Katastrophen und Tragödien führte wie dem Großen Sprung nach vorn und der Kulturrevolution. Das bedeutete jedoch auch, dass die Bodenreform niemals vollständig durchgeführt wurde und alte feudale soziale und ökonomische Strukturen in weiten Teilen des Landes überlebten, oft überlagert von neuen Ungleichheiten.

In China stärkte die Kommunistische Partei ihre wichtigste Basis unter den Bauern, indem sie die alten feudalen Eliten vernichtete. Weit mehr als Nehru betrachtete Mao eine egalitäre nationale Kultur und Ideologie als unerlässlich für die neue chinesische Nation, und die Schaffung einer neuen chinesischen Subjektivität hielt er für noch wertvoller als die wirtschaftliche Entwicklung. Nur wenige – feudale oder kommunistische –

Eliten überlebten seine ständigen und oft brutalen Kampagnen, mit denen er Hierarchien einebnen und den chinesischen Massen eine revolutionäre Kultur und revolutionäres Bewusstsein einimpfen wollte.

Das erklärt, warum das Kasten- und Klassenbewusstsein, das die sozialen und politischen Beziehungen im heutigen Indien so tiefgreifend prägt, in China immer noch eine neue Erscheinung zu sein scheint. Es erklärt auch, warum trotz des natürlichen Charmes eines neoliberalen Weltbilds, in dem wirtschaftliche Ungleichheit als ein natürliches und sogar erwünschtes Stadium im Übergang zu einer weithin zugänglichen Utopie schrankenlosen Konsums erscheint, viele Mitglieder der städtischen Intelligenz Chinas den Egalitarismus weiterhin für einen moralischen Wert halten und sich vor der Auflösung alter Bindungen der Klasse, der Gemeinschaft und der Region wie auch vor dem allgemeinen Gefühl der Anomie und Entfremdung fürchten, das rohe Formen des Kapitalismus auslösen.

Solch eine scheinbar altmodische Sorge um die moralische und spirituelle Gesundheit der gesamten Gesellschaft zeigt sich sogar im Werk des jungen Filmemachers der »Sechsten Generation« Jia Zhangke, der 1970 geboren wurde, also zu spät, um den Idealismus oder die Enttäuschung der Kulturrevolution kennenzulernen oder die Begeisterung der Chinesen für Dengs Wirtschaftsreformen Anfang der 1980er Jahre zu teilen.

Ein Großteil der chinesischen Filme nach Mao, die in den 1980er und 1990er Jahren erstmals den Westen erreichten (vor allem die Werke von Zhang Yimou und Chen Kaige), besaß eine unbeabsichtigt epische Qualität, und das zum Teil deshalb, weil diese Filme eine geschichtliche Erfahrung des Leids und des Überlebens zu erfassen versuchten, die man im Film bislang noch nicht gesehen hatte. Diese Filme gaben vielen Chinesen erstmals die Möglichkeit, zumindest teilweise mit ihrer jüngsten Vergangenheit abzurechnen. Ihr Werk befriedigte auch westliche Filmkritiker mit Sinn für nationale Allegorien in Literatur und Film außerwestlicher Herkunft. Doch nun, da Zhang und Chen Teil einer transnationalen künstlerischen Elite geworden sind und einen vage globalen Geschmack an Exotischem bedienen, gerät der epische Charakter ihrer Filme an den Rand einer Selbstparodie, wie ja auch der magische Realismus in der Dritte-Welt-Literatur heute oft nicht mehr zu sein scheint als eine Ansammlung formelhafter Gesten.

Jias Filme handeln meist von Einzelnen im zeitgenössischen China, die nicht mehr in alten Kollektiven verwurzelt und den beunruhigenden neuen Möglichkeiten persönlicher Erfüllung ausgesetzt sind. *Xiao Wu* (*Pick Pocket*, 1997) zeichnet das Schicksal eines von den neuen, ausgeklügelten Formen der Kriminalität in China abgehängten Taschendiebs. *Platform* (2000) folgt einer Kulturtruppe Ende der 1980er Jahre, die mit den neuen kommerzialisierten Formen der Massenunterhaltung zurechtzukommen versucht. Und *The World* (2004) beschreibt kleinstädtische Wanderarbeiter, die in einem Themenpark in Beijing inmitten einer kitschigen Phantasiedarstellung des Westens leben.

Jia selbst, Sohn eines Professors, der während der Kulturrevolution ins Exil aufs Land geschickt wurde, wuchs in einer Kleinstadt in Shanxi, einer der ärmsten Provinzen Chinas, auf. Und wie in jener langen Szene in *Xiao Wu*, in der der von seinen halbrespektablen Freunden gemiedene Taschendieb gemeinsam mit einem Karaokebar-Mädchen stumm auf einem Bett in einem kleinen Zimmer mit Blick auf eine Autobahn sitzt, entfalten seine Filme die ganze düstere Poesie der chinesischen Globalisierungsverlierer – die abplatzende Farbe in dunklen Räumen, das dumpfe Echo des Fernsehens aus der Nachbarwohnung, die klagenden Hörner der auf der Autobahn vorbeifahrenden Lastwagen und das immer intensivere Gefühl eines anderswo oder gar nicht stattfindenden Lebens.

Mit seiner neorealistischen Erzählweise zur Charakterisierung der Verlierer, Herumtreiber und Nichtstuer im Neuen China ähnelt Jia vielen älteren postmaoistischen Intellektuellen und Künstlern, die sich der Erkundung der jüngsten Prüfungen zugewandt haben, welche die Geschichte den einfachen Chinesen auferlegt. Erschöpft von den Propagandaanforderungen der Kulturrevolution und in dem Wunsch, die politische Darstellung hinter sich zu lassen, schöpften diese Schriftsteller und Künstler anfangs beträchtlich aus postmodernen und avantgardistischen westlichen Quellen. Doch in einem China, das sich unter dem Druck der marktorientierten Reformen Deng Xiaopings rasch veränderte, entwickelten sie schon bald eine andere Ästhetik.

Yu Hua, einer der bekanntesten Romanschriftsteller Chinas, erzählte mir, er habe in den 1980er Jahren zunächst mit formalen Experimenten begonnen und sich in bewusster Reaktion auf die offizielle Norm des sozialistischen Realismus an Jorge Luis Borges und Gabriel García Márquez orientiert. Doch mit der Zeit habe er immer weniger das Bedürfnis verspürt, die staatliche Propaganda herauszufordern, und sich stattdessen entschlossen, in geradlinig erzählten Romanen wie *Leben!* (1992) und *Der Mann, der sein Blut verkaufte* (1995) die Erfahrungen gewöhnlicher Chinesen auf dem Land oder in den Kleinstädten zu beschreiben.

Als ich Yu in Shanghai traf, schien er den Erfolg seines Romans *Brüder* (2006) zu genießen. Darin beschreibt er, wie sich zwei Brüder, die durch die Gewalt der Kulturrevolution zu Waisen wurden, im aggressiv materialistischen China der 1980er und 1990er Jahre durchschlagen. Der jüngere Bruder veranstaltet einen Schönheitswettbewerb für Jungfrauen, während der ältere eine seiner Brüste auf chirurgischem Wege vergrößern lässt, um auf dem Lande eine Kollektion Brustvergrößerungsgels verkaufen zu können. Mit seiner expliziten und oft übertriebenen Darstellung von Gewalt und Sex muss der Roman eine Herausforderung für die chinesischen Zensoren gewesen sein. Doch Yu erklärt, er habe lediglich eine in China weitverbreitete Realität beschrieben. »Während der Kulturrevolution war es schlimm«, sagte er, »aber was wir heute erleben, ist ein vollkommener Zusammenbruch der Moral.«

Ähnliche Äußerungen hatte ich schon oft gehört: von berühmten Schriftstellern und Künstlern wie Wang Anyi oder Yu Hua und auch von einfachen Leuten, die von einem Alltag berichteten, der zwar relativ frei von staatlicher Kontrolle ist, aber aufgrund des Wegfalls schützender und soziale Sicherheit bietender Gemeinschaften und aufgrund der zügellosen Korruption immer instabiler und unsicherer wird.

Die obsessive Fixierung Dengs und seiner Nachfolger auf das Wachstum des Bruttoinlandsprodukts vermag den Chinesen keine inspirierendere kollektive und individuelle Vision zu bieten als den Gedanken, dass es ruhmvoll sei, reich zu werden (allerdings mit dem etwas ernüchternden Zusatz, dass es wichtig sei, »zunächst einige reich werden zu lassen«). Und wenn man sich Filme der Sechsten Generation anschaut, zeitgenössische chinesische Literatur liest oder die unzähligen Geschichten über Egoismus, Korruption, Brutalitäten der Polizei und Gefühllosigkeit hört, könnte der Eindruck entstehen, das scheinbar im Aufstieg begriffene und immer reichere China befinde sich mitten in einer tiefen Krise moralischen, intellektuellen und politischen Charakters.

Aber was dem Außenstehenden als Krise erscheint, gilt den Intellektuellen der Neuen Linken als Chance. Cui Zhiyuan, Professor an der Tsinghua-Universität, der gemeinsam mit dem brasilianischen Wirtschaftswissenschaftler Roberto Unger eine Reihe von Aufsätzen schrieb, in denen sie vor den postkommunistischen Experimenten mit einer Marktwirtschaft in Russland warnten, sagte mir: »Wir befinden uns immer noch in einer Entwicklungsphase, in der wir Innovationen einführen und neue, an die chinesischen Verhältnisse angepasste Institutionen aufbauen können, während die Dinge in Europa und Amerika fixiert sind und selbst linksgerichtete Politiker nur noch ein wenig Flickschusterei betreiben.«

1993 veröffentlichte Cui, der damals als Wirtschaftswissenschaftler am Massachusetts Institute of Technology arbeitete, in der Hongkonger Zeitschrift *Twenty-First Century* einen Aufsatz mit dem Titel »A Second Emancipation«, in dem er die chinesischen Intellektuellen aufforderte, sich nach der Emanzipation vom orthodoxen Marxismus nun auch vom blinden Glauben an den Kapitalismus westlicher Prägung zu befreien. »Das war damals die Zeit der neoliberalen Orthodoxie«, sagte mir Cui. »Alles aus dem Westen war wunderbar, deshalb wurde ich berüchtigt, und die Leute mieden mich.«

Inzwischen gehören Cui und seine Kollegen von der Neuen Linken zu den eloquentesten und einflussreichsten Kritikern des chinesischen Neoliberalismus. Sie behaupten, China brauche eine »alternative Moderne«, und scheinen nicht im herkömmlichen Sinne links zu sein. So ließ sich Wang Hui, der prominente, zur Neuen Linken gehörende Autor einer vierbändigen Geschichte des modernen chinesischen Denkens, unter anderem von Zhang Taiyan (1868–1936) inspirieren, einem Sprachwissenschaftler und Altphilologen, der sich zum Buddhismus hingezogen fühlte. Und die Intellektuellen stützen sich in ihrer Kritik am globalisierten neoliberalen Modell wirtschaftlichen Wachstums auf ein breites Spektrum von Denkern auf dem Gebiet der politischen Ökonomie und der Globalisierung – John Stuart Mill, Fernand Braudel, Karl Polanyi, Immanuel Wallerstein und Joseph Stiglitz.

Wang sagte mir, er könne Zhu Xueqins These nicht zustimmen, wonach freie Märkte und Staat einen Gegensatz darstellten. Die alltägliche chinesische Verbindung zwischen lokalen Parteifunktionären, Bankern und Immobilienspekulanten beweise, dass freie Märkte sogar eher auf rohe staatliche Macht angewiesen seien. Dennoch sehen die Intellektuellen der Neuen Linken im chinesischen Staat kein homogenes Gebilde und wollen ihn auch gar nicht abschaffen oder verkleinern. Sie hoffen vielmehr, ihn durch »institutionelle Neuerungen« und den Druck sozialer Graswurzelbewegungen der Arbeiter und Bauern empfänglicher für die Not der Arbeiter und Bauern machen zu können. Sie loben auch die Rolle des Staates bei der Formulierung und Verwirklichung der Wirtschaftsreformen in deren Anfangsphase, denen es ihres Erachtens mehr als der »unsichtbaren Hand« zu danken ist, dass China jenen Krisen des globalen Kapitalismus zu widerstehen vermochte, die im letzten Jahrzehnt ostasiatische und lateinamerikanische Gesellschaften heimsuchten. Sie bemühen sich um eine stärkere Kontrolle der Macht transnationaler Institutionen wie der Welthandelsorganisation oder des Internationalen Währungsfonds und setzen sich wie westliche Globalisierungskritiker für größere Offenheit und Transparenz bei wirtschaftspolitischen Maßnahmen im Inland und bei internationalen Wirtschaftsverträgen ein.

In den letzten Jahren nahm Cui mit seinen Aufsätzen in der monatlich erscheinenden Literaturzeitschrift *Dushu* (Lesen), die er zusammen mit Wang Hui herausgibt, Einfluss auf eine bedeutsame Debatte zur Frage der Eigentumsrechte, die im Nationalen Volkskongress, dem kommunistischen Parlament des Landes, geführt wurde. Seine Schriften gegen hohe Steuervergünstigungen und Subventionen für chinesische und ausländische Exporteure erregten auch bei offiziellen Stellen große Aufmerksamkeit. Wang Hui hat viel über die illegale Privatisierung einer hochprofitablen Fabrik in seiner Heimatstadt Yangzhou und die nachfolgenden Arbeiterunruhen geschrieben. Anschließend unterstützte er die Beschäftigten bei einer Klage gegen die Lokalregierung wegen des Verkaufs der Fabrik an einen Immobilienspekulanten.

Wang sagt mir, linke wie rechte Intellektuelle seien allzu stark auf Staat und Markt fixiert und vernachlässigten deshalb die wachsende Zahl sozialer Bewegungen für die Rechte von Arbeitern und Zuwanderern und für Umweltschutz, die noch die größten Chancen zum Ausbau demokratischer Rechte im heutigen China hätten. »Schließlich mussten auch in Amerika Arbeiter, Afroamerikaner, Feministinnen und andere Minderheiten für diese Rechte einen langen Kampf gegen etablierte Eliten führen«, sagte er. »Sie waren nicht alle von den Vätern der amerikanischen Verfassung garantiert worden.«

Im Blick auf die marktwirtschaftlichen Reformen in China unterschied Wang zwei Formen: »Die erste ist die Marktwirtschaft, die aus lokalen sozialen Beziehungen und der mit geringen Profiten arbeitenden Kleinproduktion hervorgeht; die zweite ist die Form, in der Staatseigentum illegal erworben wird.« Dieser zweiten Form gibt Wang die Schuld an Korruption, Massenarbeitslosigkeit und dem Verfall der sozialen Sicherheit im heutigen China. »Dieser Reformprozess wird vom Staat dominiert, allerdings in Gestalt eines Rückzugs des Staates.« Er beobachtet auch aufmerksam und mit einigen Befürchtungen die andere paradoxe Möglichkeit des Neoliberalismus in China: dass nämlich wie in Russland die von einem ungezügelten Markt geschaffene Anarchie den autoritären Staat nicht nur notwendig, sondern auch attraktiv erscheinen lassen könnte.

Als ich Wang fast vier Monate nach dem erstmaligen Erscheinen seines Artikels über die Fabrik in Yangzhou in Beijing traf, war ich zunächst erstaunt, dass dieser Artikel im Internet immer noch ungehindert zirkulierte, obwohl die damals gerade zu Repressionen aufgelegten chinesischen Behörden erst im Februar noch *Bing Dian* (Gefrierpunkt), eine wöchentliche Beilage zu der populären *China Youth Daily*, zeitweilig eingestellt hatten, und zwar angeblich wegen eines kritischen Artikels über die marxistische Geschichtsschreibung in China.

Wang musste *Dushu* am Ende verlassen, offenbar ein Opfer ideologischer Auseinandersetzungen und intellektueller Konflikte innerhalb der Kommunistischen Partei. Doch die relative Immunität Wangs und seiner Kollegen gegenüber staatlicher Verfolgung verweist nicht nur auf die zunehmend willkürliche statt systematische politische Repression in China. Sie verweist auch auf ideologische Dilemmata, unter denen der chinesische Staat seit Dengs Reformen leidet – ein Staat, den die Neue Linke nicht für einen Monolithen hält, sondern für ein System höchst verwickelter Interessen auf zentraler und lokaler Ebene.

Reich zu werden mag sich zwar für Millionen Chinesen als glorreich erwiesen haben, doch wie sich zeigt, sind die postmaoistischen Regime in China nicht in der Lage, das Vermächtnis der chinesischen Revolution loszuwerden. Denn der Cybernationalismus einer neureichen städtischen Minderheit, vom kommunistischen Regime gelegentlich geschürt und gegen Japan und Amerika gerichtet, hat das alte Versprechen, für

Gleichheit und Gerechtigkeit zu sorgen, nicht ersetzt und kann es vielleicht auch nicht ersetzen, denn dieses Versprechen legitimiert das Regime immer noch in den Augen zahlreicher Chinesen, schützt die traditionell große Autorität des chinesischen Staates und senkt die Wahrscheinlichkeit, dass China wie einst die Sowjetunion zerfallen wird.

Die öffentliche Berufung der Kommunistischen Partei Chinas auf den Sozialismus mag nicht mehr als der – in der Deng-Ära vernachlässigte – Versuch sein, den nationalen Zusammenhalt auf der Grundlage pseudosozialistischer Werte und Ideen zu sichern, zumal die soziale Unruhe in ganz China wächst. Dennoch zeigt die Wortwahl, wie mächtig das Wort »sozialistisch«, das in offiziellen Kreisen des Westens heute kaum noch verwendet wird, in China bis heute geblieben ist. Sie zeigt außerdem, dass die Kommunistische Partei mit ihrer Rhetorik der sozialen Wohlfahrt immer noch die ideologischen Quellen politischer Legitimation bei den Massen eines armen Landes monopolisiert.

Sie stützt sich heute auf einen einheimischen Diskurs wie den Neokonfuzianismus, um Werte wie Disziplin, Hierarchie und Harmonie zu fördern. Und sie ist weiterhin in der Lage, das politische Bewusstsein der Mittelschicht in nationalistische Kanäle zu lenken. Jedenfalls hat der Zuwachs an manchen privaten Freiheiten in China – vor allem zu konsumieren und zu reisen – den Drang nach politischen Veränderungen zumindest in gewissem Maße verringert. Deshalb erscheinen chinesische Liberale wie Zhu, die auf der Unantastbarkeit individueller Rechte bestehen, heute so machtlos und isoliert wie einst die japanischen Liberalen in den 1920er und 1930er Jahren.

Viele Kommentatoren, die diese Misere ignorieren, sehen in der Fähigkeit Chinas, zu überleben und sich anzupassen, den

Beweis für ein »alternatives« Modell: das eines Entwicklungslandes, dessen Staat unter Führung einer technokratischen Elite stärker als die Gesellschaft ist und die nationale Gemeinschaft über den Einzelnen stellt. Doch diese umgekehrten Sinophilen oder asiatischen Whigs erliegen demselben Irrtum wie die Ideologen der liberalen Demokratie: Das »Modell« China eignet sich nicht zum Export in alle Welt. Denn es ist ein Erzeugnis, das seine eigene Geschichte besitzt.

Die Frage, die sich uns stellt, lautet: Ist das Modell nachhaltig, und welche Folgen hätte sein Scheitern für China und die übrige Welt? Die späte, wenn auch erfolgreiche Modernisierung Japans und Deutschlands brachte Europa und Asien nicht den Frieden. Vielmehr führten Wirtschaftskrisen und wachsende soziale Unruhen zu autoritäreren Regimen im Inland und zu chauvinistischen Expansionsbestrebungen. Chinas selbstbewusstes Auftreten gegenüber den Nachbarn und der wachsende Druck auf chinesische Dissidenten im Ausland lassen sicher nichts Gutes erwarten. Vielleicht wird China sich am Ende als weiteres warnendes Beispiel für die Gefahren eines Landes erweisen, das zu spät in der modernen Welt ankommt und dessen Eliten entschlossen sind, die liberale Demokratie für einen unerschwinglichen Luxus zu halten.

»Alternative Moderne« und »institutionelle Erneuerung« mögen wie bloße Schlagworte klingen. Doch ihr Reiz basiert auf der Tatsache, dass die ideologischen und politischen Wenden nach Mao – die auf dem simplen moralischen Gegensatz zwischen Sozialismus und Kapitalismus, freiem Markt und Staat, privatem und öffentlichem Eigentum basierten – ihre Kraft zu verlieren beginnen, während der durch China wehende Sturm des Fortschritts weiterhin allenthalben Trümmer verstreut. Und es scheint auch klar, dass China, unabhängig von den Wünschen derer, die den »chinesischen Traum«

träumen, und obwohl unablässig in eine unbekannte Zukunft getrieben, einem Weg folgt, den seine einzigartige Geschichte ihm vorgibt – ein Weg, den die verschärften Widersprüche in China wahrscheinlich immer gewundener machen dürften.

# Kritik eines Linken an China

Ich traf Wang Hui erstmals im Denker-Café in der Nähe der Tsinghua-Universität, wo er lehrt. Der untersetzte Mann mit grauen Strähnen in seinem kurzen Haar und einem sympathischen Gesicht, das stets zu einem Lächeln bereit scheint, kam wie zu all unseren späteren Treffen auf einem altmodischen Fahrrad, in dunkler Cordhose, einer Wildlederjacke und einem Rollkragenpulli, der auch auf einem amerikanischen Campus nicht fehl am Platze gewesen wäre.

Der damalige Mitherausgeber der führenden intellektuellen Zeitschrift Chinas, *Dushu*, und Autor einer vierbändigen Geschichte des chinesischen Denkens, gerade einmal Mitte vierzig, trat in den 1990er Jahren als zentrale Gestalt einer Gruppe von Schriftstellern und Wissenschaftlern hervor, die heute die Neue Linke genannt wird. Intellektuelle der Neuen Linken setzen sich für eine »chinesische Alternative« zur neoliberalen Marktwirtschaft ein, die auch den von den jüngsten Reformen abgehängten 800 Millionen Bauern des Landes Wohlstand bringen soll. Und anders als die meisten Mitglieder der Gruppe chinesischer Dissidenten, die aus den Protesten auf dem Tiananmen-Platz 1989 hervorging und weitgehend aus Menschenrechts- und Demokratieaktivisten besteht, sehen Wang und die Neue Linke in der kommunistischen Führung eine wahrscheinlich auf Wandel zielende Kraft. Ereignisse aus jüngster Zeit – wie die Absetzung hoher Parteifunktionäre wegen Korruptionsvorwürfen und fortdauernde Bemühungen um die Linderung der Not in ländlichen Regionen – rechtfertigen die Annahme, dass diese Ansicht weder utopisch noch paradox ist.

In den letzten anderthalb Jahrzehnten hat Wang eloquent und oft über das nach Ansicht von Außenstehenden zentrale Paradoxon des zeitgenössischen China nachgedacht – einen autoritären Staat, der eine freie Marktwirtschaft fördert und zugleich am Sozialismus festhält. An diesem ersten Nachmittag hielt er sich kaum mit Smalltalk auf, bevor er sich an eine Analyse der Probleme des Landes machte. Er beschrieb, wie die Kommunistische Partei, obwohl offiziell immer noch dem Egalitarismus verpflichtet, ihre Reihen auch für reiche Geschäftsleute geöffnet hatte. Viele lokale Funktionäre würden ihre willkürliche Macht missbrauchen, um auf Kosten der ländlichen Bevölkerung, der sie doch eigentlich dienen sollten, selbst erfolgreiche Unternehmer zu werden, und sie täten sich mit Immobilienspekulanten zusammen, um den Bauern in Gemeineigentum befindliches Land abzunehmen. (Nach Darstellung chinesischer Offizieller sind 60 Prozent der Grundstückskäufe illegal.) Das Ergebnis, so sagte Wang, sei ein Bündnis zwischen den Interessen der politischen und der wirtschaftlichen Elite, die an ähnliche Bündnisse in den Vereinigten Staaten und vielen ostasiatischen Ländern erinnere.

Während er darlegte, dass die Marktreformen die Kluft zwischen Reich und Arm, zwischen ländlichen und städtischen Regionen vertieft hätten, blätterten um uns herum modisch gekleidete Studenten in einer hochintellektuellen Sammlung von Texten (Leo Strauss, Jürgen Habermas), checkten ihre E-Mails und schlürften ihren Mokka. In dem in Privatbesitz befindlichen Denker-Café und der daneben liegenden Buchhandlung »Alle Weisen« schien Wang gut bekannt zu sein. Studenten grüßten ihn ehrerbietig, und das Personal schenkte ihm besondere Aufmerksamkeit. Dennoch gehört Wang einer Minderheit an. Von den Exzessen des Maoismus und den Fehlschlägen der alten Planwirtschaft abgestoßen, gilt den meisten chinesischen Intellektuellen, selbst solchen ohne Verbindungen zum Staat, die Marktwirtschaft als unerlässlich für die Modernisierung und den Wiederaufschwung Chinas. Sie wünschen sich nicht weniger, sondern eher mehr marktwirtschaftliche Reformen. In ihren Augen hat die gegenwärtige Instabilität Chinas ihre Ursache nicht in ökonomischen Kräften, sondern in einem politisch repressiven Regime, das die Schaffung einer repräsentativen Demokratie und eines Verfassungsstaates verhindert.

Wang räumt bereitwillig ein, dass die Bemühungen Chinas um wirtschaftliche Reformen von großem Nutzen gewesen seien. Er lobt auch die erste Phase, die von 1978 bis 1985 dauerte, für die Erhöhung der landwirtschaftlichen Produktion und die Verbesserung der Lebensbedingungen auf dem Lande. Erst die in jüngerer Zeit zu beobachtende Fixierung der Zentralregierung auf die Schaffung von Wohlstand in städtischen Gebieten – und ihre Entscheidung, politische Autorität lokalen Parteichefs zu überlassen, die oft die Anweisungen der Zentralregierung offen missachteten – habe zu einer Vertiefung der Ungleichheit in China geführt. Die Übernahme einer neoliberalen Marktwirtschaft führe zur Zerstörung von Sozialsystemen, zu einer Vergrößerung der Einkommensunterschiede zwischen Reich und Arm und zu einer Verschärfung der Umweltkrisen nicht nur in China, sondern auch in den Vereinigten Staaten und anderen entwickelten Ländern. In Wangs Augen ist es Aufgabe der Intellektuellen, den Staat an seine alten, unerfüllten Pflichten gegenüber Bauern und Arbeitern zu erinnern.

Obwohl Wang sich auf sozialistische Prinzipien berief, beeilte er sich doch, mir zu sagen, dass er das Etikett »Neue Linke« gar nicht mag, obwohl er es selbst verwendet. »Intellektuelle wandten sich in den achtziger Jahren gegen den ›Linksradikalismus‹ und machten ihn für alle Probleme Chinas verantwortlich, und rechtsgerichtete Radikale benutzen das Wort ›Neue Linke‹, um uns in Misskredit zu bringen und den Eindruck zu erwecken, wir wären Überbleibsel aus maoistischen Zeiten.« Wang möchte auch nicht unbedingt mit den radikalen Intellektuellen der 1960er Jahre in Amerika und Europa identifiziert werden, auf die der Ausdruck »Neue Linke« ursprünglich gemünzt war. Viele von ihnen hätten über Leidenschaft und Schlagworte, aber nur sehr wenig über praktische Politik verfügt, und es könne kaum überraschen, dass mehr als nur einige von ihnen am Ende gemeinsam mit den Neokonservativen »Phantasieprojekte« wie die Demokratie im Irak unterstützten.

Wang gibt dem Ausdruck »kritische Intellektuelle« den Vorzug als Bezeichnung für ihn selbst und gleichgesinnte Kollegen, von denen einige auch zu Chinas im Entstehen begriffener Aktivistenbewegung auf dem Lande gehören, die dort gegen die Armut und die Umweltzerstörung kämpfen. Obwohl im weitesten Sinne linksgerichtet, veröffentlichte *Dushu* Texte aus einem breiten ideologischen Spektrum. Wang selbst stützt sich in seiner Arbeit auf zahlreiche westliche Denker, die von dem französischen Historiker Fernand Braudel bis hin zu dem Globalisierungstheoretiker Immanuel Wallerstein reichen. »Mir kommt es auf intellektuelle Qualität an«, sagte Wang. »Ich möchte nicht einfach jeden linken Unsinn verbreiten.« Die Zeitschrift brachte abstrakte Debatten über die Theorie des Postkolonialismus ebenso wie, so Wang, einige der interessantesten Analysen in China über die Frage, inwieweit die städtisch ausgerichteten staatlichen Reformen die ländliche Gesellschaft beschädigt haben. Natürlich gab es Beschränkungen hinsichtlich der Themen, mit denen *Dushu* sich beschäftigen durfte, und Wang sprach dieses Problem ganz offen an. Wie bei allen intellektuellen Zeitschriften in der Volksrepublik müssen Autoren und Herausgeber auch bei *Dushu* ein gewisses Maß an Selbstzensur üben. So dürfen Artikel keine direkte Kritik an der Führung üben oder allzu weit von der offiziellen Linie abweichen bei Themen, die von der Regierung als besonders sensibel eingestuft werden – Taiwan zum Beispiel oder unruhige muslimische und buddhistische Minderheiten in Xinjiang und Tibet.

»In westlichen Ländern werde ich gefragt, wie ich meine Position definiere«, erklärte Wang. »›Sind Sie ein Dissident?‹ Ich sage nein. Was ist ein Dissident? Das ist eine Kategorie des Kalten Kriegs. Und sie hat heute keine Bedeutung mehr. Viele chinesische Dissidenten in Amerika könnten nach China zurückkehren. Aber sie wollen es nicht. Es geht ihnen gut in den USA. Leuten, die mich fragen, ob wir Dissidenten sind, sage ich, wir sind kritische Intellektuelle. Einen Teil der staatlichen Politik unterstützen wir. Andere Teile lehnen wir ab. Das hängt tatsächlich vom Inhalt dieser Politik ab.«

Der in Yangzhou in der südöstlichen Provinz Jiangsu geborene Wang war erst sieben Jahre alt und gerade in die Schule gekommen, als 1966 die Kulturrevolution begann. Das ein Jahrzehnt währende Chaos, das ältere Generationen traumatisierte, scheint bei Wang recht positive Erinnerungen hinterlassen zu haben. So weiß er noch, dass seine Schule ihn für eine oder zwei Wochen im Schuljahr zur Arbeit in ein Dorf schickte. »Meine Generation städtischer Intellektueller«, sagte er mir mit einem Anflug von Stolz, »ist die letzte, die selbst noch Erfahrungen mit den Lebensbedingungen auf dem Land gemacht hat.«

Er zählt die zwanzig Monate, die er unmittelbar nach der Mittelschule in Fabriken in der Umgebung von Yangzhou arbeitete, zu seinen wertvollen Erfahrungen. 1997 bestand er die ersten Zugangsprüfungen zur Universität, die nach der Kulturrevolution abgehalten wurden, in der viele Universitäten entweder geschlossen wurden oder aber nur Bauern, Arbeiter und Soldaten aufnahmen. »Tausende Kandidaten konkurrierten um einen einzigen Studienplatz«, erinnerte er sich.

Als er Mitte der 1980er Jahre von Yangzhou nach Beijing ging, um sein Promotionsstudium aufzunehmen, fand er sich dort als Mitglied einer noch stärker privilegierten Klasse. »Intellektuelle waren in der Mao-Zeit verfolgt worden«, sagte er. »Jetzt, nach Mao, waren sie wieder die Elite.« Und alle seien sich einig gewesen, was zu tun war. China musste seine »feudalen« und sozialistischen Traditionen aufgeben und den kapitalistischen Westen einholen. Die von der Kulturrevolution gezeichneten Intellektuellen hielten den Sozialismus in China für gescheitert. Deshalb habe es auch keine wirkliche Debatte über die Frage gegeben, ob eine Konsumgesellschaft westlicher Prägung in China überhaupt geschaffen oder umweltverträglich gestaltet werden konnte. Der Westen und insbesondere die Vereinigten Staaten seien idealisiert worden.

Seine eigenen Ansichten zum zeitgenössischen China entwickelte Wang erstmals, als er an einer Dissertation über Lu Xun (1881–1936), einen der angesehensten modernen Schriftsteller Chinas, arbeitete. Lu Xun, so erklärte mir Wang, war ein Schriftsteller der Linken, aber er war auch sehr kritisch gegenüber linksgerichteten Schriftstellern und Aktivisten. Er kritisierte die chinesische Tradition, war zugleich jedoch auch ein ausgezeichneter Kenner der klassischen Literatur. Er begrüßte die westliche Idee des Fortschritts, betrachtete sie zugleich aber auch mit Skepsis. Die bei Lu Xun anzutreffenden Paradoxien halfen Wang zu erkennen, dass es bei der chinesischen Moderne nicht einfach darum gehen konnte, Altes aufzugeben und sich Neuem zuzuwenden – wie dies sowohl für die Maoisten als auch für die marktwirtschaftlichen Kapitalisten galt.

In Wangs Augen benannten erstmals die Demonstranten auf dem Tiananmen-Platz 1989 die Probleme, die mit der ungleichen Entwicklung Chinas zusammenhingen. Wang selbst war einer der letzten Demonstranten, die den Platz am Morgen des 4. Juni 1989 verließen, als die Panzer der VBA dort auftauchten. Der ansonsten eher nüchtern und sachlich wirkende Wang schilderte mir bewegt und in einem fließenden, wenn auch gelegentlich eigenwilligen Englisch, wie »eine breite soziale Bewegung« aus dem durch die Schocktherapie der marktwirtschaftlichen Reformen verursachten Elend hervorging. Die Studenten, die Meinungs- und Versammlungsfreiheit forderten, seien sicher am sichtbarsten gewesen. Aber viele weitere Chinesen in den Städten – Arbeiter, Beamte und kleine Geschäftsleute – hätten gefordert, dass die Regierung die Korruption und die Inflation bekämpfte, die nach der Aufhebung der Preiskontrolle bei Gütern des Grundbedarfs auf 30 Prozent gestiegen war.

Im Frühjahr 1989 war Wang Mitglied der angesehenen Chinesischen Akademie der Sozialwissenschaften. Wie er mir sagte, sah er damals in den Protesten ein »demokratisches Potential« und habe sich verpflichtet gefühlt, daran teilzunehmen, obwohl er gewisse Vorbehalte wegen der mangelnden »theoretischen oder methodologischen Geschlossenheit« der Studenten gehabt habe. Die Studentenführer erinnerten ihn an die chinesischen Intellektuellen des frühen 20. Jahrhunderts, die niemals größere Einigkeit gezeigt hätten als in der Ablehnung der gesamten Vergangenheit. Dennoch ließ Wang sich tiefer in die Bewegung hineinziehen, als die Regierung durch die Verhängung des Kriegsrechts versuchte, die Proteste zu zerschlagen. Als in der Nacht des 3. Juni Panzer und gepanzerte Fahrzeuge durch Beijing rasten, Hunderte unbewaffnete Demonstranten töteten und Tausende weitere verletzten, gehörte Wang zu jenen, die sich mitten auf dem Tiananmen-Platz versammelten. Er hörte die Schüsse, doch einige der radikaleren Studenten weigerten sich immer noch, den Platz zu verlassen.

Wang beschloss zu bleiben und versuchte, die Studenten zu überreden, nicht ihr Leben zu opfern. »Ich wusste, wenn es zur Gewalt kam, musste das verheerende Folgen für das ganze Land haben.« Und Wang sagte mir, seine Befürchtungen hätten sich bewahrheitet. Die Gewalt schränkte den Raum für politische Debatten ein, und die chinesische Regierung nutzte die nun folgende Zeit des Verstummens der Intellektuellen, um weitere Teile des Wohlfahrtsstaats zu demontieren, zum Beispiel die Staatsbetriebe, die sich lange Zeit von der Wiege bis zur Bahre um die Arbeiter gekümmert hatten.

Am Ende setzten sich die Studenten durch, die für einen friedlichen Rückzug plädierten, und sie überredeten die VBA, ihnen in der Südostecke des Platzes freies Geleit zu gewähren. Kurz vor Morgengrauen verließen Hunderte von Studenten durch eine enge Gasse, von den Soldaten gestoßen und verhöhnt, den Platz. Innerhalb weniger Minuten verschwanden die Studenten. Einige wurden verhaftet und zu langjährigen Gefängnisstrafen verurteilt; andere flohen nach Hongkong und von dort in den Westen; viele andere, darunter auch Wang, tauchten für einige Wochen unter.

Als Wang Ende 1989 nach Beijing zurückkehrte, erwarteten die Behörden ihn bereits. »Das war die schwierigste Zeit für mich«, sagte er mir. Immer wieder fragte man ihn, welcher Organisation er angehöre und wer seine Genossen seien. Nach mehrmonatigen Verhören schickte man ihn in die nordwestliche Provinz Shaanxi, wo man bereits Dutzende andere junge Wissenschaftler aus Beijing – auf einzigartig chinesische Weise – einer »Umerziehung« unterzog, indem man sie den ländlichen Lebensbedingungen aussetzte.

In Wangs Fall scheint die Bestrafung durch Erziehung erfolgreicher gewesen zu sein, als die chinesischen Behörden jemals hätten ahnen können. Er datiert seine »wirkliche Erziehung« auf die Zeit, die er in Shaanxi, einer der ärmsten Regionen Chinas, verbrachte. Er war schockiert von der offenkundigen Ungleichheit zwischen den Küstenstädten, die damals die ersten Früchte der Wirtschaftsreformen genossen, und den Provinzen. Er war auch schockiert von seiner eigenen Unwissenheit und der seiner Mitstreiter in der sozialen Bewegung von 1989. »Wir hatten keine Ahnung, dass die alte Ordnung sich in weiten Teilen des ländlichen China in einer tiefen Krise befand.«

Das System der Volkskommunen in Shaanxi wurde im Rahmen der Deng'schen Reformen aufgelöst und das Land neu verteilt. Doch der Boden brachte nichts von sonderlichem Wert hervor, nicht einmal Nahrung. Die Verarmung führte zu einem deutlichen Anstieg der Kriminalität und der sozialen Probleme. Es kam zu gewalttätigen Konflikten um Land. Männer gaben sich dem Glücksspiel hin, schlugen ihre Frauen und Töchter und verkauften sie sogar. Wang lebte in einem niedrig gelegenen Dorf, in dem seine Schlafstätte immer wieder überflutet wurde, während er schlief. Seine tägliche Arbeit bestand zu weiten Teilen aus dem Schreiben didaktischer Pamphlete, in denen die Bauern vor Glücksspiel und Verbrechen gewarnt wurden; außerdem arbeitete er am Wiederaufbau einer Grundschule, die bei einer Überschwemmung zerstört worden war. »In diesem Jahr wurde mir klar«, erzählte Wang, »wie wichtig ein Wohlfahrtssystem und genossenschaftliche Netzwerke für viele Menschen in China immer noch waren. Das ist keine sozialistische Idee. Selbst die kaiserlichen Dynastien, die China beherrschten, versuchten, durch Steuern und Almosen einen Ausgleich zwischen reichen und armen Regionen herzustellen.«

»Die Leute beschränken die Erfahrung Chinas auf die kommunistische Diktatur und die gescheiterte Planwirtschaft und glauben, der Markt werde alles richten. Sie sehen nicht, dass viele Dinge in der Vergangenheit gut funktionierten und von den einfachen Leuten geschätzt wurden, etwa die genossenschaftliche Krankenversicherung in ländlichen Gebieten, die auf gegenseitiger Hilfe beruhte. Das könnte auch heute nützlich sein, weil der Staat nicht mehr in die medizinische Versorgung auf dem Lande investiert.«

Viele arme Leute, denen Wang während seines Jahrs in Shaanxi begegnete, sahen in ihm einen gebildeten Mann aus Beijing, der den Mandarinen in der Zentralregierung sagen würde, sie sollten ihnen Hilfe schicken. »Ich empfand diese Rolle als eine Bürde«, gestand Wang mir. »Ich konnte ihnen nicht sagen, dass ich absolut nicht in der Lage war, irgendetwas für sie zu tun.« Von seinen zehn Monaten im Exil kehrte Wang, wie er mir sagte, mit einem geschärften Bewusstsein für die Kluft zurück, die zwischen der Welt der Intellektuellen und der Welt der einfachen Leute bestand.

Während seiner Zeit in Shaanxi kritisierte die einflussreiche Zeitschrift für literarische Rezensionen seine Arbeit über Lu Xun als ein Beispiel für »bürgerliche Liberalisierung«. Trotzdem hatte Wang keine Schwierigkeiten, ins akademische Leben zurückzukehren.

Wang spricht nicht gern über 1989. Er beklagt sich über das Klischee, das die Ereignisse auf dem Tiananmen-Platz in westlichen Medien im Blick auf China auslöst. Dennoch war unser Gespräch über den Tiananmen ungewöhnlich. Bei meinen Reisen durch chinesische Städte hatte ich Menschen nur schwer dazu bewegen können, darüber zu sprechen. Als Deng Xiaoping 1992 die Gespenster des Tiananmen zu bannen versuchte, indem er rasche marktwirtschaftliche Reformen forderte, dürfte er damit gerechnet haben, dass die Aussicht auf persönlichen Wohlstand – und den Zugang zu westlichen Markenartikeln – viele Neureiche für den Mangel an politischer Demokratie entschädigen könnte. Falls das zutraf, hat er recht behalten. Zum größten öffentlichen Tumult in China seit dem Tiananmen kam es im August 1992, als Hunderttausende von Chinesen an der gerade eröffneten Börse von Shenzen Aktien zu kaufen versuchten.

Die Bemühungen, in städtischen Regionen Wohlstand durch exportorientierte Industrien zu schaffen – als Teil der von Deng Xiaoping verkündeten und von seinen Nachfolgern bestätigten Politik, »zunächst einige reich werden zu lassen« –, bescherten der chinesischen Wirtschaft im letzten Jahrzehnt ein durchschnittliches jährliches Wachstum von zehn Prozent. Dennoch ist China weiterhin eines der ärmsten Länder der Welt. Mehr als 150 Millionen Chinesen leben von nur einem Dollar am Tag. Über 200 Millionen Migranten aus ländlichen Regionen suchen in den Groß- und Mittelstädten nach Niedriglohnjobs. Millionen von Chinesen beteiligen sich an Zehntausenden von Protesten, die jedes Jahr verzeichnet werden, und diese Statistik dürfte nicht einmal vollständig den Zorn und die Unzufriedenheit jener Chinesen wiedergeben, die mit einer weltweit kaum zu überbietenden Einkommensungleichheit, mit einem sich ständig verschlechternden Gesundheits- und Bildungssystem und den von lokalen Parteifunktionären willkürlich festgesetzten Steuern und Abgaben leben müssen. Viel davon gehe auf das Konto der »rechtsradikalen« oder neoliberalen Ökonomen, die Milton Friedman und Friedrich Hayek zitierten (Verfechter unregulierter Märkte, die Ronald Reagan und Margaret Thatcher in den 1980er Jahren inspirierten) und sich für eine Integration Chinas in die Weltwirtschaft einsetzten, ohne an die sozialen Kosten massenhafter Privatisierung zu denken. Und sie seien es, fügte Wang hinzu, die die Gunst der herrschenden Elite besäßen und die staatlich kontrollierten Medien dominierten.

Erst im letzten Jahrzehnt hätten Intellektuelle der Neuen Linken begonnen, die Idee in Frage zu stellen, wonach Marktwirtschaft unausweichlich zu Demokratie und Wohlstand führt. Wang, der sich nach seiner Rückkehr aus dem Exil 1991 an der Gründung einer wissenschaftlichen Zeitschrift namens *Xueren* (Der Wissenschaftler) beteiligte, konnte diese Intellektuellen gut beobachten. Als sie häufiger in Kontakt mit westlichen Wissenschaftlern kamen, lernten sie die Probleme nicht nur europäischer und amerikanischer Gesellschaften, sondern auch postkommunistischer Länder besser verstehen, die versuchten, ihre Planwirtschaften enger an neoliberale Modelle heranzubringen. Chinas Absicht, der Welthandelsorganisation beizutreten (die 2001 verwirklicht wurde), führte zu unerwartet scharfen Debatten unter Wissenschaftlern. Wie Wang es darstellte, hatten die Grundlagen der Debatte sich verändert. »Viele wussten inzwischen, dass Globalisierung kein neutrales Wort zur Bezeichnung eines natürlichen Vorgangs ist. Sie ist Teil des Wachstums des westlichen Kapitalismus seit den Zeiten des Kolonialismus und Imperialismus.« Was nicht heißen soll, dass die Neue Linke eine wohlfeile globalisierungsfeindliche Haltung eingenommen hätte. Sie äußerte sich vielmehr kritisch über jüngste antijapanische und antiamerikanische Ausbrüche unter Mitgliedern der städtischen chinesischen Mittelschicht – den »Konsum-Nationalisten«, wie Wang sie nannte. Das sei dieselbe Art von Globalisierung, für die Amerika eintritt: »Es handelt sich in Wirklichkeit um eine Form von Hypernationalismus, weshalb man von Zöllen und Strafen für China reden hört, wenn ökonomische Interessen Amerikas verletzt werden.«

Wang hielt einen Augenblick inne und fügte dann hinzu: »Viele erfuhren auch, dass die chinesische Wirtschaft 1997 deshalb nicht wie die der asiatischen Tigerstaaten zusammenbrach, weil der Nationalstaat sie zu schützen vermochte. Inzwischen hängt China mit seiner exportorientierten Wirtschaft natürlich stärker als Indien von der westlichen Weltordnung und insbesondere von der amerikanischen Wirtschaft ab.«

Im Januar 2006 publizierte Wang einen langen investigativen Artikel, in dem er die Not der Arbeiter in einer Fabrik seiner Heimatstadt Yangzhou darstellte, einer Stadt mit einer Million Einwohnern. Wie Wang berichtete, hatte die Lokalregierung die profitable, in Staatsbesitz befindliche Textilfabrik 2004 an einen Immobilienentwickler aus der im Süden gelegenen Stadt Shenzen verkauft. Belegschaftsaktien wurden für 30 Prozent ihres Werts aufgekauft, und als die Fabrik wegen Missmanagements Verluste machte, entließ man mehr als tausend Beschäftigte. Im Juli 2004 traten die Arbeiter in den Streik. Es kam, wie Wang schrieb, zu einem Aufruhr, der in der Geschichte der Stadt seinesgleichen suchte. Die Arbeiter sperrten eine wichtige Stadtautobahn, brachten den Busverkehr zum Stillstand und attackierten die Eingänge von Gebäuden der Stadtverwaltung.

Wang erzählte mir, er habe den Beschäftigten geholfen, die Lokalregierung zu verklagen. Er habe vor seinem Studium eine Zeitlang in einer benachbarten Fabrik gearbeitet und deshalb eine besondere Verbundenheit mit ihnen empfunden. Er erinnerte sich, dass er wenig verdient habe – nach aktuellem

Wechselkurs weniger als zwei Dollar im Monat –, aber entscheidend sei gewesen, dass die Arbeiter damals das Gefühl haben konnten, dass ihr Arbeitsplatz sicher war. »Manche behaupten, der Markt werde den Staat ganz automatisch zwingen, demokratischer zu werden. Aber das ist eine haltlose Behauptung. Wir brauchen bloß an das Bündnis zu denken, das die Eliten im Privatisierungsprozess eingegangen sind. Der Staat wird sich nur ändern, wenn er unter dem Druck einer großen sozialen Kraft, zum Beispiel der Arbeiter und Bauern, steht.«

Wangs Artikel über Yangzhou steht nicht allein da. Es gibt zahlreiche Berichte über Vertreter lokaler Regierungen mit Entscheidungsgewalt über staatliches Eigentum, die durch die Privatisierung von Staatsbesitz ein Vermögen gemacht haben. Nach Darstellung des Aktivisten und Friedensnobelpreisträgers Liu Xiaobo, der anschließend unter fadenscheinigen Anschuldigungen inhaftiert wurde, stehen mehr als 90 Prozent der 20 000 reichsten Chinesen in einer Beziehung zu hochrangigen Staatsbeamten oder Parteifunktionären.

In Wangs Augen geht es bei der Demokratie nicht einfach darum, die politische Freiheit für die Mittelschicht zu erweitern oder gesetzliche und verfassungsmäßige Rechte für eine Minderheit zu schaffen, die durch die marktwirtschaftlichen Reformen bereits beträchtlich mehr Macht erlangt hat. In China müsse die Demokratie vielmehr auf der aktiven Zustimmung und Mobilisierung der Mehrheit der Bevölkerung basieren und in der Lage sein, ihr soziale und ökonomische Gerechtigkeit zu sichern.

Für einige Intellektuelle der Neuen Linken wie Cui Zhiyuan, einen engen Freund und Mitarbeiter von Wang, der Politikwissenschaft an der Tsinghua-Universität lehrt, bietet der Zusammenstoß zwischen Kapitalismus und Sozialismus jedoch auch

Chancen. »Hier gibt es mehr Raum für neue Ideen«, sagte Cui mir, als er mir erklärte, warum er nach vielen Jahren in den Vereinigten Staaten schließlich nach China zurückgekehrt war. »Im Westen ist das kapitalistische System festgefahren, in Ländern wie China und Indien sind die Dinge dagegen noch im Fluss. Wir haben die historische Chance, eine bessere und gerechtere Gesellschaft aufzubauen als der Westen.« In Cuis Augen ist es zunächst einmal wichtig, die Begriffe zu klären. »Es ist nicht hilfreich, Sozialismus und Kapitalismus als gegensätzlich und getrennt zu begreifen. Beide sind im 20. Jahrhundert miteinander einhergegangen. Nicht nur der europäische Sozialstaat, auch der amerikanische Kapitalismus besitzt eine sozialistische Komponente, zu der man durch Kompromisse mit den Gewerkschaften gelangte.«

In den letzten Jahren hat Cui ein aufgeschlossenes und einflussreiches Publikum in einer Frage gewonnen, die zu den Grundlagen des sozialistischen Staates in China gehört: dem Gemeineigentum. Liberale chinesische Ökonomen behaupten, das Privateigentum sei in einer Marktwirtschaft heilig und unantastbar – eine im chinesischen Kontext radikale Vorstellung. In einem Artikel, der 2004 in *Dushu* erschien, stellte Cui diese Vorstellung in Frage und betonte stattdessen den im Wesen gemeinschaftlichen Charakter des Eigentums. Er verwies auf Thomas Jeffersons Entscheidung, John Lockes Prinzipien des Lebens, der Freiheit und des Eigentums in der Unabhängigkeitserklärung durch Leben, Freiheit und Glück zu ersetzen.

»Jefferson erkannte«, sagte Cui, »dass Eigentum aus der Gesellschaft hervorgeht und nicht aus der Natur. Deshalb gab es in der amerikanischen Verfassung keinen eigenen Artikel über das Eigentum; er musste erst im Fünften Verfassungszusatz hinzugefügt werden.« Mit einer leicht diebischen Freude erzählte Cui mir, dass sein Artikel 2004 im chinesischen Parlament, dem Nationalen Volkskongress, von vielen Abgeordneten gelesen worden sei. Er habe dazu beigetragen, eine Debatte auszulösen, die den Kongress schließlich zur Verabschiedung eines Kompromisszusatzes zur Verfassung veranlasst habe, der mit ähnlichen Worten wie der Fünfte Zusatz zur amerikanischen Verfassung erkläre, dass niemand »des Lebens, der Freiheit oder des Eigentums ohne vorheriges ordentliches Gerichtsverfahren nach Recht und Gesetz beraubt werden« dürfe.

Das Eintreten der Neuen Linken für einen Sozialstaat findet zunehmend Anklang in der kommunistischen Führung, die sich vor sozialer Instabilität fürchtet und ihre Macht und Legitimation festigen möchte. Im März 2006, ein paar Wochen bevor ich mit Wang zusammentraf, trat der Nationale Volkskongress in Beijing zusammen und wurde unerwartet zum Forum der seit vielen Jahren ersten offenen ideologischen Debatte innerhalb der Partei. Abgeordnete warfen den Regierungsvertretern einen Ausverkauf der Interessen Chinas an die Kräfte des Marktes vor. Die gegen den Markt gerichtete Stimmung war so stark, dass ein Gesetz, das dem Schutz des Privateigentums dienen und den Bauern Besitztitel an ihrem Boden sichern sollte, nicht einmal diskutiert wurde, obwohl ausländische Investoren wie auch chinesische Geschäftsleute sehr dafür geworben hatten. Mit Blick auf neue Investitionen in ländlichen Gebieten erklärte der chinesische Premierminister Wen Jiabao, der »Aufbau des Sozialismus auf dem Lande« sei eine »wichtige geschichtliche Aufgabe«, vor der die Kommunistische Partei stehe. Außerdem zeigte er Schritte auf, die ein Gleichgewicht zwischen Wirtschaftswachstum und Umweltschutz herstellen sollten.

Ein deutscher Journalist sagte mir, dies sei die am stärksten linksgerichtete Rede gewesen, die er während seiner acht Jahre in Beijing von einem hohen chinesischen Führer gehört habe. »Selbst amerikanische und europäische Politiker reden nicht davon, ein grünes Bruttosozialprodukt zu verwirklichen.« Wang stimmte dem zu. Er sagte, auch er freue sich, dass Präsident Hu Jintao und Premierminister Wen Jiabao sich auf die Beziehungen zu asiatischen Ländern konzentrierten. »Zu Zeiten Jiang Zemins waren wir viel zu stark auf die Vereinigten Staaten fixiert. Wir müssen unbedingt unsere Beziehungen zu Japan und Indien verbessern. Wir gehören so alten und herausragenden Zivilisationen an; wir können nicht einfach nur Anhänger und Nachahmer Amerikas sein.«

»Es ist schon eine große Leistung«, fügte er mit einem Lächeln hinzu, »dass der Premierminister offen eingeräumt hat, dass unser Gesundheits- und Bildungswesen im Argen liegen. Das ist bisher noch nie geschehen.« Wang glaubt, der Regierung sei es ernst mit der Bekämpfung der Armut auf dem Lande. Aber er bleibt vorsichtig. »In China hat es so viel Dezentralisierung gegeben, dass es nicht leicht ist, die Politik der Zentralregierung umzusetzen.« Im September 2006, bei der ersten Absetzung eines hochrangigen Parteifunktionärs seit 1995, entließ die zentrale Führung den Parteichef von Shanghai aufgrund von Korruptionsvorwürfen; das nährte Spekulationen über eine bevorstehende Umgestaltung der Beziehungen zwischen der Zentralregierung und den Führungen in den Provinzen und vielleicht sogar über einen Politikwechsel hin zu einer Stützung der Sozialsysteme und einer Eindämmung der Umweltverschmutzung. Wang blieb skeptisch. »Das Beispiel Shanghai ist immerhin ermutigend«, schrieb er in einer E-Mail. »Ich denke, das wird einige politische Folgen haben, aber Folgen sind noch keine Gründe.«

Wang sieht deutlich die Gefahren, die ein Scheitern der Bemühungen um verbesserte Lebensbedingungen für die Mehrheit mit sich brächte: »Wenn wir die Situation nicht verbessern, wird das den Autoritarismus stärken. In Russland haben wir bereits gesehen, dass die Menschen einem starken Mann wie Putin den Vorzug geben, weil sie genug von der Korruption, dem politischen Chaos und der wirtschaftlichen Stagnation haben. Wenn radikale marktwirtschaftliche Reformen den Menschen das Gefühl der Sicherheit nehmen, folgt unvermeidlich die Forderung nach Ordnung und einem Eingreifen von oben.«

Die Angriffe der Neuen Linken auf korrupte Lokalregierungen erwecken oft den Eindruck, sie wünschte sich eine Big-Brother-Regierung jener Art, die bei autoritären Politikern beliebt ist. Gewiss bereitet die wachsende Übereinstimmung zwischen der sozialistischen Rhetorik der Zentralregierung und den Ideen der Neuen Linken vielen Unbehagen. Lung Yingtai, eine bekannte taiwanesische Schriftstellerin und Anhängerin der Demokratie, sagte mir, sie mache sich Sorgen um die Intellektuellen der Neuen Linken, die ihr ideologisch dem kommunistischen Regime allzu nahe zu stehen schienen. Der populäre liberale Politikwissenschaftler Liu Junning, der China 1999 verließ, nachdem die chinesische Regierung ihn auf die schwarze Liste gesetzt hatte, inzwischen aber zurückgekehrt ist, behauptet, »Neue Linke« sei nur ein anderer Name für die nationalistische, von Hass auf den Westen getriebene Alte Garde der Kommunistischen Partei.

Das dürfte zwar übertrieben sein, doch Wen Tiejuan, ein ehemaliges Mitglied der Regierung, der Wiederaufbauprojekte auf dem Lande leitet und der Neuen Linken zugeordnet wird, sagt von sich selbst, er habe an »Brainstorming-Sitzungen« mit Hu Jintao und Wen Jiabao teilgenommen. Intellektuelle in kommunistischen Staaten (wie Vaclav Havel oder Adam Michnik) gewannen moralisches Ansehen in aller Regel, indem sie eine kritische Haltung gegenüber dem allmächtigen Staat einnahmen. Wie definieren die Denker der Neuen Linken in China also ihr Verhältnis zu einem Staat, der viele ihrer Kollegen in Haft hält und generell wenig Toleranz gegenüber einer Kritik an der Partei zeigt?

Als ich Cui diese Frage stellte, verlor er einen Augenblick lang seinen Überschwang. »Das ist eine sehr wichtige Frage, wie wir sowohl moralisch als auch intellektuell mit der Regierung umgehen«, sagte er. »Das ist eine große Herausforderung für uns.«

Cui hält das kommunistische Regime nicht für »totalitär«. Da gebe es auf lokaler wie auf zentraler Ebene viele verschiedene Aspekte. »Nahezu jeden Tag berichtet die *New York Times* von Bauern, die gegen die kommunistische Regierung protestieren, doch wenn Sie genau hinhören, was die Bauern sagen, sehen Sie, dass sie der Zentralregierung sagen, die lokale Regierung hätte ihre Rechte verletzt. Selbst die Bauern können also die verschiedenen Aspekte des Staates erkennen und sehen, wer sie unterstützt und wer nicht.«

Wang Xiaoming, Professor für Kulturwissenschaft an der Universität Shanghai, sieht sich selbst rechts von Wang Hui, sagt aber, er sympathisiere mit der pragmatischen Einstellung der Neuen Linken gegenüber dem kommunistischen Regime. »Die Zivilgesellschaft ist in China sehr schwach, und da die Regierung die aktivste auf Veränderung drängende Kraft ist, müssen wir die Regierung drängen, zu tun, was sie tun sollte, und zugleich einen Teil ihrer Macht aufzugeben.«

Als ich zum letzten Mal mit Wang Hui zusammentraf, wies er jede Behauptung hinsichtlich eines wachsenden Einflusses der Neuen Linken auf das Regime zurück. »Wir versuchen, eine intellektuelle Situation zu schaffen, in der eine neue Politik erprobt werden kann. Ich weiß, dass viele führende Politiker

Wen Tiejuns Artikel gelesen haben. Sie haben auch Cuis Artikel über das Eigentumsrecht gelesen. Auch andere in *Dushu* erschienene Artikel haben großen Einfluss, und darüber bin ich sehr froh. Aber wir haben ansonsten keine Verbindung zum Regime.«

Wang hat auch keine Angst, die ideologische Nähe zum Regime könnte die Intellektuellen der Neuen Linken zu politischen Handlangern und Lohnschreibern der Regierung machen – eine alte chinesische Tradition bei Intellektuellen, die den Staat beraten. »Wir betrachten die Dinge natürlich aus einer chinesischen Perspektive, aber wir versuchen auch, über den Rahmen des Nationalstaats hinauszudenken. Im Westen fragen die Menschen, wie China den Kapitalismus mit einem autoritären Staat entwickeln konnte. Aber dabei übersehen sie, dass der Kapitalismus sich im Westen ohne viel Demokratie und mit Hilfe von Imperialismus und Kolonialismus entwickelt hat. Sie sollten eher fragen, ob dieses einzigartige ökonomische Modell des Westens sich ohne große Kriege und Umweltzerstörungen globalisieren lässt. Das ist keine abstrakte Frage. China hat aufgehört, seine Wälder zu roden, die bereits zu einem großen Teil verschwunden sind. Aber irgendein Land muss das Holz für den chinesischen Konsum produzieren.«

Bei unserem letzten Treffen ging Wang auch näher auf ein Thema ein, das Cui im Gespräch mit mir aufgebracht hatte: dass der Aufstieg Chinas und Indiens neue Herausforderungen und Chancen mit tiefgreifenden Folgen für die gesamte Welt mit sich bringt. »Die westlichen Gesellschaften waren in den letzten zweihundert Jahren oben und prägten mit ihren Entscheidungen die Welt«, sagte er. »Im neuen Jahrhundert werden China und Indien eine ebenso entscheidende Rolle spielen. Aber welche Rolle wird das sein? Ich glaube, es ist sehr wichtig für chinesische und indische Intellektuelle, nicht den Westen zu imitieren. Sie müssen Alternativen zum westlichen Modell der Moderne erkunden. Sonst wird gelten, was die ›Konsum-Nationalisten‹ schon heute sagen: ›Amerika war oben; jetzt sind wir oben.‹«

Wang lachte und fügte hinzu: »Das ist nicht interessant.«

# Die Dichterin

2007 traf ich in Beijing die tibetische Dichterin und Essayistin Woeser (sie benutzt nur einen Namen). Ungewöhnlich für Tibeter in China, die ansonsten Gespräche mit Ausländern meiden, sprach sie offen über die chinesische Herrschaft in Tibet. Sie brandmarkte die gerade fertiggestellte Eisenbahn nach Lhasa als »koloniale Zumutung« und sagte, die kommunistische Führung in Beijing hoffe, das 4-Milliarden-Dollar-Projekt werde die Einwanderung von Han-Chinesen nach Tibet beschleunigen und die Ausplünderung der reichen Erzvorkommen dieser Provinz erleichtern.

Durch Ansichten wie diese, mit denen Woeser unter Tibetern in China wie auch im Exil Berühmtheit erlangt hat, handelt sie sich Schwierigkeiten mit den chinesischen Behörden ein. 2003 verboten sie ihr populärstes Buch, die *Notizen über Tibet*; sie verlor ihre Stellung als Redakteurin der staatlichen Literaturzeitschrift *Tibetische Literatur* in Lhasa und darf China nicht verlassen.

Als man ihr zur »Umerziehung« aufgab, Artikel zum Lob der Eisenbahn nach Lhasa zu schreiben, verließ sie Tibet; sie lebt heute in Beijing, zusammen mit ihrem Mann Wang Lixiong, einem Schriftsteller han-chinesischer Herkunft, der sich auf Tibet und die Tibeter sowie auf andere ethnische Minderheiten in China spezialisiert hat. Woeser und Wang sind hinsichtlich ihres Lebensunterhalts auf die chinesischsprachige Presse in Hongkong und Taiwan angewiesen und arbeiten gelegentlich auch für die vergleichsweise unabhängigen, in Südchina erscheinenden Zeitschriften. Sie postet auch Artikel und Gedichte in Blogs, die von den chinesischen Behörden immer wieder geschlossen werden. Ihre Wohnung in einem Vorort von Beijing, in der sie zusammen mit ihrem Mann und dessen Mutter lebt, wird von der Polizei ständig überwacht.

Für eine tibetische Dissidentin hat Woeser eine ungewöhnliche Herkunft. Ihr halbtibetischer Vater gehörte zu der Vorhut der chinesischen VBA, die Tibet 1951 »friedlich befreite«, die kommunistische Herrschaft über eine mehrheitlich buddhistische Bevölkerung errichtete und deren ehemaligen Herrscher, den Dalai Lama, zusammen mit Tausenden Tibetern zwang, nach Indien zu fliehen. Die 1966 geborene Woeser wuchs in einer armen Familie auf, lernte eher Mandarin als Tibetisch zu lesen und zu schreiben und stellte die chinesische Anwesenheit in Tibet niemals in Frage, bis sie Mitte zwanzig auf ein Buch des amerikanischen Journalisten John Avedon über die moderne Geschichte Tibets und dessen Zerstörung durch die Chinesen stieß.

2000 begegnete sie Wang Lixiong, der sie ermutigte, öffentlich Kritik an der chinesischen Herrschaft über Tibet zu üben. 2005 übertrug eine Gruppe von Übersetzern in Indien und Europa einige der Essays von Woeser und Wang ins Englische. Die in der Schweiz privat gedruckten und mehr von politischer Notwendigkeit als von literarischem Ehrgeiz getragenen Übersetzungen sind durch zahlreiche sprachliche, typographische und orthographische Fehler verunstaltet. Ein großer Teil des Buchs besteht aus Wangs Vorstellungen hinsichtlich möglicher zukünftiger Verfassungsarrangements zwischen einem demokratischen Beijing und ethnischen Minderheiten. Dennoch sind die in diesem Buch zusammengefassten Texte – vor allem Woesers persönliche Essays und Wangs Kritik an der chinesischen Politik – wichtig im Blick auf das, was sie über das heutige Tibet aussagen: dass nämlich die Modernisierung der Provinz unter chinesischer Ägide inzwischen eine Eigendynamik entwickelt hat.

Die Gewalt, die Tibet während der Kulturrevolution (von 1966 bis 1976) erlitt, als Rote Garden Jagd auf »Anhänger des kapitalistischen Wegs« und »rechte Feudalisten« machten, buddhistische Mönche töteten und Tempel wie auch Klöster zerstörten, scheint der Vergangenheit anzugehören. Dank jährlich mehr als einer Million Touristen und großzügiger Subventionen aus Beijing verzeichnet die Wirtschaft der Autonomen Region Tibet größere Zuwächse als der nationale Durchschnitt ganz Chinas. Mit seinen breiten Straßen, die von glitzernden Einkaufszentren, Bürogebäuden, Nachtclubs, Frisier- und Massagesalons gesäumt sind (Letztere oft nur kaum getarnte Bordelle), hat Lhasa sich nur wenig von seinen mittelalterlichen Ursprüngen bewahrt, die noch vor wenigen Jahren für die Besucher sichtbar waren. Plakate mit Deng Xiaopings knapper These »Entwicklung ist das einzige Prinzip«, ein gewohnter Anblick in chinesischen Städten, sind allenthalben zu sehen und streichen heraus, dass auch Lhasa in den schnellsten und größten Urbanisierungsprozess der Geschichte einbezogen ist.

Woeser ist allerdings nicht beeindruckt. In einem Artikel über die Kommerzialisierung des Potala-Palasts, des Sitzes des Dalai Lama, schreibt sie:

> Im schwindelerregenden Sonnenlicht Lhasas waren die materiellen Wünsche der Tibeter noch niemals von solcher Erregung geprägt, aber wie viele Tibeter können sich schon diese luxuriösen Autos leisten oder diese Restaurants, die sich entlang den Mauern der beiden Flügel des Potala-Palasts und um

> den Platz herumziehen. All das wirkt wie eine Kopie der großen und kleinen Städte im chinesischen Binnenland. Zusammen mit den »modernen« Gebäuden und ihren gekachelten Fassaden samt den blau getönten Aluminiumfenstern bilden sie die Kultur der »Bauherren-Truppen«, die aus rasch in Bauarbeiter verwandelten Bauern aus dem Landesinneren bestehen.

Woeser beurteilt die Modernisierung Chinas aus der Sicht einer älteren, subtileren Zivilisation und attestiert ihr einen Mangel an Takt und Geschmack. Sie ermahnt die Tibeter, sich für die Sprache, Baukunst und Kleidung ihrer Vorfahren zu entscheiden. Auch wenn die Tradition vor »Unwissenheit und Konservatismus« geschützt werden müsse, hält sie doch an ihr als einer Form von Widerstand gegen die vulgäreren Formen der modernen chinesischen Kultur fest:

> Auch wenn wir nicht die Macht haben, den Eisenbahnbau, den Bergbau und all die Bauprojekte der chinesischen Regierung zu verhindern, können wir doch selbst Abstand davon nehmen, Hotels, Restaurants und Läden in chinesischem Stil zu bauen oder Kunden und Touristen für das Geschäft der Spielhallen und Karaokebars oder han-chinesischer und tibetischer Prostituierter zu werben.

Vieles mag hier wie die modernisierungsfeindliche Rhetorik zeitgenössischer islamistischer Bewegungen klingen. Woeser sagte mir, sie sei nicht gegen Modernisierung schlechthin. Vielmehr sollten die Tibeter ihre eigene Form von Modernisierung wählen können, die zu ihrer Landschaft, ihrer Religion und ihrer Kultur passe. Chinas Verbindungen zu seiner ländlichen Vergangenheit und seinen Traditionen seien durch die Katastrophen und Tragödien der kommunistischen Revolution zerrissen worden. Das Land habe in der Vergangenheit wie in der Gegenwart kaum eine andere Wahl gehabt, als sich kopfüber in eine städtische und rein materialistische Zukunft zu stürzen. Die Tibeter jedoch, die sich ihre Kultur trotz größter Widerstände bewahrt hätten, wünschten sich nicht das Schicksal der Chinesen und verdienten es auch nicht.

Woeser erzählte mir von dem amerikanischen Romancier und Reiseschriftsteller Paul Theroux, der in den 1980er Jahren nach Golmud gereist war, der damaligen Endstation der Eisenbahn in der an Tibet grenzenden Provinz Qinghai. In dem Buch, das er anschließend veröffentlichte, *Das chinesische Abenteuer. Reise durch das Reich der Mitte*, schrieb er, das unzugängliche Kunlun-Gebirge, das bei Kunlun beginnt und die natürliche Nordgrenze der tibetischen Hochebene bildet, »garantiert, dass nie eine Bahn in Lhasa ankommen wird«.

Woeser wies darauf hin, dass nahezu alle Artikel, mit denen die chinesische Presse die Eröffnung der Eisenbahn nach Tibet feierte, diese Zeile zitiert und voller Stolz verkündet hätten, die Verlängerung der Strecke über Kunlun hinaus habe bewiesen, dass der amerikanische Schriftsteller unrecht hatte. Und dann fügte sie erregt hinzu: »Die Reporter übergingen seinen folgenden Satz: ›Bestimmt ist das ein Segen. Bis ich Tibet sah, dachte ich, mir gefielen Eisenbahnen, doch dann wurde mir klar, dass mir die Wildnis noch viel besser gefällt.‹«

Lhasa war noch weit von einem Umbau nach chinesischem Vorbild entfernt, als Theroux die Stadt 1986 besuchte. Heute wächst das chinesische Viertel sehr viel schneller als das tibetische in Richtung des neuen Bahnhofs im Süden der ethnisch geteilten Stadt. In Erwartung von Touristen aus China und dem Ausland baut man Luxushotels. Die große Höhe und Entlegenheit des Landes schrecken immer noch viele ausländische Touristen ab. Aber übersättigte wohlhabende Chinesen entdecken, was sie für den spirituellen Charakter der tibetischen Kultur halten, und allenthalben zeigt sich eine wachsende Faszination für diese Provinz. In fast jeder größeren chinesischen Stadt gibt es Geschäfte, die tibetischen Schnickschnack verkaufen. In den Straßen von Lhasa wimmelt es von chinesischen Jugendlichen, die sich als »Künstler« und »Sucher« bezeichnen; und Gruppen neureicher Touristen aus den prosperierenden Küstenstädten Chinas drängen sich in Klöstern und Tempeln, die der chinesische Staat wiederaufgebaut hat. Das chinesische Regime in Beijing ist sehr darauf bedacht, die tibetische Kultur zu einem profitablen Geschäft zu machen, statt sie zu zerstören, wie dies zu Maos Zeiten geschah. Die chinesischen Behörden finden zunehmend Unterstützung bei tibetischen Funktionären und Geschäftsleuten, die man in großen Autos durch die Innenstadt Lhasas fahren und in teuren Restaurants speisen sieht, und ihre Kinder – die Schickeria Lhasas – füllen die Nachtlokale in der Umgebung des Potala-Palasts und scherzen miteinander in einem mit zahlreichen englischen Worten durchsetzten Chinesisch statt dem Tibetischen, das die meisten ihrer weniger gutbetuchten Landsleute sprechen.

Viele Tibeter investieren in die aufkommende Tourismusbranche. In einem Essay mit dem Titel »Ein mörderischer Ausflug« schildert Woeser eine Fahrt zu einer heißen Quelle mit vier tibetischen Jungunternehmern. Diese in den 1970er Jahren geborenen und in China ausgebildeten Männer haben den Staatsdienst quittiert, um Hoteliers zu werden. Woeser beschreibt diese Mitglieder der kleinen tibetischen Geschäftselite folgendermaßen; sie

> kommen aus wohlhabenden Verhältnissen; ihre Eltern stammen größtenteils aus Familien »freigelassener Leibeigener«. Sie lieben die Partei, die Partei behandelt sie gut und groß-

zügig, und so zeigt sich im Verhalten ihrer Kinder ein gewisses Gefühl der Überlegenheit.

Diese nassforschen jungen Männer sind mit Gewehren bewaffnet und schießen auf alle Tiere, die in ihr Schussfeld geraten. Es macht ihnen nichts aus, ein paar Nonnen aus ihrem Kloster in der Nähe der heißen Quelle zu vertreiben und den Bau in ein Hotel zu verwandeln. In seinem Machtrausch sagt einer von ihnen zu der angewiderten Woeser: »Sie wollen über Tibet schreiben, Sie sollten über junge Tibeter wie uns schreiben. Wir sind die Herren der Zukunft Tibets.«

Das klingt wie Angeberei. Tibeter, die in der Lage sind, Beziehungen zwischen chinesischen Parteifunktionären und Geschäftsleuten zu nutzen, gehören zu einer kleinen Minderheit innerhalb der sieben Millionen Menschen zählenden tibetischen Bevölkerung. Tatsächlich ist es die größte Befürchtung der Tibeter, von den Han-Chinesen überwältigt zu werden. In den letzten Jahren hat Tibet einen Teil der auf 100 Millionen Menschen geschätzten frei flottierenden Bevölkerung Chinas aufgenommen, die aus Wanderarbeitern, Kriminellen, Gaunern und Prostituierten besteht. Diese Herumtreiber dominieren deutlich erkennbar die einheimischen Tibeter, zumindest in den größten Städten Lhasa, Gyantse und Shigatse, wo sie die meisten Geschäfte betreiben, einschließlich der als Massage- und Frisiersalons getarnten Bordelle. Tibetische Aktivistengruppen im Westen erwarten in den nächsten Jahren einen beträchtlichen Anstieg der Zuwanderung von Han-Chinesen nach Lhasa.

Die Eisenbahn scheint in Tibet dasselbe zu bewirken, was sie in früheren Jahren bereits in anderen von Minderheiten bewohnten Gebieten bewirkt hat. In Xinjiang ist die Hauptstadt Urumqi bereits eine mehrheitlich han-chinesische Stadt geworden, und in Kashgar wuchs die Han-Bevölkerung 2001, im Jahr nach der Fertigstellung der dortigen Eisenbahn, um 30 Prozent. Gewöhnliche Tibeter sagten mir, die Mieten seien seit der Ankunft des ersten Zuges in Lhasa steil angestiegen. Bemerkenswerterweise erwartet keiner der Tibeter, mit denen ich sprach, eine Verbesserung seines Lebens durch die Eisenbahn. Sie alle erblickten darin etwas, das von der han-chinesischen Mehrheit für diese Mehrheit gebaut worden sei.

In Beijing erzählte Woeser mir eine Geschichte, die sich unter Tibetern verbreitete, als die Eisenbahn sich in die Steppe nördlich von Lhasa vorarbeitete. Darin hieß es, Arbeiter hätten einen Frosch ausgegraben. Dabei sei der Frosch schwer verletzt worden. Aber während die Geschichte sich von Teehaus zu Teehaus ausbreitete, wurde der Frosch immer größer, bis er in einer Erzählung so groß war, dass man ihn mit einem Lastwagen hätte abtransportieren müssen.

Woeser sagte mir, die Geschichte müsse unverständlich bleiben, wenn man nichts von der großen Bedeutung wisse, die Tieren als Schutzgeistern in der tibetischen Kultur zukommt. Der von chinesischen Arbeitern verletzte Frosch stehe für das tibetische Gefühl der Niederlage und Frustration im Blick auf die Eisenbahn.

Zweifellos lastete ein Gefühl der Belagerung schwer auf den Tibetern, die polizeiliche Ermittlungen riskierten, wenn sie mit mir sprachen. Wenn ich ihnen zuhörte, dachte ich oft an die düstere Prophezeiung des im Exil lebenden tibetischen Romanciers Jamyang Norbu, der glaubt, die Chinesen machten die Tibeter zu einem »gebrochenen, drittrangigen Volk«, dem in wenigen Jahren kaum etwas anderes übrigbleiben werde, als »bei Touristen um Almosen zu betteln«.

Die chinesischen Darstellungen zeichnen allerdings ein ganz

anderes Bild, und wenn man einige Übertreibungen in der offiziellen Statistik abzieht, sollte man diese Darstellungen berücksichtigen, und sei es nur, um das extreme chinesische Misstrauen gegenüber dem Dalai Lama zu verstehen. Woeser hat recht mit ihrer These, dass nicht viele Tibeter Zugang zur Utopie der von den Chinesen versprochenen »Entwicklung« finden können – nämlich zu einem Leben im Stil der Konsumgesellschaft in den städtischen Zentren. Den meisten Tibetern, die auf dem Lande leben, hat das Wirtschaftswachstum kaum Vorteile gebracht. Die Chinesen haben Pläne angekündigt, mit denen das Schulwesen, das Gesundheitssystem, die sanitären Einrichtungen und die Verkehrssituation in weiten Teilen des ländlichen Tibet verbessert werden sollen. Die Fortführung der Eisenbahnstrecke bis zu der im Süden gelegenen Stadt Shigatse und ein noch ehrgeizigerer Plan zum Bau von Autobahnen sollen auch die entlegensten Teile Tibets an die nationale Volkswirtschaft anbinden.

Um Befürchtungen zu zerstreuen, die Eisenbahn werde die bereits jetzt sehr ernste Umweltkrise in Tibet noch verschärfen, hat die chinesische Regierung zahlreiche Maßnahmen angekündigt, darunter den Bau von Systemen zur Lagerung und Aufbereitung von Müll und Abwässern. Die offizielle chinesische Dokumentation zum Bau der Eisenbahn bringt eine anrührende Geschichte über chinesische Bauarbeiter, die verwaiste junge Antilopen aufzogen, und behauptet, man habe an der Strecke dreiunddreißig Unterführungen für Tiere gebaut.

Die vom Staat verordnete Modernisierung löst bei dem angeblich rückständigen Volk, dem sie Fortschritt bringen soll, eher Unmut als Dankbarkeit aus. Angesichts der hektischen chinesischen Bemühungen, diesen Unmut zu besänftigen, erschien mir die Stimmung der Tibeter doch erstaunlich düster. »Fast alle Tibeter tragen den Dalai Lama in ihrem Herzen«, schrieb Wang Lixiong 2002 in einem Artikel. Mehr als ein Jahrzehnt später haben die Tibeter sich immer noch ihre trotzige Loyalität gegenüber ihrem seit langem im Exil lebenden spirituellen Führer bewahrt. Dass die Chinesen in der Zwischenzeit zahlreiche neue Straßen, Brücken, Schulen, Elektrizität, Arbeitsplätze und regelmäßiges Einkommen nach Tibet gebracht haben, konnte an ihrer Anhänglichkeit nichts ändern.

Als der Dalai Lama sich 2006 abfällig über pelztragende Tibeter äußerte, wurden überall in Tibet Pelzmäntel und pelzbesetzte Kleidungsstücke öffentlich verbrannt. 2007 kam es in der Stadt Lithang zu Massenprotesten, als die Polizei einen tibetischen Nomaden verhaftete, der bei einem jährlichen Pferdefest auf ein für chinesische Offizielle bestimmtes Podium stieg, nach einem Mikrophon griff und die Rückkehr des Dalai Lama nach Tibet forderte. Als dann Mönche die Ehrung des Dalai Lama durch den amerikanischen Kongress mit der höchsten zivilen Auszeichnung des Landes feierten, sperrte chinesische Polizei den Zugang zum größten Kloster in Lhasa.

2008 stand das tibetische Kloster in Kirti im Brennpunkt antichinesischer Proteste, die Dutzende von Menschenleben forderten und zur Verhaftung zahlloser Tibeter führten. Im März 2011 – am dritten Jahrestag der Proteste – übergoss sich ein junger Tibeter mit Benzin und setzte sich selbst in Brand. Seither haben sich Dutzende junger Tibeter und Tibeterinnen selbst verbrannt.

Die Selbstverbrennung ist für tibetische Mönche eine radikale Form des Protests, da sie damit gegen das Grundgebot der Achtung vor jeglichem Leben verstoßen. »Verzweiflung« lautete die Antwort, als ich Kyabje Kirti Rinpoche, den siebzigjährigen, im Exil lebenden Abt des Klosters von Kirti, nach den Gründen für die jüngste Welle von Selbstverbrennungen fragte. Er beschrieb mir die repressiven Maßnahmen der lokalen chinesischen Behörden: willkürliche Verhaftungen, Kontrollpunkte auf den Straßen, in den Klöstern stationierte Polizei; und die ideologische Umerziehungskampagne, bei der 2500 in ihren Zellen eingeschlossene Mönche in Kirti gezwungen werden, Sätze wie »Ich bin gegen die Dalai-Clique« oder »Ich liebe die Kommunistische Partei« zu wiederholen.

Wang Lixiong hat dargelegt, dass der aufgeblähte bürokratische Apparat der Kommunistischen Partei in Tibet, der auf massenhafte Unzufriedenheit reflexhaft mit drastischen Maßnahmen reagiert, die Fähigkeit der Zentralregierung beeinträchtigt, eine einfallsreiche Lösung für die tibetische Krise anzubieten. Tibet erscheint auf den ersten Blick als Beispiel eines unheilbar autoritären und säkularen Regimes, das auf einer unterwürfig religiösen Bevölkerung lastet. Es trifft jedoch auch zu, was eine bahnbrechende Studie über die Proteste von 2008 aufzeigt, die von einer Beijinger NGO, dem juristischen Forschungszentrum Gongmeng, durchgeführt wurde (und dem Institut die Schließung durch die chinesischen Behörden einbrachte), dass es nämlich »jetzt einen neuen Bezugsrahmen für die Beurteilung der Realität« in Tibet gebe. Die Studie gelangt zu dem Ergebnis, dass Tibet »keine autarke, von der natürlichen Umwelt geschützte« Region mehr darstellt, sondern ein Gebiet, »das aktiv oder passiv eng mit ganz China und der restlichen Welt verbunden ist«.

Seit einigen Jahren ist Tibet nun Teil der am schnellsten wachsenden und am intensivsten globalisierten Volkswirtschaft. Viele Han-Chinesen könnten durchaus zu Recht fragen, warum die Tibeter, die doch offensichtlich mit staatlichen Vergünstigungen überschüttet würden, so undankbar seien. Doch wie die Gongmeng-Studie aufzeigt, ist »die von den Han gebrachte Hilfe und ›Entwicklung‹ oft von erzwungenem Wandel und Konflikten begleitet«. So zwingt die Entwicklungslogik viele tibetische Nomaden zur Aufgabe ihrer Weideflächen und sorgt für eine starke Zuwanderung von Han-Chinesen in die tibetischen Städte. Der Mangel an Arbeitsplätzen und die Untergrabung der tibetischen Sprache hat in der Bevölkerung zu einem allgemeinen Gefühl der Machtlosigkeit geführt. Und die Ungleichheit zwischen Stadt und Land ist beträchtlich gewachsen.

Natürlich leiden auch viele Chinesen unter der demütigenden Erfahrung, von ein paar glücklichen Reichen abgehängt zu werden. Doch wie Wang Hui ausführt, sind die Unterschiede der Einkommen und der Chancen in Minderheitenregionen »eng verbunden mit Unterschieden in Traditionen, Bräuchen, Sprache und Marktpositionen zwischen den ethnischen Gruppen«. Von entscheidender Bedeutung sind hier die grundlegenden Unterschiede der Weltanschauung. Einer der in der Gongmeng-Studie befragten Tibeter erklärte: »Reichtum hat für einen Tibeter mehr mit Freiheit, zum Beispiel mit Glaubensfreiheit zu tun, mit der Achtung vor den Menschen, der Achtung vor dem Leben, jener Art Reichtum, den man gewinnt, wenn man anderen Menschen beisteht«. Die Modernisierung nach chinesischer Art erlegt den Tibetern fremde Werte auf und zwingt sie, »Entwicklung« und »Konsum« als letztes Wort zu akzeptieren.

Die Autoren der Gongmeng-Studie schreiben zusammenfassend: »Wenn das Land, in dem man zu leben gewohnt ist, das Land, mit dessen Kultur man sich identifiziert, wenn Lebensweise und Religiosität plötzlich in eine ›moderne Stadt‹ verwandelt werden, die man nicht wiedererkennt; wenn man im eigenen Land keine Arbeit mehr findet und die Ungerechtigkeit der Ungleichheit der Chancen empfindet und wenn man erkennt, dass das eigene Wertesystem ständigen Angriffen ausgesetzt ist, dann sind die Panik und die Krisenstimmung des tibetischen Volkes nicht schwer zu verstehen.«

In dieser Hinsicht ähneln die Tibeter anderen entwurzelten und verunsicherten Opfern der Globalisierung und Modernisierung, etwa den indischen Dorfbewohnern, die gegen den Bau von Kernkraftwerken auf ihrem Boden protestieren, oder den Stämmen in den zentralindischen Urwäldern, die sich gegen ihre Enteignung durch eine Koalition aus Staat und Bergbaugesellschaften wehren.

Der übliche einfältige Gegensatz zwischen autoritärer Herrschaft und Demokratie, der in Diskussionen über Indien und China oft angeführt wird, ist hier kaum von Nutzen. Diese quer zu den politischen Systemen verlaufenden Konflikte illustrieren vielmehr einen tieferen Zusammenstoß: eine mächtige, aggressive Ideologie, die sich für sozialen und ökonomischen Individualismus einsetzt, gegen eine in Traditionen gründende Achtung vor kollektiver Wohlfahrt und Umwelt.

Doch welche speziellen Bedingungen waren der Auslöser dieser jüngsten Proteste in Tibet? Die Soziologin Béatrice Hibou bietet eine überzeugende Antwort in ihrem Buch *La force de l'obéissance*, das zwar unmittelbar von Tunesien handelt, aber auch wertvolle Einsichten in die Psychologie anderer halbglobalisierter und ungleicher Gesellschaften vermittelt. Wie Hibou zeigt, war es nicht so sehr der von einem Einparteienstaat ausgeübte Zwang, der bei einer Mehrheit der Bevölkerung für eine Art von »Gehorsam« sorgte, sondern eher das Versprechen und die Praxis der Aufnahme in die globale Moderne – der sichtbare Segen des Wirtschaftswachstums, die Schaffung und Kooptierung lokaler Eliten und der Mythos eines kurz bevorstehenden »Wirtschaftswunders«, das alle Boote heben werde.

Lange Zeit erschienen die Verhältnisse ausländischen Regierungen und Investoren erfreulich »stabil«. Tunesien hatte ein zufriedenstellendes makroökonomisches Gleichgewicht erreicht und integrierte sich langsam in den Weltmarkt. Die weithin verbreitete Behauptung, jeder habe die Möglichkeit, Zugang zur neuen Mittelschicht mit ihrem demonstrativen Konsum zu erlangen, schien den politischen Zorn der Entrechteten zu entschärfen. Und dann brach ein armer Straßenhändler namens Mohammed Bouazizi den Bann, indem er sich selbst verbrannte und dadurch im gesamten Nahen Osten und in Nordafrika Minirevolutionen auslöste.

Der vietnamesische Mönch Thich Nhat Hanh stellte einmal in einem Brief an Martin Luther King fest, die buddhistischen Mönche, die sich in den 1960er Jahren in Vietnam zu Dutzenden selbst verbrannten, »zielten nicht auf den Tod der Unterdrücker, sondern nur auf einen Wechsel in deren Politik«. Die Ereignisse, zu denen es nach Bouazizis Tod in der arabischen Welt kam, bestätigen die politische Wirksamkeit dieses extremen Akts der Selbstnegierung.

Die Selbstverbrennungen in Tibet sind den chinesischen Behörden allerdings eher peinlich, als dass sie Angst davor hätten. Da China zunehmend als Retter zahlreicher kämpfender Volkswirtschaften erscheint, dürfte das Gewissen der Welt sich in der Zukunft von Tibet kaum stärker beunruhigen lassen als von Kaschmir. Die meisten Menschen dürften wohl auch allzu sehr abgelenkt sein durch die Zerstörung ihrer eigenen Träume von leichtem Reichtum und Konsum, als dass sie die größere Tragödie zur Kenntnis nähmen, die Philip Larkin in seinem Gedicht »Nothing to be Said« anspricht: »Für Länder schwach wie Unkraut/Für Nomaden inmitten von Steinen … ist Leben langsames Sterben.«

Der Dalai Lama hat in seinem langen Exil durchaus nichts von seiner Aura verloren, sondern symbolisiert für die Tibeter eindringlicher denn je ihre geliebte und bedrohte Identität. Es kann kaum überraschen, dass die chinesischen Behörden sich intensiv, wenn auch oft mit plumpen Mitteln bemühen, die Autorität des Dalai Lama zu untergraben. So entführten sie 1995 den jungen Gendun Choekyi Nyima, den der Dalai Lama als elften Panchen Lama identifiziert hatte, und installierten selbst ein Kind ihrer Wahl auf dieser wichtigen Position innerhalb des tibetischen Buddhismus. (Über den Verbleib des entführten Jungen ist bis heute nichts bekannt.) In dem Versuch, dem chinesischen Regime zuvorzukommen und zu verhindern, dass es auch seine Stellung usurpierte, verkündete der Dalai Lama, seine Reinkarnation werde außerhalb Tibets erfolgen, wodurch er sicherstellte, dass sein Nachfolger in der tibetischen Exilgemeinschaft geboren wird. Im August 2007 erließ das offiziell atheistische Regime ein Gesetz, das tibetischen Mönchen eine ohne Genehmigung der Regierung erfolgte Reinkarnation verbietet. Nach einer Erklärung der Staatlichen Verwaltung für religiöse Angelegenheiten ist das Gesetz, dass das Vorgehen hinsichtlich der Wiedergeburt festlegt, »ein wichtiges Element der Institutionalisierung des Umgangs mit der Reinkarnation«.

Wang Lixiong, einer der ganz wenigen chinesischen Intellektuellen, die den Dalai Lama getroffen haben, sagte mir, die Tibeter glaubten nicht an den von den Chinesen eingesetzten Panchen Lama und nannten ihn »diesen kleinen Balg«. Er ist der Ansicht, die Chinesen hätten eine Chance verpasst, als sie Gendun Choekyi Nyima, den Kandidaten des Dalai Lama für den Sitz des Panchen Lama, ausschalteten. Traditionell habe der Panchen Lama entscheidenden Einfluss auf die Auswahl des Dalai Lama, und wenn die Chinesen die Wahl Nyimas respektiert und ihn sorgfältig erzogen hätten, dann hätten sie auch gute Chancen gehabt, ihre Wahl des nächsten Dalai Lama zu legitimieren. Aber wie die Dinge nun stünden, dürften nur wenige Tibeter bereit sein, die Entscheidung des von China eingesetzten Ersatzes zu akzeptieren.

Im Blick auf die Fehltritte der Chinesen in Tibet meinte Wang, die marktwirtschaftlichen Reformen hätten die Autorität Beijings geschwächt. Die Kommunikation zwischen der Zentralregierung und den Regierungen der Provinzen sei zusammengebrochen; dadurch sei es zu willkürlichen und gedankenlosen Entscheidungen wie Woesers Verbannung aus Lhasa gekommen, was nur dazu geführt habe, dass sie noch kühnere Ansichten äußere und in Beijing noch bekannter geworden sei. Die Funktionäre der Kommunistischen Partei fühlen sich durchaus zu Recht am verwundbarsten in Regionen wie Tibet und Xinjiang, in denen die Han-Chinesen in der Minderheit sind. Die bedrückende Atmosphäre der Kulturrevolution ist in Tibet immer noch zu spüren. Dort zwingt man die Dorfbewohner, die kommunistische Fahne zu hissen und das Bild eines lachenden, von Tibetern in bunter Landestracht flankierten Hu Jintao zu zeigen. Tibeter, die mit Ausländern sprechen, erregen die Aufmerksamkeit der Polizei. In Beijing und den Küstenstädten haben sich dagegen nahezu unbemerkt kleine Spielräume für abweichende Meinungen eröffnet, die den prüfenden Blicken der Funktionäre entgehen, weil die entweder mit der Mehrung ihres privaten Vermögens beschäftigt sind oder mit der Korruption, dem sozialen Zusammenbruch und mit Umweltkatastrophen zu kämpfen haben.

So stellte ich fest, dass ich mit Woeser sprechen konnte, ohne befürchten zu müssen, von der Polizei belästigt zu werden. Ich traf sie mehrere Male in meinem Hotelzimmer und einmal in einem indischen Restaurant. Bei zwei dieser Treffen wurde sie von Wang Lixiong begleitet, der 1953 geboren wurde und dreizehn Jahre älter ist als Woeser. Seine gelassen intellektuelle und höfliche Präsenz steht in einem angenehmen Kontrast zu ihrer überschäumenden Art. Woeser erzählte mir, sie habe ihn zunächst nur durch seine unverblümten Schriften über Tibet kennengelernt. Wang sei der erste chinesische Schriftsteller, der offen und ehrlich über Tibet geschrieben habe. Sie standen ein Jahr lang per E-Mail in Kontakt, bevor sie 2000 endlich zusammentrafen, als Wang wegen der Recherche für einen Artikel nach Lhasa kam.

Wang sagte mir, Woeser habe ihm geholfen, seine herablassend han-chinesische Sicht Tibets als eines integralen Bestandteils Chinas und der Tibeter als eines rückständigen Volkes loszuwerden. »Sie ist in China weit verbreitet«, sagte er mir. »Und auch ich muss mich immer noch davor hüten.«

Kurz nach ihrer Zusammenkunft schickte Woeser Wang einige enthüllende Fotos, die ihr Vater, ein Offizier der VBA, in den 1960er Jahren aufgenommen hatte, als Rote Garden in ganz Tibet wüteten. Wang, der selbst zu den Roten Garden gehört hatte, ermunterte sie, Interviews mit den Menschen auf diesen Fotos zu führen, die Massenunruhen und individuelle Demütigungen zeigen, und einen Begleittext zu den Aufnahmen zu schreiben.

Das Buch wurde dann in Taiwan publiziert. Die chinesischen Behörden reagieren in der Regel äußerst empfindlich auf alles, was mit Taiwan und Tibet zusammenhängt. Doch Wang sprach gelassen über das doppelte Risiko, das einem in China lebenden Schriftsteller droht, der in Taiwan publiziert. Er geht damit zweifellos Risiken ein, die seinen Eltern noch als selbstmörderisch erschienen wären.

Wie Woeser stammt auch Wang aus der herrschenden Elite Chinas. Sein Vater, ein frühes Mitglied der Kommunistischen Partei, erhielt seine Ausbildung zu selben Zeit an einer Moskauer Hochschule, als auch Jiang Zemin, der frühere chinesische Staatspräsident, dort studierte. Damals, 1968, auf dem

Höhepunkt der von Mao ausgerufenen Kulturrevolution, beging sein Vater, der beschuldigt wurde, ein »Anhänger des kapitalistischen Wegs« und ein »sowjetrevisionistischer Spion« zu sein, nach monatelanger Haft in einem Kuhstall Selbstmord, und seine Mutter, Redakteurin in einem Filmstudio, wurde zu harter Arbeit auf dem Lande verurteilt.

Wang sprach erstaunlich distanziert über die Zerstörung des Lebens seiner Eltern. Als Mitglied der Roten Garden habe er sich sogar gefragt, ob seine Eltern nicht um eines hehren Ideals willen gelitten hätten. Er erzählte mir, er habe sich erstmals Mitte der 1980er Jahre für Tibet interessiert, als er seine konventionelle Laufbahn als Ingenieur aufgab, sich aus Schläuchen von Lkw-Reifen ein Floß baute und damit den Gelben Fluss in seiner ganzen Länge hinunterfuhr.

1991 veröffentlichte er einen Roman mit dem Titel *Die Gelbe Gefahr*, der zu einem Bestseller wurde, bevor die chinesischen Behörden ihn verboten. 1999, bei Recherchen zu einem Buch über Xinjiang, wurde er in der mehrheitlich von Uiguren bewohnten Provinz festgenommen und vierzig Tage lang in Haft gehalten. Er ließ sich jedoch nicht einschüchtern; 2001 reiste er in die Vereinigten Staaten und veröffentlichte einen Bericht über seine dortige Begegnung mit dem Dalai Lama.

Wang gehört einer »verlorenen Generation« von Chinesen an, die in ihrer Jugend durch das von Mao in seinen letzten Lebensjahren geschaffene Chaos entwurzelt wurden. Er wirkte auf mich wie jemand, der furchtlos geworden war, während er sein Leben improvisierte. Er sagte mir, ethnische Minderheiten wie die Tibeter und die Uiguren seien dringend darauf angewiesen, dass Intellektuelle furchtlos an die Öffentlichkeit träten. Die Tibeter hätten das Glück, Woeser zu haben, die ihre Wünsche und Sehnsüchte im Inland wie im Ausland zum Ausdruck bringen könne. Er fügte hinzu, es sei ein Irrtum, wenn

Ausländer meinten, sie protestiere lediglich gegen Menschenrechtsverletzungen, denn sie stelle etwas Neues dar: eine Tibeterin, die das chinesische Bildungs- und Erziehungssystem durchlaufen habe und nun ihre Beherrschung des Chinesischen benutze, um das System der staatlichen Patronage zu umgehen und sich an jenem transnationalen freien Markt der Kultur zu beteiligen, der sich chinesischen Schriftstellern in den letzten Jahren eröffnet habe.

An meinem letzten Nachmittag mit Woeser und Wang fragte ich die beiden, ob ich sie in der Wohnung besuchen könne, die sie mit Wangs Mutter teilten. Woeser hatte mir früher schon gesagt, dass dies keine gute Idee sei, da die Gefahr bestehe, dass die Polizisten, die ihre Wohnung überwachten, Verdacht schöpften. Diesmal war es Wang, der zweifelnd dreinschaute. Er sagte, ich könne hingehen, aber er werde uns nicht begleiten, da man ihm höchstwahrscheinlich folgen werde.

Auf dem Stadtplan sah es so aus, als läge Woesers Wohnung weit von der Innenstadt entfernt. Doch das Taxi nahm eine der Stadtautobahnen, die Beijings sechs Ringstraßen schneiden, und brachte uns schnell in das offenbar am Stadtrand gelegene Viertel. Der Wohnblock schien neu zu sein, wirkte aber wie die meisten neuen Gebäude in China bereits vom Verfall gezeichnet. Ich bemerkte uniformierte Männer, die uns von der Wachstube aus beobachteten, aber da Woeser gleichgültig daran vorbeiging, war ich beruhigt.

Wangs Mutter öffnete die Tür. Die kleine, grauhaarige, zart wirkende Frau lächelte uns kurz an und verließ dann unvermittelt die Wohnung – damit wir uns ungestört unterhalten konnten, wie Woeser mir später erklärte. Ich erinnerte mich an das, was Wang mir vom Selbstmord seines Vaters und der dreijährigen Haft seiner Mutter in einem Kuhstall und den nachfolgenden vier Jahren harter Arbeit auf dem Lande während der Kulturrevolution erzählt hatte. Ich musste sie einfach anstarren und erwartete fast, in ihrem Gesicht Spuren ihres Martyriums zu finden. Aber sie wirkte heiter, wie so viele alte Chinesen ihrer Generation, die ich oft in öffentlichen Parks hatte sitzen sehen und deren Gesichtern eine grausame Geschichte am Ende eine gewisse Anmut verliehen hatte.

Die sorgsam durchorganisierte Wohnung wirkte größer, als das Wohnzimmer samt Kochnische und die beiden kleinen Schlafzimmer dies hätten erwarten lassen. Woeser machte Tee, und ich ging zu ihrem Schreibtisch in einem der beiden Schlafräume. Auf dem Regal neben dem Schreibtisch standen chinesische Übersetzungen einiger Bücher von Susan Sontag, V.S. Naipaul, Edward Said und Orhan Pamuk und einigen anderen Autoren.

Woeser hatte sich abschätzig über die wenigen chinesischen Autoren geäußert, die ich erwähnt hatte. »Sie alle sagen nicht wirklich, was sie über das heutige China denken, deshalb fällt es schwer, sie zu achten«, hatte sie mir gesagt. Die Bücher in ihrem Regal verrieten etwas darüber, wie Woeser, die niemals außerhalb Chinas gewesen war, ihre Sensibilität entwickelt hatte und wie sie zu ästhetischen und politischen Urteilen gelangt war, die auf einer tiefen Vertrautheit mit den Erfahrungen anderer Gesellschaften basierten.

Von meinem Standort aus konnte ich aus dem Fenster schauen. Nach Westen hin breitete sich Beijing aus; ein leichter winterlicher Dunst ließ die schroffe Landschaft aus städtischen Wohnblocks, Stadtautobahnen, Fabrikschornsteinen und Baukränen unscharf erscheinen, am Himmel Flugzeuge in niedriger Höhe, die darauf warteten, auf dem im Norden gelegenen Flughafen landen zu können. Wang hatte mir gesagt, dass er das kommunistische System in großer Gefahr sehe. Die Partei könne China nicht mehr kontrollieren. Sie habe nicht zugelassen, dass andere politische Institutionen heranwuchsen, und wenn sie zusammenbreche, werde der ganze Unterdrückungsapparat zusammenstürzen. Doch beim Blick aus Woesers Fenster – auf die Flugzeuge, die am Himmel kreisten wie eine Hommage an die fiebrig erblühende Stadt – mochte es scheinen, als wären Macht und Reichtum Chinas unangreifbar und Tibet eine vergessene, vielleicht gar verlorene Sache.

Als ich ins Wohnzimmer zurückkehrte, bemerkte ich Bilder des Dalai Lama, die in einer Ecke hingen; und unter ihnen stapelten sich DVDs mit Aufzeichnungen seiner Lehre. Die ungenierte Darbietung des verbotenen Bildes in einer Beijinger Wohnung, kaum hundert Meter entfernt von den Polizisten unten im Erdgeschoss, überraschte mich. Woeser bemerkte, dass ich mir die DVDs auf ihrem Regal anschaute, und sagte: »Tibetische Freunde und ich kommen oft zusammen, um uns die Filme anzusehen. Wir löschen dann das Licht und projizieren die Filme auf einen großen Schirm. Das sind wunderbare Gefühle, auch wenn solche Abende gewöhnlich damit enden, dass wir alle weinen.«

Woeser hatte nie über ihren Glauben gesprochen. Ich war mir nicht einmal sicher, ob sie, eine Schriftstellerin im modernen weltlichen Sinne, überhaupt einen Glauben hatte. Eher schon dürften die Bilder des Dalai Lama eine Vorstellung von Tibet lebendig erhalten, sowohl bei Woeser und ihren Freunden in ihrem Vorstadtexil als auch bei den frommen Bauern in den Weiten Tibets sowie den Mönchen und Nonnen, die bereit sind, sich selbst zu verbrennen. Solche verzweifelten Bekenntnisse zur tibetischen Identität oder Woesers und Wangs Auslotung der Grenzen der geistigen Freiheit in China mögen im Augenblick nicht viel bewirken. Dennoch zeigen sie, dass die deutliche Festigung der chinesischen Macht zahlreiche kollektive und individuelle Akte des Dissenses und des Ungehorsams in Tibet verdeckt – Akte, die vielleicht in nicht allzu ferner Zukunft in eine Bewegung zur politischen Veränderung münden werden.

# Wie wichtig es ist, der Dalai Lama zu sein

Im November 2007, ein paar Wochen nachdem der Dalai Lama von Präsident Bush mit der Goldenen Ehrenmedaille des US-Kongresses ausgezeichnet worden war, wurde auf eBay sein alter Land Rover versteigert. Sharon Stone, die den tibetischen Führer einst auf einer Benefizveranstaltung »Mr bitte bitte bitte lasst mich zurück nach China« genannt hatte (womit sie Tibet meinte), leitete die Auktion ein und versprach dem zukünftigen Besitzer des Geländewagens: »Sie werden die ganze Zeit lachen, wenn Sie darin sitzen.« Die Versteigerung endete bei mehr als 80 000 Dollar. Der Dalai Lama, den Larry King in CNN einmal als Muslim bezeichnete, erhielt auch den Lifetime Achievement Award der amerikanischen zionistischen Frauenorganisation Hadassah. Er ist der einzige Nobelpreisträger, der in einer Apple-Werbung auftritt und sich als Gastherausgeber der französischen *Vogue* betätigt. Martin Scorsese und Brad Pitt haben geholfen, im Film an seine Kindheit in Lhasa zu erinnern. Er hielt einen Vortrag auf der Jahresversammlung der Society for Neuroscience 2005 in Washington, DC. Im Frühjahr 2008 sprach er in Deutschland über Menschenrechte und Globalisierung. Für jemanden, der von sich behauptet, ein »einfacher buddhistischer Mönch« zu sein, hinterlässt der Dalai Lama einen gewaltigen $CO_2$-Fußabdruck und scheint oft ebenso allgegenwärtig zu sein wie der südkoreanische Musiker Psy.

Wie Pico Iyer in seinem Buch *Der Dalai Lama. Politiker, re-*

*ligiöser Führer und Mystiker* (2008) schreibt, kann man leicht auf den Gedanken kommen, der Dalai Lama sei lediglich »ein Spielzeug für Filmstars und Millionäre«. Und wie alle, die auf die Bedeutung der Liebe, des Mitgefühls, der sanften Überredung und anderer guter Dinge hinweisen, kann er gelegentlich ein wenig einfältig wirken. Leitsätze wie »Gewalt bringt Gewalt hervor« oder »die Qualität der Mittel bestimmt die Zwecke« mögen ethisch korrekt sein, aber sie scheinen nicht jene intellektuelle Komplexität zu besitzen, die sie zu attraktiven Ideen machen könnte. Da der Dalai Lama nur ein schlechtes Englisch spricht und immer wieder in ein anhaltendes Kichern ausbricht, erweckt er zuweilen auch den Eindruck, dass er, wie Iyer einen Journalisten zitiert, »nicht die hellste Leuchte im Raum« sei.

Sein Image als einfacher buddhistischer Mönch lädt zu Skepsis oder gar Spott ein. »Ich habe Zyniker sagen hören, er sei ein sehr politischer alter Mönch, der in Gucci-Schuhen herumlaufe«, sagte Rupert Murdoch einmal. Christopher Hitchens warf dem Dalai Lama vor, er erhebe den Anspruch, »ein vom Himmel selbst ernannter erblicher König zu sein«, und übe in Dharamsala, der Stadt im indischen Himalaya, in der die meisten der 150 000 im Exil lebenden Tibeter ihre Hauptstadt sehen, eine »Alleinherrschaft« aus. Die chinesische Regierung brandmarkt ihn immer wieder als »Spalter«, der die Absicht habe, in Tibet wieder die korrupte feudale Mönchsherrschaft einzuführen, von der die chinesischen Kommunisten das Land 1951 befreit hätten. Viele Exiltibeter klagen, er halte allzu sehr am Grundsatz der Gewaltlosigkeit fest und sei allzu sehr im Griff westlicher Event-Organisatoren, um die Chinesen von einer Kolonisierung Tibets abzuhalten.

Doch die anhaltenden Proteste in Tibet zeugen von der Inbrunst, mit der er von den sechs Millionen ethnischen Tibetern verehrt wird. Es waren Demonstrationen anlässlich des neunundvierzigsten Jahrestags seines Exils, die zu den aktuellen Unruhen in Tibet führten. Die anfangs friedlichen Demonstrationen lösten wie zu erwarten eine harte Reaktion seitens der chinesischen Behörden aus. Der prominente chinesische Intellektuelle Wang Lixiong räumte ein: »Nahezu alle Tibeter tragen den Dalai im Herzen.« Und je stärker die Einwanderung von Han-Chinesen ihre wirtschaftlichen Aussichten und ihre traditionelle Kultur untergräbt, desto stärker dürfte diese aus der Ferne geübte Verehrung zunehmen.

Iyer schreibt: »Ich hatte oft das Empfinden, als sei der Dalai Lama mit Herz und Seele eigentlich genau da, wo wir ihn meist gar nicht vermuten.« Sein anstrengender Tag beginnt im Morgengrauen um halb vier, und so schilderte er Iyer seinen Tagesablauf: »Meditation, Niederwerfung, Rezitation spezieller Mantras, wieder Meditation und weitere Niederwerfungen, danach Lesen tibetischer philosophischer oder anderer Texte, dann Lesen und Studieren und am Abend ›ein bisschen Meditation – Abendmeditation –, etwa eine Stunde. Dann, um halb neun, Schlafen‹.«

Das klingt nach sehr viel Meditation und Lesen für einen Mönch, der schon über siebzig ist – und vor allem für jemanden, der schon mit sechs Jahren eine zermürbende, nahezu zwanzig Jahre dauernde Ausbildung in buddhistischer Metaphysik, tibetischer Kunst und Kultur, Logik, Sanskrit und traditioneller Medizin begann, die er mit einem *geshe*-Grad abschloss (der etwa mit einem Doktorgrad in buddhistischer Philosophie vergleichbar wäre). Doch die spirituelle Praxis des Buddhismus ist äußerst anspruchsvoll. »Strebt unermüdlich weiter«, waren Buddhas letzte Worte, und selbst der Dalai Lama kann nicht den Anspruch erheben, einen Gipfel der Weisheit und Gelassenheit erreicht zu haben. Es ist seine märchenhafte Kindheit, die ihn über die meisten Sterblichen heraushebt. Er wurde 1935 als Sohn eines Bauern in den Randbereichen des tibetischen Kulturraums geboren und war zwei Jahre alt, als die mit der Suche betraute Gruppe von Mönchen aus Lhasa ihn als mögliche Reinkarnation des kurz zuvor verstorbenen 13. Dalai Lama identifizierte. Regenbögen am Himmel nordöstlich von Lhasa gehörten zu den farbigsten Zeichen, welche die Mönche auf seine Gegenwart hinwiesen. 1939 wurde das Kind feierlich aus seiner Lehmhütte nach Lhasa gebracht, wo es nun den wunderbar labyrinthischen Potala-Palast durchstreifen konnte.

Der Dalai Lama lernte Kalligraphie, indem er das Testament seines Vorgängers kopierte – das wegen seiner Prophezeiungen zu den unheimlichsten Dokumenten in der Geschichte Tibets gehört. Es wurde 1932 verfasst, als Tibet sich nach Jahrhunderten einer schwierigen Koexistenz mit seinem großen Nachbarn im Osten eines gewissen Maßes an politischer Autonomie erfreute. Mao Zedongs Kommunisten waren immer noch weit davon entfernt, ihren Bürgerkrieg mit Chiang Kai-sheks Nationalisten zu gewinnen. Dennoch spürte der 13. Dalai Lama, dass die Isolation Tibets bald von »barbarischen roten Kommunisten« erschüttert werden sollte:

> Unsere spirituellen und kulturellen Traditionen werden vollkommen ausgerottet. Selbst die Namen der Dalai und Panchen Lamas werden ausgelöscht … Die Klöster werden geplündert und zerstört, Mönche und Nonnen getötet oder vertrieben … Wir werden Sklaven unserer Eroberer sein …, und Tage und Nächte werden langsam und mit großem Leid und Schrecken vergehen.

Selbst wenn der Dalai Lama die Vorahnungen seines Vorgängers geteilt hätte, hätte er nicht viel tun können. Im Potala-

Palast war er den Intrigen und Verschwörungen gefährlich nahe, die schon die Stellung seiner Vorgänger untergraben und Tibet in seiner Schwäche den übermächtigen Nachbarn ausgesetzt hatten. Der 9., der 10., der 11. und der 12. Dalai Lama waren jung gestorben, und es gab Gerüchte, wonach sie vergiftet worden waren. Der 13. Dalai Lama, der nur mit Glück einem angeblich von seinem eigenen Regenten geplanten Mordversuch entging, erkannte, wie verwundbar sein Land in seinem Inseldasein gegenüber den hochorganisierten Reichen und Nationalstaaten der modernen Welt war. Doch seine Pläne zur Verbesserung der tibetischen Verwaltung und der Armee wurden von der Mönchselite vereitelt, die von der Arbeit und den Steuern der Bauern lebte und mit brutalen Mitteln für die Bewahrung des Status quo kämpfte. 1934, kurz nach dem Tode des 13. Dalai Lama, wurde der reformorientierte Politiker Lungshar mit einer alten tibetischen Methode der Blendung bestraft; dabei presste man die Knöchelknochen eines Yaks gegen die Schläfen, bis die Augäpfel heraussprangen.

1947 sah der damals elfjährige Dalai Lama vom Potala-Palast aus mit einem Fernrohr, wie Mönche auf Soldaten der tibetischen Armee schossen. Die wochenlangen Kämpfe, bei denen Dutzende den Tod fanden, waren ausgelöst worden von der Verhaftung seines ehemaligen Regenten. 1950 erhielt er dann die volle politische Macht als der Dalai Lama. Doch ihm blieb keine Zeit, die Warnung seines Vorgängers vor tibetischer Apathie zu beherzigen. Die Volksbefreiungsarmee der chinesischen Kommunisten hatte den Osten Tibets bereits erobert und machte sich bereit, auch den Rest des Landes zu überrennen. Ein Jahrzehnt später war der Dalai Lama gezwungen, zusammen mit Zehntausenden Tibetern ins Exil zu gehen.

Die Geschichte, die der Dalai Lama selbst seinen westlichen Zuhörern am liebsten erzählt, ist die seiner Initiation in die moderne Welt – in deren schädliche Ideologien ebenso wie in deren segensreiche Wissenschaft und Demokratie. Vor allem für diese intellektuelle Reise interessiert sich Iyer, Romancier, Reiseschriftsteller und Autor des *Time Magazine*, der eindringlich über die Anfänge der Moderne in der Geschichte geschrieben hat, in der »fast alle Kulturen Zugang zu allen anderen haben«. Er beschreibt den Dalai Lama als ein ermutigendes Produkt derselben Begegnung zwischen Altem und Neuem, Ost und West, die zahlreiche traditionsverhaftete Menschen in aller Welt zu einem reaktionären Fundamentalismus getrieben habe.

»In Tibet war der Dalai Lama der Inbegriff einer alten Kultur, die in ihrer Weltabgeschiedenheit dafür eintrat, am Althergebrachten, Unwiederbringlichen festzuhalten«, schreibt Iyer; »hier im Exil ist er ein Avatar des Neuen, als hätte er in knapp fünf Jahrzehnten acht Jahrhunderte durchmessen, und neigt sich immer unmissverständlicher mit seiner typischen Direktheit dem Morgen zu.« Iyer führt zahlreiche Beweise für das zukunftsgewandte Programm des Dalai Lama an. Der tibetische Führer zweifelt an seiner göttlichen Herkunft und verweist auf seine voreilige Billigung des Gründers der Gruppe Aum Shinrikyo, die später einen Giftgasanschlag auf die Tokioter U-Bahn verübte, als Hinweis darauf, dass er nicht der »lebende Buddha« sei. Als bekanntester Buddhist der Welt rät er seinen Anhängern im Westen, nicht den Buddhismus zu übernehmen. Mit großem Eifer zitiert er berühmte Naturwissenschaftler und vertritt die Ansicht, dass gewisse buddhistische Schriften, die von der modernen Wissenschaft widerlegt worden sind, aufgegeben werden sollten.

Bei seinen Auftritten vor westlichem Publikum spricht er

lieber über die »globale Ethik« als über das abstruse buddhistische Konzept des Nirwana. Zweifellos möchte er nicht die weitgehend weltlich ausgerichteten Mittelschichtamerikaner vergraulen, die in Freizeitkleidung in den Central Park strömen, um ihn zu hören, doch wie Iyer ausführt, bestätigt er damit lediglich eine philosophisch-buddhistische Sicht, wonach alles Seiende eng miteinander verbunden ist. Möglicherweise habe der Dalai Lama gerade dank dieser Sicht schon früh die existentielle und politische Bedrohung des globalisierten menschlichen Daseins erkannt, und das Jahrzehnte bevor diese Einschätzung ihre Bestätigung in den Katastrophen des Klimawandels fand.

»Zum ersten Mal in der Geschichte«, schrieb Hannah Arendt 1957, haben ... alle Völker der Erde eine gemeinsame Gegenwart: Jedes Volk ist der unmittelbare Nachbar jedes anderen geworden, und Erschütterungen auf der einen Seite des Erdballs teilen sich mit außerordentlicher Geschwindigkeit der gesamten Erdoberfläche mit«. Arendt befürchtete, diese neue »Einheit der Welt« bleibe möglicherweise ein weitgehend negatives Phänomen, wenn sie nicht begleitet sei von einem »Verzicht, nicht auf eigene Tradition und politische Vergangenheit, sondern auf die bindende Autorität und allgemeine Gültigkeit, die Tradition und Vergangenheit stets für sich in Anspruch nahmen«.

Als spiritueller Führer von sechs Millionen Menschen kann der Dalai Lama das Verdienst beanspruchen, einen beträchtlichen Verzicht auf die Autorität der Tradition geleistet zu haben – und zwar sowohl der herkömmlichen Politik der Verfolgung nationaler Interessen als auch der Religion. Sein Einfluss ist so groß, dass ein kurzes Dekret von ihm einen massiven und wahrscheinlich unkontrollierbaren Volksaufstand in Tibet auslösen könnte. Aber er lehnt weiterhin jegliche Gewalt als unsittlich und kontraproduktiv ab und droht sogar, von seinem Amt an der Spitze der Exilregierung in Dharamsala zurückzutreten, falls die tibetische Gewalt gegen Chinesen kein Ende fände. Er ist zunehmend gezwungen, einen schwierigen rhetorischen Spagat zu leisten, wenn er China einerseits »kulturellen Völkermord« vorwirft, aber zugleich die Ausrichtung der Olympischen Spiele durch China unterstützt. Er missbilligt selbst relativ bescheidene Versuche, Einfluss auf die chinesische Regierung zu nehmen, etwa durch Hungerstreiks und Wirtschaftsboykotte. Nach seiner Auffassung braucht Tibet gute nachbarschaftliche Beziehungen zu China. »Die Probleme eines Landes können von einem Land allein nicht mehr zufriedenstellend gelöst werden«, sagte er. Mutig setzt er sich für »universelle Verantwortung« bei Menschen ein, die Bürger ihres eigenen Landes sein möchten, bevor sie über die Welt nachzudenken beginnen.

Er spricht reumütig über die rückwärtsgewandte und eigennützige Elite, die Tibet in vorkommunistischer Zeit beherrschte, und über den fatalen Mangel an Vorbereitung auf das 20. Jahrhundert. Für die tibetische Exilgemeinschaft hat er eine demokratische Verfassung und Wahlen für eine gesetzgebende Körperschaft eingeführt. Kürzlich stellte er seine radikalste Idee vor, die einer nahezu ein halbes Jahrtausend alten Tradition ein Ende setzt: dass der nächste Dalai Lama vom Volk gewählt werden solle.

Das über Jahrzehnte des Exils gewachsene Wissen des Dalai Lama um die hohen Kosten des tibetischen Isolationismus hat dazu beigetragen, Dharamsala zu einer beispielhaften kosmopolitischen Gemeinschaft zu machen, in der junge Israelis, die in ihrem Land der Wehrpflicht entgehen wollen, sich mit eben erst aus Tibet eingetroffenen Flüchtlingen mischen. Dennoch erscheint es heute bemerkenswert, dass der Junge, der einst auf einem goldenen Thron in einem tausend Zimmer zählenden Palast saß, zu einer Ikone der »Globalisierung« geworden ist – der Ausdruck, den Iyer zuweilen sehr breit zur Bezeichnung der eindeutig gemischten Segnungen schneller Kommunikation und leichten Reisens verwendet. Schließlich bestand die einzige durchgängige Verbindung des jungen Dalai Lama zu den Metropolen des Westens in der Zeitschrift *Life*. (Er ging später dann zu *Time* und zur BBC über.) Die regelmäßige Lektüre von Zeitschriften des Verlegers Henry Luce machte den Dalai Lama allerdings nicht immun gegen den Maoismus. Als er 1954 während einer Phase unbehaglicher Zusammenarbeit mit Beijing China besuchte, erklärte er, er sei beeindruckt von der chinesischen Revolution. Bezaubert von Maos bescheidenem Auftreten, erschrak er, als der Große Steuermann bei ihrer letzten Begegnung erklärte, Religion sei »Gift« – eine Überzeugung, die den Chinesen in den folgenden zwei Jahrzehnten half, die Ermordung Tausender tibetischer Mönche und die Zerstörung der meisten Klöster zu rechtfertigen.

Als der Dalai Lama 1959 nach Indien kam, wusste er, wie Iyer ausführt, immer noch kaum etwas über die westliche Welt. Erst 1979 besuchte er erstmals die Vereinigten Staaten, und damals verwirrten seine äußerst technischen Vorträge über buddhistische Philosophie seine Zuhörer und vor allem jene, die an die plötzlichen Offenbarungen des zu dieser Zeit gerade modischen Zen-Buddhismus gewöhnt waren. Kein Star-Glanz umgab die ersten Besuche des Dalai Lama in dem Land, in dem er die größte Berühmtheit erlangen sollte. Der westliche Fanclub begann erst zu wachsen, als der Dalai Lama 1989 den Friedensnobelpreis erhielt.

Seine Popularität scheint zumindest teilweise von einem romantischen Tibet-Bild profitiert zu haben, wie es James Hilton in seinem 1933 erschienenen Roman *Der verlorene Horizont* beschrieb, in dem eine Gruppe von Westlern in der Nähe eines Himalaya-Tals notlandet, das von einer harmonischen und friedfertigen Gesellschaft bewohnt wird. Frank Capras Verfilmung von 1937 (die Franklin D. Roosevelt dazu inspirierte, dem Präsidenten-Landsitz in Maryland den Namen Shangri-La zu geben, bevor der nüchterne Dwight D. Eisenhower ihn nach seinem Enkel in Camp David umbenannte) beginnt mit den Worten: »Haben nicht auch Sie in diesen Zeiten des Kriegs und der Kriegsgerüchte schon von einem Ort geträumt, an dem Friede und Sicherheit herrschen, an dem das Leben kein Kampf, sondern eine einzige Freude ist?« Trotz einer umfangreichen Geschichte der Brutalität werden die Tibeter im Westen immer noch vornehmlich als ein gesegnetes vormodernes Volk gesehen, das Glück von Natur aus besitzt, statt danach zu streben.

Iyer räumt ein, dass diese falsche romantische Vorstellung ein politisches Problem für Tibet darstellt: »Es erscheint eher als Shangri-La denn als ein Land, das über einen Sitz bei den Vereinten Nationen verfügt – oder wir müssen es zumindest so erscheinen lassen.« Oft scheint der Dalai Lama auch gefallen zu wollen. Seine Bereitschaft, buddhistische Lehren zu vereinfachen und zu verweltlichen, hat ihm ein weitaus größeres Publikum eingebracht, als die japanischen Zen-Meister oder jene tibetischen Weisen es erreichten, die wie Allen Ginsbergs Guru Chögyam Trungpa schon vor ihm in den Westen kamen. Doch die Popularisierung einer alten und oft schwierigen Philosophie geht nicht ohne einen gewissen Verlust an geistiger Strenge ab. In den Bestsellern des Dalai Lama kann der Buddhismus als ein von Ritualen freies mentales Training erscheinen, doch die Form, die diese Religion für den *geshe*-Studenten annimmt, der die 322 Bände des tibetisch-buddhistischen Kanons in sich hineinstopft, ist erheblich schwieriger.

Der Dalai Lama kann sich zwar auf den Buddha berufen, der seine Lehren angeblich veränderte, um sie an ein anderes Publikum anzupassen. Dennoch hat der Pragmatismus des Dalai Lama seine Grenzen, sosehr ihm auch die liberalen Empfindlichkeiten unserer Zeit bewusst sind. Er setzt sich für die volle Gleichberechtigung aller Minderheiten einschließlich homosexueller Männer und Frauen ein. Aber mit dem Hinweis auf tibetische Schriften missbilligt er Oral- und Analsex. (»Die anderen Öffnungen bringen kein Leben hervor.«) Wenn er sexuelle Freizügigkeit und Ehescheidung missbilligt, klingt er gelegentlich wie ein auf die Werte von Ehe und Familie pochender Konservativer.

Keiner seiner Kompromisse erregte allerdings solche Verbitterung wie seine erstmals 1988 angekündigte Entscheidung, sich für Tibet mit einer »echten Autonomie« innerhalb Chinas zufriedenzugeben, statt die volle Unabhängigkeit anzustreben. Nach Ansicht des Dalai Lama müssen Länder ihre Interessen verfolgen, ohne anderen Ländern zu schaden, und eine Unabhängigkeit Tibets wäre nicht nur ein unrealistisches Ideal, sondern auch eine unnötige Herausforderung Beijings. Diese Haltung konnte indessen die Chinesen nicht davon überzeugen, dass er kein »Spalter« ist; vielmehr werfen sie ihm vor, als »Drahtzieher« hinter den jüngsten Unruhen zu stecken. Viele Tibeter befürchten auch, gerade das, was den Dalai Lama im Westen so beliebt macht – vor allem sein auch in der aktuellen Krise wiederholtes Eintreten für Gewaltlosigkeit –, lasse ihn in den Augen der Chinesen als schwach erscheinen.

»Je mehr er sich auf die Welt konzentrierte«, schreibt Iyer, »desto mehr fühlten sich seine eigenen Leute … wie Kinder, die entsetzt darüber sind, dass ihr Vater noch drei fremde Kinder adoptiert hat«. Der tibetische Romancier Jamyang Norbu klagt, die Tibet-Unterstützungsgruppen und die Exilregierung seien inzwischen »orientierungslos« und versuchten, ihre Arbeit auf andere Ziele auszurichten wie die »Umwelt, den Weltfrieden, Religionsfreiheit, die Bewahrung der Kultur, die Menschenrechte – alles Mögliche, nur nicht das frühere Ziel der Unabhängigkeit Tibets«.

Aufgrund der eifrigen Übernahme der befreienden Ideen aus dem weltlichen Metropolis gleicht der Dalai Lama den beiden emblematischen Typen, die das moderne Zeitalter im Guten wie im Bösen geprägt haben – dem Provinzler, der vor verknöcherten Bräuchen flieht, und dem Flüchtling, der vor dem Totalitarismus flüchtet. Dennoch mögen seine Kritiker in einem Punkt recht haben: Das Bürgerrecht des Dalai Lama in der globalen Kosmopolis scheint auf Kosten seines enteigneten Volkes zu gehen.

China wird immer unangreifbarer, so dass man im Blick auf Tibet leicht in Pessimismus verfallen und sich vorstellen könnte, dass auch sein spiritueller Führer sich zunehmend dem Fatalismus hingäbe. Man könnte den Eindruck haben, die Abkehr des Dalai Lama von den auf Ausschließlichkeit bedachten Ansprüchen der überkommenen Religion und des Nationalstaats wären der Reflex eines Mannes, der, seit er einst die Prophezeiungen seines Vorgängers kopierte, hilflos hat zusehen müssen, wie die Grenzsteine seines Landes verschwanden. Iyers nachdenklicher Essay hat den erfrischenden Vorzug, dass er uns die Möglichkeit eröffnet, uns den Dalai Lama gleichsam als einen intellektuellen und spirituellen Abenteurer vorzustellen, der neue Quellen individueller Identität erkundet und der neuen geeinten Welt angehört.

Gewiss ist Arendts von Kapitalismus und Technologie erzwungene »Solidarität der Menschheit«, wie sie bemerkte, zu einer »untragbaren Last« geworden und könnte zu einer »politischen Apathie« führen, »die sich auch in einem isolationistischen Nationalismus oder einer verzweifelten Rebellion gegen moderne Technik äußern kann«. Tibeter, die sich gegen die Anwesenheit der Chinesen im heutigen Lhasa wenden, fürchten nur wenige Dinge so sehr wie die Eingliederung in die rücksichtslose neue Wirtschaft und Kultur Chinas. Iyers Buch macht deutlich, dass der Junge aus der hintersten Provinz Tibets vielleicht auf seine eigene, oft an Forrest Gump erinnernde Art jenen »in gigantischem Ausmaß« einsetzenden »Prozeß gegenseitigen Verstehens und fortschreitender Selbsterklärung« aufzeigt, der in Arendts Augen unerlässlich ist, um »einen gewaltigen Zuwachs an gegenseitigem Haß und ein gewissermaßen universales Sich-gegenseitig-auf-die-Nerven-fallen« zu verhindern. Man kann sich indessen kaum vorstellen, wie der Dalai Lama gegenseitiges Verständnis in die Welt bringen könnte, wenn es ihm nicht einmal gelungen ist, solch ein Verständnis zwischen China und Tibet herzustellen. Allerdings liegt der Vorteil, ein einfacher buddhistischer Mönch zu sein, gerade darin, dass er weniger Gefahr läuft – aber auch weniger in der Lage ist – als die meisten Politiker, seine edlen Ziele durch zweifelhafte Mittel zu kompromittieren, selbst wenn er der Mahnung folgt, die der Buddha auf seinem Totenbett gab, und sich unablässig bemüht.

# Ein Zug nach Tibet

An einem Abend im Dezember 2006 stand ich mitten im Chaos des Beijinger Westbahnhofs für einen Zug an, der kaum anders aussah als die übrigen Fernzüge in das riesige chinesische Hinterland. Doch der Zug, den ich gleich besteigen würde, die neue chinesische Verbindung zwischen Beijing und dem tibetischen Lhasa, fährt über die höchste Eisenbahnstrecke der Welt. Die Strecke, die eine für Erdbeben, niedrige Temperaturen und niedrigen Luftdruck berüchtigte Gegend durchquert und deren Bau 4,2 Milliarden Dollar verschlang, ist eine außergewöhnliche Leistung moderner Ingenieurskunst – und vielleicht sogar, wie der ehemalige chinesische Premierminister Zhu Rongji behauptete, »ein in der Geschichte der Menschheit beispielloses Projekt«. Innerhalb von zwei Tagen bringt die Bahn Sie in ein Gebiet, das selbst den kühnsten Reisenden und Forschern der Vergangenheit widerstand.

Die Aussichten, die sich dem Reisenden eröffnen, ermuntern zu den schönsten Lehnstuhlphantasien – die gewaltigen Weiten auf dem »Dach der Welt« kommen in den Blick, samt den seidig schwarzen Yaks, die auf der Steppe grasen, und den Gebetsfahnen, die auf den goldgekrönten Tempeln wehen. Der Zug ist jedoch nur teilweise für Leute bestimmt, die auf der Suche nach der Romantik Tibets sind. Beijing behauptet, die Strecke zwischen Golmud in der Provinz Qinghai und Lhasa, die am 1. Juli 2005 in Betrieb genommen wurde, werde die Modernisierung der zweitgrößten Region des Landes beschleunigen, die zu den entlegensten und am wenigsten entwickelten Gebieten Chinas gehört. Viele Kritiker haben inzwischen den Vorwurf erhoben, die Eisenbahn sei für die chinesischen Behörden ein Mittel zur Stärkung ihres Zugriffs auf Tibet; sie diene der weiteren Besiedlung der Region durch Angehörige der ethnischen Mehrheit in China, der Han-Chinesen, und einer weiteren Erosion der einheimischen tibetischen Kultur. In Tibet, das fast so groß ist wie Texas, Kalifornien und New York zusammengenommen, gibt es außerdem gewaltige Vorkommen an Kupfer, Eisen, Blei, Zink und anderen Bodenschätzen, die von vitaler Bedeutung für das Wirtschaftswachstum Chinas sind.

Als ich eingestiegen war, suchte ich mein Schlafwagenabteil, für das ich gut 1200 Yuan, etwa 160 Dollar, bezahlt hatte. Das mit vier Etagenbetten ausgestattete Abteil wirkte sehr eng. Die Einführung von Luxuswaggons war erst für Ende des Jahres 2009 geplant. Darin würde es private Suiten von zehn Quadratmetern Größe geben, und die Fahrkarten sollten 1000 Dollar pro Tag kosten. Bis dahin, so schien es, hatte man jeden Drang nach Luxus und sogar nach elementarem Komfort aus meinem Abteil verbannt. Flachbildfernseher, Kopfhörer und eine weiße Plastikrose in einer schmalen Glasvase waren die einzigen Einrichtungsgegenstände, die über bloße Funktionalität hinausgingen. Die Decke war sehr niedrig und der Platz zwischen den beiden unteren Liegeplätzen kaum so breit, dass eine Person dort stehen konnte – geschweige denn vier Passagiere, die heftig mit der Höhenkrankheit zu kämpfen hatten.

Zu meiner Erleichterung erschien niemand, der das Abteil mit mir teilen wollte. Trotz subventionierter Fahrpreise und chinesischer Behauptungen, wonach 450 000 Menschen die Strecke in den ersten zweieinhalb Monaten ihres Betriebs gefahren seien, war dieser Zug alles andere als voll. Ich zog mir meinen Schlafanzug an und eilte in die Toilette am Ende des

Waggons; das Hockklosett ließ kaum die Hoffnung zu, dass es lange sauber bleiben würde. Als ich wieder im Abteil war, brachte mir ein Steward eine Thermoskanne mit heißem Wasser und einen in Plastik verpackten Gummischlauch. Wortlos zeigte er mir, wie ich den Schlauch an die Sauerstoffleitung über meinem Bett anschließen konnte. Diese zusätzliche Sauerstoffversorgung war eine unerlässliche Vorsichtsmaßnahme, da die Luft in den Gebirgen Tibets 35–40 Prozent weniger Sauerstoff enthält als auf Meereshöhe, aber das Abteil wirkte dadurch wie eine mobile Krankenstation.

Als der Zug Beijing verließ, erwachte ein Lautsprechersystem zum Leben. Nach einer langen Durchsage in chinesischer Sprache intonierte eine tiefe Stimme mit einem seltsamen amerikanischen Akzent salbungsvoll: »Verehrte Fahrgäste« und begann, eindrucksvolle statistische Daten über die 1100 km lange Strecke von Qinghai nach Tibet zu rezitieren: Die von 100 000 Arbeitern innerhalb von fünf Jahren gebaute Strecke führt 550 km über Permafrostboden, oft in Höhen zwischen 3900 und 4800 m. Die Chinesen sind äußerst stolz auf diese Eisenbahnstrecke, wie ich aus einer dreistündigen Dokumentation wusste, die ich zuvor im staatlichen Fernsehsender CCTV gesehen hatte. Darin berichtete man detailliert über die unermüdlichen Bemühungen chinesischer Führer um den Bau dieser Strecke und über die Kämpfe und Opfer der Bauarbeiter. Man verwies auf die Absicht Chinas, die »moderne Zivilisation« nach Tibet zu bringen, das als »einst entlegenes und rückständiges Gebiet« beschrieben wurde. Es hieß, die Tibeter hätten sich nach dieser Eisenbahnverbindung nach Lhasa »seit Jahrzehnten gesehnt«, und man zeigte Tibeter, die auf Mandarin ein Lied über ihre Liebe zum chinesischen Mutterland sangen.

Ungeachtet solcher Propaganda reichen die größten Eisenbahnbauprojekte der Geschichte – im Westen Amerikas und im

Osten Sibiriens – nicht an die technische Leistung heran, die der Bau der Eisenbahn in die ›Autonome Region Tibet‹ darstellt (wie das früher vom Dalai Lama regierte Land seit 1965 offiziell genannt wird). Der Bau einer Eisenbahntrasse auf den Permafrostböden Tibets ist besonders riskant, weil die obere Schicht auftaut, wenn die Temperaturen steigen. Chinesische Ingenieure begegneten diesem Problem mit innovativen Kühltechniken. Sie verlegten die Schienen auf einem Damm, den sie über ein Rohrnetz mit Hilfe von flüssigem Stickstoff und kalter Luft ganzjährig in gefrorenem Zustand halten. An Südhängen schützten sie die Trasse mit Sonnenblenden aus Metall vor der Wärme der Sonne. Obwohl die Waggons des Zuges mir alt vorkamen, besaßen sie doch eine UV-resistente Beschichtung und ein umweltfreundliches Abwasserspeichersystem, und der Unterbau war nach unten geschlossen, um die Leitungen vor Schnee- und Sandstürmen zu schützen. Über einen komplizierten Mechanismus wird Außenluft angesaugt, während man Stickstoff und andere Gase nach draußen befördert und die Luft innerhalb des Zugs mit Sauerstoff anreichert.

Ich ging früh schlafen, und als ich aufwachte, war es draußen noch dunkel. Vier Stunden später lag ich immer noch im Bett und wartete darauf, dass sich an den Rändern des Vorhangs Licht zeigte. Als das Licht schließlich kam, war es grau und schmutzig. Über dem Land lag dichter Nebel, hinter dem die Sonne wie ein kränklich gelber Fleck erschien. Der Blick aus dem von der weißen Plastikblume sauber in zwei Hälften geteilten Fenster verbesserte sich nicht, während der Tag verrann. Nebel, Smog und Staub deckten die vorüberziehende Landschaft zu; die einzigen Farben stammten von blauen Plastikplanen, mit denen man Gemüsefelder neben dem Bahndamm abgedeckt hatte. Einmal verkündete ein Bahnhofsschild einen klangvollen Ortsnamen: Xi'an. Wir befanden uns im alten, vom Gelben Fluss bewässerten Kernland Chinas. Gelegentlich schien die schnelle und sanfte Fahrt des Zuges durch eine Schlucht zu führen; wahrscheinlich durchquerte der Zug gerade die Provinz Gansu, deren Landschaft zu den schroffsten in ganz China gehört.

Im Speisewagen, der so voll war wie eine Bürokantine, nahmen die Offiziellen, die ich auf dem Bahnsteig hatte warten sehen, lautstark eine Mahlzeit zu sich; Stimmen erhoben sich, und Essstäbchen wedelten durch die Luft. Ihre Bodyguards hielten sich in respektvollem Abstand, und eine hübsche chinesische Kellnerin schwebte um sie herum.

In meinen Phantasien von dieser Reise hatte ich mich oft im Speisewagen gesehen, scharfen Tofu speisend und grünen Tee trinkend, während der Zug nach Lhasa sich dem höchsten Punkt der Strecke, dem Tanggula-Pass, näherte. Doch als die Kellnerin mir endlich die zerfledderte englische Fassung der Speisekarte brachte, erwies sie sich als entschieden glanzlos, mit »Gemüsebrühe«, aber ohne scharfen Tofu. So begnügte ich mich mit gebackener Aubergine und Reis.

Als ich nach dem Essen wieder in meinem Abteil war, rief ich – mit meinem britischen Handy, das wie durch ein Wunder funktionierte – einen tibetischen Exilanten in Dharamsala an, jener indischen Stadt, in der sich der Dalai Lama niedergelassen hat. Mein Freund, der kürzlich geflohen war, hatte ein paar Jahre in der Nähe der Eisenbahnstrecke in Qinghai gelebt. Er schien überrascht und erfreut, von jemandem zu hören, der gerade durch die früheren Stätten seines Wirkens fuhr. Er sagte mir, ich solle doch einmal die Zahl der tibetischen Passagiere und Beschäftigten im Zug mit der Zahl der Chinesen vergleichen. »Niemand wird mit dir reden, aber geh' einfach mal los und zähle die Tibeter.«

Ich hatte am Tag zuvor auf dem Bahnsteig in Beijing einige Tibeter gesehen, erkennbar an ihrem vollen Gesicht und ihren rotbraun gebrannten Wangen. Sie schienen ebenso unruhig wie alle darauf bedacht, in den Zug zu steigen. Am Morgen hatte ich im Speisewagen vier junge Tibeter gesehen – in imitierten Nike-Schuhen und identischen schicken Wildlederjacken. Die hübsche Kellnerin, die sich bei den Offiziellen eingeschmeichelt hatte, behandelte sie grob, legte ihnen eine einzige Speisekarte auf den Tisch, ohne sie dabei anzublicken, und ignorierte dann alle Bemühungen der vier, ihre Aufmerksamkeit zu erlangen.

Ich war versucht, die vier jungen Tibeter anzusprechen. Aber ich wusste von meinem früheren Besuch in Tibet 2004, dass Tibeter, die sich mit Ausländern und insbesondere mit Journalisten unterhielten, die unwillkommene Aufmerksamkeit der offenbar zahlreichen Spione, Informanten und Polizisten in Zivil auf sich ziehen konnten. Wurden die Tibeter im Zug überwacht? Ich wusste es nicht. Doch der Tibeter in Dharamsala hatte keine Zweifel, welchem Ziel die Eisenbahn diente. Sie sollte dazu beitragen, dass Han-Chinesen nach Tibet zogen und die vom chinesischen Staat gewährten Vorteile und Konzessionen nutzten; und sie diente dazu, Bodenschätze aus dem Land zu bringen.

Kurz bevor ich mich auf den Weg nach Lhasa machte, hatte ich eine leidenschaftliche Version dieser Thesen gehört, und zwar von der tibetischen Dichterin Woeser. Im trüben Grau des dezemberlichen Beijing, in dem Hotel, in dem ich unser Treffen arrangiert hatte, schlug sie eine trotzig ethnische Note an, trug eine in Gold und Rot gehaltene, an der Seite zu öffnende tibetische Jacke, Wildlederstiefel und silberne Ohrringe mit orangefarbenen Streifen. Ich hatte erwartet, jemandem zu begegnen, dem die Spuren der staatlichen Unterdrückung erkennbar anzumerken waren, aber Woeser schien ungebeugt. Neugier belebte ihr breites, ovales Gesicht, ließ sie jünger wirken als ihre vierzig Jahre, und sie lächelte kurz zwischen ihren Ausbrüchen leidenschaftlichen Redens.

»Der Zug ist ein koloniales Zwangsinstrument«, sagte sie und zitierte Edward Saids Darstellung des Imperialismus als »geographischer Gewalt«. Sie sagte mir, die chinesische Herrschaft über Tibet sei in den letzten zwei Jahren sehr viel repressiver geworden, und fügte hinzu: »Die Han-Chinesen dominierten in Lhasa schon vorher, aber seit der Eröffnung der Strecke im Juli verändert sich die Stadt noch schneller.« Ihr heftiger Tonfall ließ mich nervös umherschauen und nach potentiellen Lauschern suchen.

Ein kürzlich übersetzter Band mit Texten von Woeser und Wang Lixiong, *Unlocking Tibet*, bietet unverblümte Aussagen zur chinesischen Herausforderung für die tibetische Kultur und Identität. Woeser kritisiert darin die Art, wie der chinesische Staat viele in Maos Kulturrevolution zerstörte buddhistische Klöster und Tempel restauriert hat. Die Tibeter, die in Scharen zu diesen Tempeln strömen, scheinen ein beträchtliches Maß an religiöser Freiheit zu genießen, doch in einem Aufsatz über den Potala-Palast in Lhasa wirft Woeser den Chinesen vor, die frühere Residenz des Dalai Lama in eine Goldgrube »grenzenloser kommerzieller Möglichkeiten« zu verwandeln.

Ich hatte den Eindruck, dass Woeser, die erst spät die bedrängte Lage Tibets zur Kenntnis genommen hatte, durch ihre heftigen Vorwürfe gegen die chinesische Herrschaft Wiedergutmachung für die langen Jahre zu leisten versuchte, in denen sie als Mitglied der tibetischen Elite gedankenlos loyal gegenüber ihren chinesischen Oberherren gewesen war. Ich war erstaunt über die Ähnlichkeit ihrer Situation mit der eines jungen tibetischen Mönchs, die sie in einem ihrer Aufsätze beschreibt: Von den chinesischen Behörden zu einem Menschenrechtskongress in Europa geschickt, gerät der politisch naive junge Mann in Verwirrung und Besorgnis angesichts einer zornigen, aus Exiltibetern bestehenden Menge, die ihm vorwirft, ein »kommunistischer Lama« zu sein.

Woesers klare Worte über Tibet verblüfften auch mich, da es mir nie gelungen war, in China mit Tibetern zusammenzutreffen, die zu einem Gespräch mit mir bereit gewesen wären – nicht einmal zu einem vertraulichen. Nach jüngsten Berichten von Menschenrechtsorganisationen werden buddhistische Mönche in Tibet immer noch gezwungen, den Dalai Lama zu verurteilen, und den Tibetern ist es weiterhin verboten, Bilder von ihm zu besitzen. Woeser scheint besonders gefährdet zu sein. Wang Lixiong wurde 1999 in der mehrheitlich von Muslimen bewohnten Provinz Xinjiang festgenommen und mehr als einen Monat lang von Sicherheitskräften verhört. Ihre gemeinsame Wohnung, so erzählte Woeser mir, wird ständig von der Polizei überwacht.

Ich fragte Woeser, ob ich einige ihrer Bemerkungen vertraulich behandeln sollte. Ihr Lächeln erstarb, sie sprach kurz mit dem Dolmetscher und schaute mich dann erwartungsvoll an, während ich die Übersetzung anhörte.

»Das ist mir egal«, sagte sie.

Woesers entschiedene Ablehnung der Eisenbahn bereitete mir Unbehagen – zum Teil deshalb, weil ich Züge seit meiner Kindheit liebte. Mein Vater arbeitete bei den Indian Railways, und ich wuchs in einer verschlafenen Provinzstadt auf, nicht weit vom Eisenbahndepot, wo die Tage von den melancholischen Seufzern untätiger Dampfloks und dem herablassenden Erschauern von Schnellzügen auf dem Weg in die fernen Städte

Delhi, Madras und Bombay widerhallten. Jeden Tag in aller Frühe brachten langsame Postzüge die Morgenausgaben von Tageszeitungen, die in der Nacht zuvor in den Metropolen gedruckt worden waren. Ich ging oft zum Bahnhof, um sie zu sehen. Auf dem Bahnsteig, auf dem von unsichtbaren Händen geworfene Zeitungs- und Zeitschriftenbündel mit einem dumpfen Geräusch im Staub landeten, beobachtete ich ehrfurchtsvoll die rußgeschwärzten Lokführer, die ihren Dienst beendeten. Es gab Gerüchte über ihren Alkoholismus und über häusliche Gewalt, aber in diesen Morgenstunden hatte ich stets das Gefühl, sie kehrten von heldenhaften Expeditionen nach Hause zurück.

In den 1970er Jahren wurden die Dampfloks durch Dieselloks ersetzt, und die Waggons erhielten ein modernes funktionales Design. Aber man konnte immer noch Erste-Klasse-Waggons finden, die kolonialen Luxus verkörperten. Zwei- oder dreimal im Jahr unternahm ich mit meiner Familie eine lange Reise in solchen Waggons. Wenn wir in den teakholzgetäfelten Abteilen mit ihren Glasfenstern, eingelassenen Spiegeln und lederbezogenen Sitzen saßen, verlieh das Gefühl der Bewegung dem Essen, Schlafen und Lesen eine ganz neuartige Sinnlichkeit. Die gänzlich dunklen Nächte und der Bahnhofsvorsteher, der mit einer Petroleumlampe auf einem verlassenen Bahnsteig stand, waren umgeben von einem frischen Geheimnis. Es lag etwas Dramatisches in den Gestalten der Bauern, die unter gewaltigen Himmeln auf den ebenen Feldern arbeiteten, und auch in den kleinstädtischen Basaren, deren bunte Ladenschilder ebensolche Sehnsucht zu wecken vermochten wie die vertrauten Rufe der Straßenhändler, die bei jedem Halt zu hören waren.

Wie so vieles andere in Indien schien die Eisenbahn immer schon da gewesen zu sein. Tatsächlich wurde sie 1851 von den

Briten eingeführt, im Rahmen eines weltweiten Aufschwungs des Eisenbahnbaus während des 19. Jahrhunderts, der den Staaten und Unternehmen einen freieren Zugang zu Märkten und Rohstoffen in den entlegensten Teilen Europas, Amerikas, Asiens und Afrikas ermöglichte. Indische Nationalisten beschuldigten die Briten, die Eisenbahn zu benutzen, um ihre wertvollsten kolonialen Besitzungen auszurauben. Mohandas Gandhi, dessen politisches Bewusstsein erwachte, als er in Südafrika seiner Hautfarbe wegen aus einem Abteil der Ersten Klasse verwiesen wurde, verurteilte die Eisenbahn, weil sie die Ausbreitung von Krankheiten fördere und die auf Selbstversorgung zielende ländliche Ökonomie zerstöre. Gandhis politische Erben teilten allerdings nicht sein Misstrauen gegenüber einer Modernisierung und Entwicklung nach westlichem Vorbild. Auch nach der Unabhängigkeit wurden in Indien weitere Eisenbahnstrecken gebaut, die weit voneinander entfernte Städte und Dörfer durch das viertgrößte Eisenbahnnetz der Welt miteinander verbanden. In dem Spielfilm *Pather Panchali (Auf der Straße)*, dem ersten Teil der Apu-Trilogie *(Apus Weg ins Leben)* von Satyajit Ray, kündigt die symbolisch aufgeladene Ankunft der Eisenbahn in den ländlichen Regionen Bengalens die Vertreibung einer bäuerlichen Familie an.

Im traditionsverhafteten China löste die Eisenbahn anfangs ähnliche Ängste aus. Mandarine der letzten kaiserlichen Dynastie Chinas kauften die nur wenige Kilometer lange Eisenbahnstrecke auf, die von europäischen Kaufleuten in der Nähe von Shanghai gebaut worden war, und zerstörten sie. Doch die Gründer der chinesischen Republik erkannten rasch die politischen Einsatzmöglichkeiten der Eisenbahn. Schon im ersten Jahrzehnt des 20. Jahrhunderts, als China noch keine effektive Herrschaft über Tibet ausübte, entwickelte Sun Yat-sen, der Vater des modernen China, einen Plan zum Anschluss Tibets an das chinesische Eisenbahnnetz. Doch der Bürgerkrieg und die japanische Invasion sorgten dafür, dass China bei der kommunistischen Machtübernahme 1949 nur ein paar tausend Kilometer Eisenbahnstrecken besaß, hauptsächlich im Norden und Nordosten des Landes.

Seither hat sich das chinesische Eisenbahnnetz gewaltig vergrößert und gehört heute zu den größten der Welt. Seit das Netz 1984 Golmud in Qinghai und 1999 Kashgar in Xinjiang erreichte, sorgt es für eine Integration dieser entlegenen Provinzen in die chinesische Volkswirtschaft, ermöglicht eine umfangreiche Besiedlung dieser Gebiete durch Han-Chinesen und stärkt die politische Kontrolle durch Beijing.

Die Verbindung zwischen Golmud und Lhasa über das nahezu unzugängliche Kunlun-Gebirge, das eine natürliche Grenze im Norden des Tibetischen Hochplateaus bildet, ist das ehrgeizigste Eisenbahnprojekt Chinas. Als Rudyard Kipling 1889 das von westlichen Mächten zutiefst gedemütigte China besuchte, fragte er: »Was wird geschehen, wenn China wirklich erwacht, eine Eisenbahn von Shanghai nach Lhasa baut ... und eigene Kanonen und Kriegsschiffe herstellt?« China ist inzwischen erwacht.

Als ich später am Nachmittag einen Spaziergang durch den Zug unternahm, schienen mir die Tibeter in der Minderheit zu sein und zu den ärmeren Passagieren zu gehören. Die meisten fanden sich in den Waggons der billigsten Klasse, der mit den »harten Sitzen« und Fahrkartenpreisen um die 50 Dollar. Die ohne sonderliche Rücksicht auf die Form des menschlichen Körpers konstruierten Hartsitze ermunterten dazu, 47 Stunden lang eine kerzengerade, aufrechte Haltung einzunehmen. Die Tibeter waren bereits in einer giftigen Dunstglocke aus Zigarettenrauch und dem schwachen Geruch von Yak-Butter versunken.

Viele der Chinesen hielten sich in den »harten Schlafwagenabteilen« auf, bei denen der Fahrpreis etwa 100 Dollar betrug. Leere Instant-Nudelsuppen-Tassen lagen auf dem Boden, die Lautsprecher waren auf volle Lautstärke gestellt, und Leute schrien in ihre Handys. Es war kaum möglich, potentielle Einwanderer unter ihnen auszumachen. Vielleicht der verwegene junge Mann mit der Beinahe-Punkfrisur und dem Lenovo-Laptop oder der Mann mittleren Alters mit der Ausgabe der *People's Daily*, die geöffnet auf einer abgewetzten Lederaktentasche lag? In einem Abteil lümmelten sechs junge Mädchen auf den schmalen Kojen herum, gelangweilte Blicke wandten sich zur Tür. Weitere fanden sich im Nachbarabteil – zwei hübsche Reihen ebenso ausdrucksloser Gesichter.

Als es draußen dunkel wurde, schien sich eine Stimmung der Lethargie und Verantwortungslosigkeit im Zug auszubreiten. Im Speisewagen flirteten die Bodyguards, die sich im Beisein ihrer chinesischen Chefs so feierlich steif benommen hatten, mit der Kellnerin. Die Stewarts hockten in einer anderen Ecke des Wagens beisammen und rauchten.

Aus den Lautsprechern dröhnte es weiter: »Verehrte Fahrgäste, Tee ist beim tibetischen Volk ein verbreitetes Getränk.« Ich hörte eine Weile zu, in der Hoffnung auf ähnliche Anekdoten wie die in der CCTV-Dokumentation erzählte Geschichte von den Bauarbeitern, die während des Baus der Strecke den Zug angehalten hatten, um eine Herde Antilopen die Gleise überqueren zu lassen. Doch aus den Lautsprechern drang hauptsächlich Bombastisches. Diese Brücke und jener Tunnel seien »Meisterwerke« in der Geschichte des Eisenbahnbaus; die Eisenbahn solle helfen, Tibet in einer »wissenschaftlichen und harmonischen Weise« zu entwickeln.

Weder moderne Wissenschaft noch Harmonie dürften eine besondere Rolle bei der Entwicklung der Industriestadt Lanzhou gespielt haben, deren Außenbezirke am Nachmittag in Sicht kamen – eine Ansammlung aus rostenden Maschinen, Schlackehalden und Deponien; aus Schornsteinen und Ziegelhütten, von denen dichter Rauch aufstieg; aus Betonwohnblöcken, deren zerbrochene Fensterscheiben von Zellophan und alten Zeitungen zusammengehalten wurden. Die westlichen Formen der Massenproduktion schienen in China das Elend und den Schmutz englischer Städte in den Kohle- und Stahlrevieren des 19. Jahrhunderts wiedererschaffen zu haben.

Die Urbanisierung Chinas – wahrscheinlich die umfangreichste und schnellste in der Geschichte – hat bereits einen hohen ökologischen Preis von Tibet verlangt, dessen rasch schmelzende Gletscher die großen Ströme Asiens speisen. Der marxistische Glaube an die Fähigkeit des Menschen, die Natur mit Hilfe der Technik zu erobern, hat zur Folge, dass es in China keine Hemmnisse für die faustische Phantasie gigantischer staatlicher Bauprojekte gibt, wie der Drei-Schluchten-Staudamm am Yangtze beweist, der bereits 1,4 Millionen Menschen vertrieben hat. Wenn die Chinesen über die Eisenbahn nach Tibet sprechen, klingen sie, als wären sie die wahren Erben der alten europäischen Begeisterung für Wissenschaft und Industrie, ähnlich den Kolonialherren eines anderen Zeitalters, die vollkommen überzeugt von ihrer Überlegenheit über scheinbar unwissende Einheimische waren.

Die Schwächen der Bahnstrecke zeigten sich schon wenige Wochen nach ihrer Eröffnung. Die chinesischen Ingenieure hatten bei all ihrer Genialität doch nicht das volle Ausmaß der globalen Erwärmung eingerechnet, die dort die Temperaturen schneller als erwartet steigen ließ, und die Fundamente der Trasse hatten schon Ende Juli begonnen, in den Permafrostboden einzusinken. Das Auftauen der Böden konnte dazu führen, dass die Schienen sich durchbogen und absanken und Brücken zusammenbrachen. Ende August 2006 war 400 km nördlich von Lhasa ein Speisewagen entgleist, allerdings ohne erkennbare Auswirkungen auf die Sauerstoffversorgung des Zugs. Ich versuchte, nicht an die möglichen Gefahren der Reise zu denken, als ich mich für die zweite Nacht im Zug schlafen legte.

Während ich schlief, zog draußen Qinghai vorbei, ein karger, unwirtlicher Landstrich, der in den 1950er und 1960er Jahren von chinesischen politischen Gefangenen besiedelt worden war. Der Zug gewann nun stetig an Höhe. Als ich aufwachte, kurz nachdem wir Golmud passiert hatten, fühlte die Luft sich dünn an, obwohl inzwischen große Mengen Sauerstoff ins Abteil gepumpt wurden. Leicht benebelt zog ich den Vorhang auf und saß nun geblendet vor einer unglaublich weißen Landschaft – der überirdische Glanz des tibetischen Lichts milderte ihre abweisende Erscheinung und verlieh ihr eine ermutigende Vertrautheit.

Den ganzen Morgen über erklomm der Zug auf zahllosen Windungen die Höhen des Kunlun-Gebirges, schlängelte sich zwischen Bergen mit nadelscharfen Spitzen und sonnenbeschienenen Flanken hindurch. Gelegentlich traten die Berge zurück und baumlose Täler öffneten sich entlang der Schienen, in das glitzernde Weiß der Kreidefelsen getaucht. Die künstliche Rose in meinem Abteil wirkte nun durchscheinend.

Der Zug ratterte an leeren Bahnhöfen und mit Wellblech gedeckten Hütten vorbei; sie sahen aus wie Behelfsunterkünfte für die Arbeiter, die einst die Strecke gebaut hatten und nun für deren Instandhaltung sorgten. Die Autobahn nach Lhasa verlief neben der Bahntrasse; abgesehen von einem Militärkonvoi hier und da war sie leer.

Der Lautsprecher kündigte den Tanggula-Pass an, den höchsten Punkt unserer Reise. Mit seinen 5220 Metern – fast 400 Meter höher als der Mont Blanc – übersteigt der Pass sogar noch die Flughöhe kleinerer Flugzeuge. Ich besaß eine gewisse Vorstellung von dem Pass, die auf dem früheren Besuch anderer Hochpässe in Tibet basierte: erhabene schneebedeckte Gipfel vor dem blauen Himmel über weiteren Gebirgszügen, die sich in zahlreichen Reihen unter ihnen erstreckten. Doch ich konnte nicht erkennen, wann wir den Pass überquerten. Keine Steinhaufen oder Gebetsfahnen waren zu sehen, die sonst die Ansicht tibetischer Pässe kennzeichnen. Die Eisenbahn schien sich einen der dramatischen Ausblicke entgehen zu lassen, den der Weg bot. Sie stieg sanft hinauf auf das tibetische Hochplateau, ohne Serpentinen und Haarnadelkurven jener Art, wie man sie bei Eisenbahnstrecken im Himalaya findet.

Der Schnee auf den Bergen wurde dünner und entblößte vom Wind abgeschliffenen Fels. Brauner, steiniger Boden war zwischen den Schneeflächen sichtbar, und dann fuhren wir über eine ebene Steppe, von sanften braunen Hügeln begrenzt, deren Spitzen mit Schnee überzuckert waren und den konischen Kopfbedeckungen tibetisch-buddhistischer Sekten ähnelten.

Einmal lief eine Herde Antilopen an den Gleisen entlang. Als ich nach mehr von ihnen suchte, entdeckte ich auf einem fernen Hügel schwarze Nomadenzelte, und im feuchten gelben Gras erschienen Yaks mit weißen Streifen auf dem Rücken. Der Zug huschte durch leere Bahnhöfe; und wenn er anhielt, was selten genug geschah, waren kaum Tibeter zu sehen. Das war einer der befremdlichsten Aspekte einer Eisenbahnverbindung, die der einheimischen Bevölkerung dienen sollte: deren geringe Präsenz außerhalb wie innerhalb des Zuges.

Ich las ein wenig, machte ein Nickerchen und unternahm noch einmal einen Spaziergang durch den Zug. Ich hatte leichte Kopfschmerzen, und meine aufgeblähte Plastikpackung mit gedörrten Aprikosen platzte beim Öffnen vorzeitig und verstreute ihren Inhalt auf dem Boden. Auf viele Leute im Zug hatte die große Höhe jedoch tiefergehende Auswirkungen. Die Leibwächter, die ich im Speisewagen hatte zechen sehen, vermochten ihren Blick kaum noch auf den Flachbildschirmfernseher zu fokussieren. Im Großraumsitzwagen saß kaum noch jemand aufrecht da. Auch im Liegewagen der Hartklasse herrschte ein Durcheinander in sich zusammengesunkener Leiber. Ein leichter Geruch nach Erbrochenem lag in der Luft. Die Toilette in meinem Wagen, die bisher erstaunlich sauber geblieben war, begann überzufließen.

Draußen tauchten ein paar umfriedete Siedlungen tibetischer Bauart auf – festungsähnliche Häuser mit schräg abfallenden Mauern, roten, blauen und grünen Gebetsfähnchen auf den Türmchen und Flachdächern, über denen oft ganz unpassend die rote Fahne mit den kommunistischen Sternen wehte. Ein paar Kilometer vor Nagqu, der größten tibetischen Stadt nördlich von Lhasa, begann die Sonne unterzugehen. Lange blaue Schatten krochen die steinigen Hänge der Berge hinab, während das schwindende Licht ihre schneegesprenkelten Gipfel erglühen ließ.

Auf der Autobahn erschienen zwei in Leder gekleidete Motorradfahrer mit Schutzbrillen, wurden größer, während sie durch die gezackten Schatten auf dem Asphalt fuhren, und wieder kleiner, als sie sich wieder entfernten, um schließlich ganz zu verschwinden. Wir fuhren an einem großen See vorbei, die Wellen an seinem Ufer waren zu merkwürdigen skulpturalen Formen gefroren, die an Gefangensein und Verlassenheit denken ließen. Als der Zug sich nach einem langen gebogenen Tunnel vor Lhasa wieder geraderichtete, erschien ein Nomade vor seinem auf einem Hügel gelegenen Zelt. Geradezu phantastisch bekleidet mit einer Pelzmütze, einem Schaffellmantel und hohen Stiefeln mit silbernen Schnallen, blieb er stehen und blickte uns – Eindringlinge in seine Welt – mit einem Ausdruck an, der entweder von Furcht oder von Verachtung geprägt sein mochte.

Es war dunkel, als der Zug, nachdem er rasch die Außenbezirke Lhasas durchquert hatte, in das große Gewölbe des neuen Bahnhofs der Stadt einfuhr. Die Lautsprecherdurchsagen hallten von der hohen Decke, den breiten Bahnsteigen und den Fußgängerunterführungen wider und lösten sich in ein Gewirr unverständlicher Echos auf. In der neonbeleuchteten Betonwüste draußen wirkte die zerfasernde Menge der ermüdeten Passagiere kleiner, als sie war. Der Parkplatz lag mehrere hundert Meter vom Hauptgebäude entfernt, und die VBA-Soldaten mit ihren Maschinenpistolen wie auch der Kontrollpunkt auf der in die Innenstadt führenden Straße erinnerten an chinesische Sorgen um die Sicherheit in Tibet.

An meinem ersten Morgen in Lhasa betrachtete ich das von den Chinesen erbaute Stadtviertel – ein Raster aus langen, von Supermärkten, Restaurants, Bars und Nachtclubs gesäumten Straßen – mit Woesers Augen. Die Altstadt – mit dem Jokhang, dem heiligsten Tempel Tibets in ihrem Zentrum – wirkte seit langem schon wie eine Oase in der hektisch und protzig wachsenden Stadt und schien seit meinem letzten Besuch noch weiter geschrumpft zu sein. Doch sie hatte nicht die Atmosphäre einer mittelalterlichen Markt- und Wallfahrtsstadt verloren: Muslime aus Kasachstan mit ihren flachen Kappen und dünnen Bärten präsentierten mosaikförmig ausgelegte Nüsse und Trockenfrüchte; in Läden ohne Vorderwand verkaufte man getrocknetes Yak-Fleisch und Yak-Käse; in Antiquitätenläden bot man Gebetsmühlen, Halbedelsteine, Dolche und Sättel an. Unter die Händler und Straßenverkäufer mischten sich Pilger, die sangen und Gebetsmühlen drehten, während sie den goldbedachten Jokhang-Tempel umrundeten. Eine geheimnisvolle Euphorie schien diese Pilger anzutreiben, die sich mit ihren ausgefransten Handschuhen und Knieschützern in den Staub warfen, oder jene winzige alte Matriarchin in fettigen Kleidern, die ihre Stirn immer wieder gegen die verblichenen, in der heiligsten Kapelle des Potala-Palasts hängenden Seidenschals drückte.

In der ständig wachsenden chinesischen Stadt waren neue Mischidentitäten im Angebot. Die drei weißen Bögen der Eisenbahnbrücke über den Kyichu-Fluss sollten offensichtlich an die Khatags erinnern, die Seidenschals, die in Tibet traditionell als Zeichen der Verehrung gelten. Der Bahnhof, ein Kolossalbau mit schrägen Außenwänden in Weiß und Ochsenblutrot, schien in der Größe wie in den Details mit dem Rot und Weiß des Potala-Palasts konkurrieren zu wollen, der sich auf einer großen Felsnase im Norden Lhasas über der Stadt erhebt. Solche ausgewählten Anleihen sind Ausdruck der Tatsache, dass Tibet und der tibetische Buddhismus in den letzten Jahren bei neureichen Han-Chinesen eine Verehrung ausgelöst haben, die man fast schon als Kult bezeichnen könnte. Eine modische chinesische Dichterin, der ich letztes Jahr in Beijing begegnete, blies perfekte Rauchringe in die Luft, während sie über die Unreife der städtischen chinesischen Kultur lamentierte und ein tiefes Interesse für Tibet bekundete. *Kekexili* (Gebirgspatrouille), ein populärer chinesischer Spielfilm, der 2004 herauskam, brachte diese neue Liebe der Chinesen sehr geschickt zum Ausdruck und stellte die Tibeter als ein stolzes, bodenständiges und aufrechtes Grenzvolk dar. In fast jeder größeren chinesischen Stadt gibt es Läden, die »buddhistische Accessoires« verkaufen, wie es auf einem Schild in der Innenstadt von Shanghai heißt: tibetische Gebetsmühlen, Glocken und Weihrauch.

In meinem Hotel, dem Brahmaputra Grand, stellte man in Glasvitrinen alte Gewehre, Schwerter, Rüstungen, Metallutensilien, tibetische Masken und Statuen aus, während das zumeist chinesische Personal, in bunte tibetische Trachten gekleidet, die Gäste mit einer übertriebenen Verbeugung und einem mit deutlichem Akzent ausgesprochenen »Tashi delek« begrüßte. Das Hotel, das zwei Tage vor der Jungfernfahrt des Zugs nach Lhasa eröffnet worden war, bezeichnete sich selbst als das »erste Fünf-Sterne-Hotel« und als »einzigartiges Museumshotel«. In der marmornen Lobby, deren Wandschmuck, buddhistische Statuen, Treppenaufgänge und vergoldete Mandalas einen überwältigend geschmacklosen Eindruck machten, zeigte man auf einem großen Fernsehschirm immer wieder ein Interview mit dem Besitzer des Hotels, einem Geschäftsmann und ehemaligen Soldaten aus Sichuan. Nach einer in allen Zimmern ausgelegten englischsprachigen Hochglanzbroschüre hatte der Besitzer das »Entwicklungsgesetz der objektiven Realität« verstanden und gehörte zu denen, die »ihr Leben lang ihre ganze Kraft auf das Erben und Gedeihen der tibetischen Kultur« verwenden.

Trotz der ungeschickten Übersetzung verrieten die Worte doch eine Wahrheit. Seit dem Beginn der marktwirtschaftlichen Reformen in China hatten hohe Funktionsträger der Partei, des Staates und der VBA die Entwicklung der objektiven Realität besser begriffen als die meisten anderen. So kann es auch nicht überraschen, dass sie zwar nicht als die wahren Erben der tibetischen Kultur gelten konnten, wohl aber am ehesten in der Lage waren, sie gewinnbringend zu vermarkten.

Bei einem meiner Treffen mit Woeser wurde sie von ihrem Lebensgefährten Wang Lixiong begleitet. Wang hatte viel riskiert, nicht nur weil er Kritik an der chinesischen Herrschaft über Tibet äußerte – was, soweit bekannt, noch kein prominenter han-chinesischer Schriftsteller oder Intellektueller getan hatte –, sondern auch, indem er mit dem Dalai Lama zusammentraf. Wang sagte mir, er glaube, das kommunistische System in China sei stark gefährdet, und es bestehe die Gefahr, dass die Partei die Kontrolle über China verliere. Das stimme ihn allerdings nicht hoffnungsvoll für die Zukunft Tibets. Er erzählte mir, dass er im letzten November den Zug nach Lhasa genommen hatte. Dort begegnete er einer Tibeterin, die ihr tibetisches Dorf verlassen hatte, um die Welt zu sehen, und schließlich als Sängerin und Tänzerin in einer von einem Han-Chinesen geleiteten reisenden Showtruppe endete. Als sie nach einigen Jahren erkannte, dass sie langsam zu alt wurde, gründete sie in der Stadt Yangzhou eine eigene Show. Sie erzählte Wang, dass sie in ihr Heimatdorf zurückfahre, um dort Mädchen zu suchen, die sich als »ethnische Ausstellungsstücke« eigneten.

Woeser schätzte, dass diese privilegierten und ehrgeizigen Tibeter allenfalls zehn Prozent der tibetischen Bevölkerung ausmachen. In einem ihrer Aufsätze berichtet sie von einem Gespräch mit einem jungen tibetischen Unternehmer, der den Tourismus in Tibet voranbringen wollte und großspurig erklärte: »Wir werden die Stadt sein, die die Dörfer frisst.« Aber wie es schien, waren nur wenige junge Tibeter in der Lage, die Vorteile der neuen ökonomischen Verhältnisse für sich zu nutzen. Der Zustrom der durch ihre ethnische Zugehörigkeit wie auch ihre Sprache privilegierten Han-Chinesen sorgte dafür, dass es in den Teehäusern und Frisiersalons des tibetischen Viertels von Arbeitslosen und Untätigen nur so wimmelte. Eines Abends begegnete ich in einem Restaurant in der Nähe des Jokhang-Tempels fünf jungen Tibetern, die englisch sprachen und von der Bitterkeit ihrer Lage so überwältigt waren, dass sie für kurze Zeit vergaßen, welche schädlichen Folgen es für sie haben konnte, wenn sie mit Ausländern redeten.

In ihren Jeans und dicken, flauschigen Jacken wirkten sie wie Leute, die eher in die Discos des chinesischen Viertels als in das tibetische Viertel passten. Doch hinter ihrer coolen modernen Erscheinung verbarg sich eine altmodische Höflichkeit. Sie gehörten einer ganz anderen Gruppe an als die Tibeter, denen ich bei meinem ersten Besuch in den Nachtclubs in der Nähe des Potala-Palasts begegnet war. Sie waren Kinder von Gerstenbauern aus nördlich von Lhasa gelegenen Dörfern und wohnten eng zusammengedrängt in kleinen angemieteten Zimmern in der Stadt.

Auf der Suche nach einem Platz, an dem wir ungestört waren, gingen wir hinauf ins Obergeschoss des Restaurants. Ein junges chinesisches Paar saß schon dort, und einen Augenblick lang fühlten wir uns unbehaglich. Die beiden waren höchstwahrscheinlich Touristen und nahmen uns in ihrer romantischen Selbstversenkung kaum zur Kenntnis. Nach ein paar vorsichtigen Blicken kümmerten die Tibeter sich nicht weiter um die beiden, wohl weil sie recht sicher sein durften, dass diese Chinesen einem in Englisch geführten Gespräch kaum würden folgen können. Ich dagegen studierte nervös die Speisekarte, wies unsinnigerweise auf die vielfältigen Varianten mit Yak-Fleisch hin und sprach dann unvermittelt darüber, dass der Dalai Lama sich im indischen Exil der vegetarischen Lebensweise zugewandt hatte. Keiner der Tibeter bestellte Fleisch, und auch ein Bier lehnten sie ab; sie tranken keinen Alkohol. Ich fragte sie, ob sie religiös seien, und sie nickten. Ob sie Tempel besuchten. Und wieder nickten sie. Das Gespräch begann erst zu fließen, als das chinesische Paar gegangen war.

Die Tibeter kannten einander seit ihrer frühen Jugend, als sie Tibet verließen und über hohe Gebirgspässe eine gefährliche

Reise nach Indien unternahmen. Sie sprachen voller Nostalgie über ihre Zeit in Indien und vor allem in der für tibetische Flüchtlinge in Dharamsala eingerichteten Schule. Ihr Auslandsaufenthalt hatte ihren Sinn für Möglichkeiten erweitert, ihnen aber auch schmerzlich ihre Stellung in der Welt vor Augen geführt. In Indien hatten sie Englisch gelernt, doch diese überall sonst in China nützliche Fertigkeit hatte sich für sie kaum als nützlich erwiesen, als sie aufgrund des von staatlicher Seite auf ihre Familien ausgeübten Drucks nach Tibet zurückgekehrt waren. Voller Leidenschaft und oft alle gleichzeitig redend, beschrieben sie die Bemühungen der chinesischen Behörden, Tibeter an der Flucht nach Indien zu hindern – etwa 3000 Tibetern gelang das pro Jahr –, und sie schilderten mir, wie die Behörden zurückgekehrte Tibeter immer wieder schikanierten.

Jedenfalls hätten meine Gefährten ohne eine fließende Beherrschung des Chinesischen keine Chance gehabt, Nutzen aus der Marktwirtschaft in Tibet zu ziehen. Selbst die Prüfungen für Fremdenführer wurden in Chinesisch abgehalten und betrafen eher die chinesische als die tibetische Geschichte. Der Besuch höherer Bildungseinrichtungen in China war für diese Gruppe viel zu teuer, und sie besaßen auch nicht die Beziehungen, die Tibeter brauchen, um an gute Stellen im Staatsdienst zu gelangen oder zu verhindern, dass sie in die kalten Grenzregionen geschickt werden. So blieb ihnen nur die Möglichkeit, ihren Lebensunterhalt im Sommer als Fremdenführer und Dolmetscher für Touristen zu verdienen und einen großen Teil des Winters auf dem Hof ihrer Familie zu verbringen.

Sie hatten, wie sie mir sagten, fast keinen Kontakt zu einheimischen Chinesen und empfanden Lhasa als eine physisch wie auch psychologisch in chinesische und tibetische Viertel geteilte Stadt. Das Verhältnis zwischen den beiden Gemeinschaften war bislang eher von wechselseitiger Skepsis als von offener Feindseligkeit geprägt. Aber sie hatten das Gefühl, dass die Eisenbahn dies ändern könne. Sie hatten kaum Zweifel, dass sie nur den Chinesen nützen sollte. Reisen auf der Straße oder mit dem Flugzeug waren zu beschwerlich oder zu teuer für potentielle chinesische Zuwanderer gewesen, die in der Mehrzahl ärmeren Schichten angehörten. Der Zug hatte schon jetzt die Zuwanderung von Han-Chinesen nach Lhasa beschleunigt, wo die Tibeter inzwischen in der Minderheit waren. Nach Angaben der tibetischen Exilregierung kommen jeden Tag mehr als 5000 Besucher nach Lhasa, von denen 2000 bleiben. Die Auswirkungen auf die lokale Wirtschaft waren bereits spürbar. So hatte sich die Miete für einfache Zimmer wie die, in denen die fünf lebten, verdoppelt.

Unsere Stimmen hallten in dem leeren, schlechtbeleuchteten Restaurant wider. Es war Silvesterabend, doch die Straßen in der Umgebung des Jokhang-Tempels wirkten schon früh am Abend winterlich leer. Als wir das Restaurant verlassen hatten, musste ich lange auf ein Taxi warten, doch die Tibeter bestanden darauf, bis zur Ankunft des Taxis bei mir zu bleiben. Als sie da so still auf der kalten dunklen Straße standen, kamen sie mir plötzlich wie Entwurzelte in ihrer eigenen Stadt vor.

Als ich zu meinem Hotel zurückkehrte, fand ich die Zufahrt dort von VBA-Fahrzeugen und grünuniformierten Soldaten versperrt. Beunruhigt ging ich hinein; die Halle war überfüllt mit einer Tanzgesellschaft; man hatte nahezu alle tibetischen Dekorationen aus dem Raum entfernt, da das Hotel beschlossen hatte, das westliche Neujahrsfest zu feiern. Einheimische chinesische Offizielle saßen steif und in Anzügen auf Sofas und sahen Frauen in langen schwarzen Abendkleidern zu, die sich feierlich auf der marmornen Tanzfläche drehten, das Ganze zu Synthesizerklängen, die entfernt an den Donauwalzer erinnerten. Der unsichere und experimentelle Charakter des Events wurden noch deutlicher, als die Tanzfläche sich abrupt leerte und ein stark geschminktes nepalesisches Mädchen, nicht älter als sechzehn Jahre, in einem weißen Minirock zu den Klängen eines Songs aus einem Bollywood-Film eine Art Stangentanz begann. Als wollten sie eine Szene aus vergangenen Kolonialzeiten abrunden, schauten die tibetischen und nepalesischen Bediensteten ausdruckslos vom Rand her zu.

Ich ging, nachdem das nepalesische Mädchen seine Jacke abgeworfen hatte. Auf meinem Zimmer schaltete ich die Silvestershow von CCTV ein und sah dort eine übergewichtige Frau, die ein Lied über die Eisenbahn nach Lhasa mit dem Titel »Der Weg zum Himmel« sang. Woeser erzählte mir später, »Der Weg zum Himmel«, eine von einem halbtibetischen Popstar namens Han Hong gesungene Adaption eines Volkslieds, sei in Tibet ein ganzes Jahr lang, bevor die Eisenbahn Lhasa erreichte, immer wieder im dortigen Radio und Fernsehen gespielt worden. 2004 sei Han auch auf dem Potala-Platz aufgetreten. Sie habe sogar die Absicht gehabt, für ihre Vorstellung mit einem Hubschrauber auf dem Dach des Potala-Palastes zu landen, und habe sich davon erst nach einer Kampagne in einem von Woesers einflussreichen Blogs abhalten lassen, der danach allerdings abgeschaltet wurde. Nach den englischen Untertiteln zu urteilen, bestand »Der Weg zum Himmel« aus einer Reihe etwas ominöser Banalitäten: »Menschen aller Nationalitäten kommt zusammen«, denn die Eisenbahn sei »wie ein Drachen, der das Gebirge überquert« und »die Wärme des Mutterlandes an die Grenze bringt«, und ihr Eintreffen werde »Gersten- und Buttertee süßer schmecken lassen«.

An meinem letzten Tag in Tibet besuchte ich einen jungen Bauern auf seinem Hof, knapp hundert Kilometer von Lhasa entfernt. Die jungen Tibeter, denen ich begegnet war, hatten ihn zu mir geschickt, damit er mich zum Ganden-Kloster auf einem der Berge in der Umgebung von Lhasa begleitete. Unterwegs fragte ich ihn, ob wir nicht stattdessen sein Dorf besuchen könnten. Zu meiner Überraschung willigte er sogleich ein. Es war ein strahlender, wolkenloser Morgen, nur ein paar leichte Dunstschleier lagen über den fernen Bergen. Der Bauer machte sich über die Chinesen lustig, die Familien in seinem Dorf dazu bringen wollten, die kommunistische Fahne zu hissen und Bilder des chinesischen Präsidenten Hu Jintao aufzuhängen. Offenbar verlangte man von den Tibetern immer noch, die altmodische Propaganda ernst zu nehmen, die man im übrigen China längst überwunden hatte.

Er zeigte mir mit einem gewissen Stolz das Haus seiner Familie und stellte mir seine Eltern und seine jüngeren Geschwister vor: den Hof, in dem eine riesige tibetische Dogge angebunden war; den mit Heu ausgestreuten Stall, in dem Kühe gemolken wurden; den langgestreckten Wohnraum mit dem Kohleofen, einem Kühlschrank und einem Fernsehgerät (die beiden Embleme der Moderne, mit Spitzendeckchen verziert); das Flachdach mit seinem unverstellten Blick auf die Berge – dies, so schien er zu sagen, war das Leben, das er und seine Familie sich ohne Hilfe der Chinesen geschaffen hatten.

Nirgendwo wirkte er so selbstbewusst wie in dem Gebetsraum, in den er mich zuletzt führte. In diesem offenkundig am besten gepflegten Raum des Hauses hielten wir eine Weile inne, damit ich die Aura von Heiligkeit in mich aufnehmen konnte. Die Liebe der Tibeter zu Farben und barockem Dekor zeigte sich vollends in den hölzernen, mit Blumenmustern bemalten Truhen, den mit Fresken bemalten Säulen, den Thangkas mit Szenen aus dem Leben des Buddha, den von der Decke herabhängenden Schärpen, dem Stapel in strahlend gelbe Seide gebundener tibetischer Schriften und der Reihe silberner Leuchter vor einem aufwendig vergoldeten Schrein.

An einer relativ leeren Wand hing ein Poster, das obligatorische Porträt von Hu Jintao. Es war größer als die größten Thangkas, traditionelle tibetische Wandstickereien, doch auf diesem Porträt hatte man den chinesischen Präsidenten tibetisiert. Er trug einen Gebetsschal, und man hatte sein Gesicht über Bilder des Potala-Palasts und ekstatischer tibetischer Tänzer in traditioneller Tracht gesetzt. Mit einem verschwörerischen Lächeln wies der Bauer auf eine der hölzernen Truhen. Da drinnen, so sagte er, befinde sich ein Bild des Dalai Lama. Einen Augenblick lang wirkte er noch fröhlicher und erzählte mir, alle Nachbarn hätten gleichfalls solch ein Bild.

Es war eine trotzige Geste, wie die des Nomaden, der vor seinem Zelt zugesehen hatte, wie der Zug an ihm vorbeifuhr. Und als ich später an diesem Morgen nach Lhasa zurückkehrte, erschien mir die so überwältigend von den Chinesen bestimmte Stadt deutlicher als Ausnahme. Wahrscheinlich gab es viele weitere Tibeter wie den jungen Bauern, die gegen den von Beijing auferlegten Wandel an der überkommenen Lebensweise festhielten – Tibeter, deren Treue zu ihrem Glauben und ihrer Identität durch eine Reihe politischer Rückschläge auf die Probe gestellt worden war und die nun darum kämpften, dass Lhasa auch den Anschluss an das Eisenbahnnetz überlebte.

# Ein Scheiterhaufen chinesischer Eitelkeiten

Kurz nachdem ich mich an einem kalten Nachmittag in dem staatlichen Friendship Hotel in Beijing mit Yu Hua zusammengesetzt hatte, begann er fröhlich vom einsetzenden internationalen Ruhm seines jüngsten Romans, *Brüder*, zu erzählen, eines der meistverkauften literarischen Werke Chinas. Er war gerade aus Hongkong zurückgekehrt, wo der Roman auf die Shortlist des Man Asia Prize gesetzt worden war; er wollte schon bald nach Paris fliegen, um dort einen Preis für das Buch entgegenzunehmen, das gerade ins Französische übersetzt worden war. Mit der fröhlichen Unbefangenheit, die anhaltender Erfolg gelegentlich mit sich bringt, begann Yu eine etwas respektlose Erinnerung an Mao Zedongs Tod zu erzählen.

Obwohl fast fünfzig, sieht Yu mit seiner Igelfrisur noch relativ jung aus. Er spricht mit Nachdruck, sein Gesicht rötet sich immer wieder, und er bricht leicht in Lachen aus. Tatsächlich war es sein lautes Lachen, das ihn am Morgen der feierlichen Bekanntmachung von Maos Tod beinahe in Schwierigkeiten gebracht hätte. Gemäß der über Lautsprecher verbreiteten Anordnung versammelte er sich zusammen mit Hunderten anderer Schüler in der Aula seiner kleinstädtischen Höheren Schule. »Trauermusik wurde gespielt, und dann mussten wir uns die lange Liste der dem Namen Maos vorangestellten Titel anhören: ›Vorsitzender‹, ›Geliebter Führer‹, ›Großer Steuermann‹ …« erinnerte sich Yu. »Natürlich liebten alle den Großen Vorsitzenden Mao, und so brachen alle in Tränen aus, als nach den Titeln schließlich sein Name genannt wurde. Auch ich begann zu weinen. Ein weinender Mensch ist ein trauriger Anblick; wenn aber mehr als tausend Menschen gemeinsam weinen und ihr Weinen sich durch den Hall noch verstärkt, wird daraus ein komisches Spektakel, und so begann ich zu lachen. Mein Körper zuckte, während ich mich auf meinem Stuhl weit nach vorn beugte und versuchte, mein Lachen unter Kontrolle zu bringen. Der Klassenlehrer sagte mir später voller Bewunderung: ›Yu Hua, du hast so heftig geweint.‹«

Yu hielt inne und übersprang dann dreizehn Jahre hin zu einer Erinnerung an ein weiteres folgenreiches – und noch traumatischeres – Ereignis in der modernen Geschichte Chinas. Als im Frühjahr 1989 Zehntausende von Demonstranten den Tiananmen-Platz füllten, lebte Yu in Beijing und war Teil der kulturellen Erregung und politisch hoffnungsvollen Stimmung im postmaoistischen China. Schon damals eine bekanntere Gestalt in der künstlerischen Avantgarde der Stadt, fuhr er täglich mit dem Rad auf den Tiananmen-Platz, um seine Solidarität mit den studentischen Demonstranten zum Ausdruck zu bringen.

Als Yu die verbreitete Unterstützung beschrieb, die damals die Studenten im Volk fanden, nahm seine Stimme eine leidenschaftliche Färbung an, und die Speisekarte, die er einem vorbeigehenden Kellner elegant entwendet hatte, blieb ungelesen in seinem Schoß liegen. Das Wort »Volk« sei in der Kulturrevolution häufig verwendet worden, erklärte er. »Es ist in China ein stark aufgeladener und gerne benutzter Ausdruck, doch bis zu den Massenprotesten 1989 war mir nicht klar, was er bedeutete.«

Seine Stimme wurde lauter, während er an die blutige Unterdrückung der Proteste und deren Folgen erinnerte. Ich wurde nervös. Yu, ein kleiner untersetzter Mann mit hervortretenden Augen konnte in einer aus chinesischen Bauern und

Arbeitern bestehenden Menge leicht unbemerkt bleiben, aber er bemühte sich keineswegs um Unauffälligkeit. Wir saßen in einer Ecke der Hotellobby, zum Teil von einer breiten Säule verdeckt und mitten in dichtem Zigarettenrauch. Der rastlose Kettenraucher Yu besteht darauf, das in China erst kürzlich erlassene Rauchverbot in öffentlichen Räumen beharrlich zu ignorieren.

Das Hotel war an diesem Tag voll von jungen Führungskräften eines in der Nähe gelegenen IT-Unternehmens, die Yu ohne weiteres hätten erkennen können, da er ständig als möglicher Kandidat für den Literaturnobelpreis genannt wird. Obwohl das offizielle Totschweigen der Ereignisse auf dem Tiananmen-Platz dafür sorgt, dass nur wenige junge Chinesen sonderlich viel über den in den 1980er Jahren geführten Kampf für mehr Demokratie wissen, besteht doch deutlich die Gefahr, dass junge, mit dem Cyberspace vertraute Leute, wie sie uns hier umgaben, eine entschieden nationalistische Haltung gegenüber einem chinesischen Schriftsteller oder Intellektuellen einnahmen, der die Ereignisse vom Juni 1989 im Gespräch mit einem Ausländer kritisierte. Und tatsächlich schaute eine junge, modisch gekleidete Frau von ihrem leuchtenden Laptop-Bildschirm auf und warf ihm einen flüchtigen Blick zu.

Yu schien überhaupt nicht auf mögliche Lauscher zu achten. Sein Gesicht war rot, als er zum Ende seiner Erinnerungen an 1989 kam. Und er sagte zu mir: »Verzeihen Sie mir, wenn ich mich so echauffiere. Aber das war ein großer Wendepunkt für uns alle. Nach dem Juni 1989 verloren die Menschen in China das Interesse an der Politik. 1992 unternahm Deng Xiaoping seine berühmte ›Reise durch den Süden‹, auf der er zu einer Beschleunigung der marktwirtschaftlichen Reformen aufrief, und in der Folge nahm die Wirtschaft rasant an Fahrt auf. Die Ideale der Nation und des Sozialismus begannen nun hohl zu klingen. Die Menschen konzentrierten sich allein aufs Geldverdienen.«

»Auch ich begann damals, die Früchte des Kapitalismus zu genießen«, fügte er hinzu und lachte.

Das war nur teilweise scherzhaft gemeint. Für jemanden, der in der kurzen Blütephase der chinesischen Gegenkultur in den 1980er Jahren als Autor düsterer, experimenteller und trotzig unverkäuflicher Erzählungen begann, hat Yu sich in der Tat einen ordentlichen Anteil am Genuss der Früchte des Kapitalismus sichern können. Von seinem Roman *Brüder*, der in zwei Teilen 2005 und 2006 erschien und der das Schicksal zweier Brüder von der Kulturrevolution bis zu Chinas nicht weniger fieberhafter Konsumrevolution schildert, sind in China mehr als eine Million Exemplare verkauft worden, wobei die wahrscheinlich noch höhere Zahl verkaufter Raubkopien nicht einmal eingerechnet ist.

Ausländische Leser werden in der ausladenden und ungestümen Erzählung des Romans zweifellos einige der hektischsten Veränderungen und eklatantesten Widersprüche Chinas finden. Der Roman schlägt seinen charakteristischen Ton schon in der allerersten Szene an, in der Li Guang, ein Business-Tycoon, auf seiner vergoldeten Toilette sitzt und von Raumfahrt träumt, während er zugleich den Verlust aller irdischen Beziehungen beklagt. Li hat sein Vermögen mit der Ausrichtung von Schönheitswettbewerben für Jungfrauen, dem Schrotthandel und dem Verkauf gefälschter Designer-Anzüge gemacht. Ein kurzer Rückblick auf seine kleinstädtische Kindheit zeigt ihn, wie er heimlich auf einer öffentlichen Toilette Frauen beim Defäkieren beobachtet. Ähnlich groteske Bilder finden sich allenthalben auf den folgenden 750 Seiten, auf denen Yu zunächst das fortgesetzte Trauma der Kulturrevolution beschreibt, in deren

Verlauf Li und sein Stiefbruder Song Gang miterleben, wie Rote Garden Song Gangs Vater zu Tode foltern, und dann die moralische Wüste des kapitalistischen China schildert, in der Song Gang gezwungen ist, sich eine seine Brüste chirurgisch vergrößern zu lassen, um brustvergrößernde Gels verkaufen zu können.

Die Gründe für den kommerziellen Erfolg des Romans scheinen auf der Hand zu liegen. Er beschwört die von vielen erlebte Gewalt und das Leid der Kulturrevolution herauf und behandelt zugleich ein anderes aktuelles Thema in China: den ausländischen Lebensstil der Reichen und Berühmten, vor allem neureicher Unternehmer wie Li. Li steht für die neuen kulturellen Ikonen des Landes, deren gewaltiger Hunger nach Geld, Frauen und Autos die unzähligen chinesischen Blogger und Internet-Chatrooms mit Bewunderung und Ekel erfüllt.

Andere Autoren behandeln die Kulturrevolution und die Konterrevolution im postmaoistischen China – der reiche Unternehmer in Chi Lis *Kommen und Gehen*, das zu den erfolgreichsten Romanen und Fernsehserien des Landes gehört, löste gleichfalls eine ambivalente Faszination bei Angehörigen der chinesischen Mittelschicht und vielen Millionen Chinesen aus, die hoffen, bald ebenfalls dazuzugehören. Doch Yu geht seine kraftvolle Mischung markterprobter Themen mit dem Ehrgeiz, der Energie und dem Flair eines geborenen Provokateurs an. Er scheint sich weniger für die Darstellung des modernen China mit den Mitteln eines mimetischen Realismus zu interessieren als für dessen Beschwörung durch eine derbe, halbphantastische Erzählung, in der in Szenen der Ausschweifung, der Brutalität und des Todes immer wieder menschliche Körper auf grauenhafte Weise verletzt und geschändet werden.

Yus Provokationen dürften erfolgreicher gewesen sein, als er zu hoffen gewagt hatte. Erzürnte Kritiker haben *Brüder* zu einem der umstrittensten chinesischen Romane der letzten Jahre gemacht. Yu, der zu den ganz wenigen im neuen China erfolgreichen literarischen Autoren zählt, war puritanischen Kritikern immer schon suspekt. *Brüder* löste bei vielen Lesern, online wie gedruckt, besonderen Groll aus, und man warf Yu vor, es gehe ihm mehr um Profit als um Literatur. Als 2006 der zweite Teil des Romans erschien, sagte mir ein bekannter Literaturkritiker an der Beijing-Universität, der sich für Yus Erzählungen der 1980er Jahre eingesetzt hatte, der frühere Avantgardist habe gelernt, wie man Chinas neuen Markt nutzt und »Geld verdient«. Andere Rezensenten bezweifelten, dass Yu das chinesische Leben in seinen Einzelheiten erfasst hätte. In Online-Foren diskutierte man besonders heftig über die Frage, ob es einem Mann in einer chinesischen Kleinstadt der frühen 1960er Jahre möglich gewesen wäre, Frauen heimlich auf einer öffentlichen Toilette zu beobachten, dabei auszurutschen und in die Jauchegrube zu fallen.

Eine kritische Anthologie mit dem Titel *Yu Hua die Zähne ziehen* legte dem Autor von *Brüder* mehrere Verbrechen zur Last: Er verkaufe sich selbst an die Kräfte des Kommerzes und der Obszönität, die er in seinem Roman seziere; er fördere im Westen ein negatives Bild Chinas und chinesischer Schriftsteller; er versinke »in einer Welt aus Schmutz, Chaos, Gestank und Niedertracht ohne den geringsten Hauch von Würde«; er sei ein opportunistischer Bauer, der sich als Literat aufspiele.

»Die Guten werden nicht belohnt«, schreibt ein Kritiker, »die Netten sterben keinen guten Tod, Schurken gewinnen die Oberhand, Liebe erweist sich als falsch, nur das Geld wird gepriesen, aber hinter dem Geld steckt nichts als Geilheit und Hässlichkeit.« Das »Zähneziehen« beginnt mit einem Aufsatz, in dem behauptet wird, Yus Schreiben bestehe aus vier schlechten Zähnen – einem schwarzen, einem gelben, einem falschen und einem faulen Zahn. Im Anschluss daran extrahiert das Buch systematisch Yus Gebiss und endet schließlich mit einem Aufsatz, der den Titel trägt: »Nicht der Zahnschmerz, sondern der Kummer bringt dich um«.

Yu zeigte keinerlei Anzeichen einer postoperativen Belastung, als ich ihn kürzlich nach der Reaktion auf sein Buch fragte. Er tat den Band *Yu Hua die Zähne ziehen* als »Effekthascherei« ab und wies entschieden den Vorwurf zurück, er schreibe für ein westliches Publikum. »Meine Bücher sind in China populärer als irgendwo sonst«, meinte er. »Wenn es anders wäre, hätten diese Kritiker nicht ganz unrecht.«

Als ich Yu 2006 in Shanghai erstmals traf, beschrieb er mir seine Sicht von *Brüder* ganz selbstsicher als soziale und moralische Kritik an der Entwicklung Chinas. Er litt allerdings an einer bei Autoren nach dem Erscheinen von Büchern häufig auftretenden Angst – dem nagenden Gefühl nämlich, dass sein Werk und dessen Sicht eines zwischen autoritärer Herrschaft, extremer Armut, Konsumexzessen und moralischer Verderbtheit dahintaumelnden China nicht ernst genug genommen wurde. Die hohen Verkaufszahlen und der Zuspruch der Leser hatten den boshaften Kritiken ihren Stachel nicht genommen. Doch nach drei Jahren anhaltender kritischer Angriffe auf *Brüder* scheint Yu inzwischen abgehärtet zu sein. Er betrachtet die Angriffe heute eher in einem soziologischen als einem literarischen Sinne als Ausdruck einer Bruchlinie zwischen den Generationen und hält seine Verächter für typische Vertreter der neuen chinesischen Nationalisten – zu jung, um irgendeine Erinnerung an die früheren Traumata ihres Landes zu haben, aber besessen von dem Wunsch, das Bild Chinas als einer aufstrebenden Macht gegenüber dem Westen zu fördern.

»Das Buch wurde vor allem deshalb angegriffen, weil es

die dunkle Seite Chinas zeigt«, sagte er mir, als wir uns erneut in Beijing trafen. »Ein hochangesehener Kritiker von der Fudan-Universität, Chen Sihe, hat darauf hingewiesen. ›Schauen Sie sich an, wer dieses Buch angreift‹, sagte er. ›Sie sind alle jung. Ältere Kritiker haben da eine weniger eindeutige Haltung.‹«

Yu fügte hinzu: »Jüngere Autoren mögen keine Bücher, in denen die dunkle Seite Chinas gezeigt wird; sie leben sehr komfortabel; sie glauben nicht an die dunkle Seite Chinas; sie wissen nicht einmal von den vielen hundert Millionen Menschen, die immer noch in extremer Armut leben.«

Yu selbst scheint sich nur selten von der dunklen Seite der Dinge abzuwenden. Bekannt wurde er Ende der 1980er Jahre erstmals als Autor surrealer Erzählungen, deren rohe Gewalt – in einer Erzählung erwürgt ein Vierjähriger seinen Vetter, ein Baby, um »das explosive Schreien« zu genießen; in einer anderen wird ein junges Mädchen in Stücke gehackt – dreist gegen die hygienische Zurückhaltung des sozialistischen Realismus verstieß, den zu beachten man von den staatlich unterstützten Schriftstellern in China erwartete.

1992 wechselte Yu in seinem Roman *Leben!* zu einem melodramatischen Realismus. Diese an Grausamkeiten reiche Geschichte eines duldsamen Bauern, dessen Sohn nach der Bluttransfusion zugunsten eines Parteifunktionärs stirbt, diente dem prominentesten chinesischen Regisseur, Zhang Yimou, als Vorlage für seinen gleichnamigen, international erfolgreichen Film, der auf dem Filmfestival in Cannes 1994 mit dem Spezialpreis der Jury ausgezeichnet wurde. Sowohl *Leben!* als auch sein nächster Roman, *Der Mann, der sein Blut verkaufte* (1995), in dem ein Bauer sein eigenes Blut verkauft, um sein mageres Einkommen aufzubessern, konzentrierten sich entschieden auf die tragischen Aspekte der modernen chinesischen Geschichte. Erst als Yu in den Westen reiste, begann er über ein breiteres fiktionales Gemälde nachzudenken, das Chinas chaotische Gegenwart ebenso wie seine Vergangenheit darstellen sollte. 1995 fuhr er erstmals ins Ausland, und zwar zu einem Literaturfestival in der französischen Hafenstadt Saint-Malo. »Die ausländischen Journalisten dort fragten mich oft nach der Kulturrevolution«, erinnerte er sich, »und mir wurde klar, welch eine barbarische und absonderliche Erfahrung China gemacht hatte.«

Es grenzt an ein Wunder, dass *Brüder*, das grauenhafte Darstellungen der Gewalt der Kulturrevolution enthält, darunter der Selbstmord eines Mannes, der sich selbst einen Nagel in den Schädel hämmert, den chinesischen Zensoren entgehen konnte. Yu sagt, er hätte von seiner Erfahrung mit Zhang Yimou gelernt, der die Story von *Leben*! geschickt veränderte, um die Filmfassung für die chinesischen Behörden genießbar zu machen. Unter anderem ließ Zhang den Tod des Sohnes als einen tragischen Unfall erscheinen. »Als er diese Änderungen vornahm, war ich sehr beeindruckt davon, wie gut Zhang Yimou die Kommunistische Partei Chinas zu kennen schien. Doch der Film wurde dennoch verboten. Danach hörte ich auf, mir Sorgen darum zu machen, was die Zensoren wohl denken würden.«

Der Wunsch nach Streichungen in *Brüder* kam eher von seinem Verlag als von den staatlichen Zensoren. Doch dort gab man nach, als Yu drohte, das Buch zurückzuziehen. »Sie wussten, dass es sich gut verkaufen würde«, sagte er mir. »Sie sind heute bereit, größere Risiken hinsichtlich der Zensoren einzugehen, weil sie nicht mehr vom Staat unterstützt werden und sich auf dem Markt behaupten müssen.« In Yus Augen ist die Veröffentlichung seines Romans ein Zeichen für den langsamen, aber stetigen Fortschritt in China. »Vor zehn Jahren hätte

*Brüder* nicht publiziert werden können«, sagte er. »Vielleicht dauert es noch einmal zehn Jahre, bis man einen Film daraus machen kann.«

Wir saßen gemeinsam mit Yus Frau, Chen Hong, einer Dichterin, die sich jetzt allerdings die meiste Zeit um ihren Sohn kümmerte, im Wohnzimmer ihrer Mietwohnung im Westen Beijings. Wir waren umgeben von den Anzeichen einer provisorischen Bleibe – Möbel im Ikea-Stil, nicht dazu passende Vorhänge, Stapel von Büchern und ganz allgemein ein Flair von Nachlässigkeit. Yu erklärte, er und seine Frau warteten darauf, dass ihr Sohn die Schule abschloss; danach wollten sie in seine Heimatprovinz Zhejiang nach Hangzhou umziehen. Beijing gefiel ihm nicht; es war ihm zu groß und zu unpersönlich. So befanden sich in den Nachbarwohnungen »Frisiersalons« mit greller Neonreklame. »Ich sage meinen Freunden, dass wir in einem Rotlichtbezirk wohnen«, scherzte er, und Chen Hong, eine Frau mit einem feinen blassen Gesicht und losem langen Haar, quittierte seine Bemerkung mit einem melodiösen Lachen.

Ein Zimmer in Yus schmuckloser Wohnung ist für das Surfen im Internet reserviert, was wahrscheinlich den aufschlussreichsten Blick auf das moderne China bietet. Yu sagte jedoch, dass er mehr Zeit in seinem Arbeitszimmer verbringe, einem weiteren schlichten Raum mit einem Laptop auf einem aufgeräumten Schreibtisch. Er fügte hinzu, er sei nicht auf das Internet angewiesen; er habe die in seinem Roman beschriebenen eigenartigen Veränderungen der chinesischen Konsumkultur selbst erlebt. Er erinnert sich, dass er in den 1990er Jahren nichts als Schönheitswettbewerbe gefunden habe, wenn er den Fernseher einschaltete. In jeder Stadt Chinas habe es anscheinend solche Wettbewerbe gegeben.

Er bestreitet den Vorwurf, die Details in seinem Roman seien weithergeholt. Die Wirklichkeit in China könne gelegentlich sogar noch grauenhafter sein. »Als das Buch erschienen war, schrieb mir ein Freund von der Universität, sein Vater habe sich ebenfalls getötet, indem er sich einen Nagel in den Schädel hämmerte«, sagte er mir. »Drei Leser berichteten mir, der Leichnam ihres Vaters habe verstümmelt werden müssen, damit er in den Sarg passte. Ein Journalist der *New York Times*, der mich 2006 interviewte, hielt es für äußerst unwahrscheinlich, dass es Unternehmen gebe, die die Wiederherstellung des Jungfernhäutchens anböten, und entdeckte dann, dass es solche Unternehmen überall in China gibt.«

Als ich Yu fragte, ob er jemals daran gedacht hätte, sich wie Song Gang in *Brüder* die Brust vergrößern zu lassen, lachten er und seine Frau. Doch die Mienen der beiden verfinsterten sich, als Yu an seine Kindheit erinnerte, die zwar von den Wirren der Kulturrevolution relativ unberührt blieb, aber dennoch nicht weniger groteske Momente enthielt. Der 1960 geborene Yu wuchs in einer Kleinstadt namens Haiyan in der Provinz Zhejiang auf (aus der zahlreiche chinesische Künstler und Intellektuelle stammen, darunter auch Lu Xun, der Pionier der modernen chinesischen Literatur). Trotz der Kulturrevolution war das Leben, wie Yu sich erinnerte, meist eintönig – außer wenn ein Verbrecher hingerichtet werden sollte und »die ganze Stadt so lebendig wie an Festtagen« wurde. Die Hinrichtungen sind in Yus Erinnerung die »aufregendsten Szenen meiner Kindheit, wenn man den Verbrecher am Boden knien sah und ein Soldat einen Gewehrlauf an seinen Hinterkopf hielt und abdrückte«.

Sein Vater sei Arzt gewesen, aber diese Bezeichnung lasse ihn größer erscheinen, als er war, denn er habe in einem blutverschmierten Kittel in einem kleinen Zimmer gearbeitet und mit seiner Familie gleich gegenüber auf der anderen Straßenseite gewohnt. Außerdem befand sich die Wohnung in unmittelbarer Nähe einer öffentlichen Toilette, in der Krankenschwestern manchmal auch Tumore entsorgten, und der örtlichen Leichenhalle. »An heißen Sommertagen war es in der Leichenhalle kühl«, erinnerte sich Yu, »und da die Leichen nur über Nacht darin aufbewahrt wurden, machte ich dort tagsüber oft ein Nickerchen. Wenn wir nachts zu Hause schliefen, wurden wir oft von den Schreien und dem Weinen der Menschen geweckt.«

Die unerbittliche Trostlosigkeit seiner frühen Arbeiten führt Yu heute auf die Brutalität und das Sterben zurück, die er als Kind miterlebte. »Ich war nicht in der Lage, mich in meinem Schreiben von Blutvergießen und Gewalt abzuwenden«, erzählte er. »Tagsüber, wenn ich schrieb, ließ ich eine Figur die andere töten und Figuren in Strömen von Blut sterben. Nachts, wenn ich schlief, träumte ich, dass jemand anderes mich töten wollte.«

Yu besuchte nie eine höhere Schule. »Meine ganze Schulausbildung fiel in die Zeit der Kulturrevolution«, sagte er. »Ich ging von 1966 bis 1976 zur Schule, deshalb habe ich nie eine wirkliche Ausbildung erhalten.« Danach absolvierte Yu wie viele chinesische »Barfußärzte« in den späten 1970er Jahren nur eine kurze Grundausbildung, bevor er Zahnarzt wurde.

Er sagt, er sei Schriftsteller geworden, weil er seinen Beruf gehasst habe: »Das Innere eines Mundes gehört zu den hässlichsten Anblicken der Welt.« Anfang der 1980er Jahre lebte er in einer Kleinstadt zwischen Shanghai und Hangzhou. Von seinem Fenster aus beobachtete er Mitarbeiter des staatlichen Kulturamts, vom chinesischen Staat besoldete Schriftsteller und Künstler, die auf den Straßen herumlungerten. »Wir waren damals alle sehr arm«, erinnerte sich Yu. »Der Unterschied war, dass man als Zahnarzt hart arbeiten und dennoch arm sein konnte oder dass man als Angehöriger des Kulturamts nichts tat und ebenfalls arm war. Ich entschied mich dafür, lieber wie die Angehörigen des Kulturamts nichts zu tun und Schriftsteller zu werden.«

Yu schrieb eine Erzählung und schickte sie an eine Literaturzeitschrift in Beijing. Ein begeisterter Anruf des Herausgebers führte ihn schon bald auf den Weg zu bezahltem Nichtstun im Kulturamt. Es schien ihm Freude zu machen, das kommunistische System für seine eigenen Zwecke zu manipulieren. »Am ersten Tag kam ich absichtlich zu spät ins Amt«, erzählte er mir. »Später ging ich nur noch einmal in der Woche hin und am Ende nur noch einmal im Monat, um meinen Lohn abzuholen.«

1993 gaben ihm die Honorare für sein Buch *Leben!* die Möglichkeit, seinen Job ganz an den Nagel zu hängen. »Meine Freunde sagen, ich hätte das Beste beider Ideologien genossen: erst unter dem Sozialismus ein festes Schriftstellergehalt und jetzt in der freien Marktwirtschaft Honorare.«

Auch wenn Yu seine Anfänge als Schriftsteller recht unbeschwert schildert, erregten seine Arbeiten von Anfang an doch ernsthafte Aufmerksamkeit bei der Kritik. Seine Erzählungen, die in so wichtigen Literaturzeitschriften wie *Zhongshan, Shouhuo* und *Shanghai Wenyi* veröffentlicht wurden, schienen mit ihrer surrealen Gewalt und Grausamkeit die Geschichte Chinas auf geschickte Weise zusammenzufassen; auch ihre metafiktionalen Instrumente zeugten von einem bei chinesischen Schriftstellern seltenen formalen Ehrgeiz. Schon 1991 sagte der Kritiker Henry Zhao voraus, Yu sei »dazu bestimmt, eine große Seite in der chinesischen Literatur einzunehmen«.

Es ist bemerkenswert, dass Yu im Schreiben ebenso wenig Ausbildung erhielt wie in der Zahnheilkunde. Bücher waren während der Kulturrevolution nur schwer erhältlich, oder sie zirkulierten in verstümmelter Form wie das zerfledderte Exemplar eines Romans von Guy de Maupassant, dessen mittleren Teil Yu las, ohne Autor und Titel zu kennen (»ich erinnere mich, dass eine Menge Sex darin war«, sagte er). Sein prägendes Leseerlebnis waren die Wandzeitungen der Kulturrevolution, in denen Menschen ihre Nachbarn mit einem gewalttätigen Erfindungsreichtum denunzierten. »Ich weiß noch, dass ich als Junge auf dem Heimweg von der Schule jede Wandzeitung las, an der ich vorbeikam. Mich interessierten weniger die revolutionären Parolen als die Geschichten.«

Er hatte sich nie sonderlich um chinesische Schriftsteller gekümmert. Erst später lernte er Lu Xuns Entschluss schätzen, mit den Mitteln der Literatur eine Diagnose der chinesischen Gesellschaft und Kultur zu erstellen. Wie viele seiner Altersgenossen mochte er den sozialistischen Realismus nicht und fühlte sich zu den Ikonen der westlichen Hochmoderne hingezogen, deren Werke in den 1980er Jahren in chinesischer Übersetzung zu erscheinen begannen, insbesondere Kafka, Bruno Schulz und Borges. Auch die filigranen Texte des japanischen Schriftstellers Yasunari Kawabata übten schon früh einen beträchtlichen Einfluss auf ihn aus. »Kawabata hat mich gelehrt, wie wichtig Details sind«, erinnerte er sich. »Ich kaufte immer gleich zwei Exemplare seiner Bücher, wenn ich sie fand. Eines zum Lesen und das andere, um es in unberührtem Zustand auf meinem Regal aufzubewahren.«

Warum gab er dann die avantgardistische experimentelle Literatur auf? Yu sagt, er habe entdeckt, dass seine Figuren ein Eigenleben besaßen, das er nicht zu kontrollieren vermochte. Als Anfang der 1990er Jahre nahezu alle wichtigeren Werke der Weltliteratur ins Chinesische übersetzt wurden, las er auch mehr als früher, vor allem Romane von V. S. Naipaul und Toni

Morrison. Es scheint jedoch auch außerliterarische Gründe gegeben zu haben, weshalb er sich vollständig vom ästhetischen Radikalismus seiner Generation löste. Der Literaturkritiker Chen Xiaoming, der an der Beijing-Universität lehrt, erzählte mir einmal, dass ab 1992, als die Wirtschaft Chinas hektisch wuchs und der Staat sich von der Subventionierung der Kultur zurückzuziehen begann, die Verlage zunehmend gezwungen waren, am Markt Erfolg zu haben oder unterzugehen. Im neuen Zeitalter der von TV-Dramen und Popmusik beherrschten Massenkultur gab es nicht mehr so viele Abnehmer für Avantgardeliteratur, und deren Vertreter mussten improvisieren oder sich damit abfinden, in der Bedeutungslosigkeit zu versinken.

Das klingt überzeugend. Su Tong, einer der namhafteren Avantgardisten der 1980er Jahre, wandte sich dem Genre des historischen Romans zu. Scheinbar als Zugeständnis an die kommerzbestimmten Zeiten schrieb Yu das Drehbuch für eine TV-Show mit dem Titel *Chinesische Models*. »Es war wegen des Geldes«, räumte er scherzhaft ein. Er behauptet allerdings auch, eine neue Vorstellung von seiner gesellschaftlichen Verantwortung als Schriftsteller habe ihn zu einer populäreren Ästhetik veranlasst. In seinen Augen waren die mutig experimentellen Texte, die er und andere Schriftsteller in den 1980er Jahren schrieben, eine Abkehr von der offiziellen orthodoxen maoistischen Vorstellung, wonach Literatur den politischen Zielen des kommunistischen Regimes zu dienen habe. »Wir wollten damit zum Ausdruck bringen«, sagte Yu mir, »dass Schreiben nicht im Dienst von irgendetwas anderem als ihm selbst steht.«

Yu erklärt, nach den Ereignissen des 4. Juni 1989 sei er gezwungen gewesen, sein Verständnis von ästhetischer Autonomie und vom Verhältnis zwischen dem Schriftsteller und der Gesellschaft zu überdenken, und das vor allem in der Auseinandersetzung mit der halsbrecherischen Modernisierung Chinas in den 1990er Jahren. Und das bedeutete die Übernahme des alten chinesischen Modells des Schriftstellers als Gesellschaftskritiker und einen knappen Stil filmischer Kürze und derben Humors. Es bedeutete zugleich, über Chinas große, aber unsichtbare Mehrheit im Zeitalter der Globalisierung zu schreiben: über die Bauern und Arbeiter in den Dörfern und Kleinstädten.

Inzwischen blickt Yu mit einer gewissen Ironie auf seinen Ruf als militanter Verfechter des *l'art pour l'art* zurück. Er sagte mir, er habe sich kürzlich zu einer öffentlichen Diskussion mit Alain Robbe-Grillet bei dessen Besuch in Beijing überreden lassen. Er habe keine hohe Meinung von diesem Hohepriester des *nouveau roman*, mit dem er in der Vergangenheit oft, aber zu Unrecht verglichen worden sei. »Er war nur ein alter Knacker«, meinte Yu lachend.

Yus Präferenz für engagierte gegenüber einer im Elfenbeinturm hockenden Literatur ist kaum geeignet, ihn bei linksgerichteten Lesern in China beliebt zu machen. »Während die Rechten *Brüder* wegen seiner Darstellung des Kapitalismus hassen, missfällt der Roman den Linken wegen seiner Darstellung der Kulturrevolution«, sagte mir Yu.

Ich sprach darüber mit Wang Hui, dem prominentesten unter den zur Neuen Linken Chinas gerechneten Intellektuellen, der die Ansicht vertritt, viele chinesische Bauern und Arbeiter hätten bislang noch nicht von der neuen globalisierten Ökonomie profitiert. Wang ist ein alter Freund von Yu und hat das Vorwort zu einer Sammlung seiner Essays geschrieben. (Wang hatte Yu auch in den späten 1990er Jahren als Erster zum Schreiben von Essays ermuntert und sie in *Dushu* publiziert.) Yu sagte mir, er teile weitgehend die Kritik der Neuen Linken am Kapitalismus chinesischer Prägung, der in den Städten für Wohlstand sorge, aber das ländliche China ausspare. Wang schien indessen nicht recht bereit, Yus Roman *Brüder* uneingeschränkt gutzuheißen.

»Der erste Teil reproduziert die konventionelle »Großerzählung« der Kulturrevolution als Zeit unerhörten Leidens und Verrats«, sagte er mir. »Ich finde den zweiten Teil eigentlich interessanter, weil der Autor dort nicht mehr die Kontrolle über seine Erzählung besitzt. Aber wissen Sie, wir sind alte Freunde und haben nicht wirklich über das Buch diskutiert.« Während Wang dies sagte, legte er seinen Arm um Yu. Wir saßen in einem Restaurant in West-Beijing, in dem Gerichte aus Yus Heimatprovinz Zhejiang serviert wurden. Ich war zusammen mit Yu in einem Taxi dorthin gefahren, und ich spürte einen Hauch schriftstellerischen Konkurrenzdenkens in seinen knappen Antworten auf meine Fragen nach zeitgenössischen chinesischen Romanciers. Er lese hauptsächlich Mo Yan, Wang Anyi und Su Tong. Nein, er habe nicht viel von jungen chinesischen Autoren oder von dem chinesischen Nobelpreisträger Gao Xingjian gelesen, der in einem Pariser Vorort lebt. Ma Jian, Autor des von schwarzem Humor geprägten Romans *Peking-Koma*, der im selbstgewählten Exil in London lebt, sei in China kaum bekannt. Er interessiere sich mehr für ausländische Autoren. Kürzlich habe er Ian McEwans Roman *Am Strand* gelesen und eine Einleitung für eine Sammlung ins Chinesische übersetzter Erzählungen des britischen Romanciers geschrieben.

Voller Wärme sprach er dagegen von Wang, dem er erstmals in den 1980er Jahren in Beijing begegnet war und der zu den wenigen Leuten gehört, die er häufig sieht. In dem Restaurant saßen sie nebeneinander und boten ein Bild kaum zu überbietender Gegensätze. Wang, stets nachdenklich, und Yu, fröhlich und munter wie immer. Doch sie strahlten eine ungezwungene wechselseitige Achtung aus, die auf der gemeinsamen Erfahrung der stürmischen späten 1980er Jahre in Beijing und der vergnügten Wahrnehmung basierte, wie gewaltig die Dinge sich doch zu ihren eigenen Lebzeiten seit ihrer Schülerzeit während der Kulturrevolution in der Provinz verändert hatten. Wang schien Yus boshaft schelmische – wie er sagte: »scherzende« – Seite zu schätzen.

Sie waren gerade von einer Reise nach Nepal zurückgekehrt, wo sie gemeinsam eine Wildwasser-Raftingtour unternommen hatten. Yu gluckste, als er sich an seine Bemühungen erinnerte, sich in der wirbelnden Strömung im Boot festzuhalten. »Es war sehr gefährlich«, sagte er, »sehr gefährlich.« Aber er wirkte erkennbar betrübt, als ich ihn fragte, ob er die Olympischen Spiele in Beijing verfolgt habe. Die Organisatoren hatten versprochen, die Eintrittskarten nach dem Prinzip »Wer zuerst kommt, mahlt zuerst« zu vergeben, und er hatte sich gleich zu Beginn des Verkaufs um Tickets bemüht. Aber er kam nicht an die besseren Plätze beim Basketball heran, und fand dann später im Stadion leere Reihen vor, was auf frühe Blockverkäufe an hohe Parteifunktionäre hindeutete. »Typische KP-Korruption«, schimpfte Yu, und diesmal war ich froh über die laute Musik in diesem Restaurant.

Danach verstummte er und rauchte in seiner ruhigen, aber gespannten Art eine Zigarette nach der anderen, während Wang über die Finanzkrise des Westens und deren Auswirkungen auf die exportorientierte chinesische Wirtschaft redete. Die Börse sei abgestürzt, und an der Küste würden Fabriken geschlossen. Die Diskussion schien Yu zu langweilen. Als ich bemerkte, der damals bevorstehende Besuch Präsident Hu Jintaos bei Präsident Bush sei höchstwahrscheinlich eine Übung in Vergeblichkeit, erwiderte er: »Diese Politiker sind meistens nur Zeitverschwendung.«

Er wurde erst wieder munter, als ich ihn fragte, was er von Zhang Yimous Beitrag zur Eröffnungszeremonie der Olympischen Spiele in Beijing halte. Er sagte, er habe Verständnis für Zhang, dem oft vorgeworfen würde, er verkaufe sich an die kommunistischen Machthaber und an kommerzielle Interessen. »Mit seiner Karriere wäre ganz schnell Schluss gewesen, wenn er weiterhin Filme wie *Leben!* gemacht hätte. Er musste mit den Realitäten der chinesischen Gesellschaft leben. Und bei Filmemachern ist das etwas anderes. Ich kann immer noch in Taiwan publizieren, wenn man mich in China einengt. Auch in China wechselt das politische Klima ständig zwischen Öffnung und Schließung, und ich hatte das Glück, den richtigen Augenblick zu treffen.«

Als wir später mit dem Taxi nach Hause fuhren, saß er neben dem Fahrer und sprach über eine Gefahr für den künstlerischen Ausdruck in China, die neueren Datums war als die staatliche Kontrolle. »Ich mache mir wirklich Sorgen über den neuen Nationalismus«, sagte er. »Sobald in den ausländischen Medien auch nur die geringste Kritik an China geübt wird, gehen die Nationalisten in Massen online und attackieren diese Medien. Ich sage diesen zornigen jungen Leuten, dass die *New York Times* weit weniger Kritik an China als an Amerika übt. Im Grunde sind sie ahnungslos. Sie meinen, die amerikanischen Medien spendeten den amerikanischen Präsidenten immer nur Lob. Das Problem ist, dass die jüngere Generation Armut und Kollektivismus nicht erlebt hat. Ihr fehlt es an Zurückhaltung; sie weiß nicht viel, und ihre Erfahrung ist so begrenzt.«

Wir fuhren über breite Straßen nach Beijing hinein, vorbei an der nahezu imperialen Pracht seiner postmodernen Architektur. Yu schien begierig, in sein spärlich möbliertes Arbeitszimmer und den Raum mit dem Internetanschluss zurückzukehren. Früher am Tag, noch bei ihm zu Hause, hatte er von seinem Sohn gesprochen, der zwar nur das postmaoistische China kennengelernt habe, aber noch außergewöhnliche Veränderungen erleben werde, da die kapitalistische Wirtschaft zum Zusammenbruch verurteilt sei. Yu schaute kaum einmal aus dem Fenster, als er sagte: »Diese jungen Nationalisten haben keinen Sinn für Ambivalenz, keine Vorstellung von den Mehrdeutigkeiten des Lebens. Aber wenn die Zeiten härter werden, wird sich auch ihre Einstellung verändern; sie wird reifer werden, und da es mit dem Kapitalismus in China nicht weitergehen kann und er ein Ende finden wird, werden diese harten Zeiten schon bald kommen.«

# DRITTER TEIL

## Echos von Festlandchina

# Hongkong: Das Streben nach Kultur

Hongkong ist ein gewaltiger Lärm. Als ich nach einem langen Flug aus London dort ankam, hatte ich das Gefühl, in einen fiebrigen alten Traum vom Orient zu taumeln. Das Leben dieser Stadt ist von einer überwältigenden Intensität, einem Überschuss geprägt, der wegen des vertraut linearen Hintergrunds einer Metropole westlichen Stils noch verblüffender wirkt. Über die Bürgersteige und erhöhten Fußgängerwege und durch die an Kathedralen erinnernden Einkaufszentren strömen endlose Menschenmengen; aus den vergitterten Fenstern der puppenstubenartigen Wohnungen plärren Radios und Fernsehgeräte; riesige Videowerbetafeln leuchten und blinken über der Phalanx der an den Zebrastreifen wartenden Fußgänger; und der Lärm elektrischer Bohrmaschinen verfolgt einen überallhin, bis selbst die plumpen, glänzenden Enten, die in den Fenstern der Restaurants hängen, die besondere Lebendigkeit der Stadt übernommen zu haben scheinen.

Aber Hongkong, das der Kapitalismus in kaum mehr als einem Jahrhundert aus bloßem Fels zu einem glitzernden Stadtstaat hochgezogen hat, braucht nicht lange, um seine unerbittliche innere Logik zu enthüllen. Von Norman Fosters schwindelerregend großem Flughafen und César Pellis International Finance Centre mit seinen Zwillingstürmen bis hin zu der schlichten Fußgängerunterführung, die den Flaneur unversehens zu einem Louis-Vuitton-Store führt – all das ist in genialer Weise darauf ausgelegt, das uralte menschliche Bedürfnis, Geld zu verdienen – und mit vollen Händen auszugeben –, zu neuen Höhen des Rausches zu führen.

Als ich bei diesem Besuch durch Hongkong lief, schien die Übergabe der Stadt an das kommunistische China 1997 seltsam fern zu sein. Das von den Briten regierte Hongkong, so Mao Zedongs berühmter Scherz, sei nur »ein Pickel am Hintern Chinas«. Und als der Tag der Rückgabe der Insel an das chinesische Festland näher rückte, schienen die kommunistischen Führer Chinas entschlossen, den kapitalistischen Pickel vollständig auszudrücken. Deng Xiaopings Versprechen – »Ein Land, zwei Systeme« – erschien vielen nicht sonderlich glaubwürdig. In einer Titelstory kündigte *Fortune* 1995 »Hongkongs Tod« an.

Nahezu zwei Jahrzehnte später floriert die Stadt immer noch, ungeachtet all der Untergangsprophezeiungen, die seine Geschichte begleiteten – von der japanischen Besetzung 1942 über die kommunistische Übernahme 1949 und das amerikanische Handelsembargo gegen Maos China bis hin zur Kulturrevolution und dem Massaker auf dem Tiananmen-Platz 1989. Die Demokratie erscheint wie ein immer fernerer Traum für sieben Millionen Einwohner, von denen viele zusätzlich noch unter einer ökonomischen Ungleichheit südamerikanischen Ausmaßes und einer Luftverschmutzung leiden, die zu den schlimmsten der Welt gehört (und gleichsam karmisch auf Fabriken im Perlflussdelta zurückgeht, die zum Teil von Hongkonger Investoren finanziert werden). Doch die Taipane – die ausländischen Händler und Geschäftsleute, die einst die Stadt zum großen Umschlagplatz der Welt für den Handel mit China machten und deren Nachkommen heute noch in ihren weißen Villen auf dem Victoria Peak leben – waren selten glücklicher.

Hongkong mit seinem zuverlässigen Rechts- und Finanzsystem hat sich als perfekter Zugang zu seinem großen Nachbarn erwiesen, dessen kommunistische Herrscher sich erfreut an

Hongkongs Laissez-faire-Traditionen angepasst haben, zumal sie selbst mitten in einem radikalen Experiment mit dem Kapitalismus stecken, das sie allerdings unbedingt weiter als »Sozialismus chinesischer Prägung« bezeichnen wollen. Zwar hat das Wirtschaftswachstum wie überall in der restlichen Welt ein wenig nachgelassen, aber die Börse verzeichnet neue Rekorde, und das vor allem wegen chinesischer Unternehmen, auf die inzwischen etwas mehr als die Hälfte des gesamten Börsenwerts entfällt. Hongkong hat New York in der Zahl der Börsengänge überflügelt und konkurriert mit London um die Position der auf diesem Gebiet weltweit aktivsten Börse. Die Immobilienpreise sind kräftig gestiegen. Nur in London, Moskau, New York und Istanbul leben mehr Milliardäre.

So sah ich denn auch auf den Straßen mehr Rolls-Royce als jemals zuvor, und auf der Pferderennbahn in Happy Valley wimmelte es von juwelengeschmückten einheimischen Plutokraten in Nerz- oder Chinchillamänteln (ja, Pelz ist im feuchten Hongkong immer noch ein beliebtes Accessoire). Eines Abends in dem ultramodischen Kee Club im Hongkonger Vergnügungsviertel SoHo war ich wahrscheinlich der Einzige, der sich Sorgen wegen der steil ansteigenden Rechnung machte, als sich alter Veuve Cliquot in Strömen über mehrere Tische ergoss. Letztlich war nicht klar, wer die Zeche bezahlte – der schnoddrige Tycoon aus der einheimischen indischen Kaufmannsfamilie oder der aalglatte französische Exportkaufmann zu Besuch aus Shanghai. Und das schien auch niemanden zu interessieren.

Ausländische Geschäftsleute und Chinesen, die vor den Wirren des Kriegs und der Revolution vom Festland flohen, legten einst das wirtschaftliche Fundament Hongkongs. Gemeinsam scheinen sie die Stadt auch besser als die meisten anderen Metropolen auf das letzte Jahrzehnt hektischer Globalisierung vorbereitet zu haben – auf unbeschränkte Kapitalflüsse, Einwanderung und zügellose Konsumorientierung. Ereignisse, die außerhalb ihrer Kontrolle lagen (die ostasiatische Finanzkrise von 1998, SARS und die Vogelgrippe), brachten die Stadt für kurze Zeit aus dem Tritt. Doch Hongkong erholt sich immer wieder mit atemberaubender Geschwindigkeit, als wäre es mit übernatürlichem Glück gesegnet.

Ich stand oft am Fenster meines Hotelzimmers in einem der neuen, auf künstlich aufgeschüttetem Land in Hongkong Central, noch vor der bereits recht futuristischen Skyline der Innenstadt errichteten Stahl-und-Glas-Monolithen und schaute gebannt hinüber auf Kowloon und das chinesische Festland. Bei Tagesanbruch und spät am Abend wirkten die rostigen Dschunken, Barken und Sampans, die ruhig auf dem jadegrünen Meer lagen, und die altmodischen, grün und weiß gestrichenen Fähren der Star Ferry Line, die Victoria Harbour in alle Richtungen überqueren, als stammten sie aus Radierungen und Aquarellen jener britischen Beamten, die Hongkong im 19. Jahrhundert gründeten. Etwas von der ursprünglichen Wildnis zeigte sich in den dunstigen Umrissen des riesigen, der chinesischen Küste vorgelagerten Archipels (Hongkong ist nur eine von 234 meist unbewohnten Inseln). Doch Kowloon jenseits des schrumpfenden Hafens erstrahlte immer im Neonlicht.

Kowloon, in dem die Bauhöhe früher wegen des dort gelegenen Flughafens beschränkt war, kann sich inzwischen frei am Hongkonger Immobilienboom beteiligen. So entstand gerade das International Commerce Centre, das dritthöchste Gebäude der Welt, auf neugewonnenem Land in Kowloon. Nachts sah man unterhalb der Baukräne, die sich vor dem Himmel abzeichneten, eine Leuchttafel, die auf das Baugelände des »West Kowloon Cultural District« hinwies. Das im Victoria Harbour aufgeschüttete Neuland ist der Ort, an dem zumindest nach der ursprünglichen, 1999 verabschiedeten Planung der Regierung der Sonderverwaltungszone Hongkong der größte städtische Kunst- und Kulturbezirk Asiens, mehrere Male größer als das Lincoln Center, entstehen sollte. Ein Masterplan von Norman Foster bot eine betörende Phantasie aus Museen, Veranstaltungsstätten, Kunstschulen, Galerien und Ateliers unter einem transparenten Schutzdach. Das Projekt wurde schon bald durch den Vorwurf heimlicher Absprachen der Regierung mit privaten Projektentwicklern kompromittiert. Dennoch enthüllte es die tiefen neuen Bedürfnisse der Reichen und Mächtigen Hongkongs.

Gesättigt von Reichtum und Luxus, entwickeln sie offenbar kulturelle Ambitionen und steuern häufig die nötigen Geldmittel zu deren Verwirklichung bei. 2004 konnte das Hong Kong Philarmonic Orchestra, die wichtigste kulturelle Institution der Stadt, den weltbekannten Dirigenten Edo de Waart gewinnen. 2007 entzückte Gore Vidal das Publikum eines internationalen Literaturfestivals. Im selben Jahr stiftete Man Investments, Sponsor des britischen Booker Prize, einen neuen Hongkonger Preis für asiatische Literatur. Die Stadt, in der einige der gewagteren Arbeiten von I. M. Pei und Zaha Hadid zu sehen sind, ist heute auch für ihre Architektur-Biennale und ihre internationalen Messen auf dem Gebiet der modernen und zeitgenössischen Kunst bekannt.

In Hongkong werden seit langem schon herausragende Filme produziert. Einheimische Cineasten werden Ihnen wahrscheinlich stolz erzählen, dass der Hongkonger Regisseur John Woo einst Quentin Tarantino beeinflusste und Martin Scorseses *The Departed – Unter Feinden* auf der Hongkonger Thriller-Trilogie *Infernal Affairs – Die achte Hölle* basiert. Doch die Hongkonger Regierung hat größere Pläne, um die Stadt als

Wahrzeichen der kulturellen wie auch ökonomischen Globalisierung darzustellen. Auf offiziellen Websites, auf Spruchbändern, Bussen und Werbetafeln in der ganzen Stadt wird Hongkong als »Weltstadt Asiens« gepriesen. Peter Gordon, Kolumnist beim *Standard*, der auflagenstärksten englischsprachigen Tageszeitung der Stadt, fasste das dortige Streben nach einer international herausragenden Bedeutung mit den Worten zusammen, »Hongkongs Rolle als Weltstadt Asiens« könne durchaus auch ein Schritt auf dem Weg Hongkongs sein, »die zweite Welthauptstadt« nach New York zu werden.

Über solche verstiegenen Visionen können manche nur lachen – vor allem solche, die Hongkong als eine äußerst spießige Stadt kennen, deren Bars und Prostituierte sie während des Zweiten Weltkriegs, des Korea- und des Vietnamkriegs zu einem Ort für Fronturlauber machten. Und in der Tat, wenn man im Zentrum dieser zutiefst kommerziellen Insel steht, kann man sich durchaus fragen, ob Hongkong Kultur überhaupt braucht.

Gewiss fehlt es nicht an Möglichkeiten für Freizeit und Unterhaltung. Hongkongs Disneyland mit seinen höchst chinesischen Eigenheiten wurde 2005 auf Lantau, der größten Insel des Archipels, eröffnet. Für jemanden, der nach Luxus sucht, verbinden nur wenige Grandhotels auf der ganzen Welt so gelungen orientalische Pracht mit westlicher Bequemlichkeit wie das Peninsula Hotel in Kowloon. Und kein Ort in den ehemaligen Besitzungen des britischen Empire in Asien – Indien, Singapur, Sri Lanka – strahlt heute noch so viel imperiale Selbstsicherheit und Eigenständigkeit aus wie der Hongkonger Foreign Correspondents Club, der sich in den Räumen eines alten Eishauses in einer der gewundenen hügeligen Straßen in Hongkong Central befindet.

Mit dem Hubschrauber ist man in kürzester Zeit in Shenzhen,

wo Nick Faldo, Greg Norman und Vijay Singh sich am Entwurf der größten Golfanlage der Welt beteiligt haben. An der Küste Macaos, das man mit der Fähre in einer Stunde erreicht, stehen Miniaturnachbildungen der Verbotenen Stadt in Beijing und des Potala-Palastes in Lhasa gleich neben einem Hotel-Casino-Komplex ähnlich monströsen Ausmaßes wie in Las Vegas. Malerische Fischerdörfer auf Lamma Island erfüllen sattsam die Sehnsucht nach ländlicher Idylle, die einen angesichts der unerbittlichen Bevölkerungsdichte in Hongkong immer wieder überkommt. Die Strände auf der relativ ordentlichen Südseite der Insel sind immer noch bemerkenswert sauber; und die im Kolonialstil gehaltene Veranda des wiederaufgebauten Repulse Bay Hotel ist ein guter Ort, um einen ganzen Nachmittag mit Nichtstun zu verbringen.

Hongkong ist heute nicht mehr die Hauptstadt des Cantopop, jener Popmusik westlicher Machart, die einst die gesamte chinesischsprachige Welt begeisterte. Der King des Easylistening Andy Lau ist heute eher bekannt für seine Tough-Guy-Rollen in Filmen wie *Infernal Affairs* und Johnnie Tos *Election.* Das heute nicht mehr ganz so zwielichtige Hongkonger Nachtleben, das Filme wie *Die Welt der Suzie Wong* (1960) verewigt haben, floriert immer noch in den engen Gassen von Lan Kwai Fong, einem hügeligen Viertel in der Nähe des Geschäftszentrums Hongkong Central und des SoHo-Viertels. Der erhöhte Fahrsteig, der sich dort vorbeischlängelt, gewährt faszinierende Einblicke in das beengte Leben in den Wohnblocks (Topfpflanzen, flackernde Fernsehbildschirme, Wäscheständer, Mahjong-Tische, der Duft chinesischer Kräuter) und den in Hongkong seltenen Anblick ruhender Menschen, während die unterirdischen Arkaden in den U-Bahn-Stationen, vor allem in East Tsim Sha Tsui, wo die MTR-Linie die KCR-Line kreuzt, ein ebenso unvergessliches Schauspiel aus Licht und Energie bieten.

Außerdem kann man in Hongkong wunderbar essen. Dank der Einwanderer und der Ausländer, die ihre eigenen regionalen kulinarischen Traditionen mitgebracht haben, besitzt die Stadt in dieser Hinsicht wohl die größte kosmopolitische Vielfalt. Ein Dim-Sum-Frühstück, eines der exemplarischen Erlebnisse der Stadt, erhält man immer noch zuverlässig im Fook Lam Moon in Wanchai. Für gastronomisch Anspruchsvollere spielt man zum Zwölfgangmenü im Sichuan-Restaurant Da Ping Huo auf der Hollywood Road Xiaoxing-Oper. Küchenchefinnen und Chefs wie Michelle Garnaut und Teage Ezard im Opia führen ihre australische Kunst erfindungsreicher Fusion-Küche zu eindrucksvollen Höhen. Die Lebensmittelabteilungen in großen Einkaufszentren wie Pacific und IFC bieten gesunde, frisch gepresste Säfte und Smoothies, doch die *dai pai dong*, im Freien aufgestellte Verkaufsstände für Meeresfrüchte auf dem Temple Street Night Market im Kowlooner Viertel Yau Ma Tei sind ebenso verlockend wie die gefälschten Prada-Taschen und die Raubkopien des DVD-Boxsets von *The Wire*. Der Nachmittagstee mit köstlichen englischen Gurkensandwiches in der Lobby des Peninsula Hotel bleibt ein Vergnügen. Nur einen kurzen Spaziergang von der Nathan Road entfernt, serviert eine einfache südindische Kantine die weichsten Idlis außerhalb von Chennai.

Hongkongs leicht zu konsumierender Kosmopolitismus vertiefte wahrscheinlich noch die selbstgefällige Stimmung der Regierung am zehnten Jahrestag der Übergabe der Stadt an China, an dem das Schlagwort »Asiens Weltstadt« bis zum Erbrechen verbreitet wurde. Der wirtschaftliche Erfolg kommt zwar auch den Galerien und Buchhandlungen zugute, hat aber bislang noch nicht zu einer Explosion neuen Schreibens und Denkens auf der Insel geführt. Obwohl Hongkong lange schon größere künstlerische Freiheit genießt als China und Taiwan, muss die Stadt erst noch einen Schriftsteller von Weltrang hervorbringen – den ersten Man Asian Prize gewann ein Schriftsteller vom chinesischen Festland. Aufgrund der kulturellen Leere scheinen die zahlreichen riesigen Einkaufszentren der Stadt oft voll von Menschen zu sein, für die nach der vernichtenden Kritik des Essayisten John Chan, ehemals Herausgeber der *City Times*, einst Hongkongs coolster Zeitschrift, »nichts geschehen ist« – jedenfalls nichts im Vergleich zu den schwierigen historischen und politischen Erfahrungen ihrer Landsleute in China und Taiwan.

Leo Lee Ou-fan, Professor für Sinologie an der Universität Hongkong, schreibt: »Eine Gesellschaft ohne radikalen Protest und intellektuelle Gärung ist langweilig.« »In der hiesigen Kultur geht es ausschließlich darum, Geld zu gewinnen oder zu verlieren«, versicherte mir Augustine Mok Chiu, eine der angesehenen Theaterregisseurinnen der Stadt, die zum Spaß einwilligte, auf einer Liste der »schönen Verlierer in der Hongkonger Kunst und Kultur« zu erscheinen, die in der ersten Nummer der mutig anspruchsvollen Themen gewidmeten Hongkonger Zeitschrift *Muse* erschien. Die taiwanesische Romanschriftstellerin Lung Yingtai, Kulturministerin in Taipei, bringt dieses Gefühl zum Ausdruck: »In Hongkong ist wirtschaftlicher Nutzen der zentrale Wert bei allen Entscheidungen, und die einzige Ideologie lautet Entwicklung«, schrieb sie in einem vernichtenden Artikel im Hongkonger *Apple Daily*.

Mit seinem riesigen und reichen Hinterland China ist Hongkong zumindest theoretisch eher in der Lage als die Wüstenaraber Dubais und Abu Dhabis, Kultur für den örtlichen Konsum zu kaufen. Und dennoch haben bislang noch keine übersättigten Raubritter gleichsam als Fricks oder Carnegies Hongkongs ein erkennbares Interesse am Bau oder der Ausstattung von Museen gezeigt. Selbst die Entdeckung der zeitgenössischen chinesischen Kunst, die von Hongkonger Kunstkennern wie David Tang, dem Gründer von Shanghai Tang, und Johnson Chang, dem Besitzer der führenden Kunstgalerie der Stadt, vorangetrieben wurde, hat sich in ein lukratives Milliardengeschäft verwandelt, in dem Hongkonger Auktionshäuser, die nur von denen in London und New York übertroffen werden, als Vermittlungsinstanzen für Privatsammler agieren.

Die Stadt achtet kaum auf ihr architektonisches Erbe – oder das wenige, was nach Jahrzehnten der Verwüstung durch Projektentwickler geblieben ist. »Städte sind Produkte ihrer Zeit«, schrieb Lewis Mumford einmal. »Sie sind die Gussformen, in denen das Leben der Menschen abgekühlt und erstarrt ist und die mit den Mitteln der Kunst Augenblicken dauerhafte Gestalt verleihen, welche ansonsten mit dem Leben verschwänden und keinerlei Mittel zur Erneuerung oder erweiterten Teilhabe hinterließen.« Ein gewisses Gefühl für ihre verschwindenden Wahrzeichen dürfte jene Demonstranten bewegt haben, die im Dezember 2006 in Hongkong den alten Star-Ferry-Pier stürmten und am Glockenturm ein Spruchband mit der Aufschrift »Bewahrt unser kollektives Gedächtnis« anbrachten.

Dennoch ließ die Regierung das reizvolle alte Gebäude abreißen (ein Akt von Vandalismus, vergleichbar mit der Zerstörung der alten Penn Station in New York), und an dessen Stelle setzte man einen Bau im nachgemachten edwardianischen Stil, der praktischerweise durch eine Fußgängerbrücke mit dem IFC-Einkaufszentrum verbunden ist. Das Government House in Hongkong Central und der Western Market gehören zu den alten und heute noch stehenden Bauwerken, deren unbekümmerte Selbstentschlackung Marx' berühmtes Diktum über die Rücksichtslosigkeit des kapitalistischen Fortschritts bestätigt:

»Alles Ständische und Stehende verdampft.« Das gerade erst gebaute Ritz-Carlton Hotel wurde 1993 nahezu vollständig demoliert, bevor es den ersten Gast empfing, weil das multinationale Konsortium, das es baute, der Ansicht war, mit dem Verkauf von Büroflächen in einem höheren Gebäude mehr Geld verdienen zu können.

Eine nahezu vollständig von Emigranten erbaute Stadt, in der viele nur eine Durchgangsstation erblicken, kann indessen einer gewissen Wurzellosigkeit nicht entgehen. Diese Leichtigkeit des Seins erklärt zum Teil, weshalb Hongkong niemals eine eigene kosmopolitische Kultur entwickelte – im Unterschied zu seiner Schwester, der Hafenstadt Shanghai, die zur selben Zeit von ausländischen Geschäftsleuten erbaut wurde (und es geschafft hat, einige der alten Viertel zu erhalten, obwohl sie inzwischen von einem Netzwerk aus Politikern und Immobilienfirmen beherrscht wird). Zugleich liegt hier die Erklärung, weshalb Hongkong stets darauf bedacht schien, sich von seinen Herrschern prägen zu lassen – ob nun von den Briten oder von den Chinesen.

Das jahrzehntelang unter britischer Herrschaft stehende Hongkong war ein ständiger Vorwurf an das rückständige und muffige China; der glänzende Wohlstand und Konsum der Stadt wurde von den armen Vettern im Norden beneidet. Doch in den letzten Jahren erlebt die Stadt das umgekehrte Phänomen. Der Cantopop erscheint inzwischen als Ausnahme, und wie ein Großteil des Hongkonger Kinos ist er angesichts der Konkurrenz vom chinesischen Festland verwelkt, zumal dort hauptsächlich Mandarin gesprochen wird. Statt seine Film- und Popmusikstars in den Norden zu schicken, verleiht Hongkong heute Schauspielerinnen, Astronauten, Konzertpianisten, Models und Olympiasportlern, die in China bereits den Status von Idolen erlangt haben, einen zusätzlichen Glanz, den sie eigentlich gar nicht benötigen. Im Geschäftsviertel Hongkong Central genießen Festlandschinesen, die ihre Ausbildung im Ausland erhalten haben, größere Wertschätzung als ihre englisch oder kantonesisch sprechenden Kollegen. Taxifahrer absolvieren Schnellkurse in Mandarin, um die chinesischen Touristen besser bedienen zu können, die etwas mehr als die Hälfte der jährlich 25 Millionen Besucher Hongkongs bilden.

Perry Lam, Herausgeber von *Muse*, sagte mir: »Hongkong leidet heute an einer ernsthaften Verunsicherung hinsichtlich seiner Identität.« Auch das dürfte seinen Grund in der Tatsache haben, dass Hongkong – anders als Shanghai, wo die Demütigungen durch die ausländische Herrschaft die chinesische Kunst und Literatur sowie den Nationalismus anspornten – nichts hervorbrachte, was auch nur in die Nähe einer politischen Opposition kam, die oft eine Voraussetzung für einheimische Kulturproduktion oder gar deren Qualität darstellt. Perry Lam meinte dazu: »Es sagt viel über Hongkong aus, dass mehr als ein Jahrhundert britischer Herrschaft keinen einzigen antikolonialen Helden hervorgebracht hat. Einem Helden am nächsten kam noch Bruce Lee – und der stammte aus San Francisco.«

Lung Yingtai glaubt, Hongkong müsse erst noch mit der Kultur seiner Kolonialherren brechen oder zumindest deren »ästhetischen Geschmack«, »Wertesystem« und »geschichtliche Sichtweisen« in Frage stellen. Selbst Peter Gordon, der behauptet, die Einsprachigkeit Shanghais und der dortige Mangel an geistiger und kultureller Freiheit machten Hongkong zum aussichtsreichsten Kandidaten für die Stellung des asiatischen Alter Egos New Yorks, selbst Gordon glaubt, der Bau großer Veranstaltungsstätten, wie für den West Kowloon Cultural District geplant, sei keine Garantie für kulturelle und geistige Leistungsfähigkeit. Er räumt ein, die Stadt müsse im

Bereich der Literatur und des Geistes ähnliche Leistungen erbringen wie auf den Gebieten des Kinos und der Musik; außerdem müsse sie »ihre Individualität stärken, statt sich kleinlaut an das übrige China anzupassen«.

Das mag allzu viel verlangt sein von den alten, geschichtlich unschuldigen Nutznießern des großen Glücksfalls Hongkong – den Einwanderern, die in den 1940er und 1950er Jahren aus China dorthin flohen. In ihrem Kampf ums bloße Überleben vermochten sie ihren vielleicht vorhandenen Drang nach Dissens oder individuellem kulturellen Ausdruck verständlicherweise nicht zu verwirklichen. Ähnlich wie in Amerika oder Australien im frühen 20. Jahrhundert dürfte es wohl eher ihren privilegierten Kindern und Enkeln vorbehalten sein, den intellektuellen und kulturellen Rückstand Hongkongs zu überwinden. Und es gibt ermutigende Anzeichen dafür in der aktuellen Identitätskrise der Stadt und ihren Bemühungen um die auffälligsten Formen von Kultur, ganz zu schweigen von der politischen Unruhe, die sich in gutbesuchten Veranstaltungen zum Gedenken an das Tiananmen-Massaker und in häufigen Demonstrationen gegen die Hongkonger Marionettenregierung äußert.

An meinem letzten Abend in der Stadt nahm ich die aus viktorianischer Zeit stammende Trambahn hinauf zum Peak, der gleichsam der felsigen Hügellandschaft ein mehr oder weniger vertikales Maß vorgibt und atemberaubende Ausblicke über die Insel und das umgebende Meer bietet. Oben war es nebelig, doch die opulente Neonbeleuchtung der Stadt drang hindurch. Hier oben erschien mir Hongkong, das trotzig aus den schwachen Umrissen der riesigen Inselgruppe vor der chinesischen Küste hervorleuchtete, mehr denn je als die Apotheose der kapitalistischen Moderne: ein sonderbares Utopia, bereits vorweggenommen von Stadtstaaten wie Singapur und Dubai, in denen freies Unternehmertum reibungslos mit autoritärer Politik und Ersatzkultur koexistiert. Dennoch spürte ich in diesem kostbaren Augenblick der Stille und Einsamkeit in mir die Überzeugung, dass eine mit solcher materiellen Fülle gesegnete Gesellschaft am Ende Sehnsüchte hervorbringen wird, die sich nicht durch die bloße Anhäufung von Waren stillen lassen – eine historische Lehre, an die man sich erinnern sollte, während Hongkong – scheinbar kopflos wie immer – seiner Zukunft entgegenrast.

# Mongolei: Aus der Geschichte gefallen

Als ich mit der Transsibirischen Eisenbahn aus Beijing in der Mongolei eintraf, fragte ich mich, wo all die Menschen waren. In China waren sie überall in großer Menge zu sehen, und die dichten Menschenmassen wirkten selbst auf jemanden aus Indien überwältigend. Aber nur wenige Kilometer, nachdem wir die chinesische Grenze hinter uns gelassen hatten, herrschte dort in der Mongolei eine märchenhafte Leere.

Das hätte mich eigentlich nicht in Erstaunen versetzen sollen – schließlich bedeckt die Wüste Gobi weite Teile der südlichen Mongolei. Aber wenn ich an die Mongolei dachte, stellte ich mir die zahllosen Reiter vor, die im 13. Jahrhundert durch Zentralasien und Russland bis nach Westeuropa stürmten und das größte Landreich schufen, das die Welt jemals gesehen hat.

Während dieses ganzen kalten Morgens zog Weideland vor den Zugfenstern vorbei. Gelegentlich sah ich ein *ger* – das weiße, runde Zelt, das die mongolische Version der zentralasiatischen Jurte darstellt – und Pferde in Begleitung von Hirten mit einer *uurga*, dem mongolischen Lasso. Und dann wieder stundenlang Leere.

Die leere Landschaft schien die chinesischen Zugbegleiter in meinem Wagen niederzudrücken. Sie hatten mit ihren Kollegen bei einem Bier zusammengesessen, als der Transsibirien-Express seine Fahrt von Beijing durch die Wüste Gobi nach Sibirien begann, und kaum aufgeschaut, als ich mit Hilfe der Redewendungen in meinem Taschenwörterbuch stotternd meine

Bitte um heißes Wasser vorbrachte. Im strahlenden Licht des mongolischen Morgens schienen sie sich zurückgezogen zu haben. Das russische Paar im Abteil nebenan wirkte gleichfalls missmutig. Sie hatten eine schreckliche Nacht hinter sich. Als wir in der Nacht zuvor die Grenze überquerten, hatte der mongolische Grenzbeamte ihnen gesagt, ihr Visum sei abgelaufen, und gedroht, sie an einem Ort aus dem Zug zu werfen, der buchstäblich am Ende der Welt zu liegen schien. In meinem Abteil hatte ich ihre flehentlichen Bitten gehört. Selbst die chinesischen Zugbegleiter schienen Mitleid mit ihnen zu haben.

Nach einer Verzögerung von nahezu zwei Stunden hatte der mongolische Beamte ein Einsehen. Er gab nach und stellte den Russen neue Visa aus. Möglicherweise hatte er nur geblufft. Die chinesischen Zugbegleiter wirkten erleichtert und die Russen dankbar, wenn auch abgekämpft von dieser Prüfung.

Es war schon eine sonderbare Szene – die selbstbewussten Mongolen, die kleinlauten Chinesen und die erschrockenen Russen. Der Vorfall verwies auf große historische Verschiebungen und Ironien. Die Hierarchien des Kalten Kriegs, als die Mongolei ein Satellitenstaat der Sowjetunion gewesen war, galten nicht mehr. Erst nach einigen Tagen Aufenthalt in der Mongolei, als ich besser zu verstehen vermochte, was es hieß, ein moderner Mongole zu sein und in einem zwischen Russland und China eingezwängten Land zu leben, wurde mir die Bedeutung des Geschehens klar, das ich da miterlebt hatte.

Obwohl von Giganten umgeben, ist die Mongolei kein Nichts. Sie ist doppelt so groß wie Texas, doch mit einer Gesamtbevölkerung von nicht einmal drei Millionen Einwohnern besitzt sie die niedrigste Bevölkerungsdichte der Welt. Mehr als ein Drittel der Mongolen lebt in der Hauptstadt Ulaanbaatar, die auf einer von hohen Bergen umgebenen Hochebene liegt. Es war erst Ende September, als ich die Stadt besuchte, doch es fühlte sich an wie zur Winterzeit im Himalaya, denn die Luft roch nach Schnee. Die Temperaturen können an einem einzigen Tag um 30 °C schwanken. Am Abend meiner Ankunft verließ ich das Hotel ohne passende Kleidung und holte mir eine Erkältung.

Ich hatte die Absicht gehabt, Ulaanbaatar sogleich zu verlassen und in das südliche Grenzland zu fahren, wo die mongolische Steppe in die russische Taiga und damit in eine noch reinere Leere übergeht, als ich sie vom Zug aus gesehen hatte. Doch meine Erkältung zwang mich, noch einige Tage in Ulaanbaatar zu bleiben. Das war kein Verlust. Die kleine Stadt, die sich zu Fuß gut erwandern lässt, hält für den Flaneur zahlreiche Überraschungen bereit. Ich hatte sie mir chinesischer oder asiatischer vorgestellt: als Zwischenstation oder Marktstadt, mit Nomaden zu Pferde und Mönchen in karmesinroten Gewändern in den engen Gassen. Die Mongolei war schon 1924 nach der Sowjetunion als zweites Land der Welt kommunistisch geworden. Ich hatte nicht mit der europäische Vorbilder nachahmenden sowjetischen Architektur in Ulaanbaatar und den in kyrillischer Schrift gehaltenen Schildern gerechnet, aber noch weniger mit den Verkehrsstaus auf breiten Straßen, den neuen Cafés, Bierbars, Schönheitssalons und Discotheken voller Ausländer und modisch gekleideter mongolischer Jugendlicher oder den zahlreichen Baukränen überall, einer davon an der Baustelle des ersten Fünfsternehotels in der Mongolei. Da ich Vegetarier bin, hatte ich mich auf den Mangel in der Mongolei vorbereitet und in Beijing Käse und Kekse eingekauft. Dass ich meine Zeit verschwendet hatte, wurde mir klar, als ich durch die Peace Avenue ging, die Hauptstraße der Stadt, die von Kaufhäusern und Supermärkten und zahllosen Restaurants einer vielfältigen multiethnischen Mischküche gesäumt ist.

Diese Bilder von Luxus schienen weit entfernt, wenn ich morgens in meinem Hotelzimmer aufwachte und eine Leninstatue sah, die den Blick aus meinem Fenster beherrschte. Mit seinen hohen Decken und Kandelabern, seinen marmornen Treppenaufgängen und seinem grundsätzlich nicht reagierenden Personal schien das Hotel selbst vollkommen einer sowjetischen Vorstellung von Luxus zu entsprechen. Neoklassizistische Bauten säumen den Sukhbaattar-Platz, eine nach jenem mongolischen Nationalisten benannte Betonwüste, der sein Land 1921 vom chinesischen Einfluss befreite, nur um ihm dann den sowjetischen aufzubürden. Ein in grellem Rosa getünchtes Gebäude erregt besondere Aufmerksamkeit: die Staatsoper, die auch in Sankt Petersburg nicht fehl am Platze gewirkt hätte, als Teil der russischen Phantasievorstellung von Europa.

Ein großer Teil von alledem war, wie ich erfuhr, das Werk des mongolischen Kommunisten Yumjaagiyn Tsedenbal und seiner russischen Ehefrau Anastasya Filatova, die das Land gemeinsam von 1952 bis 1984 regierten und mit eiserner Faust den russischen Einfluss zementierten, vor allem hinsichtlich der kommunistischen Kommandowirtschaft, in der alle Produktionsmittel sich in Staatsbesitz befanden und die Privatwirtschaft starken Beschränkungen unterworfen war. Sie säuberten Ulaanbaatar noch weiter von chinesischen Einflüssen.

Schon vor der Herrschaft der beiden hatte die Sowjetunion einen dunklen Schatten auf die Mongolei geworfen – der Kommunismus hatte es geschafft, hier die Grausamkeiten und Absurditäten zu wiederholen, mit denen er die Menschen in der Sowjetunion und Osteuropa heimgesucht hatte. An einem Nachmittag besuchte ich in Ulaanbaatar die Gedenkstätte für Opfer der politischen Verfolgung. Sie war kurz nach 1990 geschaffen worden, als die Mongolei sich vom Kommunismus befreite und der Demokratie zuwandte. Der Leiter des Museums, Bekhbat Sodnom, führte mich durch die Räume, und wie sich herausstellte, war er der Enkel Peljisiyn Gendens, der Anfang der 1930er Jahre Ministerpräsident der Mongolei gewesen war.

Genden wurde auf Befehl Stalins erschossen, nachdem er sich mehrfach geweigert hatte, die Anweisung des sowjetischen Diktators auszuführen und die Mongolei von angeblich antikommunistischen und rechtsgerichteten Elementen wie den buddhistischen Mönchen zu säubern. Stalin ließ noch weitere mongolische Führer liquidieren, bis er schließlich Leute fand, die bereit waren, seinen Anweisungen zu folgen. Das Museum zeigt zahlreiche Beweise für den Terror, den die Mongolei in den 1930er Jahren erlebte. Im Erdgeschoss sind Fotos einiger der vielen tausend Mongolen zu sehen, die in dieser Zeit ermordet wurden. Im ersten Stock stand ich plötzlich vor einer Vitrine, in der eine Reihe Schädel mit Schusslöchern aufgehäuft lagen. Ich zuckte zusammen, doch mein Gastgeber schien unbeeindruckt.

Sodnom sagte mir später, er sei der Ansicht, die Besucher sollten mit dem ganzen Ausmaß der Tragödie konfrontiert werden, die die Sowjetunion und ihre mongolischen Verbündeten der buddhistischen Kultur und Identität der Mongolei zugefügt hätten. Todesschwadronen, die im ganzen Land wüteten, hätten mehr als 20 000 Mönche ermordet und mehr als 700 Klöster zerstört. Sie hätten auch die gesamte gerade erst aufblühende Intelligenz des Landes ausgerottet, so dass, wie der britische Journalist Jasper Becker schrieb, »im ganzen Land nur fünf Leute mit mehr als Volksschulbildung übrig blieben«.

Bedenkt man, dass alle anderen ethnischen Nationalitäten zwischen Russland und China – Kasachen, Usbeken, Kirgisen, Tadschiken, Tibeter, Uiguren – einem der beiden kommunistischen Imperien eingegliedert wurden, kann die ununterbrochene Existenz der Mongolei als unabhängiger Staat nur als Leistung gelten. Dennoch wunderte ich mich bei meinen Spaziergängen durch Ulaanbaatar über die Beweise einer außergewöhnlichen Umkehrung der Geschichte, war es Russland, das einst die mongolischen Horden fürchtete, doch gelungen, die Mongolei vollständig zu beherrschen.

In weiten Teilen des zweiten Jahrtausends hatten die Mongolen, von den Russen Tataren genannt, Russland entweder beherrscht oder bedroht. In vielen russischen Städten lebten Mongolen, und beide Gruppen heirateten untereinander. In den Adern zahlreicher berühmter Russen floss angeblich auch mongolisches Blut; dazu zählten Boris Godunov, Gogol und offenbar sogar Lenin. Der russische Staat, der sich im 16. Jahrhundert zu entwickeln begann, war Nachfolger des Imperiums, das Dschingis Khan durch seine Eroberungen geschaffen hatte. (Die sowjetischen Kommunisten und ihre mongolischen Helfer verunglimpften den großen mongolischen Helden.)

Nach dem Zusammenbruch des Kommunismus erlebte Dschingis Khan ein triumphales Comeback. Zahlreiche Lenin- und Stalinstatuen wurden entfernt, und heute steht Dschingis Khan überall in Ulaanbaatar; sein bärtiges Gesicht findet sich auf Geldscheinen, Werbetafeln, Streichholzschachteln und Ladenschildern. Im November 2012 nahm die mongolische Regierung auf internationalen Geldmärkten 1,5 Milliarden Dollar durch die Ausgabe einer Anleihe auf, die den Namen »Dschingis-Bond« trägt.

Ich war in Ulaanbaatar, als der mongolische Staatspräsident vor der UN-Vollversammlung in New York sprach und dabei Dschingis Khan als Vorbild einer effizienten und humanen Regierung bezeichnete. Als ich seine Rede in der *UB Post*, der englischsprachigen Wochenzeitschrift der Mongolei, las, stellte ich mir vor, dass Vertreter der zentralasiatischen Republiken sowie Afghanistans, des Iran und des Irak sich protestierend erhoben und die Namen von Städten nannten, die von den Mongolen zerstört wurden – Samarkand, Herat, Kandahar, Nischapour …

Doch die Revisionisten haben sich der Figur Dschingis Khans angenommen. Die moderne Fassung der Legende dieses Mannes ist von dessen extremen Grausamkeiten gereinigt. Allerdings lassen die Massenmorde Stalins und Hitlers im 20. Jahrhundert Dschingis Khan als einen Gemäßigten erscheinen.

Für die Mongolen dürfte das eine Erleichterung sein. Denn ausgewiesene Helden wie Dschingis Khan scheinen eine Art Kitt für eine nationale Identität zu sein, die seit 1990 zersplittert ist. Armut und Entbehrung einten die Mongolei in der kommunistischen Zeit; die Stagnation sicherte ein gewisses Maß an Stabilität. Doch der Übergang zur freien Markwirtschaft nach 1990 hat wie in Russland für viel Verwirrung und Not gesorgt.

Nach Ansicht des besten amerikanischen Kenners des Landes, Morris Rossabi, mag die Mongolei erfolgreich den Übergang zu einem Mehrparteiensystem vollzogen haben, doch die wirtschaftliche Ungleichheit zwischen den wenigen, die Nutzen aus der Anwesenheit von Ausländern in der Mongolei ziehen, und denen, die dies nicht können, nimmt ständig weiter zu. In Ulaanbaatar hat sich die Zahl der Straftaten seit 1990 verdreifacht, und die Pfandhäuser florieren.

Die in der Stadt lebenden Herrscher der Mongolei erklären oft, sie wollten, dass ihre Untertanen die nomadische Lebensweise aufgeben und in die Städte ziehen. Bei meinen Spaziergängen durch Ulaanbaatar wurde mir jedoch schon bald klar, dass die neuen Annehmlichkeiten und Luxusangebote der Stadt – die Cafés, Bars und Discotheken – den Ausländern und einer kleinen Zahl mongolischer Neureicher vorbehalten sind.

In den Vorstädten hausen ehemalige Beschäftigte der Staatsbetriebe in schäbigen Wohnblocks aus der Sowjetzeit oder, schlimmer noch, in *gers* ohne fließendes Wasser und sanitäre Einrichtungen. Der Smog in Ulaanbaatar, den ich dem raschen industriellen Wachstum zugeschrieben hatte, stammt weitgehend aus den Kohleöfen in den Vorstädten.

Es ist nur schwer zu erkennen, wie die Dinge sich rasch verbessern könnten. Die Wirtschaft des Landes, die zuvor in beträchtlichem Maß von ausländischer Hilfe und ausländischen Investitionen abhing, hat durch die Entdeckung von Kupfer- und Goldvorkommen einen kräftigen Schub erhalten. Die Kupfer- und Goldmine Oyu Tolgoi (Türkisberg), die sich teilweise im Besitz des britisch-australischen Bergbauriesen Rio Tinto befindet, soll 2020 ein Drittel des Bruttoinlandsprodukts beisteuern. Fortdauernde Streitigkeiten zwischen der mongolischen Regierung und dem Bergbaukonzern könnten den nationalen Wohlstand hinauszögern oder die Mongolei in eine Kleptokratie verwandeln, wie ein anderes einst schrecklich armes und heute rohstoffreiches Land: Angola.

Zweifellos wächst mit dem Wohlstand auch die Abhängigkeit der Mongolei. Das Land braucht umfangreiche ausländische Hilfe, um seine offenbar großen Lagerstätten an Kohle, Eisenerz, Zinn, Uran, Kupfer, Gold und Silber auszubeuten. Das benachbarte China, das ständig auf der Suche nach Rohstoffen ist, könnte hier helfen. Fast alle mongolischen Exporte – Erze, Kaschmirwolle, Schafwolle, Milcherzeugnisse – gehen nach China, das auch der größte Investor im Lande ist. Die riesigen Kohle- und Kupfervorkommen sind gleichfalls für China bestimmt. Die politischen Beziehungen zwischen beiden Ländern sind dagegen weiterhin kühl. Sie werden gegenwärtig durch ein nationalistisches Japan kompliziert, das in der Region eine breite antichinesische Koalition zusammenzubringen versucht, zu der nach japanischen Vorstellungen auch die Mongolei gehören soll. Der japanische Premierminister Shinzo Abe besuchte die Mongolei Ende 2013 und sprach dabei einschmeichelnd, wenn auch wenig überzeugend von einer »strategischen Partnerschaft« mit einem Land, das »die Werte der Freiheit, der Demokratie, der Rechtstaatlichkeit und der Menschenrechte« teile.

Seit 1990 findet man in der Mongolei auch jene Ausländer, die wirtschaftliche Hilfe und zugleich kulturelle Identität versprechen: die christlichen Missionare aus den Vereinigten Staaten. Ich hatte gelesen, dass die amerikanischen Kirchen, denen das bevölkerungsreiche China verschlossen bleibt, weil dieses jede Missionstätigkeit verbietet, ihre Aufmerksamkeit anderen Ländern Ost- und Zentralasiens zugewandt haben, vor allem Korea, Japan und der Mongolei. Fast alle größeren Kirchen und Sekten sind in der Mongolei vertreten, und obwohl es keine zuverlässigen Zahlenangaben dazu gibt, haben sie in der Mongolei offenbar doch zahlreiche »Reis-Christen« gefunden – Leute, die im Austausch gegen Nahrung und Unterkunft und die Möglichkeit, in den Westen zu reisen, zur Konversion bereit sind.

Agizul Sosor, Projektmanager der Tibet Foundation, die sich um die Wiederbelebung des Buddhismus in der Mongolei bemüht, sagte mir: »Die neue Generation der Mongolen ist sehr konsumorientiert. Sie wünschen sich Autos, Jeans, Stereoanlagen und Satellitenfernsehen, und sie gehen zu jedem, der ihnen das gibt. Aber nur wenige Leute können diese Dinge haben; die Übrigen können nur neidisch und erbost zuschauen.«

An einem Sonntagmorgen ging ich in einem Außenbezirk der Stadt zu einem Gottesdienst in einen Mormonentempel – einen von vielen der Stadt. Die weißen Türme des Tempels erhoben sich sauber über der üblichen Ansammlung von Wohnblocks mit ihren flatternden Wäscheleinen. Mongolen in gefälschten Markenjeans, Turnschuhen und Anoraks füllten die kleine Kapelle. »Es sind gute Kids«, sagte mir einer der sehr jungen Amerikaner mit Bürstenhaarschnitt und extrem ernstem Gesichtsausdruck.

Wie sich zeigte, kam er aus Utah und hatte in der Mongolei gerade einen zweijährigen Aufenthalt auf dem Land hinter sich gebracht – »ohne Heizung«, wie er hinzufügte. Die übrigen amerikanischen Mormonen dort wirkten ebenso tugendhaft. Sie bestritten, dass sie in der Mongolei seien, um Menschen zu bekehren; sie seien vielmehr gekommen, um Mongolen durch Ausbildung und Schulung zu wirtschaftlicher Selbständigkeit zu erziehen. Der Mormonen-Älteste, ein kahlköpfiger, ernst dreinblickender Mann, klagte, ihre Kirche gerate immer wieder in einen schlechten Ruf, weil die Siebten-Tags-Adventisten und die Baptisten Mongolen durch Geldzuwendungen bewegten, sich zum Christentum zu bekehren.

Der Buddhismus, der zur Skepsis gegenüber dem Begehren erzieht, könnte als perfektes Gegengift gegen solche materialistischen Praktiken erscheinen, zumal er einst in das alltägliche Leben der Mongolen eingebunden war und seine Rituale und Mantras bei Hochzeiten und Begräbnissen immer noch präsent sind.

Ähnlich wie Tibet war die Mongolei ein religiöses Staatswesen – tatsächlich war es der mongolische Herrscher Altan Khan, der im 16. Jahrhundert die Linie des Dalai Lama einsetzte (»Dalai« ist ein mongolisches Wort, das »Meer« bedeutet). In der vorkommunistischen Zeit schickte nahezu jede Familie einen Jungen in das örtliche Kloster, damit er dort zum Mönch ausgebildet wurde. Doch zwei Generationen der Mongolen lebten ohne jede Erfahrung ihrer traditionellen Religion.

Seit 1990 sind mehr als 100 Klöster wiedereröffnet worden, und die Zahl der Mönche nimmt zu. Die Tibet Foundation ist nur eine von vielen Organisationen, die sich die Förderung der traditionellen mongolischen Religion zum Ziel gesetzt haben. Eines Nachmittags besuchte ich das Kloster Ganden, in dem heute 500 Mönche leben.

Im Migjid Janraisig Sum, dem Haupttempel des Klosterkomplexes, verbeugten sich aus der Mittelschicht stammende Pilger vor der neuen, 25 Meter hohen, vergoldeten Avalokiteśwara-Statue, die als Ersatz für die 1937 von den Kommunisten entfernte und nach Leningrad gebrachte Statue dient. Der leitende Abt, der ehrwürdige Baasanswren, ein großer, fröhlich dreinschauender Buddhist mit einem Handy in der Hand, sagte mir, die ersten Novizen nach dem Kommunismus hätten in buddhistische Klöster in Indien fahren müssen – ähnlich der Reise, die auch die großen mittelalterlichen Gestalten des mongolischen Buddhismus hatten unternehmen müssen. Einige suchten sogar tibetische Lehrer auf, die in Europa und Amerika lebten. Die ersten dieser Mönche waren gerade heimgekehrt und bildeten nun andere aus. Sie erlernten auch die traditionelle buddhistische Kunst der Thangka-Malerei.

Der Abt hielt während des Gesprächs gelegentlich inne und nahm eine Prise Schnupftabak, den er in einer alten Kodak-Filmdose aufbewahrte. Als er auf die christlichen Missionare zu sprechen kam, wurde er erkennbar zornig, und ich bemerkte, dass der dolmetschende Mönch zögerte und die unbuddhistischeren Äußerungen seines Abts wegließ. Die Missionare, sagte der Abt, gäben Mongolen kostenlosen Computerunterricht, Kleidung und Nahrungsmittel, um sie durch solche Schmiergelder für ihre fremde Religion zu gewinnen.

Was er mir allerdings nicht sagte, war die Tatsache, dass die buddhistischen Mönche, die die Mongolei vor den Kommunisten beherrscht hatten, kaum ein gutes moralisches Beispiel gegeben hatten. Die Klöster waren Zentren der Korruption und die Geistlichen bei den Mongolen weithin verhasst. Bogd Khan, der letzte geistliche Führer der Mongolei, der 1924 starb, war oft mehrere Tage lang betrunken. Ich war nicht überrascht, als ich erfuhr, dass Choybalsan, einer der repressiveren stalinistischen Führer der Mongolei, eine unglückliche Kindheit in einem Kloster verbracht hatte.

Ich war erleichtert, als meine Erkältung sich besserte und ich Ulaanbaatar verlassen konnte. Seit Jahren war ich begeistert, wenn ich nur den Namen Karakorum hörte, und zu dieser alten Hauptstadt, die heute Kharkhorin heißt, machte ich mich nun auf den Weg.

Leider ist das einzige für mongolische Straßen geeignete Fahrzeug das ökologisch bedenkliche SUV. Doch ich hatte allen Grund, dankbar dafür zu sein, als wir die Industrievororte der Stadt hinter uns ließen und aufs Land hinausfuhren. Die im besten Fall unebene Straße verschwand häufig ganz, und dann wurden die Knöchel unseres Fahrers, der das Steuerrad umklammerte, ebenso weiß wie der Staub, den unser holpernder und bockender Pajero aufwirbelte.

Gelegentlich tauchten in der Ferne kleine Hügel auf. Ihre sanften Abhänge zeigten in pointilistischer Manier schwarze und weiße Flecken, die sich später als *gers* entpuppten, mit Herden von Schafen und Pferden darum herum, die von gutaussehenden Männern mit wettergegerbten Gesichtern und Lassos bewacht wurden. Doch über viele Kilometer kamen auf der langen, geraden Straße weder Fahrzeuge noch Menschen in Sicht, und der von Kondensstreifen überzogene Himmel schien ereignisreicher zu sein als das wellige Grasland.

Ein derart vollständiges Fehlen der bekannten Welt und

ihrer vertrauten Merkmale ist anfangs bedrückend, kann aber auch beruhigend wirken, wenn man sich daran gewöhnt hat. Ein paar Stunden lang hatte ich an diesem Tag das Gefühl, dass nichts wirklich zählte. Ehrgeiz, Eitelkeit und Egoismus schwanden, und das Gefühl, klein und bedeutungslos zu sein, das diese weite, leere Landschaft vermittelte, erschien äußerst natürlich und wahr.

Am frühen Nachmittag kamen wir in ein aus *gers* bestehendes Lager. Die weißen Zelte lagen an einem strahlend hellen eisigen Strom, an dem ein ruppiger Wind verdeutlichte, warum es heißt, die Mongolei sei kälter als das benachbarte Sibirien. Doch in meinem *ger* war es bemerkenswert warm, als erst die Kohlenpfanne entzündet und die verstellbare Klappe an der Spitze des aus Filz bestehenden Zeltes geschlossen worden war. In dem *ger*, das als Restaurant diente, überraschte ich ein paar englische Damen aus der Mittelschicht, die an einem mongolischen Mittagessen schnupperten. Die mongolische Küche, gewöhnlich Hammel in einer wässrigen Soße, gehört nicht gerade zu den erlesensten Eigenheiten des Landes, und so begnügte ich mich mit dem Käse und den Keksen, die ich in China erstanden hatte.

Ein wenig gestärkt besichtigte ich am späten Nachmittag das aus dem 16. Jahrhundert stammende Kloster Erdene Zuu Khiid, das älteste Kloster der Mongolei. Es war ursprünglich aus den Trümmern der Hauptstadt erbaut und in der Folgezeit mehrfach zerstört und wiederaufgebaut worden. Als ich durch die Tore mit ihren geschwungenen chinesischen Dächern trat, fand ich in der riesigen, von einer Mauer umgebenen Anlage kaum einen Menschen. Die Kapellen mit den Buddhastatuen waren verschlossen, die Schatten der Tempel zeichneten sich scharf auf dem Boden ab. In der Ferne sah ich einen jungen Mönch, der versuchte, mit einem Fahrrad zu fahren, und seine

Ausgelassenheit schien die Einsamkeit des Klosters nur noch zu verstärken.

Jenseits des Klosters, in östlicher Richtung, liegt die alte Hauptstadt Karakorum, die von Dschingis Khans Sohn und Nachfolger erbaut wurde. Vier schildkrötenförmige Felsen markieren ihre Grenzen. Die Stadt wurde aufgegeben, als Kublai Khan Ende des 13. Jahrhunderts beschloss, die Hauptstadt in das heutige Beijing zu verlegen. Doch ihr Ruhm überdauerte sie lange genug, um auch Marco Polo zu Ohren zu kommen, der die Stadt in seinem Bericht über seine Reise nach Asien erwähnte. Wilhelm von Ruysbroeck, ein Franziskaner, den Ludwig IX. zum Mongolen-Khan schickte, um mit ihm ein Bündnis gegen die Muslime zu schließen, war 1254 der erste Europäer, der Karakorum besuchte.

Was er sah, machte keinen sonderlichen Eindruck auf ihn. Die mongolischen Nomaden brachten keine großen Baumeister hervor. Kein Zweifel konnte indessen über die außergewöhnliche Macht bestehen, die von Karakorum ausging – die von dort ausstrahlte und Karakorum in so entfernten Ländern wie Persien und Indien zu einem Begriff machte.

Als ich die Klosteranlage verließ und wieder hinaus in die nichtumzäunten Weiten der Mongolei trat; als die mongolischen Straßenhändler, die gefälschte archäologische Fundstücke und Schmuck feilboten, mir erklärten, die staubige, mit Gestrüpp und Wildgräsern bewachsene Fläche, auf der ich stand, sei wirklich Karakorum, ohne jede weitere Erkennungsmerkmale als die schildkrötenförmigen Felsen; und als ich mir klarmachte, dass dies einst der Mittelpunkt der Welt gewesen war – da hatte ich das Gefühl, dass dies schon eine einzigartige geschichtliche Lektion war.

Von russischen und chinesischen Mächten umgeben, die das Land verkleinerten, scheint die moderne Mongolei, die heute auf westliche Touristen und Investoren wartet, weit von ihrer abenteuerlichen Vergangenheit entfernt zu sein. Sie ist nicht länger Urheber erderschütternder Ereignisse und auch kein wertvolles Faustpfand des Kalten Krieges mehr und sieht nun der ungewissen Zukunft aller kleinen Länder mit schmaler ökonomischer Basis entgegen. Angesichts ihres Kampfes mit Ungleichheit, Umweltverschmutzung und politischer Instabilität mag die Mongolei versucht sein, emotionale Unterstützung bei Dschingis Khans Heldentaten zu suchen. Doch ein auf der Erinnerung an die Vergangenheit basierender Nationalismus statt realer Leistungen in der Gegenwart ist in der Regel hohl. Früher oder später wird die Mongolei ihren Frieden mit China schließen und sich mit ihrer Abhängigkeit von China abfinden müssen.

Das ist durchaus nicht so demütigend, wie es klingen mag, denn schließlich ist auch die amerikanische Wirtschaft von China abhängig. Der verblichene Glanz der Mongolei kam mir ein paar Wochen nach meinem Besuch in Karakorum erneut in den Sinn, als ich die überraschende Nachricht las, dass der nicht gerade als Vielflieger bekannte Präsident George W. Bush der Mongolei einen Besuch abgestattet hatte, insbesondere um dem Land für seinen Beitrag zu den Kriegsanstrengungen im Irak zu danken.

In einer Ansprache in Ulaanbaatar vertrat Bush die seltsame Theorie, die Mongolen glichen den Amerikanern, denn auch sie seien ein abgehärtetes Grenzvolk. Es war nicht klar, wem der Redenschreiber des Präsidenten da ein Kompliment machen wollte – den mongolischen Gastgebern, deren Vorfahren einst »das ganze Spektrum der Dominanz« gekannt hatten, oder dem mächtigen Besucher, der genau dies angestrebt hatte. Denn die Zeiten der Mongolen als »Grenzvolk« waren längst Vergangenheit, und wenn die Erinnerung an ihre außergewöhnlichen Eroberungen heute von irgendetwas zeugt, dann von der Vergänglichkeit der Nationen und Reiche und von der Unbeständigkeit menschlichen Ruhms – von der Melancholie, aber zugleich auch der wichtigen Wahrheit, von der die große Leere der Mongolei immer noch kündet.

# Taiwan: Die vergessenen Chinesen

Ein Flug von Shanghai nach Taipei dürfte weniger als zwei Stunden dauern. Aber es gab 2008 keine Linienflüge zwischen beiden Städten. Vom chinesischen Festland aus musste ich Richtung Süden nach Hongkong fliegen, um die Hauptstadt Taiwans zu erreichen, und die Reise dauerte fast einen ganzen Tag. So nah und doch so fern. Und jede Stunde, die ich während dieser Reise auf Flughäfen und in Flugzeugen verbrachte, verstärkte mein Gefühl, dass ich an einen entlegenen Ort reiste, der aus der Zeit gefallen war.

Taiwans riesiger Nachbar trägt zweifellos zur Entstehung dieses Eindrucks bei. Ich war schon oft in China gewesen, doch unter dem Eindruck der schieren Kraft und des Umfangs der Modernisierung auf dem chinesischen Festland hatte ich der kleinen Insel vor seiner Südostküste wenig Aufmerksamkeit geschenkt.

Taiwan, das sich 1949 vom kommunistischen China trennte, ist natürlich schon lange ein modernes Land. Schon in den 1970er Jahren hatte man dort eine Industrie aufgebaut, während China immer noch ein weitgehend ländliches und armes Land war, das mit den von Mao Zedong angerichteten Zerstörungen zu kämpfen hatte. Das hinsichtlich des Pro-Kopf-Einkommens sehr wohlhabende Taiwan leidet nicht unter der extremen wirtschaftlichen Ungleichheit und der Umweltzerstörung, die Chinas Zukunft zunehmend verdunkelt.

Auch auf kulturellem und politischem Gebiet ist Taiwan

China um einige Jahre voraus. Die taiwanesische Popmusik ist in ganz Ostasien äußerst beliebt und einflussreich, und Filmemacher wie Edward Yang (Regisseur von *Yi Yi*) oder Hou Hsiaohsien *(Flowers of Shanghai)* werden in aller Welt verehrt. Nachdem das Land vierzig Jahre unter permanentem Kriegsrecht stagniert hatte, kam es dort zu einer weite Kreise umfassenden Bürgerbewegung, die Taiwan 1987 in eine Demokratie verwandelte – die erste auf chinesischem Boden. Heute besitzt das 23 Millionen Einwohner zählende Land eine große und gebildete Mittelschicht.

Dennoch ist Taiwan weder Mitglied der Vereinten Nationen noch anderer internationaler Organisationen. Selbst Staaten, die jahrzehntelang diplomatische Beziehungen mit Taiwan unterhielten, haben die Insel zugunsten Chinas aufgegeben. Die demokratisch gewählten Führer Taiwans sind in den meisten Ländern nicht willkommen.

Die Taiwanesen, denen ich in den Vereinigten Staaten oder Europa begegnete, klagten oft über den Ausschluss ihres Landes aus der internationalen Gemeinschaft. Kurz bevor ich nach Taiwan aufbrach, sprach ich mit Lung Yingtai, einer der führenden Schriftstellerinnen der Insel. Lung verbrachte viele Jahre in Europa und Amerika, bevor sie in den 1990er Jahren heimkehrte, um sich an der Demokratisierung Taiwans zu beteiligen. 2012 wurde sie taiwanesische Kulturministerin. »Früher hielten wir China für ein rückständiges und isoliertes Land«, sagte sie mir. »Heute ist Taiwan isoliert, wenn auch nicht aus eigener Schuld. Das macht mich sehr traurig.«

Ihre Worte kamen mir in den Sinn, als ich nach Taipei flog. Ich traf dort spät am Abend ein und war darauf gefasst, eine melancholische Stadt zu sehen, die sich mit ihrer marginalen Rolle abgefunden hatte. Aber das grelle Dickicht der blinkenden Leuchtreklamen, das ich sah, als ich vom Flughafen in die

Stadt fuhr, hatte nichts Schwermütiges. Wenn ich durch die Nachtmärkte mit ihrem Duft nach Meeresfrüchten und ihrem gutgelaunten Feilschen lief, hatte ich das Gefühl, in einer weiteren chinesischen Großstadt zu sein, einem Gegenstück zu Hongkong und Shanghai.

Als ich am nächsten Morgen in meinem Hotelzimmer die Vorhänge aufzog, sah ich ein Gewirr zweckmäßiger Betonklötze, die rundum von grünen Bergen umgeben waren. Verglichen mit dem polierten Kitsch Shanghais erschien mir Taipeis Moderne zunächst ein wenig altmodisch und den 1970er Jahren zugehörig. Aber mitten in dieser alternden Stadtlandschaft erhob sich Taipei 101, das zweithöchste Gebäude der Welt. Der Bau, der im oberen Bereich einer verlängerten Pagode ähnelt, ragte, ein leuchtendes Stockwerk nach dem anderen, aus dem Dunst der verschmutzten Luft hinauf in den blauen Himmel und ließ die Landschaft klein erscheinen.

Selbstbewusst grandiose Architektur lässt mich für gewöhnlich kalt. In den folgenden Tagen machte ich keinen Versuch, auf die Spitze des Turms zu gelangen. Doch oft stand ich am Fenster meines Hotelzimmers und schaute gebannt auf die große, schöne Erscheinung hoch über der grauen Stadt. Sie zeugte vom Wohlstand Taiwans, und mir wurde klar, dass dieser Turm für den nationalen Ehrgeiz eines faszinierenden Landes und Volkes steht, das zu Unrecht von der Welt gemieden wird.

Die Identität Taiwans ist tief in der chinesischen Kultur verwurzelt. Nahezu 85 Prozent der modernen Bevölkerung der Insel bestehen aus Einwanderern aus den chinesischen Provinzen Fujian und Guangdong, und nahezu 75 Prozent sprechen den Minnan-Dialekt Fujianesisch. Aber wie das Beispiel der Vereinigten Staaten zeigt, finden Siedlerpopulationen oft zu einer eigenen Selbstdefinition und brechen dabei mit ihrem Herkunftsland. In den letzten zwölf Jahren hat sich das Selbstbild der Taiwanesen besonders rasch verändert. Nach einer im *Economist* veröffentlichten Umfrage hat sich die Zahl derer, die sich als Taiwanesen bezeichnen, in diesem Zeitraum auf 41 Prozent verdoppelt, während die Zahl derer, die sich ausschließlich als Chinesen verstehen, auf sechs Prozent gesunken ist.

Ich fand recht bald heraus, dass viele chinesische Traditionen – die im kommunistischen China als »feudal« und »bürgerlich« verdammt werden – in Taiwan niemals verschwanden und im Augenblick sogar ein Revival erleben. Eine der beliebtesten Fernsehshows in Taiwan ist ein Puppentheater namens Budaixi, dessen Kostüme und Geschichten aus alten chinesischen Quellen schöpfen. Und für Sinophile ist der beste Grund, Taipei zu besuchen, das Nationale Palastmuseum. Das Museum, dessen jadegrüne Ziegeldächer und gelbe Mauern malerisch aus einem Bergtal nördlich des Stadtzentrums von Taipei hervorleuchten, birgt eine der größten Sammlungen chinesischer Artefakte und Kunstwerke der Welt, darunter auch den berühmten Jadekohl – ein geschnitztes Stück Jade, das einem Kohlkopf ähnelt – und ein aus dem Stein einer Olive geschnitztes Boot. Ein Großteil der besten asiatischen Kunst findet sich in westlichen Museen. China jedoch, das niemals vollständig von einer westlichen Macht erobert oder besetzt wurde, hat es geschafft, einen bedeutenden Teil seines Erbes im Land zu behalten, und einen großen Teil davon nahmen chinesische Nationalisten mit nach Taipei, als sie 1949 vor Mao Zedongs kommunistischer Armee dorthin flohen. Das 2007 renovierte Nationale Palastmuseum kann den Anspruch erheben, der Louvre Asiens zu sein.

Eines Nachmittags ging ich von der geschäftigen und versmogten Xinsheng South Road zu Taipeis berühmtem Wistaria

Tea House – und betrat eine Welt, in der die Zeit stillzustehen schien. Chinesische Flötenmusik erfüllte den Raum, das Sonnenlicht strömte durch Holzgitterfenster und Oberlichter herein, und Bambusvorhänge warfen gesprenkelte Muster auf die Tatamimatten. An den dunkelroten Ziegelmauern wuchs grünes Moos. In dem kleinen japanischen Garten auf der Rückseite sprudelte still eine Quelle inmitten kleiner Teiche und steinerner Tische.

Der Besitzer des Teehauses, Chow Yu, der Ähnlichkeit mit dem ziegenbärtigen Weisen in der chinesischen Landschaftsmalerei besitzt, vollführte eine Teezeremonie, mischte Tees und wärmte mit feinen, eleganten Handbewegungen winzige Töpfe und Schalen an. Im kaiserlichen China, so erläuterte er, seien Teehäuser die Orte gewesen, an denen die Literaten zusammengekommen seien. Keine andere traditionelle Kultur verehre Schriftsteller und Intellektuelle so sehr wie die chinesische. Chow erklärte, dass er nur jene Keramikgefäße verwende, die bei der Gelehrtenklasse im alten China besonders beliebt waren: die aus Yixing nämlich, die das Aroma des Tees am besten bewahren.

Ebenso eng wie mit der klassischen Vergangenheit ist das Wistaria mit der ereignisreichen modernen Geschichte Taiwans verbunden. Das zweistöckige, 1921 errichtete Gebäude war ursprünglich das Wohnhaus der Familie Chow. »Viele Schriftsteller und Intellektuelle kamen hier in den 1950er Jahren zusammen, um über Kunst und Politik zu reden«, sagte er mir. »Das war gefährlich, denn in Taiwan herrschte das Kriegsrecht, und man hätte uns wegen Aufwiegelung belangen können.« Als Chow das Gebäude 1981 in ein Teehaus umwandelte, wurde es zum beliebtesten Treffpunkt von Intellektuellen und Politikern, die sich 1987 an der Demokratiebewegung beteiligten.

Inzwischen hat Taiwan sich weiterentwickelt. Die taiwanesische Demokratie ist heute eine lautstarke, ungebärdige Angelegenheit zwischen nur zwei politischen Parteien – der Nationalistischen Partei und der Demokratischen Fortschrittspartei, den »Blauen« und den »Grünen« –, die einander regelmäßig mit dem Vorwurf der Korruption und Inkompetenz überziehen. Das Wistaria Tea House ist jedoch weiterhin beliebt bei den Literaten der Stadt. Zu einem leichten, aus gedämpftem Gemüse und einer scharfen süß-sauren Suppe bestehenden Mittagessen treffe ich an diesem Nachmittag Chen Hao, einen Fernsehtalkmaster, und Yang Ze, einen der Herausgeber der *China Times*, der führenden Tageszeitung Taiwans.

Wie in den Städten Italiens und Frankreichs gibt es in Taipei zahlreiche Buchhandlungen jener Art, in deren Schaufenstern man eher Bücher von Philip Roth als von Dan Brown findet. Ze bestätigte mir meinen Eindruck eines kleinen, aber gebildeten Lesepublikums. Die Zeitungen, so sagte er mir, brächten täglich Literaturbeilagen, und es gebe einen regen Strom von Übersetzungen ausländischer Literatur. Im Blick auf seine eigene Liebe zur Literatur musste Hao einräumen, dass es ihm peinlich sei, beim Fernsehen zu arbeiten. Lachend meinte er: »Ich verachte das Fernsehen. Wirklich!«

Ich fragte Hao und Ze nach den vergitterten Fenstern, die ich an Wohnhäusern überall in Taipei gesehen hatte. »Darin spiegelt sich das allgemeine Gefühl der Unsicherheit bei denen, die erst kürzlich aus China geflohen sind, wie auch bei den Taiwanesen, die schon lange hier leben«, antwortete mir Hao.

Er und Ze sprachen mit einer Offenheit über Politik, die mich ein wenig beunruhigte. Auf dem chinesischen Festland wäre das undenkbar gewesen. Sie erklärten mir, dass der Bürgerkrieg, der im frühen 20. Jahrhundert in China wütete, für das moderne Taiwan weiterhin eine unerledigte Angelegenheit sei.

Seit 1949, als die chinesischen Nationalisten nach Taiwan flohen, befinde sich das Land in einer Art Schwebezustand. Die amerikanische Unterstützung für die gesonderte Existenz Taiwans habe stetig abgenommen, seit Präsident Nixon 1972 nach Beijing reiste und damit begann, die Beziehungen zu China zu normalisieren. Dennoch verhindert vor allem die 7. US-Flotte, die in der schmalen Straße zwischen Taiwan und China patrouilliert, dass die Insel dem, wie die Kommunisten sagen, »Mutterland« einverleibt wird.

»Weil Uncle Sam uns vor Big Brother beschützt«, sagte mir Ze, »sind wir in vielerlei Hinsicht ganz beträchtlich von ihm beeinflusst worden, stärker jedenfalls als von Japan, das Taiwan von 1895 bis 1945 beherrschte. Amerikanische Filme und amerikanische Musik waren sehr wichtig für alle, die nach 1949 aufgewachsen sind. Es gab Stipendien für amerikanische Universitäten, und fast jeder gebildete Taiwanese wollte in den Vereinigten Staaten studieren. Viele von denen, die als Studenten in die USA gingen, blieben dort.«

Als ich mit anderen Taiwanesen zusammentraf, entdeckte ich einen gegensätzlichen Trend, der sich gerade entwickelt: Eine große Zahl derer, die in Europa oder Amerika studiert oder dort gelebt hat, kehrt auf die Insel zurück. Zusammen mit ostasiatischen Staaten wie Singapur und Malaysia gehörte Taiwan zu den ersten Akteuren der Globalisierung, noch bevor das Wort welthin bekannt wurde. Das Land half auch dem kommunistischen China, Zugang zum Welthandel und zu den globalen Investmentmärkten zu finden. Über Hongkong geleitetes taiwanesisches Geld machte in den 1980er und 1990er Jahren den Großteil der frühen ausländischen Investitionen in China aus. Die Chance, mit der am schnellsten wachsenden Volkswirtschaft der Welt ins Geschäft zu kommen, veranlasst viele im Ausland lebende Taiwanesen, nach Asien zurückzukehren.

In einem piekfeinen Club gleich neben Taipei 101 traf ich Joanna Lei, eine Geschäftsfrau, die sich zugleich als einflussreiche Abgeordnete für die Nationalistische Partei im Parlament betätigt. Wir saßen in einem Séparée, in dem von Kopf bis Fuß in Schwarz gekleidete Kellner diskret ein wunderbar duftendes Gericht nach dem anderen auftrugen. Dass die Chinesen gutes Essen lieben, zeigte sich in den lauten fröhlichen Stimmen, die überall im Club zu hören waren, und in Stäbchen, die allenthalben über dampfenden Platten mit Fisch und Gemüse schwebten.

Als Studentin war sie in den Vereinigten Staaten gewesen und dort bei ABC Television von der Wissenschaftsredakteurin zur leitenden Angestellten aufgestiegen. Sie sei, wie sie selbst es mit ihrem kräftigen amerikanischen Akzent ausdrückte, »eine der höchstrangigen Amerikaner asiatischer Herkunft in der Medienbranche« gewesen. In den späten 1990er Jahren brach sie eine vielversprechende Karriere ab und kehrte nach Taiwan zurück. »Ich war halb erfüllt in Amerika«, sagte sie mir. »Ich wollte sehen, was ich in Taiwan tun konnte.«

Lei empfand es nicht als einfach, in der hochgradig belasteten und zuweilen schmutzigen Politik Taiwans Erfolg zu haben. Als ich ihr begegnete, kämpfte sie gerade darum, ihren Vater, der im Verteidigungsministerium gearbeitet hatte, von Korruptionsvorwürfen reinzuwaschen. Der Aufstieg Chinas, sagte sie mir, habe zu einer scharfen Polarisierung der taiwanesischen Gesellschaft in Anhänger einer größeren Integration mit China und Verfechtern der Unabhängigkeit geführt. Sie selbst hoffte auf eine stärkere Integration.

Wie ich feststellte, ist die Frage der Wiedervereinigung mit China tatsächlich eine taiwanesische Obsession. Alle meine Gespräche in Taipei liefen unausweichlich auf diese Frage hinaus. Als ich Lin Cho-shui, einem ehemaligen Parlamentsabgeordneten der Demokratischen Freiheitspartei, von Leis Ansichten erzählte, erwiderte er scharf: »Taiwan ist eine Demokratie und China eine Diktatur. Wie könnten beide da zusammenkommen?«

Vielleicht muss China, wie die Schriftstellerin Lung Yingtau meint, erst mit Taiwan gleichziehen und wirklich demokratisch werden, bevor es zu einer Wiedervereinigung kommen kann. Viele chinesische Intellektuelle und Aktivisten sähen in Taiwan ein Vorbild für die Demokratie in China.

Es war Wen C. Ko, einer der führenden Venture-Kapitalisten Taiwans, der das wahrscheinlichste und am ehesten praktikable Szenario dafür beschrieb. Im Sitzungszimmer seines Unternehmens in Neihu, einem vornehmen Geschäftsviertel der Stadt, sagte er mir, die unaufhaltsamen Kräfte der Globalisierung könnten zu einer schrittweisen und friedlichen Wiedervereinigung führen. Taiwanesische Unternehmen, von denen viele ihre Produktion im letzten Jahrzehnt nach China ausgelagert hätten, gingen nun auch mit ihrem Geschäftssitz in die chinesische Küstenregion. Die enge Verflechtung der geschäftlichen Interessen werde wahrscheinlich auch zu einer Verbesserung der politischen Beziehungen führen. Es gebe bereits Anzeichen für ein Tauwetter; so seien inzwischen Charterflüge zwischen Shanghai und Taipei genehmigt worden. Und man lasse immer mehr Touristen vom Festland auf die Insel.

In geschäftlicher Hinsicht könnte eine Einverleibung Taiwans durch China durchaus sinnvoll sein. Wie Kos Sohn Patrick mir sagte, ist die Jugend Taiwans (fast ein Viertel der taiwanesischen Wahlberechtigten sind unter dreißig) allerdings weit davon entfernt, die nachgemacht moderne Kultur Chinas zu übernehmen. Eines Nachmittags besuchte ich eine Aufführung der traditionellen taiwanesischen Oper im Red House Theater im Stadtviertel Ximending. Der 1908 von den Japanern errichtete achteckige rote Ziegelbau ist wie viele alte Gebäude in Taipei kürzlich renoviert worden. Modisch gekleidete junge Leute füllten das Café im Erdgeschoss und den im ersten Stock gelegenen Theatersaal und saßen während der altertümlich wirkenden und – zumindest für meine Ohren – ein wenig langatmigen zweistündigen Aufführung bemerkenswert still da.

Es ist, als ermöglichte es die Demokratisierung den Taiwanesen, die vielfältigen Aspekte ihrer Identität wiederzuentdecken. Dass der Kosmopolitismus Taiwans nicht nur von China und den Vereinigten Staaten, sondern auch von Japan geprägt wurde, zeigte sich deutlich in den engen Fußgängerstraßen von Ximending, Taipeis Times Square. Dort wechseln sich Stände, die Manga-Comics, japanische Videospiele und amerikanische Baseballkappen feilbieten, mit Lebensmittelkarren ab, an denen man Austernnudeln und »stinkenden Tofu« erstehen kann, eine vergorene Bohnenpaste mit einem höchst gewöhnungsbedürftigen Geruch.

Jugendliche dominierten auch die Menge der Betenden im Longshan-Tempel, der ehrwürdigsten Stätte Taipeis. Der Tempel liegt im ältesten Teil der Stadt, in der Nähe der Snake Alley, einem der bekannteren Nachtmärkte, auf dem Schlangen als Nahrungsmittel verkauft werden. Junge Leute, im späten Teenageralter oder wenig darüber, knien nieder, verbeugen sich, halten mit anrührender Hingabe brennende Räucherstäbchen in die Höhe, und ihre Jeans, Highheels und Markenhandtaschen bieten einen Anblick, der kaum vereinbar mit den phantastisch vergoldeten und lackierten Säulen und Wänden des Tempels zu sein scheint.

Patrick Ko, der wie viele Taiwanesen der Oberschicht seine Ausbildung in den Vereinigten Staaten erhalten hat, sagte mir, der Buddhismus habe in Taiwan einen beträchtlichen Wiederaufschwung erlebt, und auf der Insel lebe inzwischen die weltweit größte Zahl buddhistischer Nonnen. Tatsächlich tragen Buddhisten aus Taiwan inzwischen ihre Lehre auf das Festland – eine Umkehrung des historischen Prozesses, der diese Religion ursprünglich nach Taiwan gebracht hatte. Und in Taiwan besitzt der Buddhismus eine noch speziellere Eigenart; er ist weniger introspektiv und dafür stärker auf die soziale Wohlfahrt ausgerichtet als in den Vereinigten Staaten. Buddhistische Organisationen betreiben Kinderkrippen, Waisenhäuser, Krankenhäuser, Altenheime und Kliniken und stellen einen wichtigen Faktor in der Zivilgesellschaft des Landes dar.

Auch Patrick schien von der starken idealistischen Strömung erfasst, die das heutige Taiwan durchzieht. Mitte zwanzig hätte er in das Unternehmen seines Vaters und damit in das komfortable Leben der asiatischen Elite einsteigen können. Stattdessen entschied er sich, als Lehrer in einer kleinen Schule in Nepal zu arbeiten. »Ich kenne viele in meinem Alter, die sich nicht in die Tretmühle des Geldverdienens begeben wollen, sondern etwas Sinnvolleres mit ihrem Leben anfangen möchten«, sagte er mir.

Es ist, als gäbe es in Taiwan, nachdem es bereits ein gewisses Maß an materiellem Wohlstand erlangt hat, heute ein gegenkulturelles Moment. Taiwanesen wie Patrick, die ihre chinesischen Traditionen nie verloren haben, scheinen ein edleres Verständnis ihrer Identität und ihrer Rolle in der Welt entwickelt zu haben. Darin sind sie vielen Chinesen voraus, die ihren neuen Reichtum genießen, aber in einer Version der amerikanischen 1950er Jahre festzusitzen scheinen, mit all den bekannten Merkmalen des demonstrativen Konsums und des Konformismus.

Dennoch dürfte die Welt China weiterhin den Vorzug gegenüber Taiwan geben. Die Insel ist dazu verurteilt, stets im Verhältnis zu ihrem mächtigen Nachbarn gesehen zu werden. Die

Taiwanesen selbst scheinen jedoch an ihrem Streben nach einer eigenen Identität festzuhalten. Und wenn ich nach dem Verlassen der Insel daran dachte, war das Bild, das mir am ehesten in den Sinn kam, Taipei 101. Trotz seiner Schönheit war mir das Bauwerk unsinnig hoch in einer ansonsten niedrigen und in die Breite gebauten Stadt erschienen. Doch nun wurde mir klar, dass es nicht nur für Taiwans Wohlstand und Modernität steht, sondern auch die Würde eines isolierten Volkes und seine Entschlossenheit zum Ausdruck bringt, nicht in Vergessenheit zu geraten.

# Malaysia: Jenseits des Schmelztiegels

Eines Abends im Herbst ging ich durch das Chinatown von Kuala Lumpur, als ich plötzlich inmitten der chinesischen Restaurants, der Läden mit Billigkopien von Designertaschen und der Stände mit exotisch anmutenden Fleischspezialitäten gänzlich unerwartet einen Hindutempel mit einem üppig verzierten Torturm sah: ein chaotisches Gemisch aus vergoldeten Kultbildern, Edelsteinen und dichten Weihrauchschwaden.

Ich ging weiter, unter einer Hochstraße hindurch, an einer schönen Moschee im nordindischen Stil vorbei, und plötzlich machten die schmalen vertikalen Schilder und einspaltigen Ideogramme chinesischer Geschäfte etwas äußerst Vertrautem Platz: einem südindischen Marktviertel voller Läden für farbenprächtige Seidenstoffe und glitzernden Schmuck.

Bollywood-Musik plärrte aus den Lautsprechern im Saravanaa Bhavan, dem Restaurant, in dem ich saß und *bisi bele bhath* aß, einen köstlich gewürzten südindischen Eintopf aus Linsen und Reis. Auf dem Gehsteig drängten sich Blumen- und Girlandenverkäufer – jenes süß duftende Chaos, das in Indien den Weg zu Hindutempeln säumt. Doch die Blicke der Kellner hingen an Fernsehbildschirmen, die ein Pferderennen in Hongkong zeigten.

Die Kontraste ließen mich an das Wort »Indochina« denken, das die Franzosen einst zur Bezeichnung jenes Streifen Landes verwendeten, der die beiden größten Länder Asiens trennt. Kuala Lumpur (oder KL, wie man dort meist sagt), die Hauptstadt Malaysias, die fast genau zwischen zwei der ältesten Zivilisationen der Welt liegt, gibt dem Wort eine zeitgenössischere und nachdrücklichere Bedeutung. Verweist sie doch auf das eigene Bemühen Asiens, kosmopolitisch zu werden und nach Wegen zu suchen, wie man in einer eng miteinander verbundenen Welt mit kultureller Vielfalt umgehen kann: eine Herausforderung, vor der die Menschen heute in fast allen Ländern stehen.

In den letzten Jahren schien Malaysia sich davon zu entfernen. Bis 2003 wurde das Land von dem autoritär eingestellten Mahathir Mohamad geführt, Urheber zahlreicher verstörender Rassentheorien und unbeugsamer Verfechter diskriminierender, gegen die chinesischen und indischen Minderheiten gerichteter Gesetze. Proteste von Mohamads Opfern wurden schonungslos niedergeschlagen.

Diese jüngsten Ereignisse widersprechen der Tatsache, dass Malaysia lange schon den von der Globalisierung hervorgebrachten fließenden Identitäten ausgesetzt ist. Die malaiische Halbinsel befindet sich seit langem an einem Kreuzungspunkt der Geschichte. Die günstig zwischen dem Indischen und dem Stillen Ozean gelegenen Häfen zogen chinesische und indische Kaufleute wie auch arabische Abenteurer vom Roten Meer an, lange bevor die Europäer dort im 16. Jahrhundert eintrafen, um Handel zu treiben. Nur wenige Kilometer südlich von KL spricht die berühmte Stadt Malakka immer noch von ihrer holländischen, portugiesischen und britischen Vergangenheit. Östlich der Malaiischen Halbinsel liegt die Insel Run, die die Briten 1667 an die Holländer abtraten, im Austausch gegen eine Insel, die anfangs Neu-Amsterdam hieß und die wir heute unter dem Namen Manhattan kennen.

Doch das Gefühl, das einen in Indien oder China niemals verlässt – dass man in Geschichte eingebettet und von den Überresten der Vergangenheit umgeben ist –, dieses Gefühl verschwindet in KL. Es gab Tage, an denen Regen und Nebel die hohen silbrigen Gebäude der Stadt und die dichtbewaldeten Berge in der Ferne verhüllten, da konnte ich mir vorstellen, das Land wäre so leer und unbewohnt wie zu der Zeit, als die ersten Menschen dort eintrafen.

Ich nahm mir immer wieder vor, auf die Petronas Towers hinaufzufahren, bis 2004 das höchste Gebäude der Welt, um dort den Rundblick über KL und die umliegenden Berge zu genießen. Von dort oben, so stellte ich mir vor, könnte ich die Neue Welt Asiens sehen, einen Raum, der allenfalls schwach von menschlichen Unternehmungen und Bestrebungen gezeichnet ist, einen Nachzügler der Geschichte, ein immer noch frisches und unverbautes Umfeld für kommende Generationen.

Das war keine reine Phantasie. Die einzigen Menschen, die ohne Unterbrechung auf der Malaiischen Halbinsel gelebt haben, sind die uransässigen Stämme; die übrigen kamen von überallher, die meisten erst im 19. Jahrhundert, zum Beispiel die Männer aus China und Indien, die dorthin kamen, um auf Kautschukplantagen oder in Zinnbergwerken zu arbeiten, und dann blieben.

KL war ursprünglich das Bergarbeiterlager einer Zinngrube – wie viele Städte in der Neuen Welt ein Nebenprodukt des Wettrennens um Rohstoffe und schnelles Geld im 19. Jahrhundert. Der Name der Stadt bedeutet wörtlich »schlammige Mündung«. Die ohne jeden Plan gewachsene Stadt liegt weit verstreut da, im Zentrum eine kleine historische Altstadt und ein Geschäftsviertel, von denen aus sie sich strahlenförmig in die hügelige Landschaft ausbreitet. Die gewundenen Stadtautobahnen und die schlechten öffentlichen Verkehrsmittel erinnern ein wenig an Los Angeles. Dasselbe gilt für die Freizügigkeit der Baustile. So etwas erwartet man nicht in einer asiatischen Großstadt, die entweder eine Patina aus vormodernen Zeiten besitzt (Delhi, Beijing) oder das deutliche Gepräge ihrer Gründer trägt (Mumbai, Hongkong).

Eines Nachmittags stand ich mitten im alten kolonialen Viertel von KL auf dem inzwischen in Merdeka Square (Unabhängigkeitsplatz) umbenannten Platz, von wo aus der erste Premierminister des Landes 1957 die Befreiung von britischer Herrschaft verkündet hatte. Auf der Westseite befand sich der Royal Selangor Club, dessen falsche Tudorfassade gut ins englische Suffolk gepasst hätte. St. Mary's Cathedral, auf einer anderen Seite, erinnerte mich an die anglikanischen Kirchen, die einen melancholischen Schatten über die Friedhöfe der Hill Stations in Indien werfen. Aber der seltsamste Bau stand jenseits des Platzes: das Sultan Abdul Samad Building, dessen Überfülle an Zwiebeltürmen, Kuppeln, Kolonnaden und Bögen es wie eine verrückt gewordene maurische Phantasie erscheinen lassen.

Als Hauptstadt eines ölreichen muslimischen Landes ist KL voll von feierlichen Emblemen der Moderne: Wolkenkratzer, Fünfsternehotels mit riesigen Atrien und imposante Einkaufszentren. (Einmal hielt ich an und wunderte mich über die geduldigen Schlangen vor einem neuen Uniqlo-Store.) Tatsächlich könnte man die Stadt für ein tropisches Dubai halten, eine weitere glitzernde Fata Morgana mitten im Nirgendwo.

Gewiss, Penang im Norden besitzt stilvollere Architektur; Singapur, der von den Briten erbaute Stadtstaat im Süden der Malaiischen Halbinsel kann sich eines ordentlicheren Kosmopolitismus rühmen; und Hongkong hatte immer schon mehr Geld. Aber während diese Städte den Status als Emporkömmlinge verloren haben, besitzt KL weiterhin die reizvolle Liederlichkeit einer Grenzstadt. Das Land, die Landschaft mit ihren Flüssen und dichten Wäldern, wie sie von Joseph Conrad und Somerset Maugham verewigt wurde, scheint immer noch nah. Nur wenige Minuten vom Stadtzentrum entfernt kann man durch schöne Parklandschaften mit riesigen Seidenbäumen fahren.

Und KL ist eine Stadt der Einwanderer geblieben. Die Bevölkerung besteht zu mehr als einem Drittel aus Chinesen, umfasst eine recht große Gruppe Inder und besitzt eine Unterschicht ungelernter Arbeiter aus Java, Sumatra, Bangladesh und Nepal. Anders als in Hongkong oder Singapur verstecken sich die Einwanderer hier nicht, während die Reichen ihr Geld bei Hermès verprassen. Hier verleihen sie der Stadt ihre besondere Vitalität.

Die düstere Vergangenheit als Arbeiterstadt scheint niemals fern. Chinesische Arbeitskräfte und unternehmerische Energie schufen einst die Stadt, und die Hälfte der Bevölkerung besteht aus Chinesen (die andere Hälfte aus malaiischen Muslimen und Indern). An das triste Leben ihrer Vorfahren – Hakka und Kantonesen, Leute aus Swatow und Hokkien – erinnern heute noch die winzigen Ladenhäuser in Chinatown: schmale zweistöckige Gebäude mit nach vorn offenen Läden im Erdgeschoss und einer abgetrennten Wohnung im überstehenden Obergeschoss, das den Gehsteig vor Sonne und Regen schützt.

Heute entfaltet China seine krude Macht in ganz Asien und bindet große wie kleine Volkswirtschaften an seinen Exportmoloch. In weiten Teilen des 19. und der ersten Hälfte des 20. Jahrhunderts jedoch exportierte China seine ärmsten Einwohner nach Südostasien und darüber hinaus. Die Tempel in Chinatown haben etwas Anrührendes – früheste Versuche der chinesischen Einwanderer, ein Gemeinschaftsgefühl zu entwickeln und spirituellen Trost zu finden. Mit ihren zahllosen

Drachen und Räucherstäbchen erinnern sie an alte chinesische Clans. Die Statue eines Mannes mit einem Zylinder westlichen Stils verweist auf die Beziehungen zu westlichen Kaufleuten, die die Chinesen zur erfolgreichsten Immigrantengruppe in KL machten.

KL war auch berüchtigt für seine chinesischen Triaden, und im Old China Café, inmitten der Hängelampen, Fengshui-Spiegel, marmornen Tischplatten und Bugholzstühle aus den 1930er Jahren kann man sich gut vorstellen, wie Gangster mit Zylindern auf dem Kopf eine Lieferung oder gar einen Mord planten. Im heutigen Chinatown ist der Verkauf gefälschter Rolex-Uhren und Burberry-Taschen wahrscheinlich die dreisteste Gesetzwidrigkeit. Dennoch spürt man in den schmalen Häusern mit ihren kerkerähnlichen Räumen über offenen Ladenfronten die Verwundbarkeit und die verzweifelten Vergnügungen – Glücksspiel und Prostitution – einsamer Immigranten fern von ihrer Heimat in Südchina.

Die Inder, die weiterhin relativ arm sind, leben sogar noch näher an ihrer Vergangenheit. Eines Abends ging ich mit dem malaiischen Politiker Anwar Ibrahim zum Deepavali-Fest. Anwar, wie er genannt wird, ist ein nachdenklicher Mann. Er hatte Ende der 1990er Jahre mit seinem Mentor Mahathir Mohamad gebrochen und viele Jahre aufgrund falscher Anschuldigungen im Gefängnis gesessen. Danach war er mit einem neuen Programm zur Harmonie zwischen den Rassen in die Politik des Landes zurückgekehrt. Er sprach mit mir über V. S. Naipaul, den er bei dessen Besuch in Malaysia getroffen hatte.

»Er sieht im Islam eine Bedrohung«, sagte Anwar mir, »und ist grundsätzlich der Ansicht, dass die Religionen aufgegeben werden sollten. Man kann Länder wie Malaysia nicht verstehen, wenn man dieser Ansicht ist.«

Anwar bewegte sich ungezwungen in dem riesigen Saal voller Inder, die teilnahmslos einem jungen Paar zusahen, das auf der Bühne populäre tamilische Lieder zum Besten gab. In der Luft hing ein überwältigender Geruch nach Duftölen und Sandelholzweihrauch. Die Männer trugen weiße Dhotis, ein um die Hüfte geschlungenes Beinkleid, die Frauen, oft mit schwarz umrandeten Augen, hatten Jasmingirlanden in ihr geöltes Haar geflochten und trugen diamantbesetzte und goldene Nasen- und Ohrstecker. Ihre Saris waren violett, rosa und grün.

Grellbunte Tore aus Pappmaché und funkelnde Lichter schmückten Brickfields, KLs Little India, dessen Restaurants einige der schärfsten Speisen östlich von Venedig servieren. Eines Abends saß ich mit dem malaysischen Schriftsteller Amir Muhammad in einem dieser Restaurants und trank den milchigen süßen Tee, der *teh tarik* (gezogener Tee) genannt wird, als eine große, traditionell gekleidete tamilische Familie hereinkam. Sie waren in einer festlich hungrigen Stimmung, der das Personal sogleich nachkam. Eine Gruppe von Kellnern breitete große Bananenblätter auf den Tischen aus und besprengte sie mit Wasser; andere brachten Schalen und trugen anschließend dampfende Currys auf, mit denen sie helle Muster auf die Blätter zeichneten, und dies mit ähnlicher Geschicklichkeit wie ein Maler beim Actionpainting. Die Szene hätte gut in Madras um 1950 spielen können.

Die Identität, die KL am eindringlichsten zu präsentieren versucht, ist indessen malaiisch und modern; und darin liegt etwas beunruhigend Sektiererisches.

Die Regierung verfolgt aktiv eine Politik, die im Bildungswesen, im Geschäftsleben, bei den Staatsbediensteten und sogar in der Kunst *bumiputra* – wörtlich: »Söhne des Bodens« – bevorzugt. Das Parteiensystem gliedert sich nach rassischen und ethnischen Gesichtspunkten. Muhammad sagte mir: »Malaysia ist eine der rassisch bewusstesten Gesellschaften der Welt.« (Das kann durchaus auch mit schwarzem Humor verbunden sein. Eine Zeile aus dem satirischen Theaterstück *Atomic Jaya* (1998) von Huzir Sulaiman, einem der angesehensten Schriftsteller in KL, lautet: »Die Chinesen machen die Arbeit, die Malaien rechnen sich die Verdienste an, und den Indern schiebt man die Schuld zu.«)

Seit einigen Jahren ist der malaysische Nationalismus allerdings nicht mehr so lustig, und das oft im Zusammenwirken mit dem politischen Islam. Er nutzt vielfach die modernen Räume KLs für seine Zwecke. Gelegentlich ist der Effekt nicht ganz unpassend.

Anders als Chinesen und Inder waren die ethnischen Malaien traditionell ein ländlich geprägtes Volk, und gleich neben dem Geschäftszentrum Golden Triangle findet sich in KL eine halbländliche Siedlung, die gegen den Boom der Immobilienpreise in ihrer Nachbarschaft immun ist. Die gedrungenen Häuser, einige auf Pfählen, sind aus verwittertem Holz und Blech. Die geraden Straßen zwischen den Häusern sind gesäumt von Wachsblumen, Bougainvilleen, Kokos- und Dattelpalmen und von Stauden voller Bananen.

Die Imbissstände dort verkaufen Speisen, die zum besten Streetfood in KL gehören: Currys und gegrillten Fisch, Pfannkuchen, Sataispieße und vor allem das Nationalgericht *nasi lemak*: Reis, Erdnüsse, Gurke, Anchovis und Sambal in Kokosnusscreme. Im nahe gelegenen Basar findet man malaiische Läden, die sich auf Batik, *songkok* (eine Kopfbedeckung für Männer), Gebetsmatten und Gebetsgewänder spezialisiert haben. Gelegentlich trifft man auch einen malaiischen Medizinmann, der Kräutertinkturen verkauft, die offenbar jede Krankheit kurieren können. Falls das allzu unislamisch und sogar ein wenig häretisch klingen sollte, gibt es ganz in der Nähe eine große Moschee, die von einer weltweit selbstbewusst auftretenden Religion zeugt.

Das eindrucksvoll gut gepflegte Nationalmuseum verkörpert noch am lebendigsten die malaysische Suche nach einer brauchbaren würdigen Vergangenheit. Faszinierender noch als die Ausstellungsstücke fand ich die Gruppen förmlich gekleideter Malaysier; in ihren Hemden mit hohen Kragen und den silberdurchwirkten Sarongs, die sie als Kilts über ihren Hosen tragen, schienen sie begierig, über die Geschichte ihres Landes unterrichtet zu werden.

Doch nichts sagt so viel aus über die Ansprüche und Erwartungen wie die Petronas Towers. Ihre an Minarette erinnernde Gestalt ist ein trotziger islamischer Anspruch auf Moderne und demonstriert die Stellung Malaysias in der Gemeinschaft der Nationen. Doch wie Anwar schreibt, ist Asien »im Entstehen begriffen. Der lange, intensive Prozess der Selbstdefinition und des Selbstverständnisses hat gerade erst begonnen.« Städte wie KL und Mumbai sind heute schon Orte, an denen ideologisch viel debattiert und in Frage gestellt wird. Sogar die Vaterschaft für KL ist inzwischen umstritten. Nach geschichtlich belegtem Wissen gründete der Chinese Yap Ah Loy, der größte Landbesitzer in der Mitte des 19. Jahrhunderts, die Stadt. Die malaysischen Nationalisten halten aber lieber den malaiischen Aristokraten Raja Abdullah für den Gründer, und so ist denn Yap Ah Loys Name aus den Lehrbüchern fast vollständig verschwunden.

Doch mit solchen sektiererischen Ansichten erweist man KL einen schlechten Dienst, enthält die Stadt doch die Kulturen Asiens und des Westens in erstaunlich neuen Gegenüberstellungen. Man denke etwa an den alten Hauptbahnhof, ein weiteres extravagant maurisches Bauwerk, teilweise von einer Hochstraße verdeckt und strahlend weiß gestrichen. Die Kurven und Flächen seiner Pavillons und Bogengänge sind immer noch von einer blendenden Klarheit. Es ist, als hätte man Gaudí auf KL losgelassen.

Und welche Absichten die malaysischen Nationalisten auch hegen mögen, die glanzvollen neuen Gebäude zeugen weniger von der Identität Malaysias als von einer Stadt, in der die Menschen wissen, wie man reich ist, und lernen, wie man Geld ausgibt. Als der französische Schriftsteller Jean Cocteau die Stadt in den 1930er Jahren besuchte, klagte er über eine »Atmosphäre allzu schnellen Luxus und eines Überflusses an Gold«. Das gibt es auch heute noch – und nirgends so grell wie in den Einkaufszentren in der Nähe der Petronas Towers, die einander an Eleganz zu überbieten versuchen und in denen Araber in weißen Gewändern, die nicht gerne in westliche Länder reisen möchten, herumstehen und ihre BlackBerrys checken, während ihre Frauen, von Kopf bis Fuß in schwarze Gewänder gehüllt, Dessous einkaufen.

Stadtautobahnen führen aus der verfallenden Altstadt in die Vorstädte des umgebenden Hügellandes, wo sich große SUVs hinter dichten Jasminsträuchern und Palisanderholzbäumen verstecken. Hier leben millionenschwere Geschäftsleute und Diplomaten in diebstahlgesicherten Häusern, mit kreisenden Berieselungsanlagen im Garten und philippinischen Hausmädchen in der Küche. Hier finden sich die schicken Cafés und Restaurants, in denen praktisch alle bekannteren Küchen der Welt respektabel vertreten sind.

Beim Abendessen im eleganten Vorort Damanasra Heights, die Lichter der Stadt leuchteten unter uns, diskutierten die Gäste leidenschaftlich über die frustrierend rassenorientierte Politik Malaysias und die engstirnigen Politiker, die verhinderten, dass das Land seine vollen Möglichkeiten entfaltete. Unser Gastgeber Karim Raslan, einer der gescheitesten Gelehrten

Südostasiens, bezeichnete dies als einen der Gründe, weshalb er die Hälfte der Zeit in Indonesien arbeitete und lebte.

Mir als Außenstehendem blieb es vorbehalten, darauf hinzuweisen, dass Malaysia bislang immer noch vergleichsweise unberührt geblieben ist von den zahlreichen Klassen-, Kasten-, ethnischen und regionalen Konflikten, die den Aufstieg Indiens und Chinas begleiten und verunstalten. Malaysia ist ein Land mit einer kleinen Bevölkerung (28 Millionen) und einem mittleren Pro-Kopf-Einkommen. Es gibt dort keine grausamen Disparitäten zwischen Armen und Reichen; KL kennt nicht das gewaltige Elend, das die Stadtzentren indischer Städte verschandelt. Die Demokratie in Malaysia ist zwar mit Mängeln behaftet und chaotisch, aber immer noch besser als die autoritäre Bevormundung im benachbarten Singapur. Und es hat in jüngster Zeit einige vielversprechende junge Politiker und Aktivisten hervorgebracht, die darauf aus sind, über die kleinkarierten Interessen ihrer älteren Kollegen hinauszugehen.

Zwei der bekanntesten aufstrebenden Politiker – Khairy Jamalauddin und Anwars Tochter, die »Reformprinzessin« Nurul Izzah, die in den USA studiert hat und den Nobelvorort Bangsar (im Volksmund »Republik Bangsar« genannt) im malaysischen Parlament vertritt – gehören verschiedenen Seiten des politischen Spektrums an. Beide sagten mir, sie seien entschlossen, eine von der Rassenfrage freie Zukunft zu gestalten.

Und es gibt Anzeichen dafür, dass dies mehr als bloße Phantasie ist. Bei den wichtigen Wahlen im Mai 2013 kehrte die von Malaien dominierte Koalition der Nationalen Front (Barisan Nasional) an die Macht zurück und erhielt 133 der insgesamt 222 Parlamentssitze. Khairy Jamalauddin, ein entschiedener Kritiker der rassisch orientierten Politik Mahathirs, erhielt im neuen Kabinett ein Ministeramt. Noch bemerkenswerter ist die Tatsache, dass Anwars Bündnis der Volksallianz (Pakatan Rakyat) mehr als fünfzig Prozent der Wählerstimmen auf sich vereinigte. Anwar, der vor allem bei städtischen Malaien sowie ethnischen Chinesen und Indern beliebt ist, machte deutlich, dass die alte, rassenorientierte Politik durch die zunehmende Urbanisierung und durch die wachsende Priorität in Frage gestellt wird, die viele Wähler den Einkommensunterschieden und der Klassenzugehörigkeit gegenüber der Rassenzugehörigkeit beimessen.

Der alte »Rassenkonsens« in Malaysia wankt. Eine umfassendere politische Aufklärung wird natürlich noch Zeit brauchen. Im Augenblick suchen Denker und Schriftsteller in KL ihre eigenen, ein wenig einsamen Wege in einer materialistischen Stadt, die Aktivisten nicht günstig gesinnt ist, es sei denn im Blick auf Geldverdienen und Geldausgeben.

In einem indischen Restaurant außerhalb von Bukit Bintang traf ich die Schriftstellerin Bernice Chauly. Wie viele städtische Malaysier ist sie ein erstaunliches Produkt Indochinas. Ihr Vater war ein Nordinder, ihre Mutter eine Chinesin. KL, so sagte sie mir, sei für sie ein unbefriedigender Ort. Zugleich schätze sie die Randposition, die sie dort einnehme. Als individuelle Künstlerin habe sie in einer nicht auf Konkurrenz ausgerichteten Umgebung mehr Freiheit, das zu tun, was sie wolle.

Die bildenden Künste sind enger mit der rasch wachsenden Wirtschaft verbunden und erleben zurzeit einen Miniboom. Die sauberen weißen Räume der Valentine Willie Fine Art Gallery in Bangsar zeugen von einer Zuversicht, die ich erstmals in Hongkonger Kunstgalerien antraf, kurz bevor die chinesische Kunst internationale Bedeutung erlangte. Die Programmleiterin Eva McGovern, die ihren Job in der Serpentine Gallery in London aufgab, um in KL zu arbeiten, sagte mir, die Region um Malaysia – Indonesien, Philippinen, Singapur, Thailand –

wachse sehr schnell zusammen, zum Teil aufgrund der billigen Fluggesellschaften, die kleine Städte nicht nur in China, sondern auch auf dem ausgedehnten indonesischen Archipel anfliegen (wo vielfach wie in Malaysia malaiisch gesprochen wird). Künstler könnten nun in einer Weise entdeckt und ausgestellt werden, wie das bislang nahezu unmöglich gewesen sei, sagte sie mir. KL sei heute in einen erweiterten südostasiatischen Kulturraum eingebettet.

Gewiss wird KL nicht über Nacht berühmt für seine kulturellen Angebote werden – auch wenn man dort auf diesem Gebiet wie in Abu Dhabi und Qatar eifrig Einkäufe tätigt. Doch in dieser Stadt finden sich heute die Sedimente allzu vieler verschiedener Kulturen und Gesellschaften, als dass sie in provinzielle Dunkelheit zurückfallen könnte. Zweifellos findet in dieser speziellen Neuen Welt ein Experiment mit bedeutenden Folgen für die Zukunft statt, und vielleicht handelt es sich hier um nichts Geringeres als einen neuen Weg, ein moderner Asiate zu sein, mehrere Identitäten zu besitzen und ganz selbstverständlich eine kosmopolitische Haltung einzunehmen.

Ich bestieg dann doch nicht die Petronas Towers. Vielleicht brauchte ich nicht den statisch geographischen Rundblick über diese zutiefst fließende und hybride Stadt, in der, wie Amir Muhammad in einem seiner Essays mit Worten schrieb, die an die einstmals Neu-Amsterdam genannte Insel denken lassen, »alle von anderswoher kommen; deshalb besitzen und prägen alle sie so, dass sie zu mehr wird als der bloßen Summe unserer individuellen Herkunft«. Stattdessen unternahm ich einen Rundgang durch das alte Unterhaltungsviertel in Bukit Bintang. Auf farbenfrohe Weise heruntergekommen mit seinen Hotels für Rucksacktouristen, seinen Massagesalons und Einkaufspromenaden, tönte es von allen Sprachen, die ich erkennen kann, und manchen anderen: Bahasa, Indonesisch, Filipino, Urdu, Bengali, Arabisch und Persisch wie auch Englisch, mit diversen Akzenten, vom breiten Australisch bis hin zum Singsang Sri Lankas und dem melodiös-malaiischen Akzent. Und ich verließ KL in der Überzeugung, dass diese Stadt im Herzen des neuen Asien an einer Möglichkeit arbeitet, auf ganz natürliche Weise kosmopolitisch und wahrhaft indochinesisch zu sein.

# Indonesien: Demokratie neu definiert

1929 reiste der indonesische Dichter und Historiker Sanusi Pane nach Indien. Für den jungen Nationalisten war es gleichsam eine Wallfahrt. Pane hatte in Jakarta eine Schule besucht, die sich an den pädagogischen Experimenten Rabindranath Tagores orientierte. Wie viele von Gandhis Kampf um Selbstbestimmung faszinierte Südostasiaten hoffte er, Indien werde einen Weg zu nationalem Wohlstand und nationaler Macht weisen, der ohne die von westlichen Nationen eingesetzten Mittel auskam – ohne ein hohes Maß an Gewalt, ohne Enteignungen und massive Umweltzerstörung. »Ein freies, auf westlicher Grundlage errichtetes Indien«, so schrieb er, »wäre kaum von Wert. … Müssen wir uns für immer mit dem zufriedengeben, was andere für wertlos befunden und hinter sich gelassen haben? Müssen wir immer hinter anderen Nationen herhinken?«

Diese Furcht vor ewiger Verspätung sollte im postkolonialen Zeitalter eine äußerst ironische Wendung erfahren. Indien, obwohl dem Schein nach demokratisch und blockfrei, vermochte kein stolzes Vorbild für geistige und ökonomische Autonomie abzugeben. Wohlstand und Macht erlangten autoritäre Staaten, deren einheimische Eliten koloniale Techniken des Zwangs und der ideologischen Täuschung übernommen hatten. In den Augen vieler Inder der oberen Kasten und der Mittelschicht, die in den 1970er und 1980er Jahren sahen, dass Südostasien den globalen Kapitalismus übernahm, schien ihr eigenes Land nicht nur die Chance vergeben zu haben, seine ungebildeten, unproduktiven und potentiell gefährlichen Klassen zu schwächen, sondern es hatte ihnen auch das allgemeine Wahlrecht gegeben, wodurch das von oben verordnete Wirtschaftswachstum in den Morast demokratischer Wahlen und eines rein rhetorischen Sozialismus geriet. Wir waren geblendet von Lee Kuan Yews keinen Unsinn duldender, blitzsauberer Technokratie in Singapur, schauten gebannt auf die Verwandlung heruntergekommener südostasiatischer Hafenstädte in glitzernde Geschäftsmetropolen und bewunderten unsere eigenen autoritär gesinnten Politiker wie Indira Gandhi und ihren Sohn Sanjay, die versprachen, die von den Armen verschandelten Städte Indiens zu säubern und zu »verschönern«. Und so konnte Indonesien 1995, drei Jahre vor Suhartos Sturz, einen ahnungslosen indischen Besucher wie mich anlocken.

In ein Land zu kommen, das einst zur hinduistisch-buddhistischen Ökumene gehört hatte, hieß gleichsam in eine höchst angenehme Halluzination einzutauchen, in der Nebenfiguren, an die man sich aus der Lektüre des *Ramayana* und des *Mahabharata* in Kindertagen erinnerte, über öffentliche Plätze wachten und als Miniaturen im Schattenpuppentheater *wayang* auftraten. Man staunte, dass die Holländer anders als die Briten in Indien dem Land, das sie gnadenlos ausbeuteten, nur wenige selbstverherrlichende Monumente aufgezwungen hatten. Hausbesetzer florierten im verfallenden Kolonialviertel Kota im alten Batavia, wo die Kolonialherren einst eine heimatliche Phantasie mit Herrenhäusern, Kanälen und gepflasterten Plätzen geschaffen hatten. Die Sprache der einstigen Usurpatoren wurde abgeschafft; eine neue Nationalsprache, das Indonesische (Bahasa Indonesia), leistete ihren Beitrag zum Zusammenhalt der Inselgruppe; und obwohl man in Indien Nehrus

Reden von Blockfreiheit, säkularem Staat und Sozialismus bereitwillig aufgegeben hatte, sprachen die Zeitungen immer noch ehrfürchtig von Pancasila, der nationalen Ideologie sozialer Harmonie, die Suharto entschieden propagierte.

Als Inder 1995 in Indonesien zu sein hieß auch, Zeuge eines neuen postkolonialen Versprechens zu werden, des Versprechens einer Befreiung von Armut und Not nach den Fehlschlägen der ersten Generation auf Autarkie bedachter Führer. Indonesien schien Indien weit voraus zu sein in seiner kollektiven Übernahme einer Form von Kapitalismus, die ihren Schliff im doch so verachteten Westen erhalten hatte. Unter den neidvollen Blicken der *Time*-lesenden Elite Asiens war in Jakarta ein neues, ganz aus Glas und Stahl erbautes Geschäftsviertel entstanden (erleichtert letztlich durch bezahlte Schläger, die Mord und Vergewaltigung einsetzten, um Zehntausende von Landbesetzern, Pächtern und Landbesitzern aus den *kampongs*, städtischen Dörfern, zu vertreiben). An die Schlichtheit der in Indien hergestellten Waren und die Schäbigkeit unserer nachgemachten Moderne gewöhnt, erinnere ich mich, wie erstaunt ich war über die Läden voller internationaler Markenprodukte, die Zahl der arbeitenden Frauen in Groß- und Kleinstädten und über den materiellen Besitz selbst der Fabrikarbeiter, die Motorroller, Fernsehapparate und Kühlschränke (oder sogar Gewerkschaften) hatten. Selbst die Kleinstadthotels hatten einen hohen Standard; und die Golfplätze und Vorortvillen zeugten von einem Wohlstand, der in Indien immer noch ein Traum war.

In den 1980er Jahren vollzog die indische Regierung eine Wende und umarmte reiche Geschäftsleute, hinderte Gewerkschafter an ihrer Arbeit und gab einer raschen Schaffung von Reichtum auf Kosten eines gerechten und nachhaltigen Wachstums den Vorzug. Und rechtzeitig entstand auch eine autoritär eingestellte, rechtsgerichtete Hindu-Bewegung, die die Privilegien der alten Reichen – der Unternehmerfamilien des Landes – schützte und zugleich die Phantasien einer wachsenden, auf sozialen Aufstieg bedachten Schicht anstachelte. Aufgrund einer verstärkten Integration Indiens in die Weltwirtschaft beschleunigte sich 1991 das Wachstum des Bruttoinlandsprodukts, was wiederum die Erhebung des »Freien Marktes« zu einer weiteren Hindu-Gottheit erleichterte, die, wie ihre Propagandisten behaupteten, Wohlstand auf alle herabregnen lassen würde – wahrscheinlich durch das große Wunder des Trickle-Down-Effekts. Inzwischen entdeckten die größten und ältesten Unternehmen des Landes bessere Möglichkeiten, sich zu bereichern, und zwar durch Bündnisse mit einer unternehmerfreundlichen politischen Klasse, wobei sie sich die besten Stücke aus dem Reichtum des Landes an Mineralien, Boden und Wäldern sicherten. Gegen Ende des Jahrzehnts traten an die Stelle angloamerikanischer Beschreibungen Indiens als einer »gewaltigen kapitalistischen Erfolgsgeschichte« *(Foreign Affairs)* dann im *Economist* und in der *Financial Times* Befürchtungen, das Land züchte Oligarchien russischen und lateinamerikanischen Zuschnitts heran und werde zugleich immer autoritärer. Großindustrielle wie Tata und Ambani drängten offen darauf, den äußerst unternehmerfreundlichen Hindu-Nationalisten Narendra Modi zum Premierminister zu machen – was dieser im Mai 2014 auch erreichte –, und das trotz seiner Verwicklung in die Ermordung von mehr als 2000 Muslimen im Jahr 2002. 1995 jedoch wusste ich wenig von den tieferen Lehren, die Indien aus den Erfahrungen Indonesiens mit kapitalistischer Vetternwirtschaft und Neoliberalismus hätte ziehen können.

Die von Schlaglöchern freien Mautstraßen auf Java und Bali; die Einkaufszentren; die privaten TV-Kanäle, zwar kontrolliert, aber weitaus beliebter als der öde erzieherische Tonfall des staatlichen Fernsehens; die Wolkenkratzer; und die Totems der frühen Globalisierung überall auf der Welt – illegal kopierte Software, geklonte Uhren, Kassetten, japanische Comics und CD-ROMs – all das charakterisierte zumindest oberflächlich ein Land, das im asiatischen Streben nach der kapitalistischen Moderne einen großen Vorsprung vor Indien erlangt hatte.

Wir alle wussten nichts von den Widersprüchen und Spannungen, die sich in Suhartos Indonesien aufbauten, obwohl es Anzeichen dafür gab, etwa die Unruhen 1984 in dem im Norden Jakartas gelegenen Hafenviertel, wo man regierungsfeindliche Plakate sehen konnte, auf denen ein prominenter chinesischer Spezi US-Dollars in Suhartos weitgeöffneten Mund schüttet. Der Zorn, der in der permanenten Unterschicht der Abgehängten und auf Dauer Chancenlosen schwelte, explodierte schließlich nach der asiatischen Finanzkrise 1997 und machte das Land zum Synonym für städtischen Aufruhr, Terroranschläge, Autobomben, verbreitete ethnische Gewalt, Erdbeben, Brände, Vulkanausbrüche und Tsunamis, ganz zu schweigen von islamischen Vollbärten. Indonesien hat sein internationales Image in den letzten Jahren jedoch zweifellos aufpoliert. Die Zahl der dort tätigen Auslandskorrespondenten stieg, und Investitions-, Finanz- und Managementberater schufen, den Nachzügler Indien hinter sich lassend, einen neuen Resonanzboden für optimistische Prognosen über eine weitere »aufstrebende« asiatische Volkswirtschaft. Nach Ansicht der vielzitierten Boston Consulting Group wird mehr als die Hälfte der 242 Millionen Einwohner des Landes 2020 der Mittelschicht oder noch höheren Einkommensschichten angehören. Das mag sich als ebenso großsprecherische Phantasie erweisen wie in der Vergangenheit schon die Voraussagen der Boston Consulting Group oder von McKinsey über Indien. Derzeit allerdings ist der Inlandskonsum einer überwiegend jungen Bevölkerung – 60 Prozent der Indonesier sind unter dreißig Jahren – für mehr als die Hälfte des indonesischen Wirtschaftswachstums verantwortlich.

Das traditionell wichtigste Standbein der indonesischen Volkswirtschaft – der Überfluss an Rohstoffen – ist im Zeitalter der Globalisierung noch erfolgreicher als zuvor. Durch den Ausverkauf von Kohle, Erdöl, Palmöl und Erdgas ist das dünnbesiedelte Ost-Kalimantan zu einer der reichsten Provinzen der Republik mit dem höchsten Bruttoinlandsprodukt pro Kopf der Bevölkerung – 8500–9000 Dollar – geworden. Die chinesische und indische Nachfrage nach Gütern hat kleinen Städten wie Makassar in Sulawesi und Palemberg in Sumatra geschlossene Wohnanlagen und Louis-Vuitton-Läden beschert. Befremdlichere Veränderungen erwarten den Besucher in anderen Teilen Indonesiens. Weite Bereiche Sumatras gleichen aufgrund von Brandrodungen einer Mondlandschaft, und die Rauchfahnen der von Palmöl-Prospektoren gelegten Brände reichen bis Malaysia und Thailand und veranlassen Ärzte in Kuala Lumpur und Singapur, den Menschen zu raten, Atemschutzmasken zu tragen, um Erkrankungen der Atemwege vorzubeugen. Bandung, einst berühmt für seine Aufrufe zu afroasiatischer Solidarität, ist heute bekannt für eine andere Art wechselseitiger Verbundenheit: billige Air-Asia-Flüge, die Horden von Käufern aus Singapur und Malaysia auf der Suche nach Schnäppchen in den Designer-Outlets ins Land bringen.

Außerdem wird klar, dass im Indonesien der Nach-Suharto-Zeit ältere etablierte Handelskonzerne und Unternehmerfamilien ihre Nähe zu Politikern nutzen, um sich einen noch unverhältnismäßigeren Anteil an den Ressourcen und Einkommen des Landes zu sichern, während Außenstehende ihren Blick geradezu obsessiv auf das Füllhorn der Demokratie und des globalen Kapitalismus fixieren. Nahezu die Hälfte der Bevölkerung muss weiterhin mit weniger als zwei Dollar am Tag auskommen und findet – wenn überhaupt – Beschäftigung im informellen, durch intensive Ausbeutung gekennzeichneten Sektor, etwa als Müllsammler, die auf Mülldeponien nach wiederverwertbaren Materialien suchen, oder als schlechtbezahlte Hilfsarbeiter auf gefährlichen Baustellen. Korruptionsskandale beschmutzen das Ansehen aller wichtigen politischen Parteien und Galionsfiguren und haben schon viele (wenn auch nicht genug) Parlamentsabgeordnete ins Gefängnis gebracht. In einer Umfrage erklärte kürzlich eine Mehrheit der Befragten, das Leben unter Suharto sei besser gewesen, da dort ein Minimum an staatlicher Gesundheitsversorgung, Sicherheit und erschwinglichen Gütern des Grundbedarfs garantiert gewesen sei.

Die Enttäuschung über die Politik alten Stils hat den neuen Gouverneur von Jakarta, Joko Widodo, zum beliebtesten Politiker im heutigen Indonesien gemacht. Widodo, besser bekannt unter dem Namen Jokowi, ist seit Oktober 2014 Präsident des Landes und ein Außenseiter ohne jede bekannte Verbindung zu Großkonzernen oder etablierten politischen Parteien. Er wuchs in einer am Flussufer gelegenen Hütte in der zentraljavanischen Stadt Surakarta auf. Sein Vater war Lastwagenfahrer, seine Mutter Bambusverkäuferin. Er war der Erste in seiner Familie, der studierte. Er betätigte sich erfolgreich als Möbelexporteur, bevor er beschloss, sich in der Kommunalpolitik Surakartas zu engagieren. In seinen sieben Jahren als Bürgermeister machte er die Stadt zu einem lehrreichen Beispiel für die von ihm so genannte »Politik von unten nach oben«. Das war besonders bemerkenswert, da Surakarta in Indonesien als *sumbu pendek* (als Stadt mit kurzer Lunte) bekannt ist. Die südostasiatische Extremistengruppe Jemaah Islamiyah, die Verbindungen zu Al-Qaida besitzt, entstand in dieser Stadt, die auch jenen militanten Gruppen als Basis diente, denen die Bombenanschläge in Bali 2002 und 2005 zur Last gelegt werden. Surakarta hatte 1998 brutale Überfälle auf die wirtschaftlich sehr starke chinesische Minderheit erlebt (als die asiatische Finanzkrise sich verstärkte, richteten Javaner ihren Zorn über steigende Benzinpreise, Nahrungsmittelknappheit und Arbeitslosigkeit allenthalben gegen ein altes und von jeher wehrloses Ziel: die Chinesen, die weniger als fünf Prozent der Bevölkerung ausmachen, aber in den drei Jahrzehnten der Suharto-Herrschaft 70 Prozent der Wirtschaft des Landes kontrollierten).

Jokowi umwarb tatkräftig die verunsicherte Minderheit, indem er im Wahlkampf einen Chinesen zu seinem Stellvertreter machte (weshalb er sich einer Schmutzkampagne wegen seiner Nähe zu Ungläubigen erwehren musste). In einer Stadt mit zahlreichen kleinen Kaufleuten und Händlern erleichterte er deren Zugang zu Genehmigungen und Lizenzen. In einem für Korruption und Vetternwirtschaft berüchtigten Land begünstigte er fliegende Lebensmittelhändler gegenüber weltweit agierenden Ladenketten und Einkaufszentren. Er schuf mit friedlichen Mitteln einen neuen Marktplatz für den unregulierten Straßenhandel, verbesserte den Zugang zum öffentlichen Gesundheitsdienst und gab kleinen und mittleren Betrieben den Vorzug vor einheimischen und ausländischen Großunternehmen.

Er förderte auch traditionelle Handwerks- und Industriezweige wie die Herstellung von Batikstoffen. Diese Betriebe, so sagte er mir, sollten nicht nur mit Massenerzeugnissen aus China konkurrieren können, sondern auch eine wichtige Rolle bei der Stärkung der regionalen Identität spielen (bildet die Batik doch eine Besonderheit der zentraljavanischen Kultur). Diese Form von Regionalisierung – die sich bewusst gegen die sozioökonomischen Brüche und hohen ökologischen Kosten des globalen Kapitalismus richtete – erschien als ein notwendiges Experiment in einer dichtbevölkerten, vielfältigen und weitgehend noch agrarischen Gesellschaft, die ihren eigenen Weg in die Moderne finden musste. So kann es nicht überraschen, dass Jokowi, der erstmals 2005 zum Bürgermeister von Surakarta gewählt worden war, 2010 mit einer Mehrheit von 90,9 Prozent wiedergewählt wurde, wie zentralasiatische Tyrannen sie gerne für sich beanspruchen.

Bei den Wahlen in Jakarta 2012 (zu denen Jokowi mit einem christlichen Stellvertreter antrat, halfen ihm die zahlreichen Zuwanderer und Kleinunternehmer aus dem ländlichen Java, die Berechnungen der etablierten Parteien und Politiker zu durchkreuzen. Doch Jakarta – ganz zu schweigen von dem riesigen indonesischen Archipel – stellt Jokowi vor ganz andere Herausforderungen. Die tief gelegenen, von ländlichen Migranten bevölkerten Slums werden immer wieder von unkontrollierbaren Überschwemmungen heimgesucht. Der Konsumkapitalismus in der größten muslimischen Nation der Welt hat den zehn Millionen Einwohnern Jakartas Luftverschmutzung, Verkehrschaos und Bestechlichkeit gewaltigen Ausmaßes beschert. Der vorangegangene Gouverneur der Stadt, ein schnauzbärtiges Überbleibsel des Suharto'schen Zeitalters der Ausplünderung, besaß neben dem eher typischen Hummer und der Harley-Davidson auch einen van Gogh.

Ein Populist wie Jokowi wirkt indessen wie eine attraktive Reminiszenz an den postkolonialen Idealismus, spricht er doch von einer Wirtschaft, die dem *rakyat* – dem Volk – dienen soll statt einer Steigerung der Profite und Wachstumsraten, und von der Notwendigkeit, die Politik »von oben nach unten« durch eine Politik »von unten nach oben« zu ersetzen. Schon in den 1970er Jahren warnte der brillanteste Denker Indonesiens Soedjatmoko vor einem rasch wachsenden Ungleichgewicht zwischen dem politischen Zentrum Javas und der rohstoffreichen Peripherie wie auch zwischen den ländlichen und den städtischen Gebieten. »Wir müssen die Vorstellungen über die Entwicklungspolitik vom Kopf auf die Füße stellen«, erklärte er. Die Armen müssten »den ersten Anspruch auf sämtliche nationalen Ressourcen des Landes haben«. Extreme Ungleichheit zerstöre die Aussichten auf eine demokratische Politik. Denn eine »übervölkerte, hungernde und auf Konkurrenz ausgerichtete Welt« führe zu »wachsendem Druck in Richtung eines stärkeren Autoritarismus und größerer Unterdrückung«, und die Freiheit der Menschen sei »mit Sicherheit das erste Opfer solch einer Zukunft«.

Soedjatmoko und seine unwillkommene Warnung, soziale Gerechtigkeit sei der fünfte Grundsatz der Pancasila, wurden ignoriert – und am Ende musste er Indonesien verlassen. In den 1970er Jahren schien der Kapitalismus westlichen Stils gut mit autoritären Regimen und den amerikanischen Satellitenstaaten in Südkorea, Taiwan, den Philippinen und Singapur zusammenzuarbeiten. Den späteren Wettlauf nach China vorwegnehmend, sahen multinationale Konzerne in Südostasien eine Region mit einem reichen Angebot an Bodenschätzen, Arbeitskraft und Billiglöhnen. Während Indien unter einem protektionistischen Regime stagnierte, wurden Teile Nachkriegsasiens mit Hilfe umfangreicher amerikanischer Investitionen und Hilfsgelder wiederaufgebaut. In seinem Buch *Political Order in Changing Societies*, einer Warnung vor dem durch die soziale und ökonomische Modernisierung geschaffenen Chaos, schrieb Samuel Huntington 1968, die historische Aufgabe des Militärs bei der Entwicklung von Gesellschaften sei es, »der Mittelklasse die Tür zu öffnen und sie den unteren Klassen zu verschließen«. Und im Rahmen eines unausgesprochenen, im

Dienste des Kalten Kriegs geschlossenen Deals reichten militärische und wirtschaftliche Eliten in ganz Asien einander die Hände, um die Arbeiterbewegung zu vernichten und die ländlichen Armen zu entrechten.

Religiöse Zusammengehörigkeit trat in diesen Zeiten weitgehend in den Hintergrund. Ich erinnere mich an einen jungen Hindu-Nationalisten während meines ersten Besuchs 1995. Beim Biertrinken in einem Hotel unweit der aus dem 9. Jahrhundert stammenden Tempel von Prambanan, in denen kolossale Ramayana-Aufführungen stattfanden, plauderte er seine benebelten Eindrücke aus: »Es sieht nicht wie ein muslimisches Land aus, es fühlt sich nicht wie ein muslimisches Land an.« Doch anders als Pakistan, das unser Bild verarmter, fanatischer Muslime weitgehend prägte, verstand Indonesien sich damals nicht als muslimisches Land – dazu kam es erst mit den postkolonialen politischen und wirtschaftlichen Aufständen. Der traditionsverhaftete Glaube der Mehrheit – der von Clifford Geertz beschriebenen Abangan – ist noch von Überresten vorislamischer Glaubensvorstellungen und Praktiken geprägt, darunter ein hinduistisch-javanischer Synkretismus und sogar Animismus. Die wichtigsten Unterteilungen bestanden zwischen Klassen und Regionen. Bei den ersten – bemerkenswert freien – Wahlen des Landes 1955 schnitten Kommunisten und weltlich ausgerichtete Nationalisten ebenso gut ab wie islamische Parteien. Die Probleme Indonesiens – größer als in vielen nicht so heterogenen Territorien, die unter bloßen Zweckgesichtspunkten von einer Kolonialverwaltung zusammengehalten wurden – bestanden damals in der Führung und Steuerung des Landes, das heißt in der Konsolidierung eines wackligen politischen Konstrukts, das sowohl durch internen Dissens als auch durch die geopolitischen Belastungen des Kalten Kriegs bedroht wurde.

Der Romancier Richard Wright, der 1955 die afroasiatische Konferenz in Bandung besuchte, war der Ansicht, dass es in Indonesien nicht unbedingt um »rechts oder links« ging. Wichtig sei es vielmehr, den »Ingenieur« zu finden, »der achtzig Millionen Menschen zu einem Projekt vereinen kann, das diese Menschen zu ernähren und auf Dauer zu erhalten vermag und dennoch auf ihrer freiwilligen Zustimmung basiert«. Doch an sozialpolitischen Ingenieuren, die erfolgreich eine Nation aufbauen konnten, mangelte es allenthalben in Asien und Afrika. Sukarno, der erste Präsident Indonesiens, bildete da keine Ausnahme; er gelangte durch seine langen antikolonialen Kämpfe an die Macht, besaß aber keinerlei Erfahrung mit dem Aufbau von Staaten oder Institutionen. Angesichts des elenden Erbes des Kolonialismus – Arbeitslosigkeit, hoher Analphabetismus und gewaltige Inflation – tat er 1955, was viele andere in seiner Position taten: Er sprach von den Übeln des Imperialismus, von einer Fortsetzung der Revolution und von der edlen Idee Indonesiens – und damit bezauberte er viele seiner Landsleute.

Wright, der das vertraute Spektakel beobachtete, meinte dazu: »Indonesien hat den Holländern die Macht weggenommen, weiß aber damit nichts anzufangen.« Das war ein hartes Urteil. Sukarnos Aufgabe in Indonesien war besonders schwierig. Anders als Nehru erbte Sukarno von den abziehenden Herrschern keine als »stählerner Rahmen« dienende Staatsverwaltung und keine professionellen Streitkräfte. Die Besetzung durch die Japaner während des Krieges und der lange Krieg gegen die Holländer hatten die koloniale Wirtschaft verwüstet. Sukarno musste sich mit anderen politischen Gruppierungen und mit einem politisch wie auch kommerziell ehrgeizigen Militär auseinandersetzen; und er war immer stärker auf seine Generäle angewiesen, um von der CIA unterstützte Separatisten in Sumatra und Sulawesi im Zaum zu halten (Suharto machte sich einen Namen bei diversen Counter-Insurgency-Operationen in Sulawesi und West-Papua). Die Macht der Generäle wuchs – im umgekehrten Verhältnis zur Gesundheit der Wirtschaft –, als sie die ehemals holländischen, von Sukarno verstaatlichten Unternehmen unter ihre Kontrolle brachten.

Zunehmend verärgert über die Demokratie, schaffte Sukarno 1957 die freiheitliche Verfassung ab und ersetzte das gewählte Parlament durch ein von ihm ernanntes. Auf der Suche nach einem Gegengewicht gegen das Militär, das damals bereits enge Verbindungen zum Pentagon entwickelte, begann er Anfang der 1960er Jahre, deren natürliche Gegner zu fördern, die Partai Komunis Indonesia, damals die größte kommunistische Partei in der »Freien Welt«, und sprach von einem breiteren antiimperialistischen Bündnis mit Hanoi, Beijing und Phnom Penh. Die Polarisierungen des Kalten Kriegs zeigten sich auch in den ländlichen Regionen, wo sich landlose Bauern und Teilpächter mit Unterstützung durch die Kommunistische Partei gegen Landbesitzer und die kleinstädtische Bourgeoisie stellten, hinter denen wiederum die Nahdlatul Ulama stand, die traditionalistischere der beiden muslimischen Organisationen des Landes.

Sukarno spielte ein gefährliches Spiel, als er gleichzeitig Generäle und Kommunisten stärkte und sich auf eine Ideologie berief, der er den Namen »Nasikom« gab: den Versuch einer Synthese aus Nationalismus, Islam und Kommunismus. Als die Wirtschaftskrise Indonesiens sich verschärfte – die Inflation stieg bis auf 600 Prozent –, führte ein Angriff von Sukarno-Anhängern auf die Generäle im September 1965, gefolgt von Sukarnos Gegenputsch, zu seinem Sturz. Suharto, der die Kommunisten für den Staatsstreich und die allgemeine Unordnung im Lande verantwortlich machte, stellte Sukarno kalt. Dann begründete er seine »Neue Ordnung« mit einem Blutopfer: In einem der größten ungesühnten Verbrechen des 20. Jahrhunderts wurden 1965-1966 mehr als eine halbe Million als Kommunisten Verdächtigte ermordet, viele von ihnen ethnische Chinesen, denen man Verbindungen zu Mao Zedongs China vorwarf. Viele der Morde geschahen entlang der politischen Bruchlinien, die sich vor 1965 herausgebildet hatten: landbesitzende feudale Eliten und eine zahlenmäßig kleine Bourgeoisie gegen Bauern und Arbeiter. Das Militär, das beträchtliche Geschäftsinteressen in landwirtschaftlichen und anderen Unternehmen unterhielt, beteiligte sich eifrig an der Ausrottung der linksgerichteten »Schädlinge«. Wenn Offiziere der Armee sich nicht unmittelbar an den Massenmorden beteiligten, unterstützten sie die Mitglieder der Jugendorganisation Ansor der großen, 1926 gegründeten und hauptsächlich in Ost-Java aktiven islamischen Wohltätigkeitsorganisation Nahdatul Ulama.

Nachdem Suharto die Linke in Indonesien physisch dezimiert hatte, festigte er seine Herrschaft, indem er die autoritären Strukturen der »Gelenkten Demokratie« Sukarnos an die der »Neuen Ordnung« anpasste. Von einer repräsentativen Demokratie konnte keine Rede sein. Suhartos intellektueller Berater Ali Murtopo, der Huntingtons *Political Order in Changing Societies* sehr genau gelesen hatte, erarbeitete die Theorie der »flottierenden Masse«, wonach die Bevölkerung entpolitisiert und zersplittert werden sollte: »Die Menschen in den Dörfern«, so bestimmte er, »werden ihre wertvolle Zeit und Energie nicht auf die politischen Streitereien von Parteien und Gruppen verschwenden, sondern ganz auf Entwicklungsbemühungen konzentrieren.« Die Regierung werde nun Ordnung und Stabilität sichern und Kommunisten und andere Unruhestifter in Schach halten, während das Volk *(rakyat)* die Aufgabe erhielt, für ein höheres Wirtschaftswachstum zu sorgen, und zwar mit Hilfe einer Elektrifizierung der ländlichen

Regionen, einer strengen Geburtenkontrolle und einer grünen Revolution sowie der Freuden einer ausgeprägten Konsumorientierung. (Pramoedya Ananta Toer, der größte moderne Romancier Indonesiens, machte sich allenfalls einer leichten Übertreibung schuldig, als er behauptete, die indonesische Gesellschaft sei »nach 1965 auf zwei Säulen errichtet worden; auf Unterhaltung und faschistischer Unterdrückung«.)

Alle staatlichen Institutionen wurden von Kommunisten und ihren Sympathisanten gesäubert und mit getreuen Anhängern des Regimes aus dem Militär besetzt. Außerdem nahm Suharto die Generäle für sich ein, indem er zuließ, dass sie ein elaboriertes Pfründesystem aufbauten: eine Vielzahl organisierter Strukturen und Leitungspositionen in privaten Firmen, Genossenschaften, Unternehmen und selbst in Stiftungen für wohltätige Zwecke. Die wertvollen Bodenschätze und Rohstoffe des Landes – Erze und Holz – überließ man japanischen und amerikanischen Investoren. Es entstand eine neue Rentiersschicht indonesischer Mittelsmänner, während die Armen unter Umweltverschmutzung, Brandrodungen und dem Verlust ihrer Lebensgrundlagen durch den Raubbau an Wäldern und Fischgründen litten. Der Pariser Club der Kapitalgeber, zu dem sowohl Amerikaner als auch Japaner und Westeuropäer gehörten, bewies seine Dankbarkeit, indem er Schulden prolongierte und neues Geld für das indonesische Entwicklungsbudget lockermachte. Einen Teil ihrer Großzügigkeit ließen sie auch über die Weltbank und die Asiatische Entwicklungsbank fließen. Die Japaner, die größten privaten Investoren im Land, zahlten beträchtliche Schmiergelder an Suhartos Familie und Freunde. Ermutigt durch Suhartos unternehmerfreundliche und antikommunistische Haltung, nahmen die Amerikaner 1975 auch die indonesische Besetzung der ehemaligen portugiesischen Kolonie Ost-Timor hin. In den folgenden vier Jahren kam etwa ein Drittel der Bevölkerung der Insel durch militärische Gewalt, Napalm oder Hunger ums Leben.

Suharto machte Indonesien außerdem zu einem sicheren Land für zivile und militärische Kapitalisten, indem er reale oder angebliche Dissidenten inhaftieren ließ und sämtliche unabhängigen Gewerkschaften verbot. Die politische Kultur Indonesiens war lange von einer Mobilisierung der Massen geprägt gewesen, eine Geschichte, die bis zu den von der Partai 1926 und 1927 initiierten bewaffneten Aufständen und einer erfolglosen Rebellion 1948 zurückreichte. Nun standen bezahlte Schläger als Teil einer von Suharto aktiv geförderten, gegen die Zivilgesellschaft gerichteten Truppe bereit, die Demonstrationen mit Gewalt zerstreute oder brutal gegen Aktivisten vorging – eine in den 1960er Jahren begonnene Tradition der Selbstjustiz und gewalttätiger Mobs, unter der Indonesien bis heute leidet. Suharto hielt das Schreckgespenst des Kommunismus auch noch nach dem Ende des Kalten Kriegs lebendig. Mit einem Auge auf seine westlichen Schirmherren schielend, die in der Freien Welt auf ein paar minimalen Gesten in Richtung Demokratie bestanden, entwickelte Suharto ein System von Scheinwahlen, bei dem die Regierungspartei Golkar, der alle Staatsbediensteten, Soldaten, Polizisten, diverse »Technokraten« und Journalisten angehörten, mit Leichtigkeit Zweidrittelmehrheiten errang.

Doch es wäre zu einfach, wenn man sagte, Suharto hätte seine Herrschaft durch die bloße Ausplünderung des Landes wie auf den Philippinen unter Marcos und durch Staatsterror gesichert. Die indonesische Wirtschaft wuchs ab 1967 tatsächlich im Schnitt um 6,7 Prozent jährlich, bis sie 1998 einen katastrophalen Einbruch um 13,6 Prozent verzeichnete. Zwar blühte eine Kultur der Bestechung und der Pfründe, doch sie war nicht unvereinbar mit einem hohen Wachstum des Bruttoinlandsprodukts. Westliche und japanische Entwicklungshilfe sorgten für eine Verbesserung des Lebensstandards, noch bevor Indonesien zu einem exportorientierten Land wurde. Dabei half ein Erdölboom, der in den 1970er Jahren begann. Durch die Einführung ertragreicher Reissorten stiegen auch die Einkommen auf dem Lande beträchtlich. Und der grassierende Analphabetismus ging gleichfalls deutlich zurück.

Eine einheimische Unternehmerschicht, zu der auch chinesisch-indonesische Gruppen und Suhartos eigene Familie gehörten, profitierte von Monopolen in den Bereichen Zement, Erdöl, Holz, Telekommunikation, Medien und Nahrungsmittel (anderen indonesischen Unternehmerfamilien traute Suharto nicht). In Aceh erhielten einheimische Unternehmen die Erlaubnis, Verträge mit ExxonMobil abzuschließen, während Freeport und Rio Tinto Schürfrechte in Papua erhielten. Die Militärherrschaft in Indonesien öffnete der Unternehmerschicht Tür und Tor und der Mittelschicht immerhin kleine Fenster. Da kann es nicht verwundern, dass viele Gehaltsempfänger und Mitglieder des städtischen Kleinbürgertums Suharto unterstützten (und seinem »stabilen« Regime teilweise immer noch nachtrauern). Suhartos Golkar-Partei sorgte dafür, dass ein Teil der Beute auch bis zu den niederen Rängen der Beamtenschaft durchsickerte. Selbst den konservativen Islam konnte Suharto schließlich in sein Patronagenetzwerk einbinden.

Da Suharto die Beute letztlich nur mit wenigen Auserwählten teilte, zerstörte er jede noch verbliebene Vorstellung eines nationalen Projekts oder einer nationalen Idee, die dem Wohlergehen des ganzen Volkes gedient hätte. In den 1970er Jahren zeigten die Bemühungen um den Aufbau einer Nation, die einst den antikolonialen Kampf elektrisiert hatten, überall in Asien und Afrika Risse. Die erste Generation der Idealisten und Visionäre wie Nehru, Nasser und Nkrumah wurde durch autoritäre Gestalten (Sadat, Indira Gandhi) ersetzt, die sich mit den einheimischen wirtschaftlichen und feudalen Eliten verbündeten. Doch Suharto stand für eine radikalere Neuausrichtung der nationalen Stimmung.

1988 forderte der indonesische Theaterschriftsteller und Verleger Goenawan Mohamad die Zensoren mit einem nostalgischen Text über Sukarno heraus, der 1970 in Schmach und Schande gestorben war. »Als Bung Karno noch lebte, kannte Indonesien noch die Ideale des Kshatriya, der keine Kreditkarte, keinen BMW und kein Black-Drakkar-Aftershave besitzt. Zu Bung Karnos Zeiten wurde Indonesien noch als ein Ziel, ein Grund, eine Sache empfunden, für die es zu kämpfen galt. Nun scheint das alles nicht mehr so zu sein – und wir haben das Gefühl, etwas verloren zu haben.« Indonesien sei nur noch der Name eines von »Bäuchen, Ehrgeiz und Angst« erfüllten Territoriums.

Tatsächlich hatte Suharto genau das angestrebt. Eine durch das private Streben nach Nahrung, Reichtum und Status gespaltene »flottierende Masse« bildete die Grundlage für die Sicherheit und Stabilität seines Regimes. Was ihn letztlich ebenso wie Marcos, Park Chung-Hee und andere proamerikanische Machthaber zu Fall brachte, war die krasse Ungleichheit und Zerbrechlichkeit des von ihm geschaffenen Systems. In den letzten Jahren der unter westlichem Druck erfolgten Privatisierung und finanziellen Liberalisierung entfalteten Suharto und seine Familie ihre größte Raubgier. (Der General hatte Mitte der 1990er Jahre auf diversen Bankkonten insgesamt 73 Milliarden Dollar angesammelt, und sein Sohn Tommy hatte die Staatskasse sogar um noch größere Summen als sein gleichfalls als Autonarr bekannter asiatischer Mitdynast Sanjay

Gandhi betrogen, indem er in Korea ein »Nationalauto« namens Timor produzieren ließ. Die abschließende Plünderung wurde von chinesischen Konglomeraten und einigen wenigen einheimischen Familien angeführt, die mit Hilfe von Krediten des Staates und ausländischer Investoren Banken und lukrative Teile in Staatsbesitz befindlicher Unternehmen an sich rissen. In diese Zeit fällt auch die Übernahme oder Gründung von Unternehmen durch einige der bekanntesten chinesischen Geschäftsleute oder Konzerne – Salim, Mochtar Riady, Bob Hasa, Prajogo Pangestu und Nursalim.

Das hochverschuldete Indonesien, das schon früh ins Zeitalter des Finanzkapitalismus eingetreten war, gehörte auch zu den ersten Ländern, die 1997 dessen gefährliche Folgen zu spüren bekamen. Die Währung verlor nach der asiatischen Finanzkrise nahezu 80 Prozent ihres Werts, und das Pro-Kopf-Einkommen brach zusammen. Banken implodierten, Millionen Menschen verloren ihre Arbeit. Die ausländischen Direktinvestoren, die Suhartos »Wirtschaftswunder« ermöglicht hatten, suchten wie zu erwarten das Weite. Der Internationale Währungsfonds, der das Land zu Liberalisierung, Deregulierung und Globalisierung aufgerufen hatte, verordnete wie üblich ein rigoroses »Rettungspaket« aus Subventionskürzungen, die zu Hungerkrawallen führten. Die englische Abkürzung für den Weltwährungsfonds (IMF) stand nun für »I Am Fired«: Ich bin entlassen.

Suharto, der sich selbst zum Bapak Pembangunan (Vater der Entwicklung) stilisiert und dabei ganz auf Wirtschaftswachstum gesetzt hatte, konnte unmöglich eine Krise überleben, in der mehr als ein Drittel der Bevölkerung unter die Armutsgrenze sank. Eine häufig gezeigte Fotografie des WWF-Direktors Michel Camdessus, der mit verschränkten Armen neben einem sitzenden und offensichtlich als Bittsteller auftretenden

Suharto steht und auf ihn herabblickt, erinnerte viele Indonesier an die rassistischen Demütigungen der holländischen Zeit. Und Suharto schien seine Unantastbarkeit verloren zu haben, als die ersten größeren Proteste gegen seine Herrschaft aufkamen.

Radikale Studenten, die sich von den linksgerichteten Bewegungen des frühen 20. Jahrhunderts inspirieren ließen und heimlich mit städtischen Fabrikarbeitern zusammenarbeiteten, standen bei den größten Demonstrationen in vorderster Front. Auf dem gesamten Archipel kam es zu massenhaften Gewaltausbrüchen, als Soldaten am 12. Mai 1998 an der Trisakti-Universität in Jakarta auf Demonstranten schossen, vier Studenten töteten und Dutzende weitere verletzten. (Einer der führenden Präsidentschaftsanwärter von 2014, Prabowo Subianzo, Suhartos Schwiegersohn und Chef der berüchtigten Sondertruppe Kopassus, war in diesen Vorfall verwickelt.) Vielfach versuchte das Militär, den öffentlichen Zorn von Suhartos Regime wegzuleiten, indem es Mob-Übergriffe auf relativ wohlhabende Chinesen organisierte. Doch Suhartos Position war unhaltbar. Nach einer fünftägigen Besetzung des Parlaments durch Studenten und Arbeiter trat er im Mai 1998 von seinem Amt zurück.

Sein Nachfolger, ein Ingenieur namens Jusuf Habibie, begann vielversprechend mit *reformasi*; er schaffte die Pressezensur ab, was eine Flut öffentlichen Hasses auf den früheren Führer freisetzte; er ließ politische Gefangene frei; und schließlich beendete er 1999 die verheerende fünfundzwanzigjährige Besetzung Ost-Timors. Er begann außerdem ein ehrgeiziges Dezentralisierungsexperiment und verlagerte die Macht aus dem Zentrum, wo sie seit den Zeiten der Holländer gelegen hatte, auf insgesamt 470 Bezirke und Städte. Habibies Nachfolger Abdurrahman Wahid, ein blinder islamischer Führer der Nahdlatul Ulama, einer Wohltätigkeitsorganisation mit nahezu 30 Millionen Mitgliedern, die *pesantren* (Internate) und Krankenhäuser betreibt, an Wahlen teilnimmt und in ländlichen Regionen großes Ansehen und große politische Macht besitzt, stand für einen echten Bruch mit der Neuen Ordnung. Gus Dur, wie er im Volk genannt wurde, entschuldigte sich mutig für die Ermordung von Kommunisten durch Mitglieder seiner Organisation und machte auch den Vorschlag, Suhartos Verbot des Marxismus-Leninismus aufzuheben, bis er durch den Druck des Militärs und erzürnter Muslimgruppen gebremst wurde. Er beteiligte sich am Aufbau besserer Beziehungen zwischen Muslimen und Christen sowie zwischen der Nahdlatul Ulama und Muhammadiyah, der anderen großen muslimischen Organisation Indonesiens, die sich für einen nichtsynkretistischen, arabisch geprägten Islam einsetzt. Trotz seiner sprunghaften Art, die 2001 zu seiner Absetzung führte, erkannte Gus Dur doch, dass eine durch Gewalt und Gier tief gespaltene Gesellschaft weit mehr tun musste, als Wahlen abzuhalten, die westliche Staatsmänner, UN-Beobachter und Journalisten bei ihren Stippvisiten als Anzeichen von Demokratie begrüßen konnten.

Es gab schon früh Anzeichen dafür, dass *reformasi* keineswegs revolutionär war und möglicherweise nicht einmal auf Reformen hinauslief, so etwa die Mobs in Jakarta, die Massenvergewaltigungen chinesischer Frauen bejubelten. Sukarnos Tochter Megawati Sukarnoputri, die fünfte Präsidentin der Republik, bemühte sich als Präsidentin um eine abgehoben mütterliche Pose – wahrscheinlich um von ihren mangelnden politischen Fähigkeiten abzulenken –, während das Militär zu brutaler Gewalt gegen die Separatisten auf abgelegenen Inseln und vor allem in Aceh zurückkehrte. Bei ihrem ersten offiziellen Besuch in New York ließ sie für sich und ihre Entourage eine

Sondervorstellung des Musicals *Das Phantom der Oper* arrangieren. Sie ließ ihre aus der Arbeiterklasse und ärmeren städtischen Schichten stammenden Wähler im Stich und sah tatenlos zu, wie ihr Mann offen Geschäfte mit pensionierten Generälen und Geschäftsleuten aus der Suharto-Zeit machte. Aus *reformasi* wurde *restorasie*, als 2004 einer von Suhartos proamerikanischen Vertrauten, General Susilo Bambang Yudhoyono, zum Präsidenten gewählt wurde und schon bald Figuren aus dem Militär, der Geschäftswelt und dem konservativen Islam in seinen Führungszirkel holte.

»Ich gäbe der Demokratie in Indonesien die Note drei«, sagte mir ein junger Parlamentsabgeordneter eines Abends in Jakarta. Er war mir als ein »aufstrebender« Politiker vorgestellt worden. Doch als ich ihm Anonymität zugesichert hatte, redete er mit untypischer Offenheit – und sogar dramatischer Ironie. Seine Partei, Suhartos Golkar, inzwischen erneuert und von einem der reichsten Geschäftsleute des Landes geführt, sei ein Beweis dafür, dass die Oligarchen und Bürokraten, die den zentralisierten Staatsapparat früher zur Sicherung ihrer Privilegien genutzt hatten, sich an ein offeneres und stärker konkurrenzorientiertes politisches System angepasst hätten. Nach Suhartos Rücktritt dauerte es nicht lange, bis breitere Bündnisse entstanden und die alten Eliten die Zustimmung des Volkes nutzten, um ihre politische und wirtschaftliche Macht zu schützen. Die Wahlen bilden heute die Hauptquelle für Macht und Legitimation. Auch im Militär nutze man Demokratie und Dezentralisierung inzwischen wirkungsvoll zur Sicherung der eigenen wirtschaftlichen Interessen und arbeite zu diesem Zweck oft mit Lokalpolitikern und *preman* (Ganoven) zusammen. Die von den Streitkräften getrennte Polizei sei nun deren Konkurrentin im Geschäft mit dem Verkauf von Schutz und habe auf dem gesamten Archipel eine Reihe offener Feldschlachten geführt. Viele pensionierte Generäle und frühere Kumpane von Suharto gründeten politische Parteien, die bar jeglicher Grundsätze und Ideen bloße Apparate zur Ergreifung der Macht im Staate seien.

Ein deutlicher Beweis für diese Kontinuität mit der Vergangenheit sei das Hervortreten alter Gesichter wie Prabowo Subianto, eines der in Amerika ausgebildeten militärischen Handlanger Suhartos, der früher mit dessen Tochter verheiratet war – solche Heiraten seien eine Form der Zirkulation der Eliten in Indonesien gewesen. Beim Umbau ihrer Macht und ihrer Privilegien versuche die alte Elite auch, sie auf ein paar neue Leute auszudehnen – gerade so viel, dass keine massenhafte Unzufriedenheit entsteht. Die Beute sickere heute bis auf Provinz- und Bezirksebene durch. Die Lokalpolitik sei inzwischen wichtiger als die nationale Politik. Die Leute seien mehr daran interessiert, ein *bupati* (Regierungspräsident, Leiter eines Regierungsbezirks) zu werden als ein Parlamentsabgeordneter, da die *bupatis* den Zugang zu den lokalen Ressourcen kontrollieren. Es sei ein lukratives Amt. Die meisten Leute, die in die Politik gingen, hätten nur ein einziges Motiv. »Ich sage meinen Kadern, wie sie schreiben und tweeten können«, sagte mir der Golkar-Abgeordnete, »aber sie sind nur am Geld interessiert.« Unter Suharto sei die Korruption zentralisiert gewesen. Heute sei sie überall.

Und diese Form der Dezentralisierung passte gut zur Integration Indonesiens in die Weltwirtschaft. Der *bupati*, den ich eines Nachmittags im Hyatt Regency in Yogyakarta traf, prahlte unablässig mit seinen Freunden unter den koreanischen, thailändischen, japanischen und australischen Investoren. Wie viele seinesgleichen war er ein dankbares Kind der Neuen Ordnung; er hatte eine Stelle bei der staatlichen Lebensversicherung erhalten und sich dann bis an die Spitze hochgearbeitet. Er lächelte zweideutig, als ich ihn fragte, ob er 1998 für Suhartos Rücktritt gewesen sei. »Das war ein nobler Schritt«, meinte er, »der das Land davor bewahrte, noch tiefer in Konflikten zu versinken.«

Der intellektuell farblose, aber sehr geschickte und zielstrebige *bupati* ließ mich an den oft gehörten Scherz denken, wonach Indonesien nach Suharto ein Land mit vielen Mini-Suhartos sei. Bewaffnete Sicherheitsleute kündigten sein Erscheinen an und verliehen mit ihren Uniformen und Waffen der marmornen Lobby des Hyatt, in der sich an diesem Nachmittag Gruppen fröhlicher, fähnchenschwingender Ausflügler auf dem Weg nach Borobudur drängten, etwas Bedrohliches. Und dann erschien der *bupati* persönlich – Ende sechzig, ganz im Stil zeitgenössischer asiatischer Plutokraten ausgestattet mit Mont-Blanc-Füllfederhalter und Designerbrille –, umgeben von einer Schar persönlicher Assistenten in Khakiuniformen, die in leicht gebeugter Haltung und diensteifrig um unseren Tisch herumstanden, während er Hochglanzbroschüren und Karten diverser Projekte in seiner Region vor mir entfaltete.

Er hatte seine Kraft hauptsächlich in die Chance investiert, in Java mit Hilfe eines Joint Venture mit einer australischen Firma eine Stahlindustrie aufzubauen. Dazu gehörten ein Bergwerk und 35 Betriebe zur Verarbeitung von Eisenerz. Er klagte, seine Pläne zur Schaffung von Arbeitsplätzen und zur Industrialisierung Javas erhielten vom Umweltministerium kein grünes Licht. Aber warum wolle er Java industrialisieren, fragte ich ihn. Seine Antwort kam prompt. In einem Land mit zu vielen Kleinbauern sei die Landwirtschaft nicht profitabel. Java müsse stärker auf das produzierende Gewerbe und auf Dienstleistungen setzen. Er blickte mich verständnislos an, als ich ihn fragte, ob man denn die junge Bevölkerung der Insel für Jobs im industriellen Sektor ausbilden werde. Hatte er die Absicht, mehr höhere Schulen und berufsbildende Einrichtungen zu schaffen? Er konsultierte kurz seine Assistenten und sagte mir dann, dass die in Java investierenden ausländischen Unternehmen für die Ausbildung der Arbeitskräfte sorgen würden.

Später vermochte mein Dolmetscher, ein leise sprechender junger Javaner, seine während des Treffens mit dem *bupati* ständig wachsende Verachtung nicht zurückzuhalten. All die Projekte, von denen man mir erzählt hatte, seien lediglich Vorwände, um öffentliche und private Mittel abzuzweigen, erklärte er mir. Der *bupati* unterscheide sich darin nicht von anderen, die er kenne. Das System fördere keine rechtschaffenen Menschen. Wer *bupati* oder Provinzgouverneur werden wolle, müsse mit großen Summen die Unterstützung der Parteibonzen erkaufen, erhebliche Mittel für den Wahlkampf aufbringen und Wähler am Wahltag bestechen. Das Geld für all das komme von den Business-Eliten, die angesichts ihres chronischen Geldmangels von den unterstützten Amtsinhabern erwarteten, dass sie ihren Geboten den Vorzug gäben. So hat man die Achse aus Wirtschaft, Regierung und Militär, die einst in Jakarta zentralisiert war, bloß auf lokaler Ebene reproduziert. Im besten Fall bringen die übertragene politische Autorität und Finanzmacht selbstbewusste und innovative Politiker wie Jokowi hervor. Im schlimmsten Fall erzeugt sie angesichts des Fehlens einer »substantiellen« Demokratie eine Reihe von Pfründen. Selbst lokale Militärkommandeure nutzen die Schwächung der Zentralmacht und die Abschaffung der Subventionen, um sich selbst finanzieren zu können. Die Kunden ihrer Schutzdienste reichen von Immobilienspekulanten und den Auftraggebern illegaler Waldrodungen bis hin zu Menschen- und Drogenhändlern.

Dennoch sagten mir viele, die oft befürchtete Balkanisierung Indonesiens – die in den letzten Tagen des Suharto-Regimes und danach erfolgte Verschärfung alter separatistischer Aufstände in den Provinzen Aceh, West-Papua und Ost-Timor – sei durch das Versprechen regionaler Autonomie abgewendet worden. Heute werden bis hinunter zur Dorfebene lokale Wahlen abgehalten; und tatsächlich hat man in Indonesien seit Suhartos Sturz 1998 drei freie und faire Wahlen organisiert. Die Medien, die nach Suhartos Rücktritt rasch expandierten, sind vergleichsweise frei, wenn nicht sogar außergewöhnlich kritisch und analytisch. Selbst das lange Schweigen über die Massenmorde 1965 wird langsam und schrittweise gebrochen. Im vergangenen Jahr enthüllte eine Sondernummer der Zeitschrift *Tempo*, die zeitgleich mit dem Dokumentarfilm *Das Töten* herauskam, die entsetzliche Logik und die grausamen Motive, die hinter dem Gemetzel steckten. Die Korruption ist auch weiterhin ein großes Problem, doch eine neue Institution, die »Kommission zur Ausrottung der Korruption«, hat bereits ein paar mächtige Politiker und Geschäftsleute hinter Gitter gebracht.

Für fast alle aus der Elite, mit denen ich sprach, ist die wichtigste Nachricht aus Indonesien, die sämtliche Mängel des Landes in den Schatten stellt, wirtschaftlicher Natur. »Ich bin optimistisch, optimistisch, optimistisch«, sagte mir der Chefökonom der Standard Chartered Bank Fauzi Ichsan. In seiner eleganten Wohnung hingen sepiafarbene Bilder des ersten indonesischen Premierministers und bekennenden Sozialisten Sutan Sjahrir, einer der hochverehrten Persönlichkeiten in der modernen Geschichte Indonesiens. Wie sich herausstellte, war Sjahrir Fauzis Großvater: »Er war ein javanischer Aristokrat, der sein gesamtes Land weggab, und deshalb musste ich Banker werden.« Fauzis eigenes Engagement für Indonesien ist neueren Datums. Er arbeitete als Wertpapierhändler in Singapur, als Suharto zurücktrat. Als er während der großen Demonstrationen Jakarta besuchte, wäre er beinahe von der Polizei erschossen worden, und er hielt sich noch einige Jahre lang fern. »Dieses Land war die Hölle«, berichtete Fauzi. »Es sah aus, als würde Indonesien auseinanderbrechen. Niemand war mehr da, der es zusammenhielt.« Doch jetzt mache das Land Fortschritte. »Die Demokratie erprobte man nach dem Prinzip von ›Versuch und Irrtum‹, und die Dezentralisierung erfolgte chaotisch. Die Menschen kämpften gegeneinander, und der Islamismus war im Vormarsch. Doch seltsamerweise funktionierte alles und funktioniert sogar heute noch. Die Infrastruktur musste von Grund auf geschaffen werden, aber wenn Sie ein europäischer oder amerikanischer Investor sind, bleibt Ihnen gar nichts anderes übrig, als nach Indonesien zu kommen.«

Genau das dachte auch der britische Financier Nathaniel Rothschild, als er gemeinsam mit der Bakrie-Gruppe, einem der größten in Familienbesitz befindlichen Konglomerate Indonesiens, 2011 eine Bergbaugesellschaft aufbaute. Rothschild suchte nach einer Möglichkeit, ausländische Investoren in einen aufstrebenden Markt zu locken und zugleich sicherzustellen, dass die unzuverlässigen Einheimischen sich an die in der Londoner City aufgestellten Regeln und Vorschriften hielten. Der Deal ging in einer Flut von Vorwürfen hinsichtlich finanzieller Unregelmäßigkeiten unter, die sowohl die europäischen Finanziers als auch die Brüder Bakrie befleckten (der ältere Bruder, Aburizal Bakrie, kandidierte gleichfalls bei den Präsidentschaftswahlen 2014). Es gab noch weitere Geschichten über gescheiterte Gemeinschaftsprojekte, Indonesiens immer undurchsichtigere Gesetze und einen wachsenden wirtschaftlichen Nationalismus. Dennoch entsprachen die Fünfsternehotels und Restaurants in Jakarta durchaus dem aufmunternden Gerede der Hedgefondsmanager und Diplomaten, auch wenn sie gewöhnlich gleich neben den Kampongs mit ihren winzigen Hütten, ihren offenen Abwassergräben und ihren schmalen, gerade einmal für Mopeds ausreichenden Gassen liegen.

Da war es schon ein deutlicher Kontrast, als ich eines Nachmittags im Restaurationsbereich eines einfachen Einkaufszentrums in Jakarta mit Antonius Benny Susetyo zusammentraf. Susetyo ist ein katholischer Priester, und er sprach über die Arbeiterklasse und die Armen und ihren nahezu vollständigen Ausschluss aus der Goldgrube des BIP-Wachstums. Der Priester, der im Volk Romo Benny genannt wird, erlangte Berühmtheit, als er sich 2006 öffentlich gegen Aburizal Bakrie stellte. Eine von Bakries Firmen war an den Erdöl- und Erdgasbohrungen beteiligt, die 2006 in Ost-Java zum weltweit größten Ausbruch eines Schlammvulkans führten. Benny forderte, die Regierung müsse Bakries Anteile konfiszieren, um die vielen tausend Menschen zu entschädigen, die durch den Schlamm Obdach und Arbeit verloren hatten. Eine mögliche Folge dieser Forderungen war ein beinahe tödlicher Angriff auf Benny im Jahr 2008. Doch das veranlasste ihn nur, seine Kritik an der Elite des Landes noch lauter vorzutragen.

Das indonesische Wirtschaftswachstum, so sagte er mir, stütze sich auf »heißes Geld« aus dem Ausland, und nur zehn Prozent der Bevölkerung profitiere davon. Andere taten Benny als einen aus jener Minderheit von Nörglern in Menschenrechtsorganisationen und anderen NGOs ab, die den Erfolg eines Landes in den Schmutz zögen, das sich daranmache, Indien als das »I« in »BRICS« zu ersetzen, wie ich in Jakarta häufig hörte. Yudhoyono, der erst kürzlich noch den Vorsitz im Verband der Südostasiatischen Staaten (ASEAN) innehatte, versucht Indonesien zu einer global agierenden Macht zu machen, mit der sowohl China als auch die USA nur zu gerne strategische und wirtschaftliche Partnerschaften eingingen. Eine teure nationale Werbekampagne bei CNN preist den »goldenen

Augenblick« für das »bemerkenswerte Indonesien«. Barack Obama war im Triumph nach Jakarta »zurückgekehrt«, mit einer begeisternden Rede an der Nationaluniversität, die ebenso viel Beifall erhielt wie Benjamin Netanyahus Rede vor dem amerikanischen Kongress. Die USA hatten auch beschlossen, Boden-Luft-Raketen an das indonesische Militär zu verkaufen, nachdem sie es jahrelang wegen seiner Menschenrechtsverletzungen verurteilt hatten. Paul Wolfowitz, ehemals amerikanischer Botschafter in Indonesien, hatte Obama gedrängt, »eine engere Beziehung zu einem Verbündeten im Kampf gegen islamistischen Extremismus« herzustellen. Und wenige Tage nach Obamas Besuch in Jakarta waren hohe chinesische Vertreter mit sechs Milliarden Dollar neuen Hilfsgeldern im Gepäck dort eingetroffen.

In diesem Wettlauf um geopolitische Vorteile können die Amerikaner auf viele alte eifrige einheimische Verbündete zählen. Wie viele von Suhartos Generälen erhielt auch Yudhoyono seine Ausbildung in den Vereinigten Staaten. Die Technokraten, die unter Suharto für die Wirtschaft zuständig waren, wurden die »Berkeley-Mafia« genannt. Stipendien für Universitäten und Denkfabriken, Fördergelder der Ford Foundation und Auslandsstudienprogramme immunisierten die Elite des Landes gegen die nach dem 11. September in vielen muslimischen und westlichen Ländern zu verzeichnende Skepsis gegenüber Amerika. Die Chinesen dagegen mussten erst ein seit langem bestehendes Misstrauen überwinden; und ihre »*soft power*« – die weitgehend auf den chinesischen Geschäftsleuten basiert – darf, wenn überhaupt, nur äußerst vorsichtig eingesetzt werden.

1965 beschuldigte Suharto die Volksrepublik China, die Drahtzieher des »kommunistischen Staatsstreichs« mit Waffen zu beliefern. Prompt wurde die chinesische Botschaft geplündert, und Indonesien suspendierte seine diplomatischen Beziehungen mit Rotchina bis zum Jahr 1990. Suharto verbot auch chinesische Schulen und Kalligraphie und zwang Angehörige der Minderheit, ihren Namen zu ändern und durch eher indonesisch klingende zu ersetzen. Viele ethnische Chinesen, denen man die Staatsbürgerschaft verwehrte oder die man in einem Schwebezustand beließ, gingen zurück ins »Mutterland«, das ihnen nach Jahrhunderten des Lebens auf der Inselgruppe vollkommen fremd war. Doch Ende der 1970er Jahre hörte China auf, die kommunistische Revolution zu exportieren. Nun suchte das Land nach Märkten und Gütern und konnte sich dabei auf das »Bambusnetzwerk« der Auslandschinesen, eine der größten Wirtschaftsmächte der Welt, stützen.

Suharto war klug genug, schon früh zu erkennen, dass die Chinesen ausländisches Kapital anziehen und ihre ausländischen Netzwerke nutzen konnten, um Zugang zu Regionen mit hohem Wachstum zu erlangen: Singapur, Hongkong, China und selbst die Vereinigten Staaten. Einer seiner frühesten Kumpel war Liem Sioe Liong, Chef der Salim Group, der 1984 auf dem Plakat erschien, auf dem Suharto Dollars in den Mund geschüttet wurden. Der finanzielle Einfluss solcher ethnischen Chinesen stellte – im Unterschied zu dem von einheimischen Geschäftsleuten – keine politische Gefahr für ihn dar; und als er in den späten 1980er Jahren nach einem Gegengewicht zur Macht des Militärs suchte, rückte er näher an sie heran.

Ein Denkmal dieser Nähe liegt ein paar Kilometer westlich von Jakarta: ein im amerikanischen Stil gehaltener Vorort namens Lippo Village, zu dem ein Krankenhaus, eine Universität, ein Cyberpark, ein Golfplatz, ein Museum und ein Basketballplatz gehören. Er wurde auf einem ehemaligen Reisfeld erbaut, das sich im Besitz von Mochtar Riady befand, eines von Suhartos Kumpanen und Nutznießern. Riady hatte nach dem Zweiten Weltkrieg als Fahrradhändler begonnen und dann eine Bank gekauft, bevor er die Lippo Group gründete, ein Konglomerat, das heute als General Electric Indonesiens gilt. In den 1980ern war die Lippo Group einer der ersten indonesisch-chinesischen Konzerne, die weltweit agierten. Ihre Aktivitäten reichten von Bankgeschäften bis hin zur Telekommunikation, sie profitierte von Suhartos Kredit-, Export- und Importpolitik und breitete sich von Indonesien nach Hongkong, Singapur und schließlich auch ins chinesische Mutterland aus.

Nach der Wiederaufnahme normaler diplomatischer Beziehungen zur Volksrepublik China 1990 fuhr Riady mit dem Auto kreuz und quer durch das Land und baute weitere Netzwerke auf. »China ist im Augenblick schrecklich«, soll er damals gesagt haben, »aber in zehn Jahren wird es unglaublich sein. Jetzt beginnen wir mit der Lobbyarbeit, um Leute kennenzulernen, und dann werden wir loslegen.« Genau das tat Riady im folgenden Jahrzehnt; er investierte in zweitrangigen chinesischen Städten, in denen westliche Unternehmen nur ungern Investitionen tätigten. Die Globalisierung brachte einige Probleme mit sich, vor allem dort, wo lokale Praktiken mit streng regulierenden Regimen zusammenstießen. 1996 wurde Mochtar Riadys Sohn und Erbe dabei erwischt, wie er illegale Spenden in Bill Clintons Präsidentschaftswahlkampf einschleuste, und eine paranoide amerikanische Presse brachte Gerüchte über angebliche Verbindungen der Lippo Group zu chinesischen Militär- und Geheimdienstkreisen in Umlauf. Doch den größten Rückschlag erlitten Einfluss und Ansehen der Lippo Group nach Suhartos Sturz. Ein aufgebrachter, aus 10 000 Leuten bestehender und offensichtlich von Prabowo Subianto aufgehetzter Mob brandschatzte und plünderte das Einkaufszentrum in Lippo Village, das größte des Landes, und tötete 86 Menschen.

Schon bald erholten die Riadys sich von diesem Schlag. Die Lippo Group mit ihrem breiten Spektrum an Geschäftsfeldern – von Immobilien bis hin zu Supermärkten und Zeitungen – ist heute eines der größten in Familienbesitz befindlichen Firmenimperien Asiens. Das bescheidene Auftreten eines der Riady-Sprösslinge, John Riady, lässt davon allerdings nichts ahnen. Er war nicht einmal dreißig, als ihm die Mitgliedschaft in der weltweiten Geschäftselite in Georgetown, Wharton, Columbia, Harvard und Oxford offenstand, gefolgt von den üblichen Weihen in Davos. Doch er kehrte nach Hause zurück, um an der Universität der Familie in Lippo Village Jura zu lehren. Sein karges und dunkles Arbeitszimmer dort stand in auffälligem Gegensatz zu der Heiterkeit des an amerikanischen Vorbildern ausgerichteten Campus, auf dem Frisbeescheiben an riesigen Werbetafeln vorbeischwirrten, auf denen die Studenten ermahnt wurden, sich Jesus zuzuwenden. Er sprach mir gegenüber sehr ernsthaft davon, die Lebensbedingungen der armen und unterprivilegierten Indonesier durch den Aufbau eines größeren Netzwerks aus Schulen, Colleges und Krankenhäusern zu verbessern. Das sei nicht nur die soziale Verantwortung des Unternehmens; vielmehr sei es die Pflicht der Reichen, den Armen zu helfen.

Man hatte mir gesagt, Riady empfinde Reue und bemühe sich ganz persönlich, Wiedergutmachung für die langen Jahre unverschämter Vetternwirtschaft seines Vaters und seines Großvaters zu leisten. Ganz allgemein distanziert sich die dritte Generation asiatischer Tycoone, zu der John Riady gehört, von den Bambusnetzwerken und undurchsichtigen Praktiken ihrer Väter und Großväter und versucht, aktionärsfreundliche Unternehmen aufzubauen. Doch Riadys philanthropische Einstellung dient auch der eigenen Sicherheit. Er und seine Familie sind erkennbar christlich und reich in einem zunehmend islamischen und armen Land.

Ein beiläufiger Vorschlag seines Vaters, in den Dörfern mehr christliche Schulen aufzubauen, löste zornige Demonstrationen muslimischer Gruppen aus, die der Lippo Group vorwarfen, Indonesier heimlich zum Christentum zu bekehren. Selbst Jokowi, der bei seinen Wahlkämpfen in Surakarta wie auch in Jakarta christlich-chinesische Stellvertreter aufstellte, wurde beschuldigt, ein Ungläubiger zu sein. Die Erfahrung der Ungleichheit und Armut inmitten deutlicher oder angedeuteter Anzeichen gewaltigen Reichtums hat manchen Nerv bloßgelegt; und die ethnischen Chinesen dienen als Ersatz-Blitzableiter. Die meisten Indonesier wenden sich aus großer Enttäuschung der Religion zu, meint Romo Benny. Die Terroranschläge in Bali und später in Jakarta, die in den internationalen Medien große Aufmerksamkeit erregten, seien das Werk radikaler Außenseiter gewesen, bildeten in Wirklichkeit jedoch einen Nebenkriegsschauplatz für die wachsende moralische und politische Anziehungskraft eines weitgehend nichtmilitanten, aber zutiefst konservativen Islam.

Den Millionen junger Leute, die vom Land nach Jakarta strömen, fehlt die traditionelle Schulbildung, die ihre Eltern vielfach genossen haben. In der anonymen Großstadt alleingelassen, finden sie neue Quellen moralischer Autorität und Solidarität in Gruppen wie Majelis Rasulullah, der »Versammlung des Propheten«, die von einem charismatischen Prediger in langen silbrigen Gewändern geführt wird. Selbst viele alte Linke haben sich dem Islam zugewandt. Als wir an einem regnerischen Morgen von Surakarta nach Yogyakarta fuhren, erzählte Goenawan Mohamed mir von einem kommunistischen Dichter, der nach langem Exil in Holland nach Indonesien zurückgekehrt war, aber das Land wenig später wieder verließ. Alle seine alten Freunde hatten sich auf die Hadsch begeben, und er hatte Angst, wenn er länger bliebe, werde er am Ende selbst die charakteristischen weißen Gewänder tragen.

Und nicht nur der Islam, sondern auch das Christentum, vor allem in seinen evangelikalen Ausprägungen, ist Teil des gewaltigen religiösen Wiederaufschwungs in Indonesien. Ich hatte von einer riesigen Erweckungsversammlung im zentraljavanischen Bezirk Temanggung gelesen, auf der Kranke und Behinderte behaupteten, von Allah geheilt worden zu sein, während Tausende von Betern im Regen standen und ihre Arme gen Himmel streckten. Professionelle Menschenfischer wie Pastor Romo Benny sind nicht sonderlich glücklich über die wundersamen Fischzüge, die sich in Indonesien beobachten lassen. »Die Herausforderung für die Religion besteht darin, sich auf die Seite der Geknechteten, der Armen und der Wanderarbeiter zu stellen und sich für sie einzusetzen«, erklärte er mir. Die neue Art religiöser Prediger nutze dagegen militante Unzufriedenheit aus und verwandle sie oft in nihilistische Gewalt gegen verwundbare Menschen. Wie in Pakistan sei es für extremistische muslimische Gruppen heute leicht, arbeitslose Jugendliche zu gewalttätigen Angriffen auf Ungläubige und Gotteslästerer aufzuhetzen, während die Politiker wegschauten.

Militante Muslime haben die Schließung von Bordellen, kleinen Spielhöllen, Nachtclubs und Bars mit Alkoholausschank erzwungen. Sie greifen auch christliche Kirchen an und verhindern den Bau neuer Kirchen. In der zentraljavanischen Stadt Temanggung, nicht weit vom Ort der Erweckungsversammlung entfernt, tauchte kürzlich aus dem Nichts ein Mob auf und brannte eine Kirche der Pfingstler nieder, nachdem ein Gericht dort einen Christen zu fünf Jahren Gefängnis verurteilt hatte, weil er Flugblätter verteilt habe, die den Islam beleidigten. Offenbar erschien ihnen die Strafe als zu milde, obwohl es sich um die im Gesetz vorgesehene Höchststrafe handelte. Als ich die Kirche zwei Wochen nach dem Überfall besuchte, war die Fassade immer noch schwarz, und die enthaupteten Figuren der Abendmahlsdarstellung waren nicht ersetzt worden. Der Pastor und seine Familie, die in einem winzigen Haus hinter der Kirche lebten, betrachteten den Alibipolizisten am Tor, der es nicht einmal für nötig befunden hatte, mich nach meiner Identität zu fragen, eher mit Angst als mit Erleichterung. Sie waren sich nicht sicher, wer ihre Peiniger gewesen waren, aber es handelte sich mit Sicherheit nicht um Einheimische, und sie waren gut organisiert. Sie warteten ängstlich darauf, dass ich wieder ging. Ihre Nervosität war verständlich. Etwas früher in diesem Monat hatten 1000 Leute, Messer und Steine schwingend, in der westjavanischen Provinz Banten Mitglieder der kleinen muslimischen Ahmadiyyah-Sekte angegriffen. Ein schlimmes Video auf YouTube zeigte einen Mob, der mit Stöcken und Steinen auf offenbar leblose Körper einschlug, während die Polizei tatenlos zusah.

Zu solchen Vorfällen kommt es immer öfter, und da sie nicht untersucht werden, konzentrieren die Spekulationen sich auf die Skrupellosigkeit des »Tiefen Staats«, des Staats im Staate: Funktionsträger des alten Regimes, die wie in der Türkei versuchen, ihre Macht zu festigen, indem sie zivile Machthaber in Misskredit bringen. Diese Erklärung erscheint plausibel. Doch die Theorie des Staats im Staate lässt die opportune wachsende Macht des politischen Islam und die Einstellungen ziviler Politiker gegenüber sektiererischer Gewalt außer Acht, die nach einem Bericht von Human Rights Watch von »tödlicher Gleichgültigkeit« bis hin zu aktiver Komplizenschaft reichen.

Die opportunistische Toleranz des Staates gegenüber islamischen Gruppen oder gar deren Ermutigung reicht zurück bis in die letzte Hälfte des Suharto-Regimes. Nach der Unterdrückung der Kommunisten hatte Suharto noch eine weitere Quelle potentieller Opposition vernichtet. Islamische Gruppen wurden gezwungen, ihre Loyalität gegenüber der Pancasila zu erklären und auf islamische Symbole wie auch auf islamische Sprachinhalte zu verzichten. Als Suharto in den 1980er Jahren erkannte, dass seine Popularität schwand, wandte er sich an den Islam, um seine Legitimation zu sichern, und unternahm sogar medienwirksam eine Pilgerfahrt nach Mekka. Fromme Muslime erhielten wichtige Stellungen in Regierung und Militär, an den Schulen wurde der Islamunterricht wiedereingeführt und das dort herrschende Kopftuchverbot wurde aufgehoben. Man hofierte nun muslimische Intellektuelle und unterstützte islamische Banken. Suharto förderte den Bau von Moscheen im neoarabischen statt im einheimischen Stil. In den letzten Tagen seines Regimes unternahm er einen verzweifelten Versuch, Islamisten für den Kampf gegen *reformasi* zu gewinnen.

Doch der politische Islam erlebte seine Wiederauferstehung erst vollends nach Suhartos Abgang und ist heute ein Element jenes Gärungsprozesses, den die konkurrierenden Systeme der Demokratie und der Globalisierung ausgelöst haben. Der neue, ausgesprochen konservative und sogar strenge Islam ist Teil eines weltweiten Phänomens, das aus der islamischen Revolution im Iran und den nachfolgenden Bemühungen Saudi-Arabiens hervorgegangen ist, durch die Finanzierung *wahhabi*-freundlicher Organisationen, Schulen und Pilgerfahrten eine ähnliche Anziehungskraft zu erlangen wie der schiitische Millenarismus. Hilfreich für den Islam war auch ein politischer Prozess, der mit der Urbanisierung und der Entstehung neuer Machtzentren in großen und kleinen Städten immer diffuser wurde und immer schwerer vorherzusagen war. Hinter den zahlreichen politischen Parteien stehen noch mehr wechselnde Strippenzieher einschließlich islamischer Gruppen und Organisationen. Die Folge ist ein ungebührlicher Wettstreit um Wählerstimmen und eine hektische Produktion von »Wahlkampfthemen«.

So setzen sich inzwischen nicht nur islamische Gruppen für die Einführung der Scharia ein. Um Stimmen zu gewinnen, behaupten alle Parteien von sich, islamische Ziele zu verfolgen. Die alte Forderung, Indonesien zu einem islamischen Staat zu machen, die in den 1940er und 1950er Jahren als abwegig galt, gehört heute zum Mainstream. Lokalregierungen haben Vorschriften erlassen, wonach Frauen nach Eintritt der Dunkelheit zu Hause sein und Anwärter auf den Staatsdienst ihren Koran kennen müssen. Die Stadt Aceh hat sich mit einem Vorschlag befasst, Frauen das Fahren von Mofas zu verbieten, weil dies ihre »Rundungen« betone. Auch Yudhoyono beugte sich populistischem Druck und unterzeichnete ein von Islamisten lanciertes Gesetz gegen Pornographie und besetzte seinen aus muslimischen Geistlichen bestehenden Beraterstab, den Ulema-Rat, hauptsächlich mit Wahhabis, die skrupellos Fatwas gegen die Ahmadiyya-Sekte herausgaben.

Es hat sich gezeigt, dass Demokratie und Meinungsfreiheit keinen Schutz vor der schleichenden Islamisierung bieten, zu der auch moderne Fragen wie »muslimische« Kleidung für Männer und Frauen, arabische Kalligraphie, »islamische« Kosmetik und Medizin sowie die Einhaltung der Halal-Regeln bei Nahrungsmitteln gehören. Bei indonesischen Schriftstellern und Journalisten, die sich der ersehnten Freiheiten der Zeit nach Suharto erfreut hatten, löst der Aufstieg einer offen islamistischen Politik und Kultur oft eine konservative Angst jener Art aus, die sich auch in der Türkei feststellen lässt. Ein

Zeitungsredakteur, den ich traf und der sich bitter darüber beklagte, dass seine fünfjährige Tochter gezwungen wurde, in der Schule ein Kopftuch zu tragen, brauchte nicht lange, um sich zu seiner nostalgischen Sehnsucht nach einem starken Mann weltlicher Ausrichtung zu bekennen, der den Fundamentalisten den Garaus mache. Der Romancier Ayu Utami sah im Islamismus eher eine unvermeidliche Folge der Globalisierung Indonesiens – eines langen Prozesses, in dem die arabische Sprache eine ähnliche Bedeutung wie die englische erlangt habe und strenge städtische Sichtweisen des Islam größere Bedeutung besäßen als die auf dem Land anzutreffenden synkretistischen indonesischen Varianten.

Ein Nutznießer der Islamisierung ist die Partai Keadilan Sejahtera (Partei für Wohlstand und Gerechtigkeit). Mit Hilfe von Geld aus Saudi-Arabien ist sie aus pädagogischen Zellen an den Universitäten hervorgegangen und verbindet selbstbewusst die Erweckungs- und Wohlfahrtsorientierung der ägyptischen Muslimbrüder mit einer aus dem Wahhabismus stammenden islamischen Theologie. Bei den Wahlen 2009 erhielt die Partai neun Prozent der abgegebenen Stimmen und trat in Yudhoyonos Kabinett ein. Ihre Wähler findet sie in der konsumorientierten Mittelschicht – bei Menschen, die sich den traditionalistischen Formen des Islam entfremdet haben.

Das zeigte sich 2011 beim nationalen Parteitag der Partai im Sheraton Hotel in Yogyakarta, auf dem man ebenso viele Baseballkappen sehen konnte wie Pamphlete von Hasan al-Banna, dem ägyptischen Gründer der Muslimbruderschaft. Yogyakarta war eine provozierende Wahl – mehr noch sogar als das Fünfsternehotel mit weißen Frauen im Bikini um den Pool. Die Stadt ist das Zentrum der javanischen Mystik und mit ihren hinduistisch-buddhistischen und ihren sufischen Traditionen ein Gräuel für die Wahhabis. Sie ist außerdem Sitz eines nichtgewählten Sultans, dessen erbliche, durch eine Sonderklausel der indonesischen Verfassung gesicherte Gouverneursprivilegien bei islamischen Demokraten zunehmend auf Widerstand stoßen. Ich traf mit dem kettenrauchenden Sohn des Stellvertreters des Sultans zusammen, der, wie er sich ausdrückte, das islamische »Gesindel« verachtete, das die Privilegien der Herrscherfamilie abschaffen wolle und nicht einmal davor zurückschrecke, die ehrwürdigen Wali-Heiligen Javas zu benutzen, um Hindus vom Hinduismus wegzulocken. Er fürchtete, die gesamte kosmopolitische Welt der javanischen Kultur werde auseinanderbrechen.

Die Partai indessen zielte auf eine andere Art von Internationalismus. Man spendierte den Parteitagsdelegierten eine Wayang-Aufführung, die auf dem Leben Bhimas basierte, des unbeugsamsten der fünf Brüder im Mahabharata. Noch erstaunlicher war die Tatsache, dass es auch Artikel gab, die mit dem Wappen des Sultanats Yogyakarta verziert waren. Darin spiegelte sich eine gewisse Verwirrung innerhalb der Parteiführung. Ein junger Heißsporn, mit dem ich auf dem Parteitag sprach, sein weißer Turban vom Schweiß verfärbt, warf Sultan Hamengkubuwana vor, den Titel *kalipatullah* (Gottes Kalif) zu benutzen. Offensichtlich sei der Mann ein *kufr*, ein Ungläubiger; das wahre Kalifat müsse erst noch geschaffen werden.

Die Partai wird bis zur Herrschaft des wahren Islam sicher noch einen weiten Weg zurücklegen müssen. Die Nähe zu einem käuflichen Establishment hatte ihre eigenen Probleme mit sich gebracht: Korruption und sogar Sexskandale. Ein Parlamentsabgeordneter der Partai, ein besonders lautstarker Verfechter des Gesetzes gegen Pornographie, wurde dabei erwischt, wie er sich im Parlamentsgebäude ein Pornovideo anschaute. Der *kyai* (Leiter) eines *pesantren* in der Nähe der Stadt Magellang lächelte süß-sauer, als ich ihm von meinem Besuch auf dem Parteitag erzählte. »Sie bemühen sich sehr, in die Zeit zu passen«, meinte er.

Sein *pesantren* lag neben einer schmalen Landstraße, am Rand einer kleinen, rundum von glänzenden Reisfeldern umgebenen Siedlung. Er saß unter einem riesigen 3-D-Bild Mekkas und schalt seine Tochter sanft, die ein T-Shirt mit dem Bild einer Disney-Rapunzel trug, als sie in unser Gespräch hereinplatzte. Sein eigener Islam stamme aus Arabien, sagte er, aber dieser Islam sei im hinduistisch-buddhistischen Java »milder« geworden. In dem von ihm geleiteten Internat habe man immer schon Wayang aufgeführt. Und er hatte seine Schüler zu der zerstörten Pfingstler-Kirche in Temanggung geschickt, damit sie beim Aufräumen halfen.

Draußen auf dem Hof des Internats saßen Schüler und pafften in ihrer Freistunde vor dem Abendessen nach Nelken duftende indonesische Zigaretten. Sie schienen großes Interesse daran zu haben, mit mir zu reden. Sie wohnten zu fünft oder sechst in kleinen, vollgestopften Zimmern, und ihr Benehmen hatte etwas Sanftmütiges: Etwas von der Höflichkeit des alten Java klang im Auftreten dieser Söhne von Bauern und Fischern nach, und man konnte sich nur schwer die jungen Muslime der Region vorstellen, die 1965 mit Listen von Kommunisten von Haus zu Haus gegangen waren, um sie zu töten.

Die Schüler selbst wussten nichts von dieser Vergangenheit, auch wenn inzwischen Bücher über berühmte Kommunisten wie Tan Malaka erhältlich sind. Weit mehr wissen sie über die Zustände in Gaza und weisen sich dadurch als Angehörige der weltweiten *ummah* aus. Es ist, als hätte der Verlust der nationalen Mission sie zu einer anderen, vageren Idee einer globalen Gemeinschaft getrieben. Doch so internationalistisch die *ummah* auch erscheinen mag, hat sie in Wirklichkeit doch die

Reichweite politischen Handelns eingeschränkt. Es gibt nichts, was die Schüler in Zentraljava, die selbst in der Dunkelheit ewiger »Unterentwicklung« versunken sind, an der Lage in Gaza oder auf der West Bank ändern könnten.

Inzwischen, so kam mir unwillkürlich in den Sinn, haben andere, stärker globalisierte und besser vernetzte Gruppen – die Politiker und Geschäftsleute der Suharto-Ära – sich in allen Bereichen des öffentlichen Lebens gewaltige Vorteile gesichert. Im Indonesien der Zeit nach Suharto erhofft sich eine politisierte Bürgerschaft von der Demokratie materielle Verbesserungen und soziale wie auch ökonomische Gerechtigkeit. Aber die Globalisierung hat die gewaltige Ungleichheit nur vertieft und bedroht sowohl die traditionellen Lebensgrundlagen als auch die nationale Souveränität – und dies so sehr, dass viele Indonesier sich offen nach der einst von Suharto garantierten Sicherheit und Stabilität sehnen. Die Wahlen oder der Nullsummen-Wettstreit um staatliche Macht haben die Kräfte und Erträge einer Mobilisierung des Volkes gegen eine korrupte und brutale Elite vergeudet. In diesem Kontext erweist sich der politische Islam als wirkungsvoll nur in der Stärkung privater Beschwerden und nebulöser Feindbilder. Die willkürliche Gewalt der Islamisten gegen Minderheiten ist weniger eine Reaktion auf das Christentum oder die säkularisierte Moderne als ein Versuch, in verwirrenden Zeiten tröstliche Illusionen von Identität und Solidarität zu erzeugen.

Die älteren Eliten sind weiterhin Meister der von oben nach unten erfolgenden staatlichen Lenkung und stellen weiterhin die verborgenen sozialen und politischen Ingenieure, während *rakyat*, das Volk, das die Gründer des Landes zur Grundlage der Einheit des vielgestaltigen Archipels erklärt hatten, einer langen politischen Amnesie verfallen ist. Am Ende war Suhartos erfolgreichste Schöpfung diese transnationale Oligarchie, die mehr durch das Streben nach Pfründen als durch unternehmerische Dynamik und Rücksicht auf den Rechtsstaat geprägt ist, von Fairness und Gerechtigkeit ganz zu schweigen. Zunehmend zersplittert, aber immer noch mächtig, hält sie Indonesien in einer politischen Sackgasse fest. Und im Augenblick gibt es keine soziale Kraft, die stark genug wäre, ihre tiefverwurzelten Machtstrukturen aufzulösen.

Es scheint kaum Vorstellungen eines politischen Lebens zu geben, in dem Gewerkschaften, Bauernverbände, Studenten- und Frauengruppen und gestärkte Lokalregierungen eine Rolle spielten. In diesem wenig verheißungsvollen Szenario postnationaler Politik ist Jokowi von Wählern an die Macht gebracht worden, die von käuflichen und unfähigen Politkern angewidert sind. Er scheint den Versuch zu machen, den zerstreuten und zerfahrenen Charakter des Staates für seine Ziele zu nutzen. Gegen den politischen Trend zu einem gedämpften Fanatismus hält er an den Rechten der Christen und anderer Minderheiten fest. Sein vom Optimismus des »*small is beautiful*« und »lokal ist besser als global« geprägter Aufruf zu einer am Volk orientierten Wirtschaft und seine Ablehnung einer staatlichen Lenkung von oben scheint mehr als bloße Rhetorik zu sein. Es ist, als forderte er die Armen selbst – statt ihrer üblichen Schutzherren, des zentralisierten Staates, des freien Marktes und der wohlmeinenden NGOs – dazu auf, die Armut abzuschaffen.

In Jakarta begann er mit unangekündigten Besuchen der Slums, um dort über Gesundheit und Bildung zu sprechen; er plante den Bau eines großen Entwässerungssystems zum Schutz vor den regelmäßigen Monsunüberschwemmungen, die Anfang des Jahres besonders heftig ausfielen; er brachte den Bau neuer Mautstraßen und einer Monorail auf den Weg, um die Verkehrsverhältnisse zu verbessern; und in Süd-Jakarta baute er subventionierte Wohnblocks für Slumbewohner, die von den Überschwemmungen betroffen sind. Als zollte er Jokowis populistischer Attraktivität Anerkennung, schlug Yudhoyono neue gesetzliche Regelungen zur Beschränkung der Anteile ausländischer Investoren an Bergwerksgesellschaften vor, die außerdem verpflichtet werden sollten, die abgebauten Erze im Lande weiterzuverarbeiten. Zum Schutz der einheimischen Bauern sollen außerdem weniger Rindfleisch, Gemüse und Obst importiert werden; und den Kleinhändlern ist es gelungen, Beschränkungen für ausländische Handelsketten durchzusetzen. Jokowi ist den Politikern und anderen Repräsentanten einer abgehalfterten und diskreditierten politischen Klasse zweifellos weit voraus, die immer noch hart gegen den Ruch des Neoliberalismus kämpfen und herauszufinden versuchen, wie sie zu einer neuen Übereinkunft mit immer zornigeren Wählern gelangen können. Aber wie es scheint, kommt er zu spät, um die Zersplitterung der Politik in eine sterile Vielfalt konkurrierender Elite-Interessen zu verhindern oder den Glauben an eine Demokratie zu erneuern, deren eigentlicher Zweck es ist, die Reichen und Mächtigen noch reicher und mächtiger zu machen.

# Japan: Leben nach dem Wirtschaftswachstum

Tokio war die erste moderne Stadt Asiens. Das mag der Grund sein, warum sie heute als die älteste Metropole des Kontinents erscheint – zumindest jenen, die an die glanzvolleren Gebäude, die breiteren Straßen und die grellere Neuheit Shanghais gewöhnt sind. Verglichen mit den aufstrebenden Ländern im heutigen Asien bietet Japan in weiten Teilen das Bild einer gealterten Moderne: braune Ebenen, bedeckt mit einem Gewirr kleiner Häuser und durchzogen von riesigen Starkstromleitungen. Selbst der wilden Schönheit der Küstenregionen haftet heute, nach der Katastrophe in Fukushima, etwas Bedrohliches an. Und mit einem gewissen Erschrecken erinnert man sich daran, dass Japan jahrzehntelang für die Zukunft stand, bevor die »Blase« dort platzte und das Land – durch Missgeschicke getrieben, sich nach innen zu wenden – zu etwas in unserem Leben auf seltsame Weise Abwesendem wurde.

Während Japan in einer Wirtschaft mit niedrigem Wachstum verharrte, stieg sein ehemals armer Vetter vom Festland unerwartet zur herausragenden Wirtschaftsmacht Asiens auf, und der alte dominierende Mentor Japans, die Vereinigten Staaten, musste einen deutlichen Rückgang seiner wirtschaftlichen und geopolitischen Bedeutung hinnehmen. Die Unsicherheit, die der Aufstieg Chinas und der zunehmende Rückzug Amerikas auf sich selbst mit sich brachten, treibt heute Neonationalisten in Japan zu riskanten geopolitischen und ökonomischen Experimenten. Und umgekehrt scheint China sich rückhaltlos einem antijapanischen Nationalismus hinzugeben: 2005, 2010 und 2012 kam es dort zu heftigen, vielfach vom kommunistischen Regime angeheizten Demonstrationen.

Als ich Anfang 2013 Japan besuchte, legte der neue Premierminister Shinzo Abe einen ehrgeizigen Plan zur nationalen Wiedergeburt vor, der vor allem den alarmierten Nachbarn als revanchistisch erschien. Ermutigt durch die Börse, die zwar deutlich unter ihrem Höchststand in den frühen 1990er Jahren blieb, aber sehr positiv auf die »Abenomics« reagierte, versicherte der Premierminister, ein konservativer Nationalist, seiner rasch alternden Wählerschaft: »Japan ist wieder da.« Doch es war keineswegs klar, wie sich dieses ein wenig bedrohliche Versprechen einer »Rückkehr« äußern würde: Sollte Japan seine Stellung als große pazifische Macht aufgeben, wie Abe dies wünschte, und die Führung einer antichinesischen Koalition übernehmen, oder sollte es wieder die wirtschaftliche Vormachtstellung erlangen? Jedenfalls schien es unwahrscheinlich – um hier ein Beispiel aufzugreifen, das meinem Herzen näher lag –, dass Sony und Panasonic jemals die führende Stellung in der Unterhaltungselektronik zurückgewinnen könnten, die sie an Apple und Samsung verloren hatten.

Ich sollte klarstellen, dass ich nie ein Japanfreund nach westlichem Vorbild gewesen bin. Ich habe mich nie nach der Teezeremonie gesehnt, bin im Blick auf Kabuki und Noh nie ausgeflippt und habe nie über Bashōs ländliches Idyll geseufzt. Ebenso wenig war ich jemals ein Liebhaber von federleichten Wandschirmen, Lackmasken und japanischen Gärten. Auch Yakuza und Ikebana fand ich niemals aufregend. Japan, das wusste ich auf unbestimmte Art, hatte »gewonnen«, nachdem es den Zweiten Weltkrieg verloren hatte. Es war Teil des »entwickelten« Westens geworden, ein Motor der Weltwirtschaft und ein pflichtbewusster Vasall der Vereinigten Staaten, hatte sich dabei aber seine einzigartigen sozialen Sitten und seine zeitlose ästhetische Kultur bewahrt. Aber da ich in einer auf Importsubstitution ausgerichteten Volkswirtschaft aufgewachsen war, vermochte ich nicht sonderlich viel anzufangen mit der Möglichkeit, die Claude Lévi-Strauss einmal so formulierte: »Zwischen der Treue zur Vergangenheit und den von Wissenschaft und Technik herbeigeführten Veränderungen ist es bisher vielleicht allein Japan gelungen, zu einem Gleichgewicht zu gelangen.«

Es waren die Konsumgüter Japans, all die praktischen Annehmlichkeiten und Gadgets, die den Mund wässrig machten. Nach dem Krieg hatten die japanischen Verbraucher sich rasch von den »drei Kostbarkeiten« des häuslichen Lebens der 1950er Jahre – Schwarzweißfernseher, Kühlschrank und Waschmaschine – den höheren Konsumgütern der 1970er zugewandt: Klimaanlage, Auto und Farbfernseher. Wir anderen waren da noch Jahrzehnte entfernt von dieser Heiligen Dreifaltigkeit des Konsumkapitalismus. In den 1970er und 1980er Jahren war Japan für viele Inder aus der Mittelschicht gleichbedeutend mit Canon-Kameras, JVC-Stereogeräten und Sony-Fernsehern, und die Glücklicheren unter uns brachten sie in dünnen, mit Nylonschnüren gesicherten Kartons von Kurzreisen in die Duty-Free-Paradiese am Persischen Golf mit zurück nach Hause. Suzuki bildete die respektable andere Hälfte von Maruti und rettete den indischen »Volkswagen« vor den Phantastereien des ungeschickten Dynasten Sanjay Gandhi; und japanische Expertise in den Motorrädern von Hero Honda trug in den 1980er Jahren dazu bei, die Mobilität bei Angehörigen der indischen Mittelschicht zu erhöhen.

Japans wirtschaftlicher Aufschwung löste damals in den Vereinigten Staaten sogar neue Halluzinationen hinsichtlich der Gelben Gefahr aus. Und Japan selbst war im Begriff, an die

Grenzen seines eigentümlichen Modells eines auf Kartellen beruhenden Kapitalismus zu stoßen. Doch japanische Philanthropie im alten buddhistischen Herzen Bihars und mit teuren Kameras behängte Touristen in Varanasi und Agra sprachen von der einzigen asiatischen Nation, die auf wundersame Weise Armut und Analphabetentum besiegt und eine lange Lebenserwartung realisiert hatte.

In Japan jedoch hatte ich das Gefühl, ich wäre in der Zeit zurückversetzt worden, überrascht und oft verblüfft vom Isolationismus des Landes, seiner überregulierten Wirtschaft, seinen Monopolen und seiner Ineffizienz – so fällt es dem Besucher in Laos leichter als in Japan, mit dem Smartphone eine Datenverbindung herzustellen, und eine SIM-Card für Telefongespräche zu bekommen ist für ihn in Japan schlichtweg unmöglich.

Die Japaner waren immer noch reich. Aber warum wirkten ihre Häuser dann so schwächlich, ihre Supermärkte so dürftig ausgestattet und ihre öffentlichen Bauten so unansehnlich? Schon in den 1920er Jahren wurde Japan in die materielle Kultur des Kapitalismus und die zugehörigen Erscheinungen eingeführt: den Konsum von Autos, Radios, Filmen und Magazinen, den Bedeutungszuwachs der Kleinfamilie, die kommerziell motivierte Überhöhung der Jugend und der romantischen Liebe sowie westliche Sitten. In dieser Zeit auch entwickelte sich in der neuen städtischen Mittelschicht eine populäre Kultur, in deren Mittelpunkt der allgegenwärtige japanische Büroangestellte, der *saririman* (vom englischen *salaryman*), und die hart arbeitende Angestellte *moga* (vom englischen *modern girl*) standen, die zumindest in der überhitzten männlichen Phantasie ebenso geneigt war, Küsse zu verkaufen wie westliche Kleidung.

Doch Japans Modernität, die nach dem Krieg ihre berühmte Verschlüsselung in Neonleuchten fand, scheint sichtbar in den 1970er und 1980er Jahren steckengeblieben zu sein. In Tokio sind die Jahrzehnte zu Bauwerken von erschreckender Hässlichkeit und Gewöhnlichkeit versteinert, die eine interessante Absonderlichkeit allenfalls durch die grellen Neonreklamen am Abend und durch die jungen Männer und Frauen mit ihren modischen Frisuren erhalten. Das Einheitsgrau der Pendler verstärkt noch den merkwürdigen Eindruck von Homogenität und Ausschließlichkeit in einer Stadt, die auch im Zeitalter der Globalisierung auf trotzige Weise nichtmultikulturell geblieben ist und in der nur wenige Englisch oder eine andere Fremdsprache sprechen. Der Pakistani, der ein indisches Restaurant betreibt, wirkt kleinlaut geradeso durch seine Fremdartigkeit wie durch seine Verstellung.

Es gibt zahlreiche Anzeichen einer immer noch eindrucksvollen physischen und sozialen Infrastruktur – der heiter geschwinde Shinkansen, dem die rasche Höflichkeit und der fröhliche Goodwill gewöhnlicher Japaner entsprechen. Die Tempel, Schreine und Gärten in Tokio und Kanazawa lassen rasch jede Angst vor Enttäuschung verschwinden; und selbst die ordentlichen Fächer der Bento-Box zeugen von einem unbeschädigten Gefühl für Ästhetik. Doch kein Weg führt vorbei an diesem Eindruck einer Dauermalaise, dem Ergebnis zweier »verlorener« Jahrzehnte, in denen *pachinko*, eine Art Glücksspielautomat, zu einer der größten Branchen Japans aufstieg.

Wer Japan besucht, der sieht, dass die Anzeichen des Verfalls sich mehren, und dies trotz des florierenden weltweiten Softpower-Exports von Mangas und Animes und der aufdringlichen Fröhlichkeit von Pokémon und Hello Kitty, die den Eindruck Lügen strafen, die Japaner seien kühl. Die menschlichen Kosten der langsamen wirtschaftlichen Implosion zeigen sich in der Selbstmordstatistik (alle fünfzehn Minuten ein Suizid); im Kindesmissbrauch (eine Vervierfachung seit 1999); in wachsender häuslicher Gewalt; und in den Presseberichten über leere Räume, in denen bezahlte Angestellte den Tag ohne Arbeit verbringen müssen, bis sie selbst kündigen. Japanische Jugendliche reisen, wie Umfragen ergeben haben, nicht mehr so, wie ihre Eltern oder Großeltern es taten; und sie zeigen kein großes Interesse für das Erlernen von Fremdsprachen. Schätzungsweise eine Million Japaner gehen fast niemals aus dem Haus. Viele von denen, die sich die Mühe machen, tun dies wahrscheinlich, um sich in den *otaku*-(Streber-)Subkulturen extrem fauler junger Männer zu bewegen.

Die politischen Folgen des langen ökonomischen Winters zeigen sich in dem extremen Selbstmitleid und der Scheinheiligkeit der Neonationalisten, denen ich begegnete. Sie erinnerten mich an Verfechter des Hindu-Nationalismus in den 1980er Jahren: dieselben revisionistischen Energien, dieselbe Beschwörung des »Nationalgeists«, der ständige Anspruch auf die Opferrolle und der Versuch, mit Hilfe einer erfundenen kulturellen Einheit die unangenehmen Fakten der Armut und Ungleichheit, der Umweltzerstörung und der sozialen Diskriminierung zu verdecken. Die Alten waren überall, wie es sich für ein Land mit einer rasch schrumpfenden Bevölkerung geziemt, die U-Bahnen vollgestopft und die Restaurants winzig, als wären sie für ihre zierliche Statur gemacht. Die Jungen, die ohne die stabilen Jobs ihrer Eltern auskommen müssen und mit ihren Smartphones in Cafés herumsitzen oder mit mürrischen Gesichtern in Pachinko-Hallen hocken, erinnern daran, dass Japan eine Vorreiterrolle im Blick auf das von T. J. Clark so genannte »Wesen der Moderne« übernommen hat, das »vom Bibel lesenden Gewürzhändler bis zum Harvard-iPod-Banker, der im Fitnesscenter schwitzt, ein neuartiges, isoliertes, fügsames ›Individuum‹ darstellt, das über technische Hilfsmittel verfügt, um den Anforderungen zu genügen«. Und unter den Straßenprostituierten in Shibuya, die bereit sind, jeden Fetisch zu bedienen, wirken die Schwärme junger Frauen mit niedlichen Gesichtern und großen Augen in ihren Schulmädchenuniformen wie eine trostlose Vollendung der *moga*.

Das Streben nach Unschuld oder die sachten Hinweise auf eine verkümmerte Entwicklung inmitten der neonbeleuchteten Kathedralen des Konsums waren auf merkwürdige Weise verstörend. 1952 markierte die *New York Times* das Ende der amerikanischen Besatzung in Japan mit einer Karikatur, auf der eine riesige amerikanische Hand eine winzige Figur mit Holzschuhen auf einen gewundenen Pfad setzt. Bei seiner Rückkehr in die Vereinigten Staaten sagte der amerikanische Oberbefehlshaber und Oberherr Japans, »nach den Maßstäben der modernen Zivilisation« seien die Japaner »im Vergleich zu uns wie zwölfjährige Jungen«. Die Anbieter perverser Sexualpraktiken in Shibuya erinnerten mich an Japans lange und anscheinend unumstößliche Unterjochung durch die Vereinigten Staaten, die ihr grausamstes Symbol 1995 in der Vergewaltigung minderjähriger Mädchen durch amerikanische Marines auf Okinawa fand und sich heute in der fortdauernden Unfähigkeit Japans äußert, der weithin verhassten militärischen Präsenz der Amerikaner auf der Insel ein Ende zu setzen.

Amerikanisches Handeln hatte die lange »Nachkriegszeit« des Landes bestimmt, die in vielerlei Hinsicht heute noch nicht beendet ist. Der Doyen der amerikanischen Japanologie John Dower schreibt dazu in seinem Meisterwerk *Embracing Defeat*: »Viel von dem, was den Kern der heutigen japanischen Gesellschaft ausmacht – der Charakter seiner Demokratie, die intensiven Gefühle hinsichtlich Pazifismus und Wiederbewaffnung, die Art, wie des Krieges gedacht wird (und wie er in Vergessenheit geraten ist) – resultiert aus dem komplexen Wechselspiel zwischen Siegern und Besiegten.«

Die Unterordnung Japans lässt sich bis auf die Ankunft der bedrohlichen »schwarzen Schiffe« des Admirals Matthew Perry im Jahr 1853 zurückverfolgen, die ein feudales Land aus der Isolation in ein kühnes und tödliches Projekt westlicher Prägung katapultierte, durch das Japan mit dem Westen gleichziehen sollte. Die eigentliche Unterwerfung begann jedoch mit der als Strafaktion gedachten Einäscherung Hiroshimas und Nagasakis 1945, der Rehabilitierung Kaiser Hirohitos und anderer Kriegsverbrecher und der halb erfolgreichen Einführung der »Demokratie«. Die unumstrittene Herrschaft über Japan oder »die totale Kontrolle über eine heidnische ›orientalische‹ Gesellschaft durch Weiße«, wie Dower dies nennt, prägte auch das Selbstbild des mächtigsten Landes der Erde – und im »amerikanischen Zeitalter« unterschwellig auch viele Phantasien über die Möglichkeit, diverse Teile der Welt durch Gewalt nach amerikanischen Vorstellungen umzugestalten.

In seiner Bereitschaft, die Bürde des weißen Mannes zu schultern, war MacArthur weit weniger voreingenommen als Harry Truman, der seinem Tagebuch ein paar Tage nach seinem Befehl zum Abwurf der Atombomben über Hiroshima und Nagasaki anvertraute: »Wilde Tiere muss man auch wie wilde Tiere behandeln.« Doch MacArthur erlag derselben Fehleinschätzung der japanischen Fähigkeiten wie der britische Kolonialgouverneur von Singapur, der 1942 einem Untergebenen antwortete, als der ihn über einen drohenden japanischen Angriff auf die Insel informierte: »Na, ich denke einmal, Sie werden mit diesen kleinen Männern schon fertig werden.« Diese tiefverwurzelte Herablassung, die schon bald durch Ausmaß und Geschwindigkeit der japanischen Kriegserfolge erschüttert wurde, stellte sich nach 1945 erneut ein; verstärkt wurde sie noch von frühen japanischen Helfern der Besatzungsmacht, die von gerissenen Politikern wie Yoshida Shigeru, in den späten 1940er und frühen 1950er Jahren Premierminister des Landes, der riet, »sich den Stärkeren nicht in den Weg zu stellen«, bis hin zu den japanischen Linken reichten, die ursprünglich die demokratischen Reformen des amerikanischen Militärs willkommen hießen. Noch in den 1960er Jahren konnte Charles de Gaulle auf die gemeinsame Verachtung für Japan in der Welt des weißen Mannes zählen, als er den japanischen Premierminister Ikeda Hayato als »Transistorradioverkäufer« bezeichnete.

In Wirklichkeit hatten die Japaner sich nach den vom Westen vorgegebenen Standards der modernen Zivilisation auch ohne amerikanische Aufsicht bereits äußerst gut geschlagen und ihre früheren Oberherren in den 1980er Jahren sogar schon kurz übertroffen. Seit der Zeit, als Admiral Perry Japan mit seinen Kriegsschiffen zur »Öffnung« zwang und diverse andere westliche Mächte das einst isolierte Land zu schikanieren und zu tyrannisieren begannen, hatten japanische Führer sich mit allergrößtem Eifer bemüht, Japan in kürzester Zeit zu einer Macht ersten Ranges *(itto oku)* zu machen und *bunmei kaika* (Zivilisation und Aufklärung) zu erlangen. In ihren Augen war Modernisierung gleichbedeutend mit Verwestlichung. Dazu war es erforderlich, die rückständigen Nachbarstaaten in Asien »aufzugeben«, wie der Meiji-Modernisierer Fukuzawa Yukichi mahnte, und an die Türen Europas zu klopfen, um Zugang zum Eliteclub der wirklich mächtigen und reichen Nationen zu erhalten.

So viel sei von Grund auf zu erlernen, berichtete Fukuzawa, und dazu gehöre auch buchstäblich die Bedeutung von Wörtern wie »Wettbewerb« und »Ökonomie«, für die es im Japanischen keine Entsprechungen gebe. Doch für ein Land, das »von einer Feuerglocke aufgeweckt worden und aus dem Bett gesprungen« sei, wie der Romancier Natsume Soseki 1902 schrieb, hatte Japan sich erstaunlich anpassungsfähig an die unerbittliche Welt der internationalen Beziehungen erwiesen. Es hatte China 1895 eine schwere Niederlage bereitet und anschließend Taiwan (damals Formosa) annektiert. 1905 signalisierte es seine Ankunft in der modernen Welt durch einen Sieg über Russland, der ganz Asien elektrisierte und mit Selbstermächtigungsphantasien erfüllte. Es bedurfte eines noch größeren Schrittes in Richtung moderner Zivilisation und Aufklärung, um Korea in eine Kolonie zu verwandeln und China auszuplündern, und all diese Aggressionen wurden ganz nach westlichem Vorbild mit der Rhetorik humanitärer Interventionen verbrämt. Japans Lohn bestand in wachsendem Respekt und in Bündnisangeboten seitens Großbritanniens und der Vereinigten Staaten. Rabindranath Tagores sarkastischer Freund, der Kunsthistoriker Okakura Tenshin, bemerkte dazu: »Im Westen hielt man Japan für barbarisch, als es sich in der sanften Kunst des Friedens übte; man nennt es zivilisiert, seit es auf den mandschurischen Schlachtfeldern massenhafte Blutbäder anzurichten begann.«

Die treue Unterstützung der alliierten Kriegsbemühungen im Ersten Weltkrieg brachte Japan einen ständigen Sitz im Völkerbund ein; doch der von ihm auf der Pariser Friedenskonferenz 1919 vorgeschlagene Artikel zur Gleichheit der Rassen wurde von weißen Staatsmännern zurückgewiesen; sie waren nicht darauf erpicht, ihre rassisch homogenen Gesellschaften zu verdünnen oder potentiell gefährlichen Unsinn über Rassengleichheit zu verbreiten. Japan überstand die Weltwirtschaftskrise recht gut und schien angesichts des Wachstums seiner Schwerindustrie in den 1930er Jahren und der zunehmenden Exporte auch die Gesetze des Wirtschaftsdschungels zu beherrschen. Doch auch als vollwertige Macht ersten Ranges fand es sich vom Club der »zivilisierten Nationen« ausgeschlossen, der Japans imperiale Eroberung der Mandschurei in einem Akt hinterhältiger Heuchelei verurteilte und es 1933 zwang, den Völkerbund zu verlassen.

Der militaristische Nationalismus nährte sich in den 1930er Jahren von paranoiden Ängsten hinsichtlich einer Einkreisung durch westliche Mächte und von der Furcht vor einem wachsenden chinesischen Nationalismus, der Japans Bemühungen gefährdete, China zu benutzen, um in die erste Reihe der Nationen aufzusteigen. Er gipfelte in der japanischen Invasion Chinas 1937 und schließlich in einem verzweifelten Angriff auf die Vereinigten Staaten 1941. In den folgenden Jahren bestand Japans Mission darin, in jenes Asien zurückzukehren, das es einst aufgegeben hatte, und es durch Eroberung und Besetzung umzugestalten. Entsprechend beanspruchte es für seinen antiimperialistischen Imperialismus eine zivilisatorische Mission. Im Rahmen einer japanischen Monroe-Doktrin sollten die eroberten Territorien Teil einer neuen »Großasiatischen Wohlstandszone« werden.

Nachdem Kaiser Hirohito zahlreiche Ironien des japanischen »Fortschritts« zum Ausdruck gebracht hatte, erwies er sich als Meister der Untertreibung, als er nach der Vernichtung von Nagasaki in einer Rundfunkansprache an seine Landsleute erklärte, der Krieg habe sich in einer Weise entwickelt, »die nicht unbedingt vorteilhaft für Japan« sei. Er rief sein besiegtes Land, dem nun eine lange amerikanische Besatzung bevorstand, dazu auf, »das Unaushaltbare auszuhalten und das Unerträgliche zu ertragen«, und dies zum Teil, damit Japan »mit dem Fortschritt der Welt schritthalten« könne.

Japans neuer Herrscher Douglas MacArthur versuchte, diesen Fortschritt zu sichern, indem er den Kaiser und Teile der Kriegsbürokratie an ihrem Platz beließ. Seine vordergründigen Ziele waren Entmilitarisierung und Demokratisierung, und während er die japanische Armee auflöste, proklamierte er Menschenrechte und Gleichheit für alle. Doch er benötigte die Amtsautorität des Kaisers, damit das neue Japan nicht wieder unlenkbar wurde. Und so verlangte man von Hirohito lediglich, dass er auf seine Göttlichkeit verzichtete.

Mit dem Beginn des Kalten Kriegs wurden die Besatzer sogar noch konservativer, denn viele Japaner, die von ihren rechtsgerichteten Führern durch die Hölle geführt worden waren, wirkten besonders anfällig für Sozialismus und Kommunismus. Nachdem die amerikanischen Besatzer die Gewerkschaften kurze Zeit gefördert hatten, sahen sie tatenlos zu, wie sie durch das rücksichtslose Vorgehen japanischer Unternehmen zerstört wurden. Den in Familienbesitz befindlichen *zaibatsu*-Konglomeraten – wie Mitsubishi und Nissan –, die vor dem Krieg die industrielle Revolution in Japan vorangebracht hatten, wurde erlaubt, sich als *keiretsus*, als bankenzentrierte Unternehmensverbünde, neu zu konstituieren, die wie zuvor von ihrer Nähe zum Staat profitierten. Die Amerikaner, die ursprünglich auf einer vollständigen Abrüstung bestanden hatten, änderten auch in dieser Frage ihre Meinung, als auf der koreanischen Halbinsel Krieg ausbrach. Japan wurde Teil des gegen den Kommunismus in Asien gerichteten »großen Halbmonds« antikommunistischer Staaten. Die starken Luft-, See- und Landstreitkräfte erhielten später den verschleiernden Namen »Selbstverteidigungsstreitkräfte«, um zumindest dem Buchstaben nach dem Artikel 9 der von den Amerikanern entworfenen japanischen Verfassung zu entsprechen, der dem Land grundsätzlich verbietet, Streitkräfte zu unterhalten.

Amerikanische Wirtschaftsexperten hätten die japanische Wirtschaft mit drastischen Sparprogrammen beinahe ruiniert, wäre nicht gleichsam schicksalhaft der Koreakrieg dazwischengekommen. Die Kriegsbeschaffungen der Amerikaner trugen dazu bei, dass die japanische Wirtschaft in der zweiten Hälfte der 1950er Jahre Wachstumsraten von jährlich mehr als zehn Prozent erreichte. Unterstützt wurde dieser wunderbare Aufschwung in den folgenden zwei Jahrzehnten von einer hart arbeitenden Bevölkerung, die entschlossen war, ihr zerstörtes Land wiederaufzubauen, wobei man nach Kräften Technologie aus Europa und den USA importierte und die Industrie sich einer »administrativen Lenkung« durch den Staat fügte.

Eine der Nebenfolgen des Wirtschaftswachstums war eine starke Verschmutzung des Bodens, der Luft und des Wassers; eine andere die Zerstörung der Kindheit durch ängstliche, aufstiegsorientierte Eltern, die ihre Kinder in Paukschulen schickten. Trotz gesetzlicher Gleichberechtigung befanden sich die Frauen auch weiterhin in untergeordneter Stellung. Minderheiten wie die Koreaner, die nach dem Krieg in Japan geblieben waren, erlebten Diskriminierungen auf allen Ebenen. Mutmaßliche Kriegsverbrecher wie Abe Shinzos Großvater Kishi Nobusuke, der an Japans Befriedung der Mandschurei beteiligt war, wurden 1955 von der CIA für den Aufbau einer politischen Partei angeworben, die sich zuverlässig gegen die Linke stellen sollte. Die Liberaldemokratische Partei, die Japan in den folgenden vier Jahrzehnten regierte, entstand als Reaktion auf die wachsende Attraktivität der japanischen Sozialisten.

Die Ideologen des Fortschritts – in diesem Fall amerikanische Modernisierungstheoretiker – stilisierten die Industrialisierung und Demokratisierung Japans bereitwillig zum Vorbild für andere asiatische Länder. John Dower schreibt dazu: »Für amerikanische Reformer resultierte viel von der nahezu sinnlichen Begeisterung hinsichtlich des Vorantreibens ihrer demokratischen Revolution von oben aus dem Gefühl, dass dies den Versuch einschloss, einen fernöstlichen Gegner zu denaturieren und zumindest annähernd in eine annehmbare, gesunde, verwestlichte Nation zu verwandeln.« In der idealisierten Fassung der vom Westen produzierten Geschichte ersparte man Japan alle wenig schmeichelhaften Vergleiche mit anderen westlichen Ländern, die ihre Modernisierung gleichfalls durch Unterdrückung im Inland und Gewalt im Ausland verwirklicht hatten. Denker wie Walt Rostow und Edwin O. Reischauer, die nebenher als Diplomaten und in der Verwaltung tätig waren, versuchten, das »abweichende« Verhalten ihres Schützlings in der ersten Hälfte des Jahrhunderts wegzuerklären, als hätte nicht ein tiefer Zusammenhang zwischen dem angeblich pathologischen Militarismus Japans und dem seinem Wesen nach expansionistischen Charakter des japanischen Staates und der japanischen Wirtschaft der Vorkriegszeit bestanden.

Die amerikanische Besatzung endete 1952, doch das Vermächtnis der amerikanischen Besatzungspolitik ist bis heute spürbar. Die Widersprüche, Absurditäten und Heucheleien der Besatzung boten konservativen Nationalisten große Spielräume, auch wenn sie zur zuverlässigsten amerikafreundlichen Kraft wurden. Die von der CIA geförderte Liberaldemokratische Partei institutionalisierte eine Einparteienherrschaft. Das »eiserne Dreieck« aus Parteipolitikern, hohen Staatsbeamten und Unternehmern untermauerte die institutionalisierte Korruption im Lande, sorgte für gefügige Medien und kultivierte die historische Amnesie.

Von der Schuld und Reue der Nachkriegszeit befreit, wie Deutschland sie auf sich genommen hatte, wurde Japan zu einem ständigen Juniorpartner Amerikas. Obwohl das Land selbst keine Kriege mehr führen durfte, stellte es doch Geld – und im Golfkrieg 2003 auch Personal – für amerikanische Feldzüge gegen Kommunisten und Terroristen in fernen Ländern zur Verfügung. Der öffentliche Unmut über die vielen tausend in Japan stationierten amerikanischen Soldaten hält sich außerhalb Okinawas, wo die Mehrzahl von ihnen sich aufhält, in Grenzen. Als die japanische Regierung sich 2009 bemühte, die Amerikaner zur Verlegung eines auf Okinawa gelegenen Marinestützpunkts zu bewegen, erntete sie nur eine herablassende Ablehnung. In Wirklichkeit hatten konservative japanische Diplomaten dem amerikanischen Außenministerium gegen den Willen ihrer Regierung geraten, den Stützpunkt nicht zu verlegen. Die Partnerschaft geht weiter, und das mit einem hohen Maß an Irreführung und Misstrauen, während japanische Nationalisten versuchen, das amerikanische »Sprungbrett nach Asien« für eine Einkreisung Chinas zu nutzen, und zugleich versprechen, nationale Stärke und Stolz wiederherzustellen.

Wenige Orte in Japan verkörpern die kompromittierten Siege des Landes und die daraus resultierende Schizophrenie deutlicher als der umstrittene Yasukuni-Schrein und das zugehörige Yushukan-Museum, die unterschiedslos dem Andenken der für die »Sache des Kaisers« gefallenen Japaner dienen – eine Kategorie, der auch einige hochrangige Kriegsverbrecher angehören, was bei den Nachbarn Japans immer wieder zu Zornesausbrüchen führt. Hier finden sich alle Wahrzeichen des verzweifelten Kampfes Japans, ein modernes Land zu werden: die bahnbrechende Niederlage Chinas 1895, der glorreiche Sieg im Russisch-japanischen Krieg 1905 sowie der Schmerz und die Tragödie des »Kriegs zur Beendigung aller Kriege« – Japans

Feldzug gegen den Imperialismus, aus dem in einem schrecklichen Selbstwiderspruch ein imperialistischer Krieg in Asien wurde.

Der Schrein und das Museum liegen unmittelbar nördlich des Kaiserpalastes, wo das chaotische Gewirr Tokios kurz der selbstbewussten Monumentalität der Kaiserstadt weicht: breite Straßen, Parks und weite Ausblicke. Es regnete kräftig, als ich durch die Zeremonialtore ging; auf dem langen Weg lagen die letzten Kirschblüten. Doch aus den Reisebussen quollen immer noch große Mengen älterer japanischer Besucher. Sie waren alt genug, um den Zweiten Weltkrieg erlebt oder selbst darin gekämpft zu haben oder ihre Väter, Ehemänner und Brüder vom Krieg dahingerafft zu sehen, und schienen niedergedrückt zu werden von der Last ihrer transparenten Plastikregenschirme, als sie vor dem Shintoschrein standen, bevor sie dann zu dem danebenliegenden Yushukan-Museum hinüberschlurften.

Das ursprünglich im italienischen Stile erbaute Schloss war Anfang der 1930er Jahre im panasiatischen Stil umgebaut worden und hatte geschwungene Dächer erhalten. Der panasiatische Gedanke war Teil der geistigen und politischen Stimmung des Jahrzehnts, welche die meisten Japaner veranlasste, in ihrem Land den Befreier Asiens zu erblicken. Die Ausstellung ist bis heute eine Wetterfahne, die Stimmungen und Empfindlichkeiten innerhalb Japans anzeigt, diese Mischung aus Gefühlen des Stolzes, der Niederlage, der Demütigung und verletzter Eitelkeit.

»Ach, der Militarismus, der Militarismus, es ist unglaublich«, rief ein chinesischer Freund, der Japan sehr schätzt, aus, als ich das Gespräch auf Yushukan brachte. Da hatte er nicht unrecht. Nationale Kriegsmuseen oder Gedenkstätten verdanken sich dem tiefen Bedürfnis, zu trauern und den eigenen

Kriegsopfern Sinn und Würde zu verleihen; die Opfer auf der anderen Seite werden in der Regel nicht erwähnt. So verzeichnet Maya Lins bewegendes Vietnam War Memorial in Washington nicht die Millionen Vietnamesen, Kambodschaner und Laoten, die gleichfalls in den 1960er und 1970er Jahren in einem sinnlosen Krieg starben. Dennoch scheint Yushukan sich im Blick auf die geschichtliche Wahrheit allzu große Freiheit herauszunehmen.

Ein Jagdflugzeug vom Typ A6M, wie es bei Kamikazeeinsätzen benutzt wurde, beherrscht die Eingangshalle und gibt den Ton für die übrigen Ausstellungsstücke vor, etwa die von der Thailand-Burma-Bahn benutzte Lokomotive; das Einmann-Unterseeboot, das als »menschlicher Torpedo« diente; und die zahlreichen Bilder von Soldaten, die ihre Gewehre in die Luft strecken und zu Ehren des Kaisers *banzai* rufen. Japan hatte sich 1900 gemeinsam mit westlichen Ländern an der brutalen Niederschlagung des Boxeraufstands in China beteiligt. Für die Ausstellung liegt allerdings das entscheidende Moment dieser entsetzlichen Episode darin, dass die japanischen Soldaten die Chinesen durch ihre Disziplin »beeindruckt« hätten. Und die Besetzung der Mandschurei 1931, die eine besonders krankhafte Phase des japanischen Militarismus einleitete, wird als »Akt legitimer Selbstverteidigung« dargestellt.

Es gibt Klagen über die amerikanische Unterstützung für Chiang Kai-shek, aber keinen Hinweis auf amerikanische Geschäftsleute, die während der gesamten 1930er Jahre die japanische Kriegsmaschinerie unterstützten. Und es wäre sicher zu viel verlangt, wenn man einen Hinweis auf die militärische und technologische Vorbildfunktion Großbritanniens und der Vereinigten Staaten bis in die 1920er Jahre hinein erwartete. Das Massaker von Nanjing wird als »Nanjing-Vorfall« bezeichnet, bei dem chinesische Soldaten in Zivilkleidung »streng bestraft« worden seien. Der Angriff auf Pearl Harbor 1941 wird als Reaktion auf die niederträchtige Kriegstreiberei Amerikas dargestellt. Japan habe an seiner Friedenspolitik festgehalten, sei aber von den Alliierten brutal zurückgestoßen und mit teuflischer Gewalt in die Unterwerfung gebombt worden, nachdem es zuvor jedoch weite Teile Asiens von westlicher Herrschaft »befreit« habe.

Nichts untergräbt diese Litanei aus Halbwahrheiten, Auslassungen, totgeschwiegenen Ereignissen und blanken Unwahrheiten außer der Unfähigkeit zu dem Eingeständnis, dass der panasiatische Kreuzzug Japans von den meisten Asiaten als Katastrophe empfunden wurde. Die Burmesen, Javaner und Vietnamesen jedenfalls hatten sich selbst befreit, nachdem sie die Heuchelei des Westens und der Japaner hatten erleiden müssen. Für Japan wurde der Augenblick, da es vor sich selbst Rechenschaft abzulegen hat, aufgeschoben. Und niemand half ihnen bei dieser großen Exkulpation mehr als ein Inder, ein bengalischer Jurist namens Radhabinod Pal.

Gleich vor dem Yushukan-Museum steht ein Denkmal für Pal, den in Japan wohl berühmtesten Inder. Unter Missachtung der traditionellen Zurückhaltung gegenüber Ausländern warfen zwei Frauen uns billigende Blicke und sogar ein leichtes Lächeln zu, als wir durch den Regen diese in den Stein gemeißelten Worte zu entziffern versuchten:

Wenn die Zeit Leidenschaft und Vorurteil
gemäßigt haben wird,
Wenn die Vernunft der Darstellung
die Maske vom Gesicht gerissen haben wird,
Dann wird Justitia, die Waagschalen im Gleichgewicht haltend,
viel Tadel und Lob aus der Vergangenheit nötig haben,
um die Dinge zu verändern.

Diese bittere Klage über die Opferrolle stammt durchaus angemessen von einem General der Konföderierten – der japanische Konservative Eto Jun bezeichnete die Konföderierten einmal als Vorbild für Amerikas Verhältnis zum besiegten Japan. Pal scheint auch mit anderen japanischen Beschwerden über die Behandlung des Landes durch die Sieger im Einklang gestanden zu haben.

Er war einer der nicht aus dem Westen stammenden Alibi-Richter bei den Tokioter Prozessen, der in die Länge gezogenen japanischen Version der Nürnberger Kriegsverbrecherprozesse, deren Verhandlungen fast vollständig von amerikanischen und europäischen Juristen geleitet wurden. In seinem umfangreichen, 1235 Seiten umfassenden Minderheitsvotum sprach Pal sich dafür aus, alle 25 Angeklagten, denen die alliierten Mächte das »beispiellose« Verbrechen einer »Verschwörung gegen den Weltfrieden« vorwarfen, freizusprechen. Pal hielt sich mit dem japanischen Militarismus gar nicht erst auf, der in ganz Asien nahezu 20 Millionen Menschen das Leben gekostet hatte. Aber er verwies darauf, dass Tausende von Japanern, die während des Krieges an Grausamkeiten beteiligt waren – die Kriminellen der »Gruppe B« und der »Gruppe C« –, bereits hingerichtet oder zu Haftstrafen verurteilt worden waren.

Pal war nicht der Einzige, der ernste Probleme mit den Tokioter Prozessen hatte. Der Vertreter der Sowjetunion hatte in den 1930er Jahren als Richter an Stalins Schauprozessen mitgewirkt. Die Briten, Holländer und Franzosen, die sich anheischig machten, über Japans Verhalten zu urteilen, lenkten die Aufmerksamkeit unvermeidlich auf ihren eigenen, von vielen verachteten Imperialismus in Asien. China mit seinen 15 Millionen Toten in einem Krieg, der schon 1937 begonnen hatte, und andere asiatische Opfer des japanischen Imperialismus hätten schon eher als die Vereinigten Staaten ein Anrecht darauf gehabt, über Japan zu Gericht zu sitzen.

Tatsächlich war der Prozess von Anfang eine Farce, weil Douglas MacArthur sich aggressiv und obsessiv bemühte, Kaiser Hirohito vor dem Vorwurf zu schützen, er trage die Verantwortung für die Verbrechen seines Landes. Der wichtigste japanische Militarist Tojo Hideki wurde gezwungen, seine offensichtlich zutreffende Aussage zu widerrufen, dass er unmöglich irgendetwas gegen den Willen des von Gott bestimmten Kaisers hätte unternehmen können. Der amerikanische Chefankläger speiste an dem Tag, an dem Tojos Todesurteil bestätigt wurde, mit Hirohito zu Mittag. Selbst MacArthurs Geheimdienstchef, der rechtsgerichtete General Charles Willoughby, bezeichnete die Prozesse als die »schlimmste Heuchelei in der aufgezeichneten Geschichte«.

Pal verlieh diesen Vorwürfen eine besondere politische Spitze. Als bengalischer Nationalist, der sich über Japans Sieg im Krieg gegen Russland 1905 gefreut und die Heucheleien und Demütigungen der britischen Herrschaft in Indien voller Groll ertragen hatte, scheint Pal die Chance genutzt zu haben, seinen westlichen Kollegen Unbehagen zu bereiten. Die Tokioter Prozesse, so erklärte er, seien nur ein »vorgetäuschter Einsatz rechtlicher Verfahren zur Befriedigung eines Rachedurstes«. Japans Expansionsstreben sei zwar »teuflisch«, aber kaum beispiellos gewesen. Wie alle modernen imperialistischen und industriellen Mächte habe das Land versucht, seine gewaltigen Ambitionen voranzutreiben und auf vermeintliche Bedrohungen zu reagieren.

Mit anderen Worten, Modernisierung und Verwestlichung hatten sich als untrennbar erwiesen. Der japanische Philosoph Takeuchi Yoshimi verwies später auf eine ähnliche Ironie in Japans eiliger Nachahmung des Westens und dem unvermeidlichen Abgleiten in den Imperialismus: »Europas Invasion des Orients führte zum orientalischen Kapitalismus, und das bedeutete, dass für Europa Selbsterhaltung gleichbedeutend mit Expansion wurde.« Japan habe das Gefühl gehabt, Kolonien erwerben zu müssen, wenn es überleben wollte – dieser Logik erlagen auch viele europäische Staaten im späten 19. Jahrhundert, an vorderster Stelle Deutschland. Auch andere von Pal angesprochene Punkte warnten vor allzu einfachen moralischen Urteilen über Japans Krieg in Asien. Er behauptete, die Bombardierung von fast siebzig japanischen Großstädten mit Brand- und Sprengbomben und die atomare Einäscherung von Hiroshima und Nagasaki sollten ebenfalls als schwere Kriegsverbrechen eingestuft werden. Diese staatlich angeordneten Grausamkeiten gegen Zivilisten, so argumentierte er implizit, seien in ihrem Umfang größer gewesen als die Verwüstungen diverser japanischer Kommandeure auf dem Schlachtfeld.

Wie zu erwarten, wurde Pal für jene Japaner zu einem Helden, die sich eher als Opfer fühlten, statt Japan die Schuld an der brutalen Kriegführung in Asien zu geben. Tojo Hideki, der während des Krieges Premierminister gewesen war, ehrte ihn kurz vor seiner Hinrichtung mit einem Haiku. Kishi Bobusuke, der in der von Japan besetzten Mandschurei Sklavenarbeiter eingesetzt hatte, gehörte zu seinen Bewunderern. Ebenso sein Enkel Abe Shinzo, der die 1995 ausgesprochene Entschuldigung Japans für seinen Krieg in Asien zurücknehmen möchte. Abe besuchte sogar Pals Sohn in Westbengalen, als er 2007 zu einem Staatsbesuch in Indien weilte.

Japans Auseinandersetzung mit seinem Krieg wurde auf unbestimmte Zeit verschoben, als die amerikanischen Besatzungsbehörden ehemalige Kriegsverbrecher in ihren antikommunistischen Kreuzzug einbanden und dadurch die Position der rechtsgerichteten Politiker und Staatsbeamten, die so viel Elend und Trauer über Japan gebracht hatten, eher festigten als schwächten. Kishi Nobusuke gehörte zu den Nutznießern einer hastigen opportunistischen Rehabilitierung. Als Premierminister wurde er in den späten 1950er Jahren berüchtigt, weil er gegen starken Widerstand einen Sicherheitspakt mit den Vereinigten Staaten durchboxte, der Japans untergeordnete Stellung zementierte.

In den 1960er Jahren wiesen japanische Linke unermüdlich darauf hin, dass fast das gesamte Napalm, das amerikanische Bomber auf wehrlose vietnamesische Bauern herabregnen ließen, aus Fabriken in Japan stammte. Für viele von ihnen war der amerikanische Kreuzzug zur Sicherung der Demokratie ein Spiegelbild des verpfuschten Versuchs ihres Landes, Asien umzugestalten. Japanische Schriftsteller und Denker kamen nicht um die Erkenntnis herum – und die Erfahrung der Niederlage hatte ihre Illusionen zerstört –, dass Japan als zunächst durch Angriffskriege und dann durch Besatzung geschaffene Nation massenhafte Gewalt und einen darwinschen Kampf ums Überleben der Nation zu den klarsten Zeichen der Moderne erhoben hatte.

Schon früh in seiner Geschichte hatte Japan mit der normativ segensreichen Vorstellung gebrochen, wonach Demokratie und Liberalismus dem Nationalstaat und dem industriellen Kapitalismus folgten oder sie sogar begleiteten. Als erstes außerwestliches Land, das sich um eine Modernisierung bemühte, wurde Japan zu einer Wirtschafts- und Militärmacht, ohne ein liberales Engagement für individuelle Rechte zu entwickeln, die den ökonomischen und militärischen Anforderungen eines Landes untergeordnet wurden, das erst sehr spät in die moderne Welt eintrat. Nur wenige Japaner mochten den Wahlspruch *fukoku kyohei* (das Land bereichern, das Militär stärken) kritisieren oder den Begriff des *kokutai* (der vom Kaiser verkörperten nationalen Politik) in Frage stellen, als ihr Land sich im späten 19. Jahrhundert unter den gar nicht wohlwollenden Blicken Großbritanniens, Russlands und der Vereinigten Staaten rasch modernisierte. Noch auch übernahm Japan die angloamerikanischen Traditionen des Wirtschaftsliberalismus, die Individualismus, ein wirtschaftliches Laissez-faire und ein fundamentales Misstrauen gegenüber staatlicher Macht förderten. Vom Beginn des 20. Jahrhunderts bis heute war und ist der japanische Staat eng am Aufbau einheimischer Branchen beteiligt, um ihnen auf den internationalen Märkten einen Wettbewerbsvorteil zu sichern.

Dennoch hatte das Bemühen, den Westen einzuholen, ein unerträgliches Maß an Chaos, Nachahmung und Entwürdigung erfordert, von der grassierenden Anglophilie der 1890er Jahre bis hin zu Japans fruchtlosem Bemühen um Rassengleichheit auf der Pariser Friedenskonferenz 1919. Anders als Indien oder Indonesien war Japan nicht von einer westlichen Macht besetzt worden. Dennoch hatten die Meiji-Reformer dekretiert, dass Japan im innersten Bereich des Denkens und der Werte wie auch im äußeren Bereich der materiellen Kultur und der politischen Formen vor dem Westen kapitulierte. In ihren Augen war Modernisierung gleichbedeutend mit Verwestlichung. Sie sahen einen Gegensatz zwischen Tradition und Moderne und waren der Überzeugung, dass es vor allem in Nachbarländern wie China und Korea daran fehlte, die in den Augen der Japaner erst noch aus ihrem rückwärtsgewandten Schlaf erwachen mussten.

Die Folge dieses inneren Kolonialismus war eine schmerzhafte soziale und intellektuelle Krise, die einige der empfindsamen Geister des Landes intensiv beschäftigte und verzehrte. Der Selbstmord des Erzählers Akutagawa Ryūnosuke 1927 sorgte für einen traurigen Präzedenzfall, dem noch viele beklemmende Suizide von Schriftstellern und Künstlern folgen sollten, darunter die von Yukio Mishima und Kawabata Yasunari.

Schon in den 1890er Jahren hatten japanische Denker und Schriftsteller begonnen, das Meiji-Modell einer unterschiedslosen Nachahmung in Frage zu stellen und sich über die Vorherrschaft von westlich orientierten Leuten wie Fukuzawa Yukichi zu ärgern. Hat Japan der Menschheit etwas Einzigartiges zu bieten, fragten sie, oder war es dazu verdammt, ein minderwertiges Imitat des Westens zu sein? Je intensiver diese Selbsterforschung wurde, desto tiefer wurde auch die Sehnsucht nach Gewissheit. In den 1930er Jahren sahen sich einige der sensibelsten Schriftsteller, Denker und Künstler Japans durch ihr gequältes Bewusstsein veranlasst, sich hinter den Kaiser zu stellen, den »Yamamoto-Geist« zu billigen und den »Krieg zur Beendigung aller Kriege« zu preisen. Ihnen gemeinsam war die vage Hoffnung, Raum für eine asiatische Moderne schaffen zu können, wenn Japan die Führung in Asien übernahm, nachdem es den Kontinent von westlichen Imperialisten befreit hatte. Die japanischen Worte, die in der Folgezeit Eingang in den internationalen Sprachgebrauch fanden *(kamikaze, harakiri)*, gehörten in diese Stimmung einer fanatischen Selbstreinigung.

Die jüngsten Ausbrüche des islamischen Fundamentalismus und atavistische Zwangsvorstellungen des Westens hinsichtlich des Islam im Allgemeinen haben uns von der Tatsache abgelenkt, dass man in Japan die »modernste Form ... der Revolte« geschaffen hatte, die über die westliche Moderne hinauszugehen versucht, eine Art »politischer Spiritualität«, die Schluss macht mit »allem, was die Präsenz weltumspannender Hegemonien für ihr Land und ihr Leben bedeutet«, und

»auf ein anderes Leben, neue Beziehungen zum Westen ..., zu Asien usw.« zielt. Diese Worte stammen aus einem Artikel, den Michel Foucault über die iranische Revolution von 1979 schrieb. Aber sie könnten auch von Okawa Shumei stammen, einem Islamwissenschaftler, der die philosophischen Grundlagen legte für Japans Plan zur Überwindung der Moderne sowie der aus der Industrialisierung erwachsenen Malaise und der zugehörigen Übel der Vereinzelung, Entfremdung und Anomie.

Nach Okawa konnte jenes Asien, das einst das Schießpulver und die Druckerpresse erfunden und alle großen Religionen hervorgebracht hatte, dem Westen gar nicht unterlegen sein. Es müsse nur seinen eigenen Weg zu seiner Wiedergeburt finden, und hier habe der »japanische Geist« eine historische Mission, die nicht nur Asien für die Asiaten, sondern auch den Westen vor der westlichen Moderne retten könne. Dieses Ziel müsse man notfalls auch mit Gewalt verwirklichen.

Okawa teilte seine Zielvorstellungen mit einem breiten Spektrum von Schriftstellern und Denkern, die sich von den weltlichen westlichen Ideologien abwandten, darunter auch Miki Kiyoshi, ein Schüler Heideggers, der von einem neuen »Kooperativismus« als Gegengift zur Vereinzelung sprach. Ästheten wie der Romancier Tanizaki Junichiro, der in *Lob des Schattens* »Zauber und Geheimnis« des alten Japan und die von der Glühbirne vertriebene »Stille und Ruhe« pries, machte es sich zur Aufgabe, zu beweisen, dass die traditionelle japanische Kultur der westlichen Kultur ebenbürtig oder sogar überlegen sei. Viele dieser Verteidiger der japanischen Kultur übernahmen die deutsche Unterscheidung zwischen »Zivilisation« und »Kultur«, wobei »Zivilisation« mit ordinärem materiellen Fortschritt, »Kultur« dagegen mit spiritueller und schöpferischer Selbstverwirklichung assoziiert wurde.

Der »Vater der chinesischen Nation«, Sun Yat-Sen, der über weite Strecken seines Lebens auf japanische Förderer angewiesen war, wählte seine Worte 1924 in einer seiner letzten Reden sehr sorgfältig: »Japan kennt sich heute aus mit der westlichen Zivilisation der Herrschaft der Macht, hat sich aber die Eigenheiten der östlichen Zivilisation der Herrschaft des Rechten bewahrt. Heute stellt sich die Frage, ob Japan der Falke der westlichen Zivilisation einer Herrschaft der Macht oder aber ein Turm der Stärke des Ostens sein wird. Das ist die Wahl, vor der das japanische Volk steht.«

Die Militaristen, die Japan in den 1930er Jahren auf einen Eroberungskrieg in Asien vorbereiteten, hatten ihre Wahl bereits getroffen. In ihren Phantasien von einem asiatischen »Lebensraum« war das riesige Territorium Chinas nur dazu da, erobert und in den Dienst der japanischen Industrie gestellt zu werden. Nach und nach veranlasste die Abneigung gegenüber der von den Meiji-Utilitaristen aufgezwungenen Verwestlichung viele Japaner, dem Einmarsch ihres Landes in China 1937 zuzustimmen. Dabei half, dass die Wirtschaftskrise der 1930er Jahre Japan bereits zu einem verzweifelten Streben nach der Herrschaft über Märkte und Rohstoffe Asiens gedrängt hatte. Die Rhetorik verschärfte sich noch weiter nach dem Angriff auf Pearl Harbor 1941 und der raschen Annexion der von Europa beherrschten Teile Asiens. Asien, so schien es, werde bald selbst über das Schicksal seiner Kultur bestimmen, frei von den geistlosen Fachleuten und den gefühllosen Sensualisten, die moderne Kulturen ruiniert und die spirituelle Einheit der japanischen Kultur zerstört hatten.

Die Suche nach einer reinen kulturellen Vergangenheit, frei von den Verschmutzungen durch modernen Materialismus und Individualismus, gipfelte im Juli 1942 in Kyoto in einer berühmten Debatte, in der Intellektuelle die volle Freiheit erhielten, ihre eigenen noblen Gründe für eine Unterstützung des Kriegs zu erfinden. Die Geschichte, so schien es 1942, wurde endlich von den Japanern und ihrem einzigartigen »Yamamoto-Geist« bestimmt. Die weltgeschichtliche Bedeutung des Angriffs auf Pearl Harbor konnte damals noch ohne sonderliche Zweifel an den Siegesaussichten der Japaner diskutiert werden. Und so brandmarkten die Teilnehmer die bürokratischen Meiji-Modernisierer als seelenlose Banausen. Sie brachten ihre Ablehnung naiver Entwicklungstheorien des Fortschritts einschließlich des Dialektischen Materialismus zum Ausdruck, die Japans Weg seit der Meiji-Zeit bestimmt hatten.

Der Literaturkritiker Kobayashi Hideo befürchtete, Japan sei dabei, ein blasses Abbild des Westens zu werden und die Tragödie der Modernisierung des Westens nun als Farce zu wiederholen. Andere machten sich eher provinzielle Sorgen über städtische Moden wie *mobo* und *moga* und den Kult des schnellen Lebens *(supido)* und der Erotik, neben anderen aus der wurzellosen Einwanderungsgesellschaft der Vereinigten Staaten importierten Moden der Massenkultur. Alte Werte wie Sparsamkeit und Selbstbeschränkung, da waren viele Teilnehmer sich einig, seien von einer Kultur beschädigt worden, die den Besitz trivialer Massenerzeugnisse in den Vordergrund stellte.

Diese antimoderne Rhetorik, gepaart mit optimistischen Spekulationen über Japans Schicksal, erwies sich als ein unentrinnbares intellektuelles Gefängnis. Ganz jämmerlich unterschätzte Japan Chinas Widerstandsfähigkeit und Amerikas Kriegsressourcen. Niederlage und Kapitulation 1945 setzten dem Kulturgerede kurzzeitig ein Ende. Doch schon bald wurde es wiederaufgenommen und sogar noch verstärkt, als Japan wie der sprichwörtliche Phönix aus der Asche aufstieg und den alten Meiji-Traum verwirklichte: Es wurde zwar nicht politisch, wohl aber wirtschaftlich eine *itto oku*.

Japans obsessives Streben nach wirtschaftlichem Wachstum in der Nachkriegszeit fand viele Kritiker. Takeuchi Yoshimi glaubte, die Modernisierung Japans sei auf katastrophale Weise erfolgreich, und die Japaner hätten es aufgrund ihrer leichtfertigen Verwestlichung unterlassen, die Vielfalt der asiatischen Reaktionen auf die Herausforderung westlicher Mächte zur Kenntnis zu nehmen. Wie zahlreiche andere japanische Intellektuelle fragte Takeuchi sich, ob Japans verheerende Niederlage zu einem neuen geistigen und politischen Erwachen führen werde, wie er es in China erkennen zu können glaubte. Intellektuelle wie Maruyama Masao, der wichtigste Vertreter der modernen politischen Theorie in Japan, bildeten eine »Sühnegemeinschaft« und suchten im politischen Modell Japans vor dem Krieg intensiv nach Mängeln. Maruyama gelangte zu dem Schluss: »Nationale Souveränität war die tiefste Quelle der Ethik und der Macht und konstituierte deren innere Einheit.«

Nach dieser Sicht hatten die Japaner es unterlassen, den öffentlichen und den privaten Bereich in ihrem Land voneinander zu trennen. Wegen ihres unsinnigen Festhaltens an einer familienorientierten Politik wie *kokutai* sei der Kaiser nicht gestürzt worden; und anders als in Italien und Deutschland hatte sich in Japan keine Widerstandsbewegung entwickelt. Auf der Suche nach Erklärungen für die Demut ihrer Landsleute und ihr abergläubisches Festhalten an *bushido* und dem »Yamamoto-Geist« gelangten Linksliberale zu der Auffassung, dass es in Japan am wahren Geist der Wissenschaft und der Vernunft, an persönlicher Autonomie und an der Existenz eines echten geschichtlichen Subjekts gefehlt habe. In Maruyamas Augen hatte Japan Modernität niemals erreicht und schon gar nicht überwunden. Die Verwestlichung Japans sei unvollständig gewesen und durch die kollektivistische Ethik, den Familienstaat und das kaiserliche System beeinträchtigt worden. Was Japan nun brauche, sei echte liberale Demokratie.

Und in gewissem Maße erhielt Japan unter amerikanischer Aufsicht die Demokratie, so dass eine Mehrzahl politischer Stimmen entstehen konnte. Aber Japan sollte nach dem Krieg eher durch die instrumentelle Rationalität des Wirtschaftswachstums gestärkt werden als durch Werte der Aufklärung wie Vernunft und Selbstkritik. Die von den Intellektuellen verachteten konservativen Eliten des Staatsapparats und der Wirtschaft traten wieder in den Vordergrund, diesmal ohne die Kriegsrhetorik, und wurden zu den wichtigsten Triebkräften der nationalen Volkswirtschaft – ein »ökonomischer Generalstab«, wie Chalmers Johnsons ausgezeichneter Ausdruck dafür lautete. Es ist eine Ironie, dass der Anspruch auf eine Ausnahmestellung der Japaner nun als Erklärung für den japanischen Erfolg bei dem Bemühen benutzt wurde, den Westen in seinem eigenen Spiel zu besiegen: der Massenproduktion von Konsumgütern. Die Thesen hinsichtlich des Charakters der japanischen Modernisierung in der Vergangenheit – etwa der häufige Rückgriff auf kolonialistische Gewalt und Enteignung – schienen nun irrelevant, als der »zwölfjährige Junge« der westlichen Herrschaftsphantasien sich in den »Wundermann« mit seinen Hightech-Innovationen im Bereich der Elektronik und der Telekommunikation verwandelte.

Die Leistungen der japanischen Wirtschaft nach dem Krieg und der Besatzungszeit waren in der Tat beträchtlich: Japan ließ die Landwirtschaft hinter sich und wandte sich der industriellen Produktion zu, beseitigte die Armut auf dem Lande und wurde in die neuen Strukturen der Weltwirtschaft integriert. Japans Erfolge entfalteten auch eine Sogwirkung auf die

Region. China war unter Mao für ausländische Investitionen verschlossen, während Japan Reparationsabkommen mit südostasiatischen Ländern abschloss, weitgehend in Gestalt von Krediten für den Kauf japanischer Erzeugnisse. Anfang der 1970er Jahre wurden Japan und die Vereinigten Staaten zu den wichtigsten ausländischen Investoren in der Region; sie investierten in den Abbau von Bodenschätzen sowie in die Entwicklung der Industrie und der Infrastruktur. So wurde Japan – in einer weiteren düsteren Ironie – zum wichtigsten Förderer einer »Großasiatischen Wohlstandszone« unter der Aufsicht der Vereinigten Staaten.

Die Erfolge der staatlich gelenkten Industrialisierung Japans fanden eifrige Bewunderer und Nachahmer in ganz Ostasien einschließlich Singapur, Taiwan und Südkorea. All diese staatskapitalistischen Länder erhielten ironischerweise beträchtliche Unterstützung durch die Vereinigten Staaten, die in Verfolgung ihrer geopolitischen Interessen die einheimischen Industrien durch Kriege in Korea und Vietnam, durch Entwicklungshilfe und durch ihre offenen Märkte förderten. Doch Japan, das die Ölkrise von 1973 gut überstand, wuchs in den 1980er Jahren über seinen amerikanischen Schirmherrn hinaus. Japanische Konzerne, die das Rockefeller Center in New York oder die Columbia-Filmgesellschaft kauften, wurden zum Gegenstand ganz neuartiger Karikaturen in den Mainstream-Medien des Westens.

Inzwischen war die Steigerung des Bruttosozialprodukts in Japan zur herrschenden Ideologie aufgestiegen, nicht nur im Sinne einer auf Quantität zielenden Manie, die sich in den 1950er und 1960er Jahren in allen Industriegesellschaften ausgebreitet hatte, sondern auch als zentraler Bestandteil eines selbstgefälligen Nationalismus. Revisionistische Darstellungen des Kriegs in Asien traten erstmals in den 1960er Jahren zutage, im Gefolge der wachsenden Flut von Nationalstolz nach den Olympischen Spielen in Tokio 1964. Der japanische Romancier Oda Makoto schrieb 1965: »Der Krieg im Pazifik wurde für die Befreiung Asiens geführt, und unbestreitbar beteiligten sich viele Japaner dieses Prinzips wegen am Krieg. … Viele Japaner glauben immer noch aufrichtig daran, und das macht unsere Vorstellung vom Frieden dreifach kompliziert.«

Das obsessive nationale Streben nach Wirtschaftswachstum stärkte nicht nur den nationalen Zusammenhalt, sondern stellte auch neue Anforderungen an Konsens und Konformität. Als der amerikanische Soziologe David Riesman Japan besuchte, wunderte er sich, dass »die Leute Organisationen für ›undemokratisch‹ halten, wenn es an Harmonie oder Konsens fehlt. So erscheinen denn Demokratie und Politik als Gegensätze.«

Massive Proteste gegen den amerikanischen Krieg in Vietnam und die Umweltzerstörung zeugten von der Stärke der Gegenkultur in Japan. Doch zur selben Zeit begannen auch Vorstellungen von der Einzigartigkeit Japans erneut zu florieren. Selbst der Romancier Kawabata Yasunari betätigte sich als Verfechter des *nihonjinron* (des japanischen Wesens) in seiner Nobelpreis-Ansprache mit dem Titel »Das schöne Japan«, in der er über die Teezeremonie, Blumenvasen und Zen schwadronierte.

Die alte Meiji-Gleichsetzung von Zivilisation und Macht, die zu einem verheerenden Militarismus geführt hatte, war passé. Das pazifistische, von Unternehmergeist beseelte Japan galt nun als das neue Modell der Moderne, wobei man die nationale Vergangenheit und die traditionellen Werte – Konsens und Harmonie – ganz in den Dienst des Projekts stellte, Japan als einzigartig geeignet für die Erzeugung eines hohen Bruttosozialprodukts erscheinen zu lassen. An die Stelle der Männer mit den Khaki-Kappen – der verachteten fanatischen Kämpfer von Imphal und Manila – und der bescheidenen Büroangestellten der Nachkriegszeit traten nun Geschäftsleute im Straßenanzug, gestützt von scheinbar konfuzianischen Unternehmensstrukturen und auf mystische Weise erfüllt vom Geist des *bushido*. Amerikanische Soziologen halfen Japan, sich mit dem Selbstbild eines einzigartigen, von einem organischen Gefühl für Tradition beseelten Landes zu schmücken. Die Geschicklichkeit des »zwölfjährigen Jungen« beim Bonsai schien ihn für einen besonders geschickten Umgang mit Transistoren zu prädestinieren.

Was machte es da, dass das angeblich japanische »Haushaltsmodell« der betrieblichen Arbeitsbeziehungen – mit seinen drei Elementen: lebenslange Anstellung, Bezahlung nach dem Senioritätsprinzip und Betriebsgewerkschaften – auf die meisten Industriearbeiter gar nicht zutraf? Oder dass die Teilhabe an den traditionellen Werten der Harmonie und der Hierarchie auf Beschäftigte in Großunternehmen beschränkt blieb, die Frauen weiterhin unter Diskriminierung zu leiden hatten und die Luftverschmutzung in japanischen Städten Ausmaße annahm wie sonst nirgendwo auf der Erde?

Allerdings gaben sich nicht alle selbsternannten Wächter der japanischen Kultur mit dem Frieden der Konsumgesellschaft zufrieden. Der Materialismus amerikanischer Prägung erschien Kulturkonservativen wie Eto Jun und Yukio Mishima so unerträglich leer wie eh und je. Bei seinem Japanbesuch Ende der 1950er Jahre erklärte Arthur Koestler: »Verfaulende Lilien riechen weit schlechter als Unkraut; sowohl Indien als auch Japan wirken spirituell kranker und weiter von einem lebendigen Glauben entfernt als der Westen.«

Koestler, der eigentlich die Scharlatanerie des Ostens bloßstellen wollte, demonstrierte eher den Dünkel des Westens. Doch seine Darstellung der Verwirrung traf sicher auf Yukio Mishima zu. Als Mishima die Figuren seiner Roman-Tetralogie *Das Meer der Fruchtbarkeit* ins buddhistische Indien schickte, sich in eine Uniform kleidete und die Wiederherstellung der Göttlichkeit des Kaisers forderte, beschwor er den strengen kriegerischen Geist seiner Vorfahren. Sein dramatisch inszenierter Selbstmord 1970 vervollständigte das Spektakel einer ästhetisierten Politik. Er verwies aber auch auf das gescheiterte Projekt einer Verbindung zwischen *kokutai* und dem Konsumkapitalismus.

Trotzdem florierten die Verkäufer des *nihonjinron*, vor allem nach dem Ölpreisschock von 1973, als der Niedergang Amerikas – und des gesamten Westens – eine Tatsache zu sein schien. Ein neunbändiger, vom japanischen Premierminister 1979 in Auftrag gegebener Bericht gelangte zu dem Schluss, Japan habe den Westen als internationaler Financier und als Exporteur hochwertiger Güter sowohl hinsichtlich des materiellen Fortschritts als auch hinsichtlich des industriellen Wachstums überflügelt. Die wichtigere Aufgabe für das Land bestehe nun in der Förderung seiner einzigartigen Kultur. Japanfreunde auf Kurzbesuch im Lande wie Claude Lévi-Strauss waren bereit, die eitlen Projekte Japans zu unterstützen: »Möge ihm dieses kostbare Gleichgewicht zwischen den Traditionen der Vergangenheit und den Neuerungen der Gegenwart noch lange erhalten bleiben; nicht nur zu seinem eigenen Wohl, denn es kann für die ganze Menschheit ein nachdenkenswertes Beispiel sein.«

Es war, als hätte Japan die Moderne endlich überwunden, mit Hightech-Exporten statt mit Kamikaze-Missionen. Es hatte den Westen nicht nur eingeholt, sondern bestimmte nun selbst Form und Textur des Spätkapitalismus. Nach einer in den

1980er Jahren weitverbreiteten postmodernen Sicht Japans schien es ein Land ohne jede Tiefe zu sein, das in einer endlosen Gegenwart lebte, umgeben von einer gewaltigen Warenfülle und von Lifestyle- und Statussymbolen. Private und öffentliche Sphäre schienen endlich unabhängig voneinander zu sein – und das sogar im Übermaß. Die Japaner, die an ihren Walkmans und Videospielen hingen, hatten anscheinend die souveräne Urheberschaft an der von der Moderne diktierten Welt erlangt. Viele respektable Intellektuelle beteiligten sich an dem allgemeinen Schwindelgefühl und erklärten es zu einem einzigartigen Privileg und Geschenk, »Japaner zu sein«.

Das Fest auf beiden Seiten des Pazifischen Ozeans fand sein Ende, als die japanische Wirtschaft nach dem Platzen ihrer Immobilienblase auf den Boden der Tatsachen zurückkehrte und Anfang der 1990er Jahre etwa drei Billionen Dollar vernichtete, dreimal so viel wie das japanische Bruttoinlandsprodukt – der Zusammenbruch der japanischen Aktienmärkte sorgte für den bis heute weltweit größten Wertverlust aller Zeiten.

Westliche Angstvorstellungen hinsichtlich einer drohenden, durch Unternehmensübernahmen und Fusionen heimlich herbeigeführten Pax Nipponica schwanden, als die japanische Aktienblase platzte. Japan, das sich bereits von der internationalen Bühne zurückzog, wurde 1995 noch tiefer auf sich selbst zurückgeworfen durch ein Erdbeben in Kobe, bei dem mehr als 6000 Menschen ums Leben kamen, gefolgt von den mörderischen Giftgasanschlägen der religiösen Aum-Shinrikyo-Sekte auf die Tokioter U-Bahn.

Noch weiteren Schaden nahm Japan durch die asiatische Finanzkrise von 1997, und seither stagniert das Land, das zudem mit einem neuen »normalen« Bevölkerungsrückgang, mit einem schrumpfenden Arbeitskräftepotential, einer rasch alternden Bevölkerung, der Zwangsprostitution junger Frauen und mit Obdachlosigkeit zu kämpfen hat. Der Niedergang, der seit den 1990er Jahren unumkehrbar erscheint, machte deutlich, dass die Faktoren, die der Erholung und dem Wachstum Japans nach dem Krieg gute Dienste erwiesen hatten – Kuschelkapitalismus, streng organisierte und geschützte einheimische Systeme –, in der neuen globalisierten Welt zu einer Bürde geworden sind. Die allzu lang verhätschelten Banker, Unternehmer und Börsenmakler wurden von den neuartigen Vorgehensweisen überrascht.

Und sie vermochten sich nicht rechtzeitig umzustellen. Auch zwei Jahrzehnte später leidet die japanische Wirtschaft unter einem von Insidern beherrschten Arbeitsmarkt, einer irrationalen Regulierung, einer mangelnden Nutzung des weiblichen Arbeitskräftepotentials, einer einwanderungsfeindlichen Politik und einer schlechten Unternehmensführung. Auf fast allen Gebieten, auf denen Japan einst eine führende Rolle gespielt hatte (Unterhaltung, Tourismus, Medizin, Software, Kommunikationstechnologie), ist das Land zurückgefallen. Selbst die Führung Japans im Bereich der populären Kultur wird heute durch Südkoreas weltweiten Export von TV-Serien und Rockmusik in Frage gestellt.

Der rasche Wechsel der Regierungen und Regierungschefs verweist auf Probleme, die kein Politiker zu lösen vermag. Und der Rückgriff der Männer innerhalb des Eisernen Dreiecks auf neoliberale Rezepte (Deregulierung und Privatisierung) vor allem unter Premierminister Junichiro Koizumi und die Folgen dieser Politik (umfangreiche Entlassungen, Einkommensunterschiede, unsichere Jobs, Jugendarbeitslosigkeit) haben lediglich den Sozialpakt untergraben, der auf egalitären Vorstellungen von Vertrauen, wechselseitiger Abhängigkeit und Sicherheit basierte.

Seit Fukushima hat die japanische Öffentlichkeit noch weniger Vertrauen in die Regierung. Der Romancier Kenzaburō Ōe – Japans soziales Gewissen – schrieb dazu: »Die Struktur des Japan, in dem wir heute leben, wurde [Mitte der 1950er Jahre] geschaffen und besteht heute noch fort. Es ist diese Struktur, die zu der großen Tragödie in Fukushima im März 2011 geführt hat.« Diese Kontinuität zeigte sich in den einander stützenden Netzwerken aus Angehörigen der staatlichen Bürokratie, nationalen und lokalen Politikern, Großunternehmern und Medien, die sich gemeinsam bemühten, die Schuld für diese Katastrophe von sich zu weisen und deren Ausmaße zu verschleiern.

Während Shinzo Abe seine »Abenomics« vorantreibt, eine idiosynkratische Mischung aus konjunkturbelebenden Maßnahmen und gewaltigen staatlichen Ausgabeprogrammen, fliehen Kapital und Arbeitsplätze weiterhin aus Japan. Die einst gerühmte Einkommensgleichheit in Japan ist in den letzten zwei Jahrzehnten erodiert; die Armutsrate gehört inzwischen zu den schlimmsten in den wohlhabenden Ländern. Aber die Krise Japans, die 1989 begann, scheint nicht nur ökonomischer und politischer, sondern auch existentieller Natur zu sein. Alte Mythen und Glaubensvorstellungen, die dem Leben Sinn verliehen, sind ebenso zerstört wie die Stabilität der Arbeitsplätze und der Familie. Das hat schädlichere Auswirkungen, als man meinen mag, denn anders als christliche oder muslimische Länder hat Japan niemals ein transzendentes System religiöser Werte besessen, sondern ausschließlich moralische Regeln des Denkens und Handelns, die aus den eng verflochtenen Gemeinschaften des vormodernen Zeitalters überkommen waren.

Die ländliche Gemeinschaft wurde durch eine nationale Gemeinschaft ersetzt, in der Nachkriegszeit vereint durch das gemeinsame Streben nach Wirtschaftswachstum. Die rasche

Verdopplung der Einkommen und der Eindruck, dass alle zur Mittelschicht gehörten und im selben Boot saßen, sorgten für einen starken sozialen Zusammenhalt. Doch die Kultur des postmodernen Individualismus, vom neoliberalen Kapitalismus ganz zu schweigen, untergrub die nationale Gemeinschaft samt dem zugehörigen Solidaritätsgefühl und schuf ein Vakuum, das Reaktionäre und Konservative nun zu füllen versuchen.

Jeff Kingston, einer der klügsten Beobachter des heutigen Japan, gelangt zu dem Schluss: »Durchwursteln ist wahrscheinlich das Beste, worauf man in Japan hoffen kann.« Das mag recht düster klingen. Doch Kingston ist maßvoll optimistisch hinsichtlich der »stillen Veränderung« Japans während der verlorenen Jahrzehnte, denn in dieser Zeit seien die Medien deutlich vielfältiger und wacher geworden, Transparenz und Zivilgesellschaft hätten große Fortschritte gemacht, und die Öffentlichkeit sei inzwischen anspruchsvoller und skeptischer gegenüber ihren Repräsentanten. Es stimmt, dass Japan immer noch die einzige Wirtschaftsmacht ist, die sich nicht in Kriegen engagiert oder die Rüstungsindustrie forciert. Die japanische Ablehnung von Kernwaffen bleibt ein Vorbild für Länder, die alles daransetzen, solche Waffen zu bauen. Japan erreichte ein rasches Wirtschaftswachstum, ohne eklatante Ungleichheit in Kauf zu nehmen, zumindest bis zu den 1990er Jahren. Die Lebenserwartung gehört zu den höchsten in bevölkerungsreichen Ländern, und die Arbeitslosigkeit kommt kaum über fünf Prozent hinaus. Die Kriminalitätsrate gehört zu den niedrigsten in der ganzen Welt, und um seine sozialen Missstände wird das Land von anderen fortgeschrittenen industrialisierten Gesellschaften beneidet. Der japanische Denker Kato Norihiro spricht sogar von einer auf das Wachstum folgenden »Reife«.

> Die Bevölkerung in der übrigen Welt explodiert immer noch, und wir sehen bereits die Grenzen unserer Ressourcen. Das Zeitalter permanenten Wachstums ist vorüber. Japan muss nicht Nummer zwei in der Welt sein oder Nummer fünf oder fünfzehn. Es ist an der Zeit, sich wichtigeren Dingen zuzuwenden und mehr über die Umwelt und über Menschen nachzudenken, die weniger glücklich sind als wir. Etwas über biologische Landwirtschaft zu lernen. Oder eben nicht. Vielleicht ist man auch schon genug damit beschäftigt, einfach nur sein Leben zu leben. Das, so sagt die neue Reife, ist immer noch cooler als das permanente Wachstum.

Zu den Anzeichen der neuen Reife gehört auch die Politisierung vieler junger Japaner durch die Katastrophe von Fukushima. Im Sommer 2012 kam es auf japanischen Straßen zu massiven Protesten, zum ersten Mal seit den großen Demonstrationen gegen den Vietnamkrieg in den 1960er Jahren. Doch in der japanischen Politik zeigt sich auch manche beunruhigende Kontinuität mit der Vergangenheit.

Kato schreibt:

> Die alte Garde – jene Politiker, die den Aufstieg in den berauschenden 1970er und 1980er Jahren anführten und (wenn auch erfolglos) gegen die wirtschaftliche Stagnation der 1990er Jahre kämpften – setzt immer noch auf Konkurrenz. Diese Männer, in meinen Augen am besten vertreten durch den Gouverneur Tokios Shintaro Ishihara, reden so, als stünden sie unter Belagerung. Sie hassen es, von China geschlagen zu werden. Für sie scheint Reife nur darin zu bestehen, den ersten Platz anzustreben. Sie werden sich nicht verändern. Sie sind allzu sehr in früheren Entwicklungsphasen steckengeblieben, in einem Traum von grenzenlosem Wachstum.

Dass China genau zu der Zeit seinen Aufstieg verwirklichte und zum bevorzugten Ziel ausländischer Investoren wurde, als Japan seinen Niedergang erlebte, ist eine weitere Wende in der langen Geschichte der chinesisch-japanischen Beziehungen. China, das den Nachbarn seine konfuzianische Kultur vermittelte, war über Jahrhunderte der »Lehrer« Japans gewesen. Im späten 19. Jahrhundert jedoch befreite Japan sich von seinem stagnierenden Nachbarn. Während das Qing-Reich wankte und Ausländer ungeniert die chinesische »Melone« in Scheiben schnitten, verwandelte sich das feudale Japan in einen modernen Nationalstaat. Die Coming-out-Party des neuen Japan war passenderweise ein Sieg über seinen tattrigen alten Mentor China im Jahr 1895. Viele Chinesen strömten freiwillig oder als politische Asylanten nach Japan, um die Geheimnisse der furchteinflößenden neuen Macht des Landes kennenzulernen. Tatsächlich rekrutierten sich später die politische Führung und die Intelligenz Chinas aus den Reihen dieser Männer.

Als die japanische Dichterin Akiko Yosano 1928 China besuchte, damals hatte das im Aufstieg begriffene Japan gerade mit der Ausplünderung seiner Nachbarn begonnen, äußerte sie sich erstaunlich aufgeschlossen über die antijapanischen Gefühle bei den Chinesen: »Aus der Sicht der Imperialisten ist es sicher erschreckend«, schrieb sie in ihr Reisetagebuch, »aber das chinesische Volk sollte dies im Namen der Menschlichkeit feiern.« Akiko Yosano schrieb wohlwollend über das aufkommende chinesische Nationalgefühl; es erscheine unerlässlich für das Überleben eines vom Bürgerkrieg heimgesuchten Landes. Doch in Japan herrschten weiterhin Vorurteile und Unwissenheit über China vor. Der damals führende Sinologe Japans, Takeuchi Yoshimi, berichtete von einer in der modernen Wissenschaft bekannten Diskrepanz: »Bei der Erforschung der chinesischen Geschichte und Geographie dachten wir nie daran, dass dort Menschen leben.« Die Entmenschlichung half den Tätern, die 1937 das Massaker in Nanjing verübten.

Lange Zeit jedoch war das »Massaker von Nanjing« durchaus kein chinesisches Kürzel für japanische Brutalität. Mao Zedong versuchte, eine öffentliche Auseinandersetzung über die japanische Invasion zu verhindern, und verzichtete auf Reparationsforderungen. Die Volksrepublik China bemühte sich um eine diplomatische Anerkennung durch Japan und erkannte in den 1970er Jahren sogar den Anspruch Tokios auf die ehemalige japanische Kolonie Taiwan an. Im folgenden Jahrzehnt kam es zu einer immer engeren Zusammenarbeit, als China seine Wirtschaft für den Außenhandel und für ausländische Investitionen öffnete. Japanische Unternehmen verlagerten Produktionsbetriebe nach China und halfen dem Land durch Milliardenkredite beim Ausbau der Infrastruktur. Japan ist heute der zweitgrößte ausländische Investor in China. Die damals gelegte Grundlage der wechselseitigen Beziehungen äußert sich heute noch in einer hohen Zahl chinesischer Studenten in Japan.

Die unruhige Geschichte der Beziehungen zu Japan wurde in China erst in der Zeit nach Mao wieder ausgegraben. Damals hatten die kommunistischen Führer, die das Land in die Marktwirtschaft drängten, erstmals mit den Problemen der ungleichen Verteilung zu kämpfen, zu denen nun auch soziale Unruhen beträchtlichen Ausmaßes gehörten. Die Erinnerung an den Chinesisch-Japanischen Krieg ist heute von zentraler Bedeutung für die chinesische Strategie, neue äußere Feinde und eine neue ideologische Legitimation im Innern zu finden.

Es ist ein wenig unfair, von der gegenwärtigen konservativen Führung Japans zu erwarten, das kurze Imperium ihres Landes zu brandmarken und sich auf Anforderung bei den einstigen Feinden zu entschuldigen, während britische Tories den Vorschlag machen, die imperiale Vergangenheit Großbritanniens in überarbeiteten Geschichtsbüchern zu feiern. An einer willentlichen Amnesie und an Selbstgerechtigkeit leiden alle einstigen Imperien und viele Nationalstaaten einschließlich Chinas, das keinerlei Anstalten macht, das Massaker auf dem Tiananmen-Platz 1989 offiziell einzugestehen. Die extreme Vergesslichkeit, Unwissenheit und Selbstversenkung Japans lässt sich darauf zurückführen, dass es sich wegen der erdrückenden Umarmung durch die Vereinigten Staaten lange vor einer ehrlichen Auseinandersetzung mit seiner Vergangenheit drücken konnte.

Doch heute, da Japan, wenn auch nicht sonderlich zielstrebig, nach einer neuen Identität innerhalb des einst beherrschten Asien sucht, kann das keine Entschuldigung mehr sein. Shinzo Abe ist darauf angewiesen, dass Chinesen und Koreaner die ständige Abwertung des Yen tolerieren; und seine Wachstumsstrategie wird leiden, falls die Exporte Japans nach China sich nicht erholen. Im Blick auf die aus Nordkorea drohenden Gefahren bemüht Japan sich um eine Zusammenarbeit mit China. Und es muss sich auf eine unvermeidliche chinesische Hegemonie in der Region einstellen. Japan muss sein Image aufbessern, wenn es diese Vorhaben verwirklichen will. Aber selbst potentielle Verbündete wie Südkorea haben nur allzu gut im Gedächtnis, was ihm die geographische Nachbarschaft zu Japan in der ersten Hälfte des 20. Jahrhunderts eingebracht hatte. In den Augen der meisten Asiaten war Japan in den letzten sechs Jahrzehnten ein amerikanischer Satellitenstaat – nicht fähig oder nicht bereit, die ehemaligen Besatzer durch die Wahl eines unabhängigen Weges vor den Kopf zu stoßen. Bemerkenswerterweise hat ein anderes einstmals besetztes Land und enger Verbündeter Amerikas, nämlich Deutschland, sich zum Mittelpunkt Europas entwickelt und prägt inzwischen die politische und wirtschaftliche Zukunft des Kontinents.

Wie Kato ausführt, sind vor allem rechtsgerichtete japanische Politiker für die Isolation und Unbeliebtheit ihres Landes verantwortlich. Eine große Mehrheit der Japaner ist weiterhin skeptisch gegenüber dem Militarismus und entschieden gegen Krieg. Der Gouverneur von Tokio, Ishihara Shintaro, provozierte die Konfrontation mit China durch seinen Plan, die von China beanspruchten Senkaku-Inseln zu kaufen – ein paar unbewohnte Felsen, die von den Chinesen Diaoyu-Inseln genannt werden. Der junge Bürgermeister von Osaka, ein aufstrebender Politiker, behauptet, die vom japanischen Militär im Zweiten Weltkrieg sexuell versklavten »Trostfrauen« hätten zur Aufrechterhaltung der Disziplin und der Moral beigetragen.

Auch Shinzo Abe weckt schlechte Erinnerungen an diese Gewalt und nährt in der gesamten Region den Verdacht, dass die Japaner weiterhin ihre von Imperialismus geprägte Geschichte verleugnen. Er hat bereits vorgeschlagen, die pazifistische Verfassung Japans zu ändern und den Besitz bemerkenswert großer Land-, Luft- und Seestreitkräfte auch offiziell anzuerkennen. Er bezweifelt ganz offiziell, dass sich das kaiserliche Japan in Korea als »Aggressor« betätigt habe. Er erlaubte seinem Stellvertreter, den Yasukuni-Schrein zu besuchen. Einen Monat, nachdem ich Japan verlassen hatte, ließ er sich im Kampfanzug im Cockpit eines Jagdflugzeugs ablichten, das die Nummer 731 trug – die Nummer einer berüchtigten Einheit für chemische und biologische Kriegführung während des Zweiten Weltkriegs.

Mehr noch als Ishihara ist Abe ein typischer Vertreter der alten Garde in der japanischen Politik, die sich über Dinge wie den Niedergang des Arbeitsethos und der Achtung vor Hierarchie, Flagge und Nationalhymne aufregt. Abe möchte den Kaiser wieder zum Staatsoberhaupt machen, den kollektiven Pflichten den Vorrang vor individuellen Rechten einräumen und vor allem die Verehrung der Familie stärken. Im Gespräch mit dem rechtsgerichteten Manga-Künstler Kobayashi Yoshinori äußerte Abe kürzlich seine Überzeugung, dass der »konservative Geist« unerlässlich für den Aufbau eines »gesunden Marktsystems« sei. Er sagt: »Japan war ein Land, in dem die Menschen gemeinsam die Felder bestellt und das Wasser geteilt haben. Mit der kaiserlichen Familie in der Mitte beteten die Menschen gemeinsam für gute Ernten und Wohlstand.«

Das hebt das Gerede von der alten Kultur auf eine neue Ebene und stellt sie in den Dienst des Projekts einer als Erweiterung der Familie verstandenen japanischen Marktwirtschaft, die zutiefst gutartig sei und geschützt zu werden verdiene. John Dower schreibt dazu: »Ein ausgeprägter, verletzter, mit einem starken Gefühl der Verwundbarkeit verbundener Nationalstolz lag hinter dem zielgerichteten Streben nach Wirtschaftswachstum, das kaum ein Vierteljahrhundert nach einer demütigenden Niederlage für kurze Zeit eine Supermacht entstehen ließ.« Abe versucht jetzt, diesen Stolz durch ein nun auch explizit nationalistisches Programm wiederzubeleben. Seine Anhänger verdeutlichen diese großen Ambitionen, indem sie den alten Meiji-Wahlspruch *fukoku kyohei* wieder hervorholen: das Land bereichern, das Militär stärken.

Tatsächlich ist der kulturelle Nationalismus für Abe eine stärkere Trumpfkarte als die Abenomics bei seinen Bemühungen, mit riesigen Haushaltsdefiziten, mit der Staatsverschuldung, der Alterung der Bevölkerung und der stagnierenden Wirtschaft fertig zu werden. Aber es ist unwahrscheinlich, dass Abe damit Erfolg hat. Die Art von Sozialisierung, die den Menschen zum loyalen Bürger einer Monarchie macht, findet nicht mehr statt in einem Land, das nach amerikanischem Vorbild zunehmend in »Gewinner« und »Verlierer« gespalten ist. Das soziale Kapital, von dem Japan in der Nachkriegszeit zehren konnte, ist zusammengeschrumpft. Das alte Leben mit seiner Stabilität und dem Versprechen auf große Chancen ist Vergangenheit, auch wenn ältere Männer wie er am Bild der politischen und betrieblichen Gemeinschaft festhalten möchten.

Trotz der vielgepriesenen Funktion Japans als »Drehkreuz nach Asien« sind weder die Vereinigten Staaten noch andere ausländische Mächte in der Lage, einen substantiellen Beitrag zur Schaffung einer neuen nationalen Erzählung für Japan zu leisten. Japan muss die Privilegien – und Lasten – seiner wachsenden Autonomie selbst auf sich nehmen. Und vielleicht können wir anderen ja auch etwas daraus lernen, wie Japan seine lange historische Niederlage durchlebt.

Im letzten Jahrhundert scheint Japan einen vollen Zyklus moderner Erfahrung durchlaufen zu haben, von der Industrialisierung bis hin zum nihilistischen Militarismus, vom Taumel des Wirtschaftswachstums bis zur Passivität des *otaku*. Es verdinglichte und instrumentalisierte die Natur, setzte Fortschritt mit technischem Fortschritt und in der postmodernen Phase auch individuelle Subjektivität mit der Auflösung sozialer Bande gleich. Doch die Verwirrung und Anomie, unter denen die größten Denker des Landes Anfang des 20. Jahrhunderts litten, scheinen nur noch tiefer geworden zu sein.

Manchmal mag der Eindruck entstehen, die Nation, die einst in Asien eine Vorreiterrolle spielte, der »zwölfjährige Junge« in MacArthurs paternalistischer Metapher, der sich kurz in einen die Welt erobernden Geschäftsmann verwandelte, wäre inzwischen senil geworden. Japan zog mit dem Westen gleich und überholte ihn sogar, um schließlich festzustellen, dass es nun keinen Ort mehr gab, an den es gelangen wollte, keinen Kurs, den es einschlagen konnte. Im Augenblick übernimmt ein regressiver Nationalismus die Bürde dieser endzeitlichen Ermüdung und geistigen Abwesenheit. Doch die Sackgasse, in die Japan inmitten einer weltweiten Krise des Kapitalismus geraten ist, verweist auch auf eine neue Zukunft – die für den

Westen ebenso große Chancen bereithält wie für Japan und Asien. Kato schreibt dazu: »Japan scheint nun die Vorhut in einer neuen Schrumpfungsbewegung übernommen zu haben und den Weg für Länder zu bahnen, die ihm früher oder später auf diesem Kurs folgen werden. In einer Welt, deren Grenzen immer klarer zutage treten, werden Japan und seine Jugend, die älter wirkt, als sie es nach Jahren tatsächlich ist, möglicherweise aufzeigen, was es heißt, über Wachstum hinauszuwachsen.« Ob Japan dies nun tut oder nicht, es wäre eine angemessene Aufgabe für das älteste moderne Land Asiens.

# Danksagung

Ich danke den Herausgebern – Robert Silvers, Sheila Glaser, Leo Carey, Jeffries Blackerby, Becky Gardiner, Rahul Jacob und Mary-Kay Wilmers –, die den Großteil der in diesem Buch versammelten Artikel in Auftrag gaben. Shruti Debi ermunterte mich, sie zusammenzustellen, und Chiki Sarkar von Penguin machte daraus geschickt eine thematisch gegliederte Erzählung.

Viele Menschen, die mir halfen, mich – in logistischer wie in geistiger Hinsicht – zurechtzufinden, sind im Text erwähnt. Doch ich möchte John H. Bowles, Michelle Garnaut und Karim Raslan dafür danken, dass sie mich in verschiedene Teile Ost- und Südostasiens einführten und mir dann den Zugang erleichterten. Meine erste Chinareise wurde sehr von Julia Lovell bereichert, die großzügig ihre Kontakte mit mir teilte. In den folgenden Jahren traf ich zahlreiche wertvolle Gesprächspartner, darunter Zhang Lijia, Eric Abrahamsen, Lynn Pan, Jeffrey Wasserstrom, Alex Travelli und Jeff Kingston. Besonders glücklich bin ich, seit mehr als zwei Jahrzehnten solche Gastgeber wie die Sharmas in Mashobra zu haben. Wie immer verdanke ich am meisten den beiden Ms.

Pankaj Mishra

**Aus den Ruinen des Empires**

Die Revolte gegen den Westen und
der Wiederaufstieg Asiens

Aus dem Englischen von Michael Bischoff

432 Seiten. Gebunden

Nachdem die letzten Erben des Mogul-Reiches getötet worden waren und der Sommerpalast in Peking zerstört, schien die asiatische Welt vom Westen besiegt. Erstmals erzählt der Essayist und Schriftsteller Pankaj Mishra, wie in dieser Situation drei Intellektuelle aus Indien, China und Afghanistan eine Fülle an Ideen entwickelten, die zur Grundlage für ein neues Asien wurden. Sie waren es, die Mao und Gandhi inspirierten und neue Strömungen des Islam anregten. Unterhaltsam und eindringlich schildert Pankaj Mishra die Entstehung des antikolonialen Denkens und seine Folgen. Sein Buch liefert den Schlüssel, um das heutige Asien zu verstehen.

»Brillant. Mishra spiegelt den tradierten
westlichen Blick auf Asien zurück. Moderne Geschichte,
wie sie die Mehrheit der Weltbevölkerung erfahren hat –
von der Türkei bis China. Großartig.«

*Orhan Pamuk*